史者何？记述人类社会赓续活动之体相，校其总成绩，求得其因果关系，以为现代一般人活动之资鉴也。

——梁启超

中国通史

宛华 主编

中国華僑出版社
北 京

图书在版编目 (CIP) 数据

中国通史 / 宛华主编 . —北京：中国华侨出版社，2016.11（2021.4 重印）
ISBN 978-7-5113-6415-9

Ⅰ . ①中… Ⅱ . ①宛… Ⅲ . ①中国历史—通俗读物 Ⅳ . ① K209

中国版本图书馆 CIP 数据核字（2016）第 250962 号

中国通史

主　　编：宛　华
责任编辑：高福庆
封面设计：冬　凡
文字编辑：杨　君　黎　娜
美术编辑：盛小云
经　　销：新华书店
开　　本：720mm × 1020mm　1/16　印张：20　字数：360 千字
印　　刷：三河市兴博印务有限公司
版　　次：2017 年 2 月第 1 版　2021 年 4 月第 3 次印刷
书　　号：ISBN 978-7-5113-6415-9
定　　价：55.00 元

中国华侨出版社　北京市朝阳区西坝河东里 77 号楼底商 5 号　邮编：100028
法律顾问：陈鹰律师事务所
发 行 部：（010）58815874　　　传　　真：（010）58815857

前言

法国历史学家马克·布洛赫曾说："历史以人类的活动为特定的对象，它思接万载，视通万里，千姿百态，令人销魂，因此它比其他学科更能激发人们的想象力。"又如英国著名历史学家汤因比所说："一个人如果能身处在历史感悟之中，他就一定是获得真知的人，因为历史的经验是最为丰富的一座智慧之库。"历史蕴含着经验与真知，它记录了人类社会的成功与失败、兴盛与衰退、辉煌与悲怆、交替与更新，也预示着人类的未来。

面对风云变幻、迅速发展的当今世界，只有了解历史，才能更好地把握现在，充实人生，创造未来；只有借鉴历史，才能更好地完善自己，充实人生；只有学会反思历史，才能更好地认清未来。

中国是一个拥有五千年灿烂文明史，充满生机与活力的泱泱大国。中华文明源远流长，历史曲折而厚重，其间发生的历史事件、出现的历史人物错综复杂、头绪繁多，要从总体上把握中国历史的发展进程并不是一件容易的事情。相应地，研究者们出版了各种典籍，有的写专门化、不同主题的历史，有的写不同朝代的历史，出现了当代历史研究中的细化和碎片化现象，使得普通读者望而生畏，很难找到入门之捷径，对中国历史的面貌缺乏清晰的认识。针对这种情况，有学者创建了"通史"这种体例，即在一定的历史观的指导下，通过精练的文字连贯地记叙各个时代的史实，涉及重大历史事件、杰出历史人物和多领域的文化等，内容广泛，对中国历史进行现代诠释，体现出贯穿人类历史的线索，能给人一种整体的认识。

为了帮助读者在较短时间内了解中国历史进程，丰富知识储备，我们精心编撰了这部《中国通史》，以时间为序，分为华夏源头、中原争霸、九州一统、离析与交融、乾坤变幻和王朝更迭六大篇章，精彩扼要地勾勒出中国历史演进的基本脉络，系统介绍了中国历史上的重大事件、风云人物、辉煌成就、灿烂文化等内容，力求在真实性、趣味性和启迪性等方面达到一个新的高度，并通过科学的体例与创新的版式，全方位、新视角、多层面地阐释中国历史，为读者提供想知道的、需要知道的、应该知道的中国历史知识，帮助读者从宏观上把握中国历史，进而掌握人类发展的内在规律。

本书还精心选配了数百幅内容涵盖面广、表现形式丰富的图片，包括出土文物、历史遗迹、战争示意图、名人画像等，与文字内容互为补充与诠释，使读者仿佛置身于一座真实立体的历史博物馆，更加直观地了解中国历史。简洁精要的文字，配以多元化的图像，打造出一个立体直观的阅读空间，使读者获得图与文赋予的双重享受。

本书所选取的人物和事件，在保证史料可靠的基础上，力求做到通俗易懂、生动活泼，通过浅显易懂的文字还原历史真相，不戏说、不恶搞，适于想要快速了解祖国历史的一般读者阅读。

历史蕴含着经验与真知。在这里，我们用一本小书来解读中国历史，将鲜活的历史人物、丰富的多元文化呈现于读者面前。阅读本书，读者可以在轻松愉悦中了解人类历史发展进程，增长知识和胆略，提高历史修养，进而用世界胸怀和历史眼光更好地把握现在，展望未来。

目录

华夏源头

中原争霸

九州一统

天下归秦

西汉盛衰

东汉挽歌

离析与交融

三国鼎立

西晋醒风

乾坤变幻

王朝更迭

华夏源头 

远古文明

钻木取火

在我国古代，有许多关于原始人群到氏族公社初期人类生活进化的传说。这种传说大多是古人根据远古时代的原始人生活情景进行的一种想象。

原始人的工具很粗糙，所以就难以抵御周围猛兽随时可能对他们造成的伤害。正当人们为没有理想的住处而发愁的时候，部落中的一个人看到了树上的鸟巢。他发现鸟儿白天出外寻找食物，晚上回到巢中栖息，地上的野兽无法伤害它们。由于树叶的遮挡，下雨天也不会被淋。由此看来，居住在巢中既安全又舒适。于是，那人便依鸟巢的样式筑造了一个可以住人的巢。后来，原始人就学着鸟儿的样子，在树上造起小屋，这样就安全得多了。后人把这称为“构木为巢”(巢就是鸟窝)。传授给他们这种做法的人被称为“有巢氏”。

最早的原始人不知道怎样利用火，不仅生吃植物果实，就是捕到的野兽，也连毛带血地吃了。后来，人们在不断的实践中发明了火(在周口店的北京人遗址中，已发现用火的痕迹，说明那时候已经知道利用火)。

其实自然界中火的现象早就有了。火山爆发，会喷出火；打雷闪电的时候，树林里也会起火。起初，原始人看到火时，不会利用，反而非常害怕。后来偶尔拾到被火烧死的野兽，拿来一尝，味道香美。渐渐地人们学会用火烧东西吃，并且想法子保存火种，使它常年不灭。

传说一天夜里，一个年轻人做了

·神农尝百草·

远古时期，五谷和杂草长在一起，药材与百花开在一处，哪些植物可以做粮食，哪些药草可以治病，谁也分不清。神农看到了黎民百姓的疾苦，下定决心要亲口尝一尝各种野生植物的滋味，以确定哪些植物可以吃，哪些植物不能吃。他尝出了稻、麦、黍、稷、豆能够充饥，这就是后来的“五谷”，而且植物随季节变化枯荣交替以及不同的植物喜欢不同的土壤。于是他利用天气的变化指导人们种植农作物，这样就可以有计划地收集果实、种子作为食物，这就是我国农业的起源；他尝出了各种能吃的蔬菜和水果，都一一做了记录；他也尝出了365种草药，写成了《神农本草》。神农最后一次尝到了一种叫断肠草的剧毒植物，中毒而亡。他死的时候120岁。

⊙ 神农采药图

⊙石镰　新石器时代
新疆阿克塔拉出土，它的镰体是弧形的，其中一端比较宽，装柄用，另一端是尖状的，内侧磨为锋刃。

一个梦。在梦里，有人告诉他："一直往北走，有一个叫燧明国的地方，那里有火种。"年轻人醒来后，就向北方走去。他历尽千难万险，终于来到了燧明国。这里遍地长的都是一种高大的参天大树，大树遮天蔽日，四处一片黑暗，不分白天和黑夜。这时候，年轻人的眼前突然闪出一丝亮光——一种长着短而硬的嘴巴的鸟正在啄他前方的一棵燧木，鸟一啄，燧木就迸出火星。年轻人看到这种情景，脑子里灵光一闪，立即折下几个燧枝，互相敲击，树枝上果然闪出了火花！年轻人又用小树枝去钻大树枝，终于，树枝上冒烟了，接着，燃起了火花。

有了火之后，人们开始吃熟食、用火驱赶野兽、取暖。人们被年轻人的勇气、智慧和无私所折服，推举他做首领，并称他为"燧人氏"。《太平御览》记载："燧明国，不识四时昼夜，其人不死，厌世则升天。国有火树，名燧木，屈盘万顷，云雾出于其间。折枝相钻，则火出矣。后世圣人变腥臊之味，游日月之外，以食救万物；乃至南垂。目此树表，有鸟若鸮，以口啄树，粲然火出。圣人感焉，因取小枝以钻火，号燧人氏。"

又过了很长时间，人们又用绳子结成网，用网去捕猎，还发明了弓箭，这比用木棒、石器打猎又有了很大进步。使用弓箭，不仅可以射杀平地上的走兽，就连天空中的飞鸟，水里的游鱼，也可以捕捉到。捕捉到的动物，如果吃不完，人们并不急于将它们杀死，而是将其养起来。这种结网、打猎、养牲口的技能，都是人们在劳动中日积月累起来的。传说中，这些事的发明人是"伏羲氏"，或者叫"庖牺氏"(庖是厨房，牺是做祭品用的毛色纯一的牲畜)。

经过了漫长的渔猎时期，人类的文明又有了新的进步。人们发现撒在地上的野谷子，到了第二年，会生出苗来，一到秋天，又结出了更多的谷子。于是，人们就自觉地栽种起来。后来，人们用木头制造了一种耕地的农具，叫作耒耜（一种带把的木锹）。他们用耒耜耕地，种植五谷，获得了可以吃的粮食。传说中把这些发明种庄稼的人叫"神农氏"。

从构木为巢，钻木取火，一直到渔猎、畜牧，发展农业，充分反映了原始人生产力发展的进程。

《原始文明》

⊙ **彩陶人面鱼纹盆**
鱼纹盆为仰韶文化半坡类型彩陶的代表作，表现了人类早期与动物的密切关系。

原始社会，人们以血缘关系结成了亲族集团——氏族。最先是母系氏族，这一时期，女性在氏族公社中居于主导地位。一个母系氏族公社有一个共同的女祖先。由于全体成员只能确认各自的生母，所以成年的妇女一代一代地成为确定本氏族班辈世系的主体。成年的男子则分散到其他氏族寻求配偶，实行群婚。每个氏族公社内部，存在着按性别和年龄的不稳定分工。壮年男子担任打猎、捕鱼和保护集体安全等需要较大体力的事务，而采集食物、看守住地、烧烤食物、缝制衣物、养老育幼等繁重任务，都落在妇女的肩上。她们是氏族公社原始共产制经济的主持者，又对确定氏族的血亲关系起着主导作用。母系氏族公社经历了漫长的发展过程，在全盛时期普遍形成了人口较多、规模较大的长期定居的村落。

母系氏族公社是中国历史进程中比较重要的一个阶段，而仰韶文化遗址是清晰地反映母系氏族公社面貌的一片遗址。仰韶文化的主要区域在河南省西部、陕西省中部和山西省南部一带。它的分布非常广阔，南达汉水中上游，北至河套地区，西及甘肃境内的渭河上游，东到山东省。这些地方分散着母系氏族时的很多村落遗址，而且在某些地区，村落分布十分密集。

妇女在氏族中的地位非常高。有一些地方，发现了以女性为主要地位的埋葬习俗。在陕西省华县元君庙和华阴市横阵村，发现了很多母系氏族的迁移合葬墓。这一发现更进一步证明了当时妇女的重要地位。人死后，大概是先把尸体进行临时处理，遇到母系氏族中某个地位较高的妇女死亡后，就先直接把她的尸体仰卧埋在葬坑主要位置上，同时将和她同氏族的早死者的尸骨迁移过来，排在一起，同墓合葬。这种以妇女为中心的葬俗，表明女性在氏族中占有重要地位。还有，从半坡遗址和陕西省临潼区姜寨遗址墓葬的随葬品推测，女性一般比男性多。这种现象也说明了当时妇女社会地位很高。

河姆渡文化是中国长江流域下游地区古老而多姿的新石器文化，第一次发现于浙江余姚河姆渡，因而命名。

⊙ **骨哨　河姆渡文化**
狩猎工具，长6厘米～10厘米，骨哨均用一截禽类的骨管制成，里边还可插一根可以移动的肋骨，用以调节声调。猎人利用骨哨模拟鹿的鸣叫，吸引异性，伺机诱杀。

·父系氏族·

母系氏族公社经历了全盛时期，社会生产力的发展日渐加速，男子在农业、畜牧业和手工业等主要的生产部门中逐渐占据主导的地位，于是母权制自然过渡为父权制。父系氏族公社逐渐形成了。从此，以父权为中心的个体家庭成为与氏族对抗的力量，原始社会逐渐趋于解体。男子依靠经济上的优势，在社会生产和生活中占据了统治地位。他们必然要求按照男系计算世系、继承财产，母权制的婚姻秩序被打破了，原来对偶婚制下的从妻而居的传统，为一夫一妻制所取代。在一夫一妻制下，妇女的劳动局限在家庭之内，以家务劳动和家庭副业为主，女子在家庭经济中退居于从属地位。最初，这种小家庭依附于父系大家庭。生产进一步发展后，小家庭便有了更多的独立性和自主性。氏族社会走到了瓦解的边缘。

它主要分布在杭州湾南岸的宁绍平原及舟山岛。经科学的方法进行测定，它的年代为公元前5000年至公元前3300年。

河姆渡文化的骨器制作比较进步，有耜、鱼镖、镞、哨、匕、锥、锯形器等器物，都经精心磨制而成，一些有柄骨匕、骨笄上雕刻花纹或双头连体鸟纹图案，就像是精美的实用工艺品。河姆渡文化在农业上以种植水稻为主。在其遗址第4层较大范围内，普遍发现稻谷遗存，这对于研究中国水稻栽培的起源及其在世界稻作农业史上的地位，具有重大意义。

河姆渡文化的农具，最具有代表性的是大量使用骨耜。河姆渡文化的建筑形式主要是栽桩架板高于地面的干栏式建筑。干栏式建筑是中国长江以南新石器时代以来的重要建筑形式之一，目前河姆渡发现为最早。它与北方地区同时期的半地穴式房屋有着明显差别，成为当时最具代表性的特征。因此，长江下游地区的新石器文化同样是中华文明的重要渊薮。它是代表中国古代文明发展趋势的另一条主线，与中原地区的仰韶文化并不相同。

大汶口文化年代约为公元前4300年至公元前2500年，是中国新石器时代晚期的文化典型，其文化遗址最早发现于山东泰安市大汶口村。

大汶口文化的遗存十分丰富。经考古发现有墓葬、房址、窖坑等，墓葬以仰卧伸直葬为主，有普遍随葬獐牙的风习，有的还随葬猪头、猪骨以象征财富。出土生活用具主要有鼎、豆、壶、罐、钵、盘、杯等器皿，分为彩陶、红陶、白陶、灰陶、黑陶几种，特别是彩陶器皿，花纹精细匀称，几何形图案规整。生产工具有磨制精致的石斧、石锛、石凿和磨制骨器，骨针磨制得十分精细，体现了极高的制作技术。

大汶口文化的发现为山东地区的龙山文化找到了渊源，也是研究父系氏族时期社会状况的重要文化遗存。

黄帝战蚩尤

5000多年以前，在我国黄河、长江流域一带生活着许多部落。传说以黄帝为首领的部落，最早住在今陕西北部的姬水附近，后来沿着洛水南下，东渡黄河，在河北涿鹿附近定居下来，开始发展畜牧业和农业。

⊙ 炎帝像

炎帝即神农氏，曾遍尝百草为人治病，晚年在南巡途中因误尝毒草而身亡，死后葬于长沙茶乡之尾。

⊙ 黄帝像

传说黄帝时候开始种植五谷，养蚕缫丝，裁制衣裳，制作弓箭，制造舟车等。

与黄帝同期的另一个部落首领叫作炎帝，当他带领部落向东发展的时候，碰到一个极其凶恶的九黎族的首领蚩尤。传说蚩尤有81个兄弟，全是猛兽的身体，铜头铁额，凶猛无比。他会铸刀造戟，还经常带着他的部落，到处侵扰，闹得周围部落不得安宁。炎帝部落定居山东后，经常受到蚩尤的侵扰，炎帝几次起兵抵抗，但不是蚩尤的对手，被打得一败涂地。

炎帝战败后，带领他的部落逃到涿鹿，请求黄帝帮助复仇。黄帝早就想除掉蚩尤这个祸害，就与炎帝联合在一起，并联络其他一些部落，招集人马，在涿鹿郊外与蚩尤展开了一场殊死决战。

蚩尤也称得上一代枭雄，自不甘示弱。他集结所属81个支族，又联合巨人夸父部族和三苗一部，在兵数上已占据优势，又挟战胜炎帝之余威，并依仗精良的武器装备，气势汹汹地向黄帝扑来。黄帝临危不乱，率领以熊、罴、貔、貅、貙、虎等为图腾的氏族部众迎击蚩尤。黄帝还利用位居河上游的条件，令大将应龙“高水”，即在河上筑土坝蓄水，以抵御蚩尤的攻势。

当时正值浓雾弥漫，大雨倾盆，这很适合来自东方多雨环境的蚩尤族开展军事行动。蚩尤适时利用天气变化不断偷袭黄帝军得手，于是得意忘形，趾高气扬，认为不多时黄帝就不得不束手就擒了。

⊙ 黄帝战蚩尤图

黄帝毕竟不是等闲之辈，他知道恶劣气候不是己方进攻时机，就主动避敌锋芒，井然有序地组织后撤，因而保存了实力。不多久，风云突变，雨过

⊙ 黄帝陵冢

黄帝陵位于陕西省黄陵县城北的桥山上。

天晴，黄炎联军反败为胜的契机来了。黄帝当机立断，一声令下，大将常先、大鸿从正面开始了反攻。

黄帝又利用狂风大作、飞沙走石的天时，命风后、王亥把经过训练的300匹火畜组成一支“骑兵”，朝蚩尤军心脏长驱直入。黄帝还准备了80面夔牛大鼓，趁风沙弥漫之时擂鼓吹号以震慑敌人。

突如其来的反攻让蚩尤猝不及防，其军队开始自相践踏、慌不择路，终于陷入崩溃，节节败退。蚩尤无心恋战，向南逃跑；而粗犷骄横的夸父不承认失败，率本部奔大鸿军杀来。忽然一阵狂风，夸父眼着沙子，大鸿自不肯放过制敌机会，拦腰砍伤夸父，夸父军四散奔逃。

黄帝身边众多谋臣一再进言不可放走蚩尤，黄帝采纳群臣意见，联合炎帝族和玄女族紧追蚩尤，在冀州之野将之包围。黄帝命令擂鼓击钟，蚩尤军被钟鼓声震得耳聋眼花、溃不成军。

蚩尤落荒南逃，被黄帝擒获并杀于野外。刑天及蚩尤的部下把蚩尤的尸体偷运到河南濮阳西水坡秘密下葬，下葬的日期——正月初八被定为苗家的国难日。不久刑天与黄帝大战，因寡不敌众被黄帝斩首，但刑天的尸身不倒，他的两乳变成双目，肚脐变成了嘴巴，继续舞动兵器战斗。夸父则在潼关被应龙万箭齐发射死，鲜血染红了潼关。黄帝取得了对九黎族的决定性胜利，九黎族这一支力量融入炎黄族中。

黄帝、炎帝打败蚩尤后，同盟关系破裂，两个部落战于阪泉，即阪泉大战。经过三次艰苦卓绝的战争，黄帝战胜炎帝。炎帝部落的共工与黄帝战争失败，一怒之下用头碰撞不周山，从此天地西北高、东南低。这次战争后，黄帝向南发展，经过52次战争后天下归附，黄帝由此成为黄河中下游部落联盟的大盟主。公元前2698年，黄帝在釜山会盟并取代神农氏登上帝位。

传说中，黄帝还是一个大发明家，他不仅发明了在地面上建房屋，还发明了车、船和制作衣裳，等等。这当然不会是他一个人发明的，黄帝只不过是个带头人罢了。传说他的妻子嫘祖亲自参加劳动，也有一些发明，养蚕缫丝就是她的功劳。相传，嫘祖在一片桑树林里发现满树结着白色的小果，观察了好几天，才弄清这种白色的小果是一种虫子口吐细丝绕织而成的。她把此事报告给黄帝，并要求黄帝下令

·黄帝与中医起源·

《黄帝内经》是我国现存最早的一部中医理论专著，相传是黄帝与岐伯、雷官等六臣讨论医学的论述。《黄帝内经》将阴阳五行等哲学思想用于解释人体之生理、病理，形成了人与自然紧密关联的基本认识。在解释具体问题时，以脏腑、经脉为主要依据；在治疗方面，针灸多于方药。《黄帝内经》在我国中医史上，以其不可替代的四个“最早”(最早建立医学理论体系，最早研究和描述人体的解剖结构，对人体血液循环有最早认识，最早总结针灸、经络的理论和实践)，为我国的中医发展作出了杰出的贡献。

保护本国山上所有的桑树林。从此，在嫘祖的倡导下，人们开始了栽桑养蚕的历史。后世人为了纪念嫘祖这一功绩，就将她尊称为“先蚕娘娘”。

黄帝为创造远古时代的文明，立下了汗马功劳，在后代人的心目中占有极其重要的地位，所以人们都尊黄帝为中华民族的始祖，自己是黄帝的子孙。因为炎帝族和黄帝族原来是近亲，后来融合在一起，所以我们常常把自己称为炎黄子孙。

尧舜禅让

传说在黄帝之后，出了三个很出名的部落联盟首领，名叫尧、舜和禹。他们原来都是一个部落的，先后被推选为该部落联盟的首领。

尧是我国古代传说中一位著名的贤君。相传帝喾是黄帝的曾孙，为五帝之一，号高辛氏。有四妻四子，死后葬于今商丘市的高辛集。而尧就是帝喾之子，原封于唐，又称唐尧。相传尧继帝位时21岁（一说16岁），以平阳（今山西临汾）为都城，以火德为帝，人称赤帝。他性格仁慈，十分聪明，年轻有为，当上天下共主后，也不因此而骄横傲慢。他勤于政事，很少休息，礼仪简单，生活俭朴，绝不浪费百姓的一分一毫——他只吃用陶簋盛的粗饭淡汤。尧为了人民尽心尽责，但他的儿子丹朱却是个不肖之子。尧不愿意传位给儿子，就时常留心天下贤人，准备将帝位禅让给他。在尧让位给舜之前，尧听说许由是一位很贤能的人。于是，他派人把许由找来，并想将帝位让给他。许由推辞道：“您在帝位，人民满意，您治理天下，天下安定。而我还来代替您，这是为什么呢？您知道，小鸟在树林里筑巢，所需的不过是一枝而已；鼹鼠到河里去饮水，它所需的也不过是果腹而已。我的君主，请收回您的打算。我现在

⊙ 尧帝像

能为百姓做一点事就足矣，我要天下做什么呢？厨子即使不到厨房里去，主祭的人也不会越位去代替他烹饪。现在，您就是丢下天下不管，我也决不会代替您去治理天下。”后来，尧召集四方部落首领来商议，到会的人一致推荐舜。

⊙ 尧舜禅位图

尧听说舜这个人很好，便让大家详细说说舜的事迹。大家便把了解到的情况说给尧听：舜有个糊涂透顶的父亲，人们叫他瞽叟（就是瞎老头儿的意思）。舜的生母死得早，后母心肠很坏。后母生的弟弟名叫象，极其傲慢，而瞽叟却很宠他。生活在这样一个家庭里的舜，待他的父母、弟弟都很好。因此，大家认为舜是个德行好的人。

尧听了挺高兴，便把自己两个女儿娥皇、女英嫁给舜。为了考察舜，又替舜筑了粮仓，分给他很多牛羊。舜的后母和弟弟见了，非常妒忌，便和瞽叟一起用计想暗害舜。

有一次，瞽叟叫舜修补粮仓的仓顶。当舜沿梯子爬上仓顶时，瞽叟就在下面放了一把火，想把舜烧死。舜在仓顶上一见起火，想找梯子下来，却发现梯子已经被人拿走了。幸好舜随身带着两顶遮太阳用的笠帽。他双手拿着笠帽，像鸟一样张开翅膀跳下来。笠帽随风飘荡，舜安然无恙地落在地上。

瞽叟和象不甘心失败，他们又叫舜去淘井。舜跳下井去后，瞽叟和象就在上面向井里扔石头，想把舜埋在井里面。但是舜下井后，在井边挖出一个通道，从通道中钻了出来，又安全地回家了。

⊙ 壁画中宁静的尧舜时代

《史记》载，舜在20岁时就以孝闻名。30岁时，尧询问可用的人才，四岳诸侯都推荐舜。经过一番长期的考察，尧对舜很满意，就把帝位禅让给了舜。

从此以后，瞽叟和象不敢再暗害舜了。舜还是像过去一样和和气气地对待他的父母和弟弟。

尧听了大家的介绍后，又对舜进行了一番考察，认为舜确是个众望所归的人，就把首领的位子让给了舜。这种让位方式，历史上称为“禅让”。

舜担任首领后，又俭朴，又勤劳，跟老百姓一起参加劳动，大家都信任他。过了几年，尧死了，舜想把部落联盟首领的位子让给尧的儿子丹朱来担任，但是遭到众人的一致反对。舜才正式成为了部落联盟的首领。

大禹治水

尧舜禹禅让说的是上古时代华夏族的三个首领尧、舜、禹之间以“让贤”的原则依次传承“天子”位的故事。当时的“天子”乃是部落联盟首领，实行民主推选制度。不过，对于尧舜禹禅让的真实性，历代都有人表示怀疑，不管其真假，作为历史事件来说，尧舜禹的“禅让”代表了华夏民族在原始社会的尾声，其后华夏民族便进入了更加高级的文明时期。

⊙ **夏禹王像**

禹，传说中夏朝的第一个王，鲧之子。因禹治水有功，舜让位于他。在他死后，子启即位，从此开始了王位的世袭制度。

在尧担任首领期间，黄河流域经常发生水灾，良田沃土，房屋牲畜，都被淹没。这时居住在崇地的一个名叫鲧的部落首领，奉了尧的命令去治理洪水。鲧用了将近9年的时间治理洪水，不仅没有制伏洪水，反而使洪水闹得更大、更凶了。鲧只知道筑造堤坝挡住洪水，却不知道疏通河道，后来，堤坝被洪水冲垮了，灾情便越来越严重。

舜接替尧担任部落联盟首领后，发现鲧的工作失职，便杀了鲧，并让鲧的儿子禹去治理洪水。

禹汲取了父亲治水失败的教训，把以堵为主改为以疏为主。他偕同益、稷二人带领工人四处考察，立了许多标记，最终得出治水方案。他认为黄河水患最严重，其次是济水、淮水和长江。于是，他从壶口起把龙门山开了一条大路，又把砥柱山挖出一条深坑，从孟津往北连开九条大河，使黄河水患平了下去。然后又疏通济水的源头，使济水一面通黄河，一面通山东的汶水，治平了济水之患。他又从河南桐柏山起，把淮水分为两路，一路通山东泗水，一路通山东沂水，把淮河水患平下去了。疏导长江的工程则从四川的岷山做起，也以疏浚河道、加速行洪为主，把长江水引到东海去了。

传说在禹治水的13年当中，他曾经有3次路过自己的家门而不入。他一直想着老百姓仍在遭受洪水的祸害，庄稼被淹，房子被毁，于是，3次经过家门都顾不上进去探望家人。经过多年的努力，禹终于治理好了水患，把洪水引到大海里去，对社会的安定、繁荣、发展起到了积极的推动作用。

⊙ 禹陵
大禹陵，在今浙江会稽山麓。

人们为了表达对禹的感激之情，尊称他为“大禹”，即伟大的禹。

大禹虽然只是一个封国国君，却很受舜的宠信，每有要事都要请他去商量。每逢舜当众表扬他的功绩，他总说是舜领导得好，指挥得好，运筹得好，是舜的德行、仁政、风范感动了民众，民众拥戴舜的结果。或者说舜慧眼识人，善于用人，把功劳都记在其他几位大臣的账上。舜于是越发觉得大禹仁厚可靠。后来，干脆让大禹直接代替自己摄政，把国家大事全都托付给大禹，让大禹替自己管理了16年国家政事。

通过16年的观察，舜觉得大禹可以当自己的接班人，就当着众位大臣说要把帝王之位禅让给大禹。大禹多次推辞，并竭力推举舜的儿子商均嗣位。不久，舜突然病逝。大禹为了避免与商均发生冲突，就躲避到夏地的一个小邑阳城去，一躲就是3年。3年中，天下诸侯不去朝见商均，却来朝见大禹。大禹看到了自己的威望和实力，于是在舜死后的第三年，返回故都，南面天下，登天子之位。在他的治理下，部落和平，九州安定。后来，大禹命人铸造了象征九州和平的九鼎。这时，随着生产力的发展，社会产品出现了剩余。那些氏族、部落的首领们利用自己的权力，将剩余产品据为己有，以公有制形式存在的氏族公社开始瓦解。

大禹死后，被大禹选定的继承人东夷首领伯益拒不接受。后来大禹所在的夏部落的贵族便拥戴大禹的儿子启为部落联盟首领。启建立了中国历史上第一个奴隶制国家——夏朝，从此开创了子继父位的世袭制度。

·地理学著作《禹贡》·

《禹贡》托名大禹，作于战国时代，作者不详。它是中国历史上出现较早、影响很大的一部自然地理考察著作和原始的经济地理著作。

书中假托大禹治水经过，把中国东部按自然条件中的河流、山川和大海等分界，划分为九州，同时分别叙述每州的山脉、河流、薮泽、土壤、物产、交通、田赋、民族等情况。书中还有“导山”和“导水”两部分，对于山系和水系的描述明了、准确，对当时以黄河为中心的水系网络记述得井井有条，是宝贵的历史资料。

夏"家天下"

天下为家

公天下制度被大禹的儿子夏启破坏后，自然遭到一些人的反对。夏启没有急于镇压那些反对他的人，他认为当前最需要做的是安定人心，让民众心服口服地拥护自己。于是夏启在迁都到山西安邑后，严格要求自己，以博得人们对他的信任。他的每顿饭只吃一份普通的蔬菜；睡觉只铺一床粗糙的旧褥子；除了祭神和祭祖以外，他不许演奏音乐来娱乐；他尊敬老人，爱护小孩；谁有本领，他就亲自请来加以重用；谁懂得武艺，他就让谁带兵打仗。

一年后，夏启的声誉就大大提高了。大家一致认为夏启理所当然地是大禹的继承人了，对于父死子继的家天下制度，人们觉得并没有什么不合理。但后来夏启还是过上了荒淫的生活，喜欢饮酒、打猎、歌舞。他的儿子们也开始了权力之争，他的小儿子武观因此被放逐到黄河西岸，并试图反叛自己的父亲。

夏启死后，他的儿子太康做了君主。太康是个不管政事，昏庸无能的人。他只有一个爱好，那就是打猎。有一次，太康带着随从到洛水南岸去打猎。他越打越起劲，一去竟然 100 天没回家。

这时，在黄河下游有个夷族，部落首领名叫后羿，后羿的射箭技能非常出众，他射出的箭百发百中。后羿看到太康出去打猎，觉得这是个夺取夏王权力的机会，就亲自带兵把守住洛水北岸。等到太康带着一大批猎得的野兽，兴高采烈地归来时，发现洛水北岸排满后羿的军队，拦住他的归路。无奈之下，太康只好流亡在洛水南面。当时后羿还不敢自立为王，另立太康的兄弟仲康当夏王，而他自己却操纵了国家的权力。

仲康死后，后羿赶走了仲康的儿子相，夺了夏朝的王位。他仗着射箭的本领，也作威作福起来。后羿和太康一样，整天打猎，把国家政事交给他的亲信寒浞处理。寒浞瞒着后羿，笼络人心。有一天，后羿打猎回来，寒浞暗地里派人把他杀死。

后羿一死，寒浞便夺了王位，他担心夏族再跟他争夺王位，便杀死了被后羿赶走的相。那时候，相的妻子已经怀了孕，为了保住自己和胎儿的命，相的妻子迫不得已，从墙洞里爬了出去，逃到娘家有仍氏部落，后来生下了儿子少康。

少康很小就十分聪明。后缗觉得这个孩子很有希望恢复夏王朝，在他刚刚懂事的时候，便把先辈创建夏王朝的故事讲给他听，叮嘱他长大以后一定要报仇雪恨。

少康从小在这种教育的耳濡目染下，果然发愤图强，为夏朝复兴做准备，先在外祖父有仍氏的部落担任管理畜牧的官。浇（寒浞长子）知道少康长大后，便又派人来杀害他。少康逃到虞舜的后代有虞氏那里。有虞氏的首领虞思觉得少康很有出息，就任命他为部落里管理膳食的官，学习管理财物的本领。后来，虞思又把自己的女儿嫁给少康，把一块叫纶的地方交给他管理。纶这个地方有5平方千米大小，有很好的田地，并有500名士兵。这样，少康就建立起恢复夏朝的根据地和武装。

⊙白陶爵　夏

少康宣扬他的祖先夏禹的丰功伟绩，以此来号召人们支持他复兴故国。少康把那些被后羿和寒浞搞得妻离子散、家破人亡、流浪在外的夏朝旧官吏召集到纶地，叫他们跟着自己重建夏朝。他先派一个名叫艾的大将去刺探浇的实力，又派自己的儿子季予攻打浇的儿子戈豷的领地，削弱浇的力量。艾和季予都出色地完成了任务。少康对于浇的情况已经了如指掌，趁势消灭了浇的儿子戈豷，这样一来使得浇处于孤立无援的地步。

一切都准备就绪后，少康便从纶地起兵，向夏朝的旧都城安邑杀去。这时候寒浞已经死去，浇虽然想抵抗，怎奈力量过于弱小，最终被少康消灭了，天下又回到了夏禹子孙的手里。

夏朝从太康到少康，中间大约有一百年的时间，在这段时间里，国家一直处于混战状态。长期的战乱使生产荒废，民不聊生。少康执政以后，首先要做的就是发展农业。少康深知要想得到人民的拥护，就要关心人民的生产和生活。所以，少康即位后，恢复了夏王朝稷官管理农业生产的制度。同时，他又恢复了水正的官职，重新整治黄河、管理水利工程。

除此之外，少康还分封他的小儿子去越国世代祭祀祖先大禹的陵墓。

还有一件事常常使少康感到心中不安，那就是夷族和夏朝之间的斗争仍在继续。为了杜绝这种祸患再次发生，少康决定征战夷族，以显示夏王朝的实力和威风。但可惜的是，少康很早就过世了，征服东夷成了他的未竟之业。

后来，少康的儿子季杼（也作予）即位。他继承了少康的遗志，积极地准备征服东夷。传说为了战争的需要，季杼制造了许多进攻武器，还发明了一种可以避箭的护身衣，叫作“甲”。季杼终于战胜了夷族，夏的势力范围又扩大了。

殷商盛象

伊尹辅政

夏朝最后一个君主叫桀，是个暴君。约公元前1600年，汤的军队占领了夏朝的首都斟鄩(今河南巩义市西南)，夏王朝灭亡，汤建立了商王朝。汤，又叫成汤或成唐，有时候，后人也叫他商汤。甲骨文记载他名叫大乙，就是这个人把夏桀消灭掉的。

⊙ 商汤像

灭夏的战斗胜利后，商汤在三千诸侯的拥立下称帝，宣告商王朝的建立。商汤从残暴的夏桀身上吸取了教训，总结出夏桀是因为老百姓的反对才灭亡的。于是，他便以身作则，为老百姓做好事，整饬朝纲，将阿谀奉承的奸臣赶走，重用忠心为国的大臣。商汤这一系列的举动深受各地诸侯的欢迎。商朝的建立和兴旺，有力地促进了生产力的发展，使古代文明的进步获得转机，使中国成为伟大的文明古国之一。

伊尹，出生于伊水流域(今河南洛阳附近)，在他年龄很小的时候，就被卖到了有莘国(今开封陈留一带)做奴隶。

有一回，商汤的左相仲虺去给夏桀送贡品，途中在有莘国停留了几天。无意中，他发现送饭菜的奴隶伊尹才智出众，交谈之下，发现伊尹果然是个贤人。

回国后，仲虺就向商汤举荐了伊尹。求贤若渴的商汤，立即派了一名使臣带着聘礼，到有莘国去请伊尹。使臣到了有莘国后，明察暗访，费了很大劲儿，才在野外的一间小茅草屋里找到了伊尹。使臣上下打量了一番这个又黑又矮、蓬头垢面的伊尹，实在看不出这个人有什么出众之处，不由得显出一副傲慢无礼的神情来，他对伊尹说道：“你就是伊尹吧，你的运气来了，我们商王想见你，赶快收拾东西跟我走吧！”伊尹被使臣傲慢无礼的言行激怒了，立即以一种凛然不可侵犯的态度，从容地回答说：“我伊尹虽然贫寒，但我有田种，有饭吃，过得像尧舜一样痛快，为什么要去见你们商王呢？”商国的使臣讨了个没趣儿，只好垂头丧气地回商国了。

有莘国的国君听说商汤派使臣来请伊尹，他怕伊尹被商国请回去对自己不利，就找了个借口把伊尹抓了起来。后来仲虺亲自来请时，伊尹已失去了人身自由。

仲虺回商国后，把伊尹面临的处境向商汤汇报了一遍，商汤十分失望。后来，仲虺想出了一个主意，便对商汤建议向有莘国君求婚，让伊尹作为陪嫁奴隶，和有莘国君的女儿一起到商国来。这样，不仅可以请来伊尹，而且可以使有莘国免除疑虑。商汤表示赞同，马上派人到有莘国去求婚。使臣到了有莘国，向有莘国求婚，有莘国的国君答应了商汤的要求，于是伊尹作为陪嫁奴隶来到了商国。

伊尹来到了商国后，经过交谈，商汤感到伊尹果然是个了不起的人才，于是就任命伊尹为商国右相，和仲虺共同策划处理各种国事。就这样，伊尹由一个奴隶一跃成为商国的宰相。在伊尹的辅助下，商国的势力更加强大，最后终于灭掉了摇摇欲坠的夏王朝，建立了商朝。

商汤死后，伊尹成为商朝的重要辅臣。商汤原来有三个儿子，大儿子太丁死得早，于是汤死后，伊尹扶持商汤二儿子外丙继位做了商王。但是外丙不久也死了，于是伊尹又立他的弟弟中壬为王。过了不久，中壬又死了，伊尹只好立商汤的长孙太甲为王。

太甲从小生长在帝王之家，过着无忧无虑的生活，因此他即位后，政务民事从不过问，整天只知寻欢作乐。

对于太甲能否做好国王，伊尹很是担心，因此他辅佐太甲，用力最勤。太甲刚一即位，伊尹就在祭祀先生的典礼上做了长篇训话（后题为《伊训》），教导太甲要继承先主遗志，勤于政事，努力修身治德，以使商朝的江山能够永不消逝。

·青铜器·

距今4000年左右，中国进入青铜时代。早期的青铜器以河南偃师二里头遗址晚期所出土的文物为代表，已具有一定的铸造水平。除刀、锥、铃等小铜器外，还有戈、戚一类兵器，爵、角、斝一类铜礼器；但这时铜器的胎很薄，器表也大都朴素无文；商代中期的青铜器以郑州商代遗址和黄陂盘龙城遗址出土的青铜器为代表，年代大致在仲丁至盘庚迁殷以前。铜器出土较多，其中礼器有鼎、鬲、簋、觚、爵、斝等，而胎质一般较薄，只有单线条的花纹带；晚期以安阳殷墟出土的青铜器为代表。这个阶段的中期最富有特点，以河南安阳妇好墓所出铜器为代表，有很多新的器类，器形也更丰富，礼器一般较厚，花纹繁缛，并开始出现铭文。

还做了《肆命》，陈述天命之无常，劝诫太甲。不久后，再做《徂后》，以远古君主兴亡之事劝谏太甲以史为鉴，避免亡国厄运……

伊尹一再教导太甲要勤政爱民，不能耽于游乐，但太甲根本听不进去。伊尹看到太甲执迷不悟，心想：太甲这样放纵下去说不定将来会成为夏桀一样的人。由于劝诫毫无结果，伊尹在和其他大臣商议后，把太甲软禁在汤墓附近的桐宫(今河南偃师县西南)，让他静心思过。

三年的时间过去了，看到太甲稚气脱尽，行为简朴，与三年前相比判若两人，伊尹非常高兴，便亲自携带商王的冠冕衣服到桐宫，迎接太甲返回亳都再登王位，把国政交还太甲。桐宫三年，太甲好像变了个人。他早起晚睡，关心百姓疾苦。诸侯见太甲宽厚仁德，待人诚恳，因而都来归附；百姓见君王和蔼可亲，关心人民，因而都同心爱戴……

太甲复位后，实行了一系列好的政策，诸侯归顺，百姓安居乐业，商朝仿佛又回到了商汤当政的时候。传说太甲死后，伊尹作《太甲训》三篇，称颂太甲，并尊他为太宗。太甲死后，沃丁即位，伊尹自觉年老，不再参与朝政。伊尹于沃丁八年病死，相传他活了一百多岁。沃丁以天子之礼隆重地安葬伊尹，用牛羊豕三牲祭祀，并亲自为伊尹戴孝三年，报答他对商王朝的贡献。伊尹的名字见于甲骨文，记载他历享后代商王的隆重祭祀。伊尹树立了中国历史上第一位名臣形象，在商王朝的建立和巩固中起了不可估量的作用，特别是他的政治主张对整个商代都起了关键性的作用。

“实维阿衡，实左右商王！”这是一首颂扬商朝开国历史的乐歌中的歌词，是歌颂伊尹担任“阿衡”官职辅佐商王的功绩的。伊尹辅佐了汤、太甲、沃丁等五位商王，是名副其实的五朝元老。像伊尹这样的辅佐大臣，在商朝还有很多，他们在维护商朝的长治久安中起到了非常重要的作用，伊尹是其中最杰出的一位。

盘庚迁都

商汤建立商朝时，将国都定在亳(今河南商丘)。后来300年当中，前后5次搬迁都城。其原因是多方面的，有王族内部经常争夺王位，发生内乱的缘故；还有黄河下游常常闹水灾的缘故。有一次洪水泛滥，把都城全淹了，商朝就不得不迁都。

从商汤到盘庚，商王朝经历了18个国王。前九王统治时期，基本上能继承商汤开创的事业，统治也比较稳定，因此都城一直在亳。可是从商汤的五世孙中

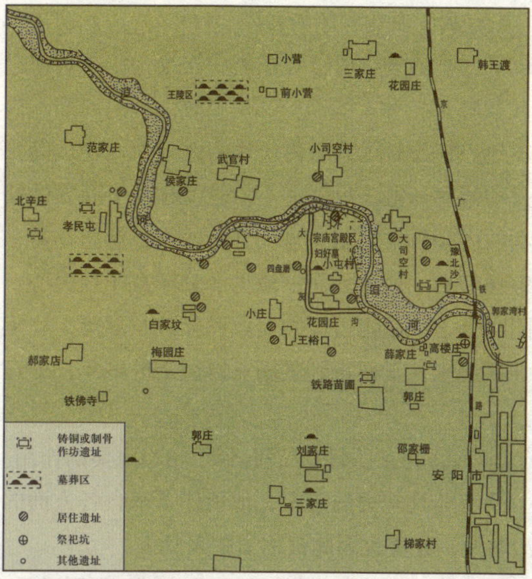

⊙ 安阳殷墟遗址分布示意图

通过多年的调查与发掘，殷墟的范围和布局已大体清楚。洹河南岸的小屯村东北地为商代宫殿、宗庙区，周围分布有手工业作坊，居民区及平民墓地；北岸分布有大面积的王陵区。殷墟周围可能是贫民居所。

丁到九世孙阳甲，商统治集团开始腐朽起来。在王室贵族当中，争夺王位的斗争越演越烈，兄弟之间、叔侄之间，甚至父子之间，展开你死我活的斗争。动乱的结果，致使王位更替频繁，这就是所谓的“九世之乱”，商朝王权的势力逐渐削弱。

在这种情况下，奴隶主加紧了对平民和奴隶的剥削，阶级矛盾也尖锐起来，再加上水涝、干旱等自然灾害，使商朝很快地衰落下去。原来臣服于商朝的一些少数民族和诸侯国也都纷纷反叛。为了摆脱这种困难的局面，商王曾采取了迁都的办法，但都没有从根本上解决问题。盘庚就是在这种情况下，在他的哥哥阳甲死后做了商王。

盘庚在诸商王中，是一个很有作为的国王。他既通晓自己国家和民族的历史，又有一套现实的统治办法；他能很好地笼络、使用商朝功勋旧臣，又能不被这些人左右、利用。因此，在盘庚继承王位的时候，尽管他还很年轻，却能率领商朝的臣民摆脱困境。为了改变当时社会不安定的局面，他决心再一次迁都。

可是，迁都的想法遭到大多数贵族的反对，他们贪图安逸，都不愿意搬迁。还有一些有势力的贵族煽动平民起来反对，一时间闹得满城风雨。

在强大的反对势力面前，盘庚丝毫没有动摇迁都的决心。他把反对迁都的贵族找来，耐心地劝说他们：“迁都是为了我们国家的安定。你们要理解我的苦心，不要产生无谓的惊慌。我的主意已定，不容更改。”

迁都于殷，盘庚是经过了周密考虑的。新都殷地处黄河以北，洹河之滨，不仅有着优厚的地理条件，还有着可控四方的战略优势，可以有效防御北方、西北地区各方国少数民族的侵扰。另外，殷还是商的先祖起源活动的地方，盘庚以恢复“成汤之政”为目标，有利于号召人民。从政治上来说，迁殷之后远离了旧都奄（今山东曲阜），可以摆脱王族在旧都发展起来的各种势力，避开其锋芒，摆脱其牵制影响，巩固自己的政权。从经济上看，避开因年久失修而水涝不止的泗水流域，迁到一片肥沃的土地上，更有利于农业生产的发展。

盘庚坚持迁都的主张终于挫败了反对势力，他带着平民和奴隶，渡过黄河，搬迁到殷(今河南安阳小屯村)。仅仅迁都，并不能彻底改变朝政混乱的局面。盘庚立即实行了一系列有效的措施。他一扫昔日王族奢侈淫逸的风习，一切从简，使人们的思想行为安于质朴。紧张的营建开垦、艰苦奋斗的建设改变了商人的精神面貌，昔日贪污腐化、争权夺利的内耗得到抑制。盘庚选贤任能，惩恶扬善，论功行赏，重新以法度正天下，整顿朝政。另一方面，他也十分注意团结民心，减轻剥削，得到了人民的支持；同时打击了侵扰边境的少数民族游牧部落，安定了边疆。这样，商的势力才渐渐强盛起来，王权得到巩固。以后200多年，一直没有迁都。所以商朝又称作殷商。

盘庚迁都是商朝历史的转折点，对商朝的巩固和发展起到了相当重要的作用。历史证明盘庚是位富有远见卓识、具有非凡魄力的君王，他顶住了来自各方面的压力，迁都成功，去奢就俭，根治腐败，盘庚也因此被称为中兴贤王。

从那以后，又经过3000多年的漫长岁月，商朝的国都就变为废墟。到了近代，人们在殷地旧址上已发掘五六十座宏大宫殿宗庙基址，发现大中型夯土基址和小型房子百余座，发掘铸铜作坊等手工作坊10多处，还有上千座的祭祀坑、殉葬坑、车马坑。因为那里曾经是商朝国都的遗址，就把那里命名为“殷墟”。殷墟遗址面积30余平方公里，中心区域是宫殿区和王陵区，其外为居民区和手工业作坊区，再外则是墓葬区。宫殿区和王陵区均处在洹河南北两块高地上。王室作坊分布于宗庙区周围，呈卫星状分布着家族墓地以及其他邑落。整个国都布局合理，沿洹河而建。在宫殿区的西、南边都发现了相当宽阔的壕沟，均是人工挖的，起着城墙护卫的作用。

从殷墟发掘出来的遗物中，有龟甲(就是龟壳)和兽骨10多万片，上面都刻着很难辨认的文字。经过考古学家的研究，才把这些文字弄明白。当时，商朝的统治阶级很迷信鬼神。他们在祭祀、打猎、出征时，都要用龟甲和兽骨来占卜吉凶。占卜之后，就把当时发生的情况和占卜的结果用文字刻在龟甲、兽骨上。现在，我们把这种刻在龟甲、兽骨上的文字叫作“甲骨文”。我们今天使用的汉字就是从甲骨文演变过来的。

在殷墟上发掘出的遗物中，还发现了大量的种类繁多的青铜器皿、兵器，工艺制作都很精巧。有一个叫作“后母戊”的大方鼎，重量为875千克，高130多厘米，上面还刻着富丽堂皇的花纹。从这件青铜器上可以看出，在殷商时期，冶铜的技术和艺术水平都是很高超的。

牧野之战

周文王死后，他儿子姬发继承了王位，就是周武王。周武王拜太公望为师，让他的兄弟周公旦、召公奭做太公望的助手，继续整顿政治，训练兵士，准备讨伐商纣王。

这时，商纣王的暴政已经达到了极点。商朝的贵族王子比干和箕子、微子十分担忧，苦苦地劝说他改邪归正。商纣王不但不听，反而将比干杀了，还残忍地叫人剖开比干的胸膛，挖出他的心，说要看看比干的心长什么样子。迫于无奈，箕子装疯卖傻总算免了一死，被罚做奴隶，囚禁起来。微子看见商朝已经没有希望，便离开了国都朝歌。

在公元前 11 世纪，周武王得知商纣王已经到了众叛亲离的地步，认为时机已经成熟，于是便遍告诸侯：殷有重罪，不可不征伐！武王请精通兵法的太公望做元帅，领 5 万精兵，渡过黄河东进。800 诸侯在孟津会师。周武王在孟津举行誓师大会，历数了纣昏庸无道、残害人民的罪状，鼓励大家同心讨伐纣王。

公元前 1046 年 (一说公元前 1057 年) 一月，周武王统率兵车 300 乘、虎贲 3000 人及甲士 4.5 万人，声势浩大地东进伐纣。

一天，在周武王进军时，有两个老人挡住了军队的去路，要见武王。原来，这两人是孤竹国 (在今河北卢龙) 国王的儿子，哥哥叫伯夷，弟弟叫叔齐。孤竹国王钟爱叔齐，想把王位传给他。伯夷得知父王的心意后，便主动离开了孤竹国，叔齐也不愿接受王位，也躲了起来。他们两人在周文王在世的时候，一起投奔周国，并定居下来。他俩听到武王要去讨伐纣王，就赶来阻止，并说这是大逆不道的行为。太公望知道这两人是一对书呆子，吩咐左右将士不要为难他们，把他们拉走就是了。后来这两个人拒食周粟，躲到首阳山 (在今山西永济西南) 上绝食自杀了。

一月下旬，周军抵孟津关隘，会合了庸、卢、彭、濮、羌、蜀、髳、微等反商各国。短暂休整后，于一月二十八日继续挥戈东进，从汜地渡过黄河后进入中原，旋北上百泉，

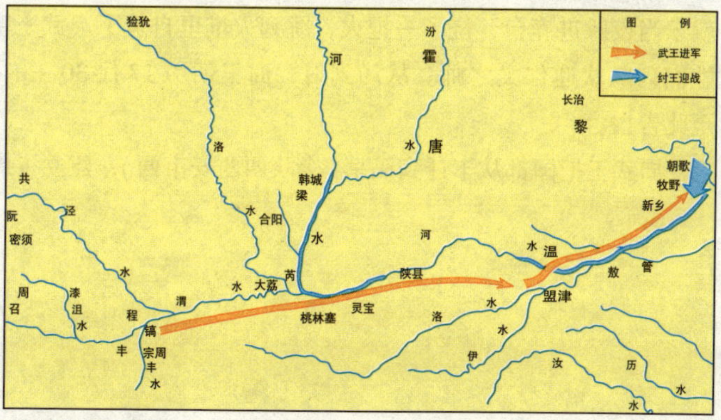

⊙ 牧野之战示意图

折而东行，直抵朝歌近郊牧野。二月四日拂晓周军在牧野安营扎寨，周武王召集群臣进行战略部署。

周军日夜兼程到达牧野的消息传入朝歌，商廷上下惊恐万分。商纣王大骂群臣尸位素餐，办事不力。无奈之下纣王只得征兵组织抵御，但东夷人的叛乱牵制了商朝主力军队，远在山东平叛的闻仲军这时已无时间赶回朝歌应战周军。纣王就把大批奴隶临时武装起来，与国都守军整编成一支 17 万人的军队，自己亲自统率，开赴牧野周军屯地。

二月五日，周军庄严誓师。阵前武王义正词严地声讨商纣王听信谗言诛杀肱股重臣、宠信妲己、不理朝政等累累罪行，周军深受激励，斗志昂扬，皆愿在伐纣战争中赴汤蹈火，誓死效命。武王又郑重宣读了纪律条文并布置了作战阵形，求整忌乱来提高战斗力。

战前充分动员后，武王命令周军对纣王军发起总攻。武王决定先发制人，他让太公望率 2 万精锐突击部队以迅雷不及掩耳之势突袭商军。纣王还未部署周密，商军就被周军冲击，阵脚顿时大乱。而商军中的奴隶和战俘之前从未受过严格的军事训练，战斗意志和纪律性都很差，再加上内心憎恨纣王从前对他们的虐待，并不乐意为之拼命；现在遭治军严谨、训兵有素的周精兵疾攻，根本就难以抵挡，遂纷纷掉转戈矛攻向商正规军。商纣王尽管体魄健硕，能以一当十，无奈己军起义反戈，又收不住阵脚，只能尽力招架。

周军元帅太公望深通谋略，运筹帷幄，即调骁将南宫适、洪锦各统五千人马从左右两面夹击商军。商军哪能经得住这两支生力军的猛攻，终于开始溃退。纣王知大势已去，拼命向东杀开一条血路逃回朝歌，商军 17 万人众瞬时土崩瓦解。

太公望下令乘胜攻打商都，武王又亲领 1.5 万精锐加入总攻，其中有兵车三百乘。周军将士个个奋不顾身，猛冲商军。逃回朝歌后，商纣王看到大势已去，就于当夜躲进鹿台，烧了一把火，跳到火堆里自焚了。武王率大军进入朝歌，百姓们列队欢迎仁义之师。从汤到纣，商王朝历 17 代 30 王 (不包括汤长子太丁) 至此告亡。

周武王把国都从丰迁到镐京 (今陕西西安市西)，建立了周王朝。

西周灭亡

周公辅政

把商纣王彻底消灭后，武王进入商都，将商的畿内分为邶、鄘、卫3个国家，以邶封纣子禄父(即武庚)，鄘、卫则由武王之弟管叔鲜、蔡叔度分别管制，合称三监。另外还有一说是管叔监卫、蔡叔监鄘、霍叔监邶，以监视武庚。安排好后武王派兵征伐尚未臣服的商朝诸侯，据记载征服者有99国，臣服652国。武王还师西归，在他新迁的都邑镐京(即宗周，今陕西长安西北沣水东)举行大型典礼，正式宣告周朝的建立。

周王朝建立后，所面临的政治形势十分严峻。武王以“小邦”之君统治如此规模的区域，随时都会发生诸侯叛乱的局事。为了巩固政权，适应新形势的需要，武王决定按功行赏，理顺统治集团的内部关系，实行以周王室为中心的分封政治制度。首先受封的功臣主要有：太公望、周公旦、召公奭等人。为了控制广阔的新征服地区，周朝仍然应用商的分封制方法，把王族、功臣以及先代的贵族分封到各地做诸侯，建立诸侯国。先后受封的有鲁、齐、燕、卫、晋、宋、虢等71个诸侯国。

周武王建立周王朝后仅仅4年就生病死了，他的儿子姬诵即位，就是周成王。

·周　礼·

周代的社会道德规范统称为“礼”，在举行礼仪活动时，常常歌舞相伴。相传西周的礼乐是由周公制定的。周公对以前的礼乐进行了加工和改造，就成了“周礼”。周礼分为五礼：吉礼，用于各种祭祀活动；凶礼，用于丧葬和哀悼各种灾祸；宾礼，用于诸侯朝见天子；军礼，用于军事和相关的领域；嘉礼，用于各种吉庆的活动，包括饮食、婚冠、宴享、贺庆等。在《仪礼》中记载的具体的礼仪，则有士冠礼、士婚礼、乡饮酒礼、燕礼、聘礼、士丧礼等，名目极为繁细。周代的礼乐主要通行于士和士以上的贵族阶层，天子用以约束贵族的行为，明确他们之间的尊卑关系。对于下层人民而言，则以刑罚治之，礼乐是不适用的，所以说“刑不上大夫，礼不下庶人”。

⊙《周礼》书影

所谓周礼有两层意思：一是周代的礼法、政法制度，其中包括分封制、宗法制及与其相对应的政法、礼法制度，它们有力地维护了周的统治；另一层意思是礼俗，包括周代的各种文化制度、风俗，后代各种礼法制度的制定多参照周礼。

那时，周成王只有 13 岁，不能处理政务。于是由武王的弟弟周公旦辅助成王掌管国家大事，行使天子的职权。历史上，通常不直接称呼周公旦的名字，只称周公。

周公尽心尽力辅助成王，管理政事，但还是遭到周武王的弟弟管叔、蔡叔的猜忌，他们在外造谣说周公有野心，想篡夺王位。

⊙ 玉鹿　西周中期

两件鹿皆青玉质。体扁，一大一小，大者昂首前视，小者回首顾盼；大者角长枝繁，小者角枝短且枝杈不茂；大者饰臣字目，小者饰圆目；大者于角根钻一圆孔，小者于角中钻一圆孔，均可供佩穿。此玉鹿饰纹简洁，但形态逼真，栩栩如生，为西周玉鹿之精品。

这时，纣王的儿子武庚不满足于周朝封给他的殷侯地位，想重新恢复殷商的王位。武庚一听说周朝内部动荡不安，就和管叔、蔡叔串通起来，联络了一批殷商的旧贵族，还煽动东夷中几个部落，起兵叛乱。

武庚和管叔等人制造的谣言，很快传到镐京，一时谣言四起，连召公奭听了也怀疑起来。成王年小，更分不清事实真伪，所以对这位辅助他的叔父也不太信任了。

周公内心很痛苦，他首先向召公奭推心置腹地表明心意，告诉召公奭，他绝没有野心，让召公奭顾全大局，不要听信谣言。他这番诚恳的话感动了召公奭，消除了大家对周公的误会。周公在调和了内部的矛盾之后，毅然调动大军，亲自东征武庚。

这时候，东方有几个部落都与武庚串通一气，蠢蠢欲动。周公授权给太公望：各国诸侯，有不服周朝的，太公望有征讨特权。这样，由太公望控制东方，周公自己全力讨伐武庚。

周公花了 3 年时间，终于平定了武庚的叛乱，杀了武庚。周公平定了叛乱，把管叔革了职，将蔡叔充军。管叔觉得自己没有脸面去见他的哥哥和侄儿，便上吊自杀了。

周公东征结束时，抓获了一大批商朝的贵族。因为他们反抗周朝，所以叫他们是“顽民”。周公觉得让这批人留在原来的地方容易滋生事端；同时，又觉得镐京远离东部的广大中原地区，控制起来很不方便，他就在东面新建一座都城，叫作洛邑（今河南洛阳市），把殷朝的“顽民”都迁到那里，派兵监视他们。这样一来，周朝就有了两座都城。西都是镐京，又叫宗周；东部是洛邑，又叫成周。

周公辅助成王执政了 7 年，不仅加强了周王朝的统治地位，而且还为周朝制订了一套典章制度。到周成王满 20 岁的时候，周公把政权交还给成王。

周成王死后，他的儿子康王即位。这段时间前后约 50 年，是周朝强盛和统一的时期，这就是历史上所说的“成康之治”。

烽火戏诸侯

周宣王在公元前 781 年死了，太子宫涅即位，这就是周幽王。周幽王又是一个昏君，只知吃喝玩乐，不理政事。

幽王继位的第二年，泾、渭、洛地区发生强烈地震。百姓的生命财产遭受巨大损失，动荡不安的政局日益加剧。

周幽王不仅残暴昏庸，而且耽迷女色。他整日派人四处寻找美女。有一个叫褒珦的大臣，劝谏幽王节制享受，幽王不仅不听，反而把褒珦判了罪。

褒珦被关入监狱 3 年，他的族人十分焦急，他们想了各种办法，解救褒珦。有人说，用珍宝赎罪；也有人说，找个美女送去，替褒珦赎罪。

后来，褒珦家人将褒姒进献给周幽王。周幽王一见褒姒貌若天仙，马上就把褒珦释放了。从此，幽王整天与褒姒在后宫饮酒作乐，将朝政抛在脑后。

然而，幽王虽然宠爱褒姒，但褒姒性格内向，不喜笑颜，任凭幽王想尽一切办法讨她欢心，褒姒都笑不出来。

有一天，幽王忽然心血来潮，让人在宫外贴一个布告：有谁能逗王妃娘娘笑一次，就赏他 1000 两金子。

奸臣虢石父得知后，马上向幽王献计，用“烽火戏诸侯”的玩笑来博取褒姒一笑。烽火是古代军情危急时的报警信号，周王朝在骊山上建有 20 多座烽火台，每隔几里便有一座，专门用来防备西戎的进攻。一旦西戎来犯，烽火台上的烽火会像接力棒一样点燃，一个地点一个地点传下去，附近的诸侯远远见了就会发兵来救援。

第二天，幽王兴致勃勃地携爱妃褒姒上了骊山。他们白天在骊山吃喝玩乐，到了晚上，让士兵把烽火台的烽火点了起来。附近的诸侯一见黑烟滚滚的烽火狼烟，以为西戎兵打来了，立即率兵来援。赶到时，却不见西戎兵的影子，只听见山上丝竹管弦之声。这时虢石父从山上下来说，大家辛苦了，这里没有什么事，大王和王妃放烟火不过想取个乐，你们回去吧！

⊙ 人面纹玉饰　西周

此物由青玉雕成，圆形人面像，方脸大耳，矩口獠牙，造型自然生动，别致有趣。

诸侯们从老远跑来，却被幽王耍乐一番，一个个气得肺都要炸了，掉转马头就走。褒姒在山上，借着火光看到诸侯们气愤、狼狈的样子，真的笑了一下。幽王瞧见了她这一笑，不由得心花怒放，马上赏给虢石父1000两金子。

幽王自宠幸褒姒以后，被她迷得神魂颠倒，竟然想废掉太子宜臼，改立褒姒生的儿子伯服为太子。

周幽王在幽王五年（公元前777年）废申后及其太子宜臼的时候，遭到大臣卿士极力反对，但周幽王一意孤行。宜臼被废后，逃难到其母家申国。这时候周王朝的力量十分衰微，只相当于一个中等诸侯国的实力，齐、鲁、晋、卫已不听从周王朝的命令。申侯虽不满周幽王，但还没有公然叛周。幽王八年（公元前774年），周幽王立褒姒子伯服为太子，遂使周、申之间矛盾趋于表面化。幽王九年（公元前773年），申侯与西戎及缯侯联合，准备反周。第二年，周幽王针锋相对，与诸侯结盟于太室山，并派兵讨伐申国以示威。幽王十一年（公元前771年），申侯与缯国、西戎举兵讨伐镐京。幽王下令点起烽火求援，结果各路诸侯对上次的羞辱记忆犹新，加上对幽王昏庸乱政的不满，连一个救兵也没有派。西戎兵很快攻破周都镐京，把逃到骊山脚下的幽王和伯服杀了，把美貌的褒姒抢走了。

幽王死后，申侯、鲁侯和许文公在申国立原来的太子姬宜臼为王，这就是周平王。平王后来回到镐京，看到镐京已被西戎人破坏得面目全非，只好于公元前770年，东迁至洛邑。历史上把周朝定都镐京的时期，称为西周；迁都洛邑之后，称为东周。

·奴隶社会军制的特点·

1.王是最高军事统帅，方国诸侯的军队虽有一定独立性，但战时要听王的调用。
2.由王卫队发展演变而来的常备军，在征战中起主要作用，战时军队主要靠临时征发。
3.实行奴隶主贵族血缘种族兵役制和军政一体、文武不分的民军制。
4.军政官吏实行世卿世禄制，与宗法制度相适应。

中原争霸

春秋图霸

齐桓公称霸

周王朝迁都到洛邑以后的东周，分为“春秋”和“战国”两个时期。春秋时期，周王室几经衰落后，周天子名义上是各国共同的君主，而实际上，他的地位只等同于一个中等国的诸侯。一些比较强大的诸侯国家经常使用武力兼并小国，大国之间也互相征伐，争夺土地。强盛的大国诸侯，可以号令其他诸侯，成为诸侯国的霸主。

春秋时期第一个称霸的是齐国（都城临淄，在今山东淄博）。齐国原是姜尚的封地。

公元前686年，齐国发生了内乱。在这次内乱中，国君齐襄公死于非命。襄公有两个兄弟，一个叫公子纠，当时在鲁国（都城在今山东曲阜）；一个叫公子小白，当时在莒国（都城在今山东莒县）。两个人身边都有辅佐的能人，辅佐公子纠的叫管仲，辅佐公子小白的叫鲍叔牙。两个公子听到齐襄公被杀的消息，都准备回齐国争夺君位。

鲁国国君庄公决定亲自把公子纠送回齐国。管仲对鲁庄公说：“公子小白在莒国，离齐国很近。万一回到齐国去，事情就不好办了。让我先带一路人马在路上截住他。”

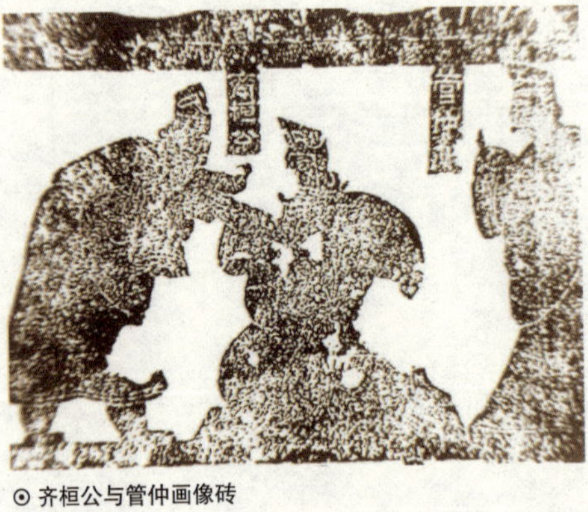

⊙ 齐桓公与管仲画像砖

出土于山东嘉祥，反映了法家思想在春秋战国时期受到当政者的推崇与重视。

正如管仲所预料的那样，公子小白在莒国的护送下眼看快要赶到齐国了，管仲在路上截住了他。管仲拈弓搭箭，向小白射去。小白中箭倒在车里。

管仲以为小白真的死了，就不慌不忙地护送公子纠向齐国去。可是，管仲却不知他射中的不过是公子小白衣带的钩子，公子小白大叫倒下，原来是假装的。等到公子纠和管仲进入齐国国境，小白和鲍叔牙早已赶到了国都临淄，小白自然做了齐国国君，这就是齐桓公。

齐桓公即位以后，为报一箭之仇，立即发兵攻打鲁国，并且逼迫鲁庄公杀掉公子纠，把管仲送回齐国治罪。鲁庄公无可奈何，只好照办。

⊙《管子》书影

管仲被关在囚车里押送到了齐国。鲍叔牙立即向齐桓公推荐管仲，说他是个很有才干的人，可以帮助齐桓公干一番大事业。

齐桓公也是个豁达大度的人，听了鲍叔牙的话，不仅没有治管仲的罪，还任命管仲为相，让他管理国政。

管仲相齐后，尽心辅佐齐桓公的霸业，对齐国进行了一系列的改革。在政治上，他推行国、野分治的叁国伍鄙之制；在经济上，实行租税改革，采取了一些有利于农业、手工业发展的政策；在管理上，他号召礼法并用，知礼可以使民众懂得廉耻，明法可以让民众遵守规矩，两者结合起来，便可以使国力大增。在国内政治经济形势得到改善和稳定的基础上，管仲积极促使齐桓公采取尊王攘夷、争取与国的手段，以建立霸权。管仲的这些政策为齐国称霸准备了物质条件。

齐桓公五年（公元前681年），是齐桓公霸业的开始之年。此前，齐国曾几度与邻近的鲁国交战，结果都没有取得多少胜利。这使齐桓公与管仲看到，仅靠齐国自己的力量，是不能称霸于天下的。于是，他们想到了利用周天子。

齐桓公首先与周室结亲，他迎娶周庄王之女共姬，向全国诸侯表明自己与周天子的亲近关系。在拉拢到周天子之后，齐桓公又以尊崇周天子为口号，取得各国诸侯的支持。

·管鲍之交·

管仲出身于没落贵族，后来家道中落，也就成了一名寒士，几次求仕，都不成功。管仲有一好友，名叫鲍叔牙，经常接济他，但管仲并不感谢他。鲍叔牙非常理解管仲，他常说："管仲是为了年迈的母亲，才不惜遭人嘲笑，保全性命。管仲之所以苟且偷生，不为公子纠死节，是因为他有更远大的志向，为了富民强国他会成就一番大业。"他知道管仲有经世治国的大志，所以才不拘小节。正是因为鲍叔牙的推荐，管仲才得到齐桓公重用，成为春秋第一名相。

管仲曾感慨地说："生我者父母，知我者鲍子也。"管鲍之交成为一段流传千古的佳话。

公元前681年，齐桓公奉周釐王之命，通知各国诸侯到齐国西南边境上的北杏(今山东东阿县北)开会。这时候，齐桓公在诸侯中的威望并不高。通知发出以后，只有宋、陈、蔡、邾四个国家来了。还有几个接到通知的诸侯国，像鲁、卫、曹、郑(都城在今河南新郑)等国，采取观望的态度，没有来。齐桓公便以此为突破口，杀鸡骇猴，制伏了鲁国，随后，齐桓公又软硬兼施，把卫国和郑国拉入同盟。

齐桓公七年(公元前679年)，在齐国的帮助下，原先国内政局很混乱的宋国和郑国也实现了初步的稳定。齐国一天天强大，征服了许多割据一方的诸侯国，最后只剩下一个实力较强的楚国。当时，楚国盛产鹿，而齐国却视鹿为珍稀动物。一天，管仲派了100多名商人到楚国去买鹿，并四处扬言："齐桓公最喜欢鹿，无论多贵，都要大量购买，供齐桓公玩赏。"楚成王听大臣说齐桓公不惜重金买鹿玩赏的事后，发号施令，鼓励国民去捕鹿，卖给齐商。由于齐商重金买鹿，楚国的老百姓觉得一头鹿的钱竟能买到上万斤粮食，纷纷弃农捕鹿，大家带上猎具来到深山老林去捕鹿，田就无人种了。后来，连军队的士兵也偷偷上山捕鹿卖钱。一年之后，楚国的老百姓个个腰缠万贯，但是，楚国的大片良田却荒芜了，老百姓有钱也买不到粮食。这时，管仲又下令各诸侯国不得将粮食运往楚国，楚国的老百姓饿死的饿死，逃荒的逃荒，最后连军饷也没有了，上下一片混乱。管仲见时机已成熟，率领大军向楚国进攻，楚国内外交困，无力招架，楚成王只好派大臣到齐国去求和。齐桓公的霸主地位终于被各诸侯国认可，齐国开始称霸中原。

重耳流亡

公元前672年，晋献公讨伐骊戎，骊戎首领献上两个女儿骊姬和少姬，以此求和。晋献公欣然笑纳，率领大军载美人而归。晋献公自回国后，宠爱二女，尤其喜爱骊姬，立骊姬为夫人，少姬为次妃。骊姬奸猾诡诈、献媚取怜，得到晋献公的专宠。后来，骊姬生子名奚齐，子以母贵，奚齐也得到晋献公喜爱。骊姬为了让自己的儿子成为太子，设计陷害原来的太子申生，晋献公便狠了狠心，将原来的太子申生杀了。申生一死，晋献公的另外两个儿子重耳和夷吾都感到性命难保，便都逃到别的诸侯国避难去了。

晋献公死后，夷吾回国夺取了君位。夷吾感到留着重耳是个祸患，便想除掉重耳，重耳不得不到处逃难。重耳在晋国时很有声望，一批有才能的大臣都愿意辅佐他。

重耳在狄国一住就是12年，后来有人行刺他，只好逃往卫国。卫国国君看他时运不济，也不肯接待他。重耳没有得到卫国的一丝援助，又再度启程。然而，钱财、食物都没有得到补给，重耳终于忍不住了，放下架子向一个农夫乞讨。一个普通农民又有多少粮食去施舍给重耳这十几人呢？农夫从地上拾起土块，调侃重耳：“拿去，吃吧！”重耳气愤地举起鞭子要抽打农夫。狐偃赶忙阻止了重耳，他说：“这是上天要赐给我们土地啊！说明我们复国在望。”他向农夫磕了个头，接过土块，装在车上走了。重耳一班人一路流亡到齐国。那时齐桓公在位，待他也不错，送给重耳不少车马和房子，还把本族一个姑娘嫁给他。重耳觉得留在齐国挺舒适，便不再想回国的事，可是跟随的人都思念晋国。于是，众人商量了个办法，把重耳带出了齐国。

后来，重耳又到了宋国。正赶上宋襄公生病，他手下的臣子对重耳的随从狐偃说：“宋襄公是非常器重公子的，但是我们实在没有能力帮助你们回晋国去。”

狐偃明白宋国的意思，便与重耳等人离开宋国，又到了楚国。楚成王把重耳当作贵宾，还用招待诸侯的礼节招待他。由此，重耳十分尊敬楚成王。两个人渐渐成了朋友。

有一次，楚成王邀请重耳到王宫去，在宴会上开玩笑说：“公子要是将来回

⊙ 晋文公复国图卷　南宋　李唐

到晋国当上国君，那么会怎样报答我呢？”

重耳说：“我愿意和贵国永远友好。如果两国交兵打仗，在两军相遇时，我一定退避三舍。”等宴会结束，楚国大将成得臣对楚王说：“重耳言谈没有分寸，我看他是个忘恩负义的人。不如趁早杀掉他，免得以后吃他的亏。”

楚成王对成得臣的意见不置可否，正好秦穆公派人来接重耳，成王就让重耳到秦国(都城雍，在今陕西凤翔东南)去了。

当初秦穆公帮助重耳的异母兄弟夷吾回晋国当了国君。没想到夷吾做了晋国国君以后，不仅不感恩戴德，还和秦国发生了战争。夷吾死后，他儿子又同秦国发生事端。于是，秦穆公决定帮助重耳回国。

秦穆公派人向重耳提亲，意将女儿怀嬴嫁给重耳。重耳大惊，自己六十有一，与秦穆公年龄相仿，若做了他的女婿，以后晋秦相交，岂不凡事都吃亏三分？再说当年秦穆公为笼络夷吾，已将怀嬴嫁与入秦为质的夷吾之子子圉，秦晋翻脸后，子圉逃回晋国，怀嬴实为重耳侄媳。如今穆公提此要求，如何回答是好？重耳的谋士赵衰长思半晌，对重耳说：“听说怀嬴美貌而有才华，穆公及夫人视为掌上明珠，如今提出此议，正是看重公子。公子如拒绝，就无法结好于秦国，自然无法得到秦国倾力相助。古人说，‘欲人爱己，必先爱人；欲人从己，必先从人。’臣意公子不可拒绝穆公的美意。”狐偃说：“公子今日赴秦，意在图晋，君位尚且可夺，何在乎区区一女子？”重耳想想有理，便依言允婚。

公元前636年，秦国的大军护送重耳渡过黄河，从此流亡了19年的重耳在晋国当上了国君。这就是晋文公。

一鸣惊人

秦国打败晋国，报了崤山之仇后，一连十几年两国相安无事。这期间，南方的楚国却一天比一天强大起来。

公元前613年，楚庄王熊旅继位。当年楚庄王还不满20岁，掌握楚国大权的是他的两个老师——斗克和公子燮。年轻的楚庄王根本不把国家大事放在心上，一切事务全由斗克和公子燮两人决断。在即位的前三年时间里，他白天打猎，晚上饮酒作乐，并下了一道命令：谁要是敢来劝谏，就处死谁。

三年过去后，楚庄王毫无悔改之意，仍然日夜歌舞欢宴不止。此时的朝廷政事，混乱不堪，公子燮和公子仪便乘机发动叛乱。幸好朝廷中有庐戢黎与叔麇两位忠臣，他们当机立断平定了叛乱。但此时，楚国的周边国家陈、郑、宋等小国都依附了晋国。楚国的国势已经危若累卵了。

一天，大臣成公贾实在看不下去了，他请求面见楚庄王。在富丽堂皇的宫殿里，钟鼓丝竹之声绕梁不绝，楚庄王的面前几案上摆满美酒佳肴，楚庄王正在一面饮酒，一面欣赏美女们翩翩起舞。庄王一见成公贾便问道："大夫来此，是想喝酒呢，还是要看歌舞？"成公贾话中有话地说："有人让我猜一个谜语，我怎么也猜不出，特此来向您请教。"楚庄王听说要让他帮着猜谜，觉得挺有趣，便一面喝着酒，一边问道："什么谜语，这么难猜？你说说。"成公贾于是清清喉咙说道："南山上有一只大鸟，三年里站在大树上不飞不动也不叫，这是只什么鸟？"楚庄王沉思了一会儿，说："这是一只与众不同的鸟。这种鸟三年不飞，一飞冲天；三年不鸣，一鸣惊人。你的意思我明白了，你下去吧！"

成公贾以为楚庄王已幡然醒悟，朝政会有新的变化，就兴冲冲地告诉了好友大臣苏从，两人眼巴巴地等待。可是，楚庄王照旧宴饮享乐。

苏从见楚庄王依旧没有变化，便冒死直谏楚庄王。他才进宫门，便大哭起来。楚庄王问道："先生，为什么事这么伤心啊？"苏从回答道："我为自己就要死了伤心，还为楚国即将灭亡伤心。"楚庄王很吃惊，便问："你怎么能死呢？楚国又怎么能灭亡呢？"苏从说："我想劝告您，您听不进去，肯定要杀死我。您整天观赏歌舞，游玩打猎，不管朝政，楚国的灭亡不是在眼前了吗？"楚庄王听罢勃然大怒，抽出佩剑指着苏从心窝说："你不知我下的禁令吗？"苏从面无惧色，从容不迫地说："我知道，但是楚国政事已不可收拾，活着也没什么意思，请大王赐臣下一死！"说罢延颈怒目而视，正气凛凛。楚庄王也用眼珠子紧瞪着苏从。突然，他将宝剑插入剑鞘，上前紧走几步，双手紧紧抱住苏从双肩，激动地说："你才是我要寻找的国家栋梁呀！"

楚庄王立刻下令罢去乐师鼓手、歌妓舞女。然后与苏从相对而坐，促膝谈心。苏从此时才知道，原来楚庄王因为当时朝政十分复杂，权臣乱政，依附者甚多，忠奸难辨，才故意装糊涂。这样做就是要让奸臣充分暴露，让忠肝义胆的贤臣挺身而出，然后做他的助手。

·先秦音乐·

先秦时，夏、商时代的乐器已较发达，至周代，据史料所记已达70余种。在西周，根据乐器的不同质料分为金、石、丝、竹、匏、土、革、木八类，称为八音。八音分类见于《周礼·春官》。编钟属于八音中的金类，最早可溯及殷商，而大盛于春秋战国时期。1978年出土的曾侯乙墓编钟有65枚，音域达五个八度，钟身有3000余字的铭文，记述编钟的音律以及当时各国律制情况，是中国最早的乐理专著。曾侯乙为战国初时的人物，由此可见当时编钟所达到的水平。

第二天，楚庄王上朝，召集文武百官，振乾立纲。楚国从此蒸蒸日上，他首先整顿内政，起用有才能的人，将伍举、苏从提拔到关键的职位上去。当时楚国的令尹斗越椒野心勃勃，想要篡位。楚庄王便任命了三个大臣去分担令尹的工作，削弱了他的权力，防止斗越椒作乱。楚庄王一边改革政治，一边扩充军队，加强训练军士，准备与晋国决战，雪城濮之战的恨。

楚庄王争霸

《史记》中说，楚庄王有一匹心爱之马，庄王对马的待遇不仅超过了对待百姓，甚至超过了士大夫。庄王给它穿刺绣的衣服，吃有钱人家才吃得起的枣脯，住富丽堂皇的房子。后来，这匹马因为享受过度，得肥胖症而死。楚庄王让群臣给马发丧，并要以大夫之礼为之安葬。大臣们认为楚庄王在侮辱大家，说大家和马一样，因而都很不满。楚庄王下令，说再有议论葬马者，将被处死。优孟听说楚庄王要葬马的事，跑进大殿，仰天痛哭。楚庄王很吃惊，问其缘由。优孟说："死掉的马是大王的心爱之物，堂堂楚国，地大物博，无所不有，而如今只以大夫之礼安葬，太吝啬了。大王应该以君王之礼为其安葬。"楚庄王听后，无言以对，只好取消以大夫之礼葬马的打算。庄王葬马这个故事，映射了庄王从昏庸之君到圣明霸主的史实。"庄王葬马"以及"一鸣惊人"是楚庄王人生的一个缩影。

楚国经过整顿军队发展生产，出现了富国强兵的新局面，楚庄王认为与中原诸侯争霸的时机成熟了。

公元前606年，楚国讨伐陆浑的戎族，这是邻近东周的小国。得胜之后，楚庄王令大军在洛邑近郊举行一次盛大的阅兵式。一时间，洛邑周围旌旗蔽日，枪矛如林，鼓声号声震天动地。这一来可把那个挂名的周天子吓坏了，他摸不清楚庄王打的是什么主意，慌忙派殿前大臣王孙满前去打探消息。

王孙满见楚庄王后，代表周天子对楚庄王及楚军表示慰问，并送上了犒劳的礼物。

楚庄王和王孙满交谈了一会儿后，楚庄王问王孙满："我听说大禹铸有九鼎，从夏传到商，又从商传到周，成为世界上的宝贝，现在放在洛阳。这鼎有多大？有多重？"王孙满听话听音，心中对楚庄王此番阅兵用意也已明白大半了。原来九鼎是用九州贡铜铸成，它既代表了九州，又象征着国家权力。现在楚庄王居然问起九鼎，表明了他有夺取周天子权力的野心。王孙满是个善辩的人，面对楚庄王大逆不道的言行，他说："治理天下的人，主要靠德服人，不是靠鼎的作用。过去大禹有德，远方部落进贡山川珍奇。禹以美金铸鼎，周身饰鬼神和万物图案，

⊙青铜马形饰　春秋

护佑小民防祸备荒。后来，夏桀无德，鼎移至殷人之手；纣王暴虐，鼎归于周。由此可见，朝政清明，鼎虽轻不移；朝政昏乱，鼎虽重但必迁。至于九鼎的大小轻重，别人是不应当过问的。”

楚庄王听了王孙满的话，知道自己还没有灭掉周朝的能力，也就带兵回去了。回国后，楚庄王请来楚国一位有名的隐士孙叔敖当令尹（楚国的国相）。孙叔敖当了令尹以后，开垦荒地，挖掘河道，奖励生产，增强国力。

公元前598年，陈国发生内乱，楚国出兵征服了陈国，然后又迫使郑国归附。后来，郑国派人前往晋国，表示愿意服从。楚庄王得知这一消息，勃然大怒，于第二年亲率楚军进攻郑国。

楚军很快到了郑国新郑城下。郑襄公命兵士深沟高垒，坚守不出，又派人前往晋国求救。楚国日夜攻城，3个月后，由于晋兵久久未至，楚军最后攻陷新郑。

来救援郑国的晋军主将是荀林父，他听说新郑已被攻克，便下令班师回朝。副将先轸不听命令，偷偷率部分人马渡河追击楚军。荀林父见军队有分裂的危险，他控制不了先轸率领的兵马，于是横了横心，就下令三军渡河，与楚军主力决战。

楚庄王下令对晋军发起进攻，并亲自擂起战鼓助威。楚军将士如排山倒海般冲向晋军。由于晋军将领意见不一致，不能统一指挥，一下就被击溃了。晋军战败，渡黄河时，自相践踏落水淹死的不计其数。有人劝楚庄王追上去，把晋军赶尽杀绝。楚庄王说：“楚国自从城濮失败以来，一直抬不起头来。这回打了这么大的胜仗，

·铜鼎文化·

在先秦时代，钟鼎彝器这些礼仪祭祀用的贵重青铜器并非没有实用价值。《国语》曾记载，一年鲁国出现饥荒，鲁卿臧文仲对鲁庄公说：“国家铸造钟鼎这些宝器，储藏玉帛这类财物，本来就是为人民遭受意外灾祸准备的。现在国家出现了饥荒，您何不用这些宝器作抵押，向齐国借些粮食以救济灾荒？”庄公答应了他的请求并派他前去齐国。可见钟鼎彝器是那时国家的信物。西周灭亡、平王东迁时，就将象征国家权力的九鼎先行迁往洛邑。鼎在则国存，鼎失则国亡，并非夸张的说法。鼎在中国社会的政治文化生活中的影响深远，现代汉字中的“鼎”字历经甲骨文、金文、小篆、隶书等多次变化，但至今仍保留着鼎的风范和形体特点，我们的语言中“一言九鼎”“大名鼎鼎”“定鼎之作”“鼎力相助”“问鼎”“鼎盛”等说法依然不绝于口耳，其丰富的文化内涵可见一斑。

总算洗刷了以前的耻辱。晋国、楚国都是大国，早晚总得议和，何苦多杀人呢？”说着，立即下令收兵。

公元前593年，楚庄王又使宋国降服。这样一来，楚庄王就问鼎成功，成了春秋五霸之一。楚庄王也真不愧把自己说成是一只一鸣惊人的大鹏鸟。

老子论道

老子，姓李名耳，字聃，楚国苦县（今河南鹿邑）厉乡曲仁里人，东周时曾任守藏史，掌管图书典籍。相传孔子曾向他问过“礼”，他却给孔子讲述许多深奥的道理，使孔子折服于他。

老子曾做过周朝“守藏室之史”，所以他谙于掌故，熟于礼制，不仅有丰富的历史知识，并且有广泛的自然科学知识。他和孔子是同时代的人，较孔子年辈稍长，世称“老子”。公元前520年，周王室发生争夺王位的内战，这场长达5年的内战，最终以王子朝失败告终。王子朝失败后，席卷周室典籍，逃奔楚国。老子所掌管的图书也被带走。于是老子遂被罢免而归居。老子由于身受当权者的迫害，为了避免祸害，不得不“自隐无名”，流落四方。后来，他西行去秦国，经过函谷关（在今河南灵宝市西南）时，关令尹喜知道他将远走隐去，便请老子留言。于是老子写下了5000多字的《道德经》。相传老子出关时，骑着青牛飘然而去，世不知其所终。

《道德经》又名《老子》《老子五千文》，是中国道家的主要经典，全面反映了老子的哲学思想。全书共81章，分上下两篇：上篇37章为《道经》，讲的是世界观问题；下篇44章为《德经》，讲的是人生观问题。全书文辞简奥，哲理宏富，且体系完整，内容丰富，涉及宇宙、社会、人生、军事、政治、医学等各个方面。

《老子》以“道可道，非常道”开篇，提出了一个最高的哲学概念“道”。

⊙ 新津崖墓汉画像石《孔子问礼》

此画像石绘孔子向老子问礼的情景，这一事件被绘于墓室画像石上，足见此事对国人影响之深。

老子哲学就是由“道”推演出来的，他也因此成为道家的始祖。

⊙ 老子骑牛图　明　陈洪绶　绢本

老子把天、地、人等宇宙万物连贯成为一个整体，突破了古代哲学以政治和伦理为轴心的局限。老子认为“道”是先于天地生成的，是天地万物之源，宇宙间的一切，包括人在内都是天地万物的一部分，“人法地，地法天，天法道，道法自然”。老子这种思想实际上就是中国古代最早的一种“天人合一”思想，这一思想为后来的庄子所继承和发展。这种“天人合一”的整体观念，对中国古代的各个领域都产生了深远的影响。

老子思想中最大的闪光点是他的朴素的辩证法思想。老子观察到宇宙间的万事万物都存在着互相矛盾的两个对立面，“有无相生，难易相成，长短相形”，世间万物有阴阳、刚柔、强弱、兴废等分别。他还发现对立的事物能够向其相反的方向转化，如“物壮则老”“兵强则灭”“木强则折”“祸兮福之所倚，福兮祸之所伏”。为了防止物极必反，导致衰落，老子主张“去甚去奢去泰”，就是要去掉那些极端的、过分的举动，始终保持着像“道”那样冲虚而不盈满的状态。

老子朴素辩证法思想表现在军事战略方面就是“善为士者不武，善战者不怒，善胜敌者不与”，同时还要注意“将欲弱之，必固强之”，“将欲夺之，必固与之”。他还提出了以柔弱胜刚强的指导思想，比如，天下没有比水更柔弱的东西，但以水攻坚，没有攻不下的，以此来说明柔弱能胜刚强。老子的道的本性是自然的，他提出了天道自然的观念。他认为天地的运行是自然而然、不假外力的。人也应该和万物一样，是自然的，人生必须消除主观和外在的干涉，使其自然发展。

在自然人性论的基础上，老子提出了“无为而治”的政治论。老子把人民的饥荒、贫困看作是多欲的统治者横征暴敛的结果。人民起来为“盗”，轻生冒死，其责任完全在于统治者。老子主张用“天之道”来取代“人之道”，“损有余以补不足”，这样就能够解决社会所存在的一切弊端。

老子提倡的“无为”而治，是对统治阶级的“有为”进行的揭露和抨击。老子提倡这种“无为”之治的目标是建立一个“小国寡民”的社会，也就是“使民复结绳而用之，甘其食，美其服，安其居，乐其俗。邻国相望，鸡犬之声相闻，民至老死不相往来”。

小国寡民是老子心中理想的社会和国家形态。他认为社会之所以混乱，百姓之所以互相争夺，原因就在于人们欲望的过度、法令的繁多、对知识的追求和讲究虚伪的仁义道德等。他认为社会发展分为5个阶段，即“道”“德”“仁”“义”“礼”。人类社会的最初发展阶段是由“道”统治的，一切纯任“自然”，是完全“无为”的。以后的社会分别由“德”“仁”“义”“礼”统治。老子认为后一个阶段与前一个阶段相比，离“无为”更远，美的、善的东西越少，丑的、恶的东西越多，因而离他的小国寡民的政治理想就越远。老子的幻想在一定程度上反映了在春秋战国时代战争频繁，人民生活动荡不安，统治阶级对人民进行残酷剥削的情况下，人民迫切要求安静休养和减轻剥削的愿望。而他所追慕与向往的社会，正是远古的原始社会。

《老子》一书在国际上亦影响深远，被译成多种文字。西汉初期的统治者采取“与民休息”的政策，曾一度把老子的“无为”思想作为信条；魏晋时期政治混乱，战争频仍，玄学家们感到人生无常，也从《老子》中寻找安慰。《老子》的思想虽然有消极的内容，以至于不得意的知识分子、失势的权贵往往从中寻求精神寄托。但《老子》对后世影响深远，以它为主，形成了中国历史上和儒家并立的道家学派。

千百年来，老子的思想深刻地影响着中国的哲学、伦理道德、政治、文化，甚至是中国人的思维。

伍子胥复仇

楚庄王死后，他的孙子楚平王即位。公元前522年，楚平王要废掉太子建。这时候，太子建和他的老师伍奢镇守在城父（在今河南襄城西）。楚平王怕伍奢反对他这么做，就先把伍奢关进监狱。

楚平王派人去杀太子建的同时，逼迫伍奢给他的两个儿子伍尚和伍子胥写信，叫他们回来，以便斩草除根。伍尚回到郢都（今湖北江陵西北）后，就跟父亲伍奢一起，被楚平王杀害。太子建事先得到消息，便带着儿子公子胜逃往宋国。

伍奢的另一个儿子伍子胥，也逃离了楚国，他在宋国找到了太子建。不久，宋国发生了内乱，伍子胥又带着太子建、公子胜逃到郑国。他们请求郑国出兵攻打楚国，郑国国君郑定公没有同意。

太子建情急之中，竟勾结郑国的一些大臣想夺取郑定公的权，结果被郑定公

⊙ 伍子胥画像镜

杀了。伍子胥带着公子胜从郑国逃了出来，投奔吴国。

楚平王为了捉拿伍子胥，叫人画了伍子胥的像，挂在楚国各地的城门口，并用重金悬赏。伍子胥和公子胜逃出郑国后，怕被楚国人发现，白天躲藏起来，到了晚上才赶路，到了吴楚两国交界的昭关（在今安徽含山县北）时，关上的官吏盘查得很严。传说伍子胥为了过关而忧虑不安，一夜之间，头发都愁白了。幸亏遇到了一个好心人东皋公，他同情伍子胥等人的遭遇，把他们接到自己家里。东皋公有个朋友，长得有点像伍子胥。东皋公让他冒充伍子胥蒙骗关上的官吏。守关的逮住了假伍子胥，而真伍子胥因为头发全白了，面貌也变了，守关的人没认出来，混出了关。

伍子胥到了吴国，吴国公子光正在谋划夺取王位。吴王诸樊的小弟弟季札博学多才，吴王十分喜欢幼弟，为了能让他继承王位，死时遗命王位继承实行弟继兄位制。周景王十八年（公元前 527 年），吴王夷末死，应由季札即位，季札坚辞不就，结果夷末的儿子僚即位为王。诸樊的儿子公子光认为自己继承王位才合理，于是暗中打算夺位。

周敬王五年（公元前 515 年），公子光与勇士专诸谋刺吴王僚。四月，公子光先于地下室埋伏甲士，然后设宴礼招待吴王。吴王僚戒备森严，为了防止有人将兵器带入刺杀吴王，端菜的人要在门外换穿别的衣服，才可进门。专诸把匕首放在鱼肚子里，然后膝行而入，在上菜时抽出匕首猛刺并杀死了吴王僚，专诸也被甲士乱剑刺入胸膛而死。伍子胥帮助公子光杀了吴王僚，公子光登上了王位。这就是吴王阖闾。

吴王阖闾即位之后，封伍子胥为大夫，帮助处理内政大事。周敬王八年（公

·胥山、胥江的来历·

公元前484年，吴王大军伐齐，伍子胥劝谏吴王先消灭越国。吴王不但不听反而听信谗言，认为伍子胥想勾结齐国攻打吴国，赐剑让伍子胥自杀。伍子胥自刎之前，曾对家人说吴国很快就会灭亡，越国的军队很快就会进入吴国。吴王夫差听了伍子胥的临终遗言，十分愤怒，带着士兵到伍子胥自刎的地方，砍下了伍子胥的头，让人挂在城头上，并将伍子胥的尸体装进口袋扔入江中。

吴国的老百姓感念伍子胥的忠贞，将他的尸体从江中捞出埋于吴山，并把吴山改名胥山，把江改称为胥江。

元前 512 年)，伍子胥将军事家孙武推荐给阖闾，孙武与吴王讨论晋六卿强弱，开始治兵。此年十二月，吴灭徐。周敬王九年(公元前 511 年)，吴王采用伍子胥的谋略讨伐楚国，吴军分为三师，轮流出扰，彼出此归，彼归此出，楚军疲于奔命。吴军所向披靡，攻无不克，战无不胜，楚国的军队一路兵败，吴军乘胜一直打到郢都。

那时，楚平王已经死去，他的儿子楚昭王在吴军到来之前就跑了。伍子胥对楚平王恨之入骨，刨了他的坟，还把平王的尸首挖出来狠狠地鞭打了一顿。

吴军占领楚国郢都。当时的局势，只有秦国与晋国有实力帮助楚国，而秦国与楚国有着紧密亲缘关系，楚国人申包胥逃往秦国求救兵，秦哀公没有答应。申包胥在秦国宫门外赖着不走，日夜痛哭，一连哭了七天七夜。秦哀公终于被感动了，派兵救楚国，并击败吴军。

先师孔丘

孔子名丘，字仲尼，是鲁国陬邑(今山东曲阜)人，春秋末年的思想家、政治家和教育家，同时也是儒家学派的创始人。孔子的祖先是殷商王室的后裔，居住在宋国，后来为了避祸才逃到鲁国，定居下来。孔子的父亲名叫叔梁纥，曾以勇敢和臂力过人立下战功。叔梁纥在 66 岁左右与未满 20 岁的颜徵在结婚。婚后两人曾到山东曲阜东南的尼山拜神求子；后来生下了孔子，便取名为“丘”，字“仲尼”。

孔子 3 岁时就遭受了丧父之痛，母亲颜氏把他带到当时鲁国的都城曲阜。由于父亲早逝，家中贫困，孔子只好瞒着母亲，辍学在叔孙氏家放牛。叔孙氏家有许多藏书，孔子经常借来阅读，成了知识渊博的人，孔子的名声也渐渐传开了。

20 岁时，孔子的妻子为他生了一个儿子，鲁昭公闻信，派人送来鲤鱼，表示祝贺。昭公赐鱼之事，使孔子在曲阜声名鹊起。随后季平子根据孔子的业绩，擢升他为管理户口的司职吏。孔子上任以后，施行了五条措施，鲁国人奔走相告，外邦人陆续迁入，鲁国人口剧增。孔子不到 30 岁，就已经掌握了“六艺”，也就是礼节、音乐、射箭、驾车、书写、计算。此外，还掌握了以《诗经》《尚书》《礼记》《乐经》《周易》《春秋》为代表的各种文献资料，真正是才高八斗、学富五车了。这样一来，许多人都愿意拜他为师，他便办了一些私塾，收了许多学生，提出有教无类的教育方针。“孔门四科”意为孔子所传授的 4 门学术，指的是德行、言语、政事和文学，相关的记述见于《论语·先进第十一》：“子曰：‘从我于陈、蔡者，皆不及门也。德行：颜渊、闵子骞、冉伯牛、仲弓；言语：宰我、子贡；政事：冉有、季路；文学：子游、子夏。’”孔子在此分别举出了4个学科门类之下最为优秀的学生。唐代开始，“孔门四科”的提法逐渐受到学者的重视。明清时期，“孔门四科”演变为“儒学四门”——义理、辞章、经济和考据。

孔子在34岁时，赴洛阳会见道家学派的创始人老聃。这一次会见，使孔子学到了周朝的礼乐及文物制度。孔子对老子的道家思想佩服得五体投地，称他为云中之龙。公元前513年，鲁国发生“三桓”之乱，鲁国掌权的三家大夫——季孙氏、孟孙氏、叔孙氏把鲁昭公轰下了台。这时，孔子也在鲁国待不下去了，只好来到齐国。这一次齐景公待他很客气，还向孔子询问了治国的道理。孔子提出了“正名”的主张，即所谓“君君、臣臣、父父、子子”，也就是说，君、臣、父、子都应当名副其实，各自都按等级名分的要求行事。齐国宰相晏婴认为孔子学说不过是书生之见罢了，并非齐国的当务之急。齐景公听从晏婴的话，决定不用孔子。这样，孔子便离开齐国，又回到鲁国教书，跟他学习的人越来越多。

到了公元前501年，鲁定公任命孔子做了中都宰，后来又提升为司空、司寇。这时，齐国要与鲁国假意会盟的事引起了孔子的注意。他建议鲁定公防备齐国的阴谋，多带一些大将和兵马前去。在夹谷（今山东莱芜市之夹谷峪）会盟上，孔子发挥了重要作用，使鲁国在外交上取得了胜利。鲁定公被胜利冲昏了头脑，以为天下太平了，便不过问政事，整天吃喝玩乐。孔子想劝说他，但他总是躲着孔子。无奈之下，孔子便离开了鲁国。

孔子先后到过卫国、曹国、宋国、郑国、陈国、蔡国、楚国。这期间，孔子曾经在陈、蔡之间受困，7天没吃上饭，但孔子依旧不改其初衷，坚持讲诵弦歌，表现了他乐观豁达的人生态度。

公元前484年，孔子又回到了鲁国。鲁哀公和大臣们多次向孔子问政，但最终还是没有起用孔子。此后的5年里，孔子专心从事文献整理和教育事业，删《诗经》《尚书》，定《礼记》《乐经》，修《春秋》，授徒多达3000多人，其中，道德高尚精于六艺的就有72贤人。

⊙ 孔子讲学图　清
此图表现了春秋时期孔子在杏坛讲学的情景。图中孔子端坐讲授，弟子们在周围恭敬地聆听。作品因是宫廷绘画，所以特别讲求用色和整体结构。

公元前479年，孔子去

·曲阜孔庙与孔府·

曲阜孔庙距今2400多年，是我国现存建筑时间最早的祭祀孔子的古代祠堂建筑群。面积为327亩，南北全长1120米，前后9进院落，共466间房屋，其中有5座大殿、53座门坊、13座碑亭以及其他祠、坛、阁、堂等，布局严谨，气势雄伟，建筑壮丽巍峨，既有帝王宫殿的金碧辉煌的气魄，又不失文化发源地的庄重儒雅之风。它包括9重院落，前三重院落为引导性庭院建筑，包括金声玉振坊、棂星门、太和元气坊、至圣庙坊、圣时门、壁水桥、弘道门、大中门、同文门、奎文阁、十三碑亭等。从第四重院落开始，曲阜孔庙的布局则分为左路、中路和右路。中路建筑是祭祀孔子和先儒名士的场所，包括：大成门、大成殿、寝殿、圣迹殿和两庑。左路建筑为孔子的家庙，是祭祀孔子上五代先祖的场所，包括：承圣门、诗礼堂、故井、鲁壁、崇圣祠。右路的重要建筑有：启圣门、金丝堂、启圣王殿、寝殿等，主要祭祀孔子的父母。孔庙的碑林也同建筑本身一样闻名全国，共有大小碑刻2200多件，集中在大成殿两侧的东西两庑和十三碑亭中，真、草、隶、篆俱全，堪称石刻艺术宝库。孔庙东侧便是孔府，是孔子嫡长孙的府第，孔子死后，子孙世代居于故宅，称为庙宅。

⊙ 孔庙杏坛
位于孔庙大成门与大成殿之间甬道正中，原为孔子旧宅教授堂遗址，宋时将此堂旧址“除地为坛，环植以杏，名曰杏坛”。整个建筑玲珑典雅，为孔子从事教育活动的重要标志。

世。孔子死后，为后代留下了丰富的思想遗产。孔子强调仁，这是充满人道主义的光辉思想，也是春秋时期社会动荡不安的客观反映。经孔子编著整理保存下来的诸如《春秋》《尚书》《诗经》等书籍，对后世的学术思想影响极大。

卧薪尝胆

晋国在邲打了败仗，霸业开始衰落。楚国渐渐强盛起来。此后，晋楚争霸，各不相让。后来，经宋国调停才罢兵讲和。

在中原局势渐趋平静的时候，南方的吴越争霸开始了。吴国的国王阖闾，依靠伍子胥、孙武等人的辅佐，在柏举（今湖北麻城）之战中打败了楚国。但就在吴军攻入郢都的时候，越国军队向吴国发起了进攻，从而揭开了吴越争霸的序幕。

吴王阖闾得知越国攻吴的消息，立即从前线回师攻打越国。公元前 496 年，越王允常病死，其子勾践继位。吴王阖闾趁越国刚刚遭到丧事，发兵攻打越国，两军在槜李（今浙江嘉兴）展开大战。结果，吴军大败，阖闾中箭受了重伤。阖闾临死前，对儿子夫差说："千万不要忘记越国的仇恨。"

夫差即位后，发誓一定要打败勾践，为父亲报仇。他任命伍子胥为相国，伯嚭为太宰，励精图治，准备攻打越国。

过了两年，勾践探知夫差昼夜练兵，就想先发制人。吴王夫差率兵迎战，双方大战于夫椒。结果，越军大败，勾践战败逃到会稽山上，被吴国追兵围困起来。

勾践以为局面已临近最后关头，准备杀妻与吴王决一死战。他手下有两个很有才能的人，一个叫文种，一个叫范蠡。他们认为一味蛮干，只有死路一条，不如先贿赂吴国权臣伯嚭，以求生路。便暗中派人把一批越女和奇珍送给他，托他在夫差面前说好话。伯嚭果然接受礼物，在夫差面前劝说一番。

夫差不顾伍子胥的反对，答应了越国的求和条件，但要勾践到吴国去赎罪。

勾践把国家大事托付给文种后，就带着夫人与大夫范蠡去了吴国。夫差派人在其父阖闾墓旁筑了一个石屋，将勾践夫妇、君臣赶进屋中，换上囚衣，去做喂马的苦役。夫差每次坐车出去，叫勾践牵马，叫范蠡伏在地上当马镫。

这样过了两年，勾践在吴国吃尽了苦头。文种又给伯嚭送去珍宝美女，请他在夫差面前进言放回勾践。夫差对伯嚭一向唯命是听，又觉得勾践这两年的表现的确是真心归顺了他，也就微笑点头了。

·西　施·

"西施越溪女，出自苎萝山"，唐大诗人李白诗句中所说的苎萝山，位于诸暨城南的浣纱江畔。西施之美，倾国倾城。一个美女把一个王国颠覆了，同时又托起另一个王国，不能不说是令人惊叹的事。

西施是越女，是水的精灵，如同碧荷生长在清塘间，一尘不染、自然活泼。在明净的水边，范蠡遇上了她，爱上了她，然而越国沦亡的现实使得这段爱情无法生长，要么毁灭，要么经受一段耻辱。范蠡无奈之下忍痛割爱，把西施献给了踌躇满志的吴王夫差。夫差一见倾心，欲与西施长相厮守。"智勇多困于所溺"，迷醉于西施的夫差荒于朝政，最终沦为亡国之君。越国的胜利带给范蠡和西施的并不都是欢悦，饱尝思念之苦的一对恋人，此时格外渴望相濡以沫的生活，哪怕是抛弃荣华富贵。范蠡此时已意识到自己功高震主，难免遭受猜忌，也决定带西施远游。而西施，内心更多的是屈辱，她早已不堪政治纷争，始终向往山间自在的生活。于是，湖海之间有了一对如影随形的情侣，有了一段浪漫美好的传奇。

⊙西施像

⊙ 越王勾践卧薪尝胆图

勾践在越3年，受尽苦难。周敬王二十九年(公元前491年)，吴王夫差赦勾践归国。自此，勾践广纳贤士，立志报仇雪恨。为了不忘屈辱，磨砺志气。他自己身穿粗布衣服，不吃肉食，住在简陋的屋子里，把席子撤去，用柴草做褥子；在吃饭的地方悬挂一个苦胆，每逢吃饭的时候，先尝一尝苦胆，然后大喊一声：“勾践，你忘记会稽的耻辱了吗？”他不断激励自己，振作精神。这就是“卧薪尝胆”故事的由来。

勾践亲自与百姓一起共同劳作，让夫人织布裁衣，与民同甘共苦。经过长期的艰苦奋斗，“十年生聚，十年教训”，越国最终从失败中重新崛起。

面对越强吴弱的发展态势，伍子胥忧心如焚，他对夫差说：“我听说勾践卧薪尝胆与百姓同甘共苦。”夫差不仅不听，反而疏远了伍子胥。又过了两年，夫差带兵进攻齐国，得胜而归。文武官员全说恭维话，只有伍子胥在夫差面前批评说：“这次进攻齐国，只能算是一次小胜利。如果越国不灭，才是心腹大患。”吴王夫差大怒，赐伍子胥一把宝剑，令他自杀了。不久，勾践留下文种处理朝政，自己与范蠡率精兵五万袭击吴国，打败吴国守军，杀了吴国太子。

公元前473年，勾践再次进攻吴国，把夫差包围在姑苏山上。随后，越军消灭了吴军。勾践封给夫差一块地方甬东，在会稽东边的一个海岛。夫差痛悔自己相信伯嚭之言，而忠言却听不进去，于是他以布蒙面，伏剑自杀了。勾践以国王的礼节埋葬了夫差，又诛杀了伯嚭。

当时，吴越之地的铸剑技术很高超，与勾践相联系的有一把名剑——越王勾践剑。越王勾践剑于1965年在湖北江陵望山一号墓出土，保存完好，剑长55.7厘米，出土时寒光闪闪，剑刃仍很锋利。剑身满布黑色菱形花纹，纹饰精美，镂刻最细处仅0.1毫米。近剑格处有两行鸟篆铭文，此剑寒气逼人、锋利无比，历经两千多年，纹饰仍然清晰精美，加之“物以人名”，此剑被誉为“天下第一剑”。剑柄、剑格乌黑，剑格两面铸有花纹，分别嵌有蓝色玻璃与绿松石。剑首向外翻卷作圆箍形，内铸11道宽度不到1毫米的同心圆。越王勾践剑制工精美，显示出铸剑师的卓越技艺，堪称国宝。吴越战争是春秋时期的尾声。到了公元前475年，进入战国时期，我国封建社会开始了。

战国争雄

三家分晋

东周时期，诸侯国内有大夫采邑，一个采邑实际是一个小国。因为诸侯兼并，某些诸侯国土地扩大了，国内某些采邑也跟着扩大起来。大采邑间由开始兼并到盛行兼并，与诸侯兼并走着同样的道路，不过两种兼并的作用却明显有所不同。诸侯兼并破坏了被灭国的宗族，加强了本国内的宗族；采邑兼并则是破坏了国内失败的宗族。家族代宗族而兴起，这主要是战争的结果。

食采邑的贵族有两类。一类是国君的儿子，按规定，嫡长子得以继承君位，其余食采邑做大夫，如鲁国的三桓，郑国的七穆，齐国的高、国、崔、庆等。一类是有功的异姓人，也得食采邑做大夫，如晋国六卿中范氏、赵氏，齐国陈氏等。大夫的采邑与名位都是子孙世世继承不绝，国君在这些世袭贵族中选出一人或数人做卿，助国君掌管国政。到后来，华夏诸侯国如晋、齐、鲁、宋、郑、卫等国，卿也成为子孙世袭，国政被几家世卿把持，某些宗族变成强宗，采邑变成强国。

《国语》

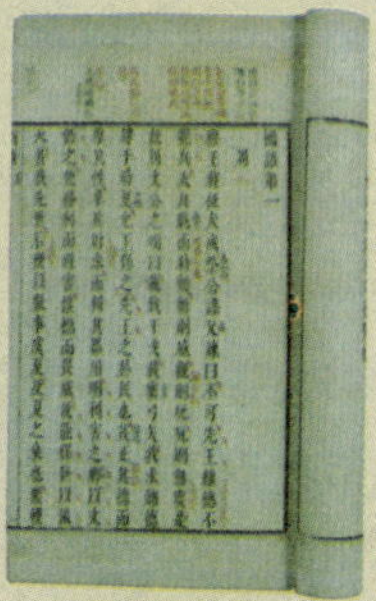

⊙《国语》书影

《国语》也叫《春秋外传》，是杂记西周、春秋时周、鲁、齐、晋、郑、楚、吴、越八国人物、事迹、言论的国别史。据说为春秋晚期鲁国人左丘明所作，与《左传》同为解说《春秋》的姊妹篇。近代学者研究证实，春秋战国时有称为瞽蒙的盲史官，专门记诵、讲述西周历史。左丘明即是著名瞽蒙之一，他比孔子略早一些，其讲史曾得到孔子的赞赏。瞽蒙讲述的史事被后人笔录成书，称为《语》，按国家名称区分为《周语》《鲁语》等，总称为《国语》。西晋时曾在魏襄王墓中发现很多写在竹简上的古书，其中有《国语》三篇，言楚、晋之事。这表明战国时该书已流传于世。今本《国语》应该就是这些残存记录的总集。由于是口耳相传的零散原始记录，所以很多内容是言辞，在国别和年代上也很不平衡。全书21卷中，《晋语》9卷，《楚语》2卷，《齐语》只有1卷。《周语》从穆公开始，还属西周早期；《郑语》仅记桓公谋议东迁之事，应在春秋之前；《晋语》记到智伯被杀的事，已属战国之初。《国语》分国别记言，开创了史料编纂学上的国别体。

大夫被宠或有功或有权力，可以获得国君的赏田、赏人，也可以向国君请赏，或瓜分其他宗族的土地，甚至可以瓜分公室。鲁国在公元前562年，季孙、孟孙、叔孙三家三分公室，作三军各得一军；到公元前537年，三家又四分公室，季孙得二，孟孙、叔孙各得一，季孙私属甲士多至7000人。

⊙ **双龙形玉饰　战国**

西周的礼制中，玉器具有神秘而高贵的内涵，有着完整的佩饰体系。春秋战国时期，旧礼制逐渐崩溃，人们将有关君子的伦理道德观念与玉的特质相结合，使"君子之德比于玉"等观念应运而生。这种理念贯穿中国几千年的历史，成为后世玉器经久不衰的理论基础和精神支柱。

东周前期，诸侯武力兼并，晋悼公兴霸业，先给人民免旧欠，救灾难，轻赋敛，赦罪人等好处。东周后期，齐国田氏、晋国的韩赵魏三家，政治上比较开明，所以成为大夫兼并的最后胜利者。

在周代初年的所有封国中，晋国的面积最大，力量最强，最有资格统一中国。

晋国国君的权力衰落后，实权由栾、中行、赵、魏、韩、智六家大夫把持，他们又以自己的地盘和武装，争权夺利，互相攻战。后来只剩韩、赵、魏、智四家。四家中智伯瑶势力最大，野心也最大。智伯瑶打算下一步侵占韩、赵、魏三家的土地，于是把赵襄子、魏桓子、韩康子三大夫请到家中，设宴款待。席间智伯瑶对三家大夫说："晋文公时，晋国是中原霸主，后来霸主地位被吴、越夺去了。为了重振晋国雄风，我主张每家献出一百里土地和相应的户口交国君掌管。"韩康子害怕智伯瑶的势力，首先表示赞同，愿把韩家土地和一万家户口交给国家；魏桓子心里不愿意，但也不得不表态，也把百里土地和九千家户口交给智家，智伯瑶见赵襄子一言不发，便用言语威胁他。赵襄子性格耿直，看智伯瑶贪婪的样子，非常气愤，便说："土地是祖宗遗产，要送给别人，我实在不敢做主。"智伯瑶听罢立刻翻脸，智、赵席上争吵不休，赵襄子一甩袖子走了。智氏立刻决定讨伐，并亲自带兵马为中军，让韩为右军，魏为左军三军直奔赵城。赵襄子寡不敌众，边战边退，退到晋阳(今山西太原)闭关固守。整整打了两年的仗，智军就是攻不下赵城。

智伯瑶无计可施，十分恼火。一天智伯瑶绕赵城察看地形时，看到晋阳城东北有晋水河，水势湍急，受到启发。智伯瑶便命令士兵筑坝蓄水，想把晋阳全城淹没。

大水淹进晋阳城以后，赵襄子焦虑不安，愁眉不展，就与谋士张孟谈探讨对策。赵襄子说："目前百姓情绪稳定，只是水势若再往上涨，全城就难保了，这可怎么办呢？"张孟谈分析说："攻城不如争取。我看韩、魏把土地割让给智家，并不是心甘情愿的，我们何不派人游说，把韩、魏争取过来，请他们帮我们一起对付霸道的智伯瑶。”赵襄子同意这主意，就派张孟谈连夜出城，直奔韩、魏两营。韩、魏二大夫正担忧自己的前途，经张一说，都赞同合力对付智伯瑶。

第二天深夜，智伯瑶在营帐里睡得正香，突然听见一阵喊杀声。他连忙披衣察看，发觉床下到处是水，以为大堤决口的水从晋阳城漫过来了，心里还挺高兴。但出帐外一看，兵营里一片汪洋，士兵给突来的大水，弄得惊慌失措，乱作一团。智伯瑶惊魂未定，转瞬间，三家军分由韩、赵、魏大夫带领，撑着木筏，从四面八方冲杀过来，打得智家军措手不及，被砍死的和淹死在水里的不计其数，智伯瑶也死于乱刀之下。

韩、赵、魏全歼了智家军，并乘势瓜分了晋国土地。公元前403年，三家派使者上洛邑去见周天子，要求晋封他们为诸侯。周天子见木已成舟，也就顺水推舟送个人情，正式晋封韩康子、赵襄子、魏桓子三人为诸侯。

从此以后，韩、赵、魏都成为中原大国，与秦、楚、燕、齐四个大国并称为“战国七雄”。

商鞅变法

在战国七雄当中，秦国的政治、经济、文化各方面落后于中原各诸侯国。

公元前361年，秦国的新君即位，这就是秦孝公。他下决心发愤图强，把秦国治理成强国，他做的第一件事就是搜罗人才。卫国的一个贵族公孙鞅(就是后来的商鞅)，在卫国的时候，国君不重用他。听说秦国在招收人才，便来到秦国，托人引荐给了秦孝公。

商鞅对秦孝公说：“一个国家要富强，必须发展农业，奖励将士；治理国家，必须有赏有罚，赏罚分明，朝廷就会树立起威信，一切改革也就容易施行了。”商鞅的一席话非常符合秦孝公的心意。可是秦国的一些贵族和大臣却竭力反对。

过了两年，秦孝公控制了朝廷，稳定了君位，就拜商鞅为左庶长(秦国的官名)，并把改革制度的事全权给予商鞅决断。

于是，商鞅起草了一个改革的法令，但是担心老百姓不信任他，不遵守新法令。他便想了个法子，叫人在都城的南门竖了一根三丈高的木头，下命令说：“谁能把这根木头扛到北门去，就赏这个人10两金子。”不一会儿工夫，南门口围了一大堆人，大伙儿你瞧我，我瞧你，就是没有一个人上前扛木头。商鞅知道老百姓不相信他的命令，就把赏金又加了40两。可是，赏金越高，看热闹的人越觉得不近情理，仍旧没人敢去扛。正在大伙儿犹豫不定的时候，从人群中跑出来一

⊙ 商鞅像

个人，那人说："我来试试。"边说边扛起木头就走，一直扛到北门。商鞅立刻派人赏给扛木头的人50两金子。这件事立即传播开了，一下子轰动了秦国。从此，老百姓都知道左庶长的命令不含糊。

但是，这次改革遭到了许多贵族、大臣的反对。有一次，秦国的太子犯了法。商鞅对秦孝公说："国家的法令人人都要遵守。如果当官的人不去遵守，老百姓就不信任朝廷了。太子犯法，应当惩罚他的师傅。"后来，商鞅治了太子的两个师傅公子虔和公孙贾的罪，一个被割掉了鼻子，一个在脸上刺上字。这样一来，一些贵族、大臣都不敢触犯新法了。

周显王十七年(公元前352年)，大良造商鞅率兵围安邑(今山西夏县西北)，安邑降秦。第二年，商鞅又率军攻魏之固阳，迫使固阳归秦。秦因此越过洛水，收复公元前408年被魏夺走的部分河西之地。

为了进一步巩固秦国的统治，加强中央集权，商鞅于周显王十九年(公元前350年)进行更大规模的第二次变革。

"开阡陌封疆"，废除井田制。"开阡陌封疆"就是废除土地国有，把标志土地国有的阡陌封疆去掉。井田制首废于晋六卿中的赵氏。商鞅变法吸收赵氏改革的经验，并加以发展，在秦国境内正式废除井田制，确认地主和自耕农的土地

·吴起事魏·

周安王六年（公元前396年），魏文侯因吴起很会用兵，任命他驻守河西郡。

河西郡（今陕西华阴以北、黄龙以南、洛河以东、黄河以西的地区）与魏本土有黄河相隔，又地处西陲，随时会被秦和韩两国攻击。翟璜向魏文侯举荐吴起。吴起原是卫国人，喜好兵法，曾经拜孔丘的弟子曾参为师，并侍奉鲁君。齐向鲁用兵，鲁准备任用吴起为将，但因为他的妻子是齐国人，又疑心他能否担此重任。吴起于是杀其妻，以表明自己与齐战斗的决心。鲁当即任命吴起为将，后打败齐国。鲁人都指责吴起猜忌残忍、杀妻求将的做法，鲁君因此对吴起产生怀疑，而不重用他，吴起这才到魏以谋求发展。魏文侯先任命吴起为将，率兵攻秦，并夺秦五个城池。

吴起为人虽心毒手辣，但擅长领兵之术。吴起为将，和最下等的士卒吃穿一样，睡觉时不铺席被，行军时不骑马匹，并对士卒关怀备至，所以他部下的士卒都努力作战。古人有"孙子说同，吴子说和"之论，正是指吴起治兵以收服人心为本。吴起战绩辉煌，是战国名将，并且在军事理论上也有造诣，成为战国时代中国军事代表人物之一。

所有制，在法律上公开允许土地买卖，并将政府拥有土地的授田制度扩大，便于地主经济的发展，增加地主政权的地税收入。

大力推行县制。商鞅第二次变法以前，在秦国某些地区就已存在县一级的行政机构。商鞅变法将这一行政机构推行于全国，使之成为秦国地方政权的基本组织形式。最初设置的县有 30 多个，其后，随着国土的扩张，又增加了许多。每县设县令和县丞，全县最高行政长官是县令，县丞是县令的助手。此外还设县尉，掌管全县军事。县制的普遍推行，把地方政权和军权集中到中央，巩固了中央集权的封建统治。

统一度量衡。此前，各地度量衡不一，不便于贸易往来。统一斗、桶、权、衡、丈、尺等度量衡后，地区间的商业往来十分便利，商业很快就兴旺起来，这一切对赋税和俸禄制的统一产生了积极作用。

扩大疆域，迁都咸阳。咸阳南临渭河，北依高原，地处秦岭怀抱，既便于往来，又便于取南山之产物。咸阳城规模宏伟，城内建筑有南门、北门、西门，由商鞅监修的咸阳宫在城内，是由众多的宫殿连接而成的宫殿群，雄伟壮观。为了加强秦王朝的封建统治，商鞅按照中原风尚、习俗，将秦的社会风俗改变。这次变法同样获得了巨大成功，秦的国力在变法之后继续上升。不久，秦国进攻魏国，从河西打到河东，最后攻下了魏国的都城。商鞅变法的成功为秦统一六国创造了条件。

张仪连横

秦国经过改革，国力日渐增强。面对势力不断扩张的秦国，其他六国都感到恐慌。为了抵抗秦国，有人建议六国采取联合抗秦的策略。这种策略叫作“合纵”。另有一些人站在秦国一边，拉拢各国与秦国合作，打击其他国家，这种策略叫作“连横”。在主张“连横”的政客当中，要数张仪最有名望。

张仪是魏国人，他早年和苏秦同在鬼谷子先生门下求学。张仪学完课业之后，告别了老师和同学，到诸侯国去进行游说。

张仪历经千辛万苦到了秦国，这时，秦孝公已经死了，他的儿子秦惠王即了位。张仪凭借他的口才，果然得到秦惠王的信任，当上了秦国的相国。这时候，六国正在组织合纵。

在六国当中，要数齐、楚两国最强大。张仪认为要实行“连横”，必须拆散齐国和楚国的联盟，他向秦惠王献了个计策，他假装辞去秦国相位，带着厚礼，以游说者的身份投奔楚国。

⊙ 士的崛起

战国时期，养士之风盛行，著名的“战国四公子”都养士千人。士与主人之间建立起一种新型的隶属关系。张仪、苏秦便出自这样的阶层。

楚怀王对张仪在秦的显赫地位早有耳闻。张仪一到楚国，楚王就盛情款待了他。楚王对张仪说：“您来我们这个偏僻落后的国家，有什么指教吗？”

张仪接过话茬说：“大王如果能听我的意见，首先同齐国断交，不再同它往来，我能把秦国商、於一带的600里土地献给贵国；让秦王的女儿嫁给大王做妻妾。秦、楚两国之间娶妇嫁女，结为亲戚，永远和好。这样，削弱了北边齐国的力量，西边得到秦国的好处，我看没有比这更好的主意了。”

楚王喜出望外，赞成张仪的主张，一群溜须拍马的大臣都向楚王祝贺。楚国把相印交给张仪，宣布与齐国解除盟约，并派使臣随张仪接收商、於之地。

张仪出使楚国的目的达到了，他一回到秦国便假装从马上掉下来伤了脚，一连3个月都不理楚国使臣。后来，齐国见楚国不讲信义，便与秦国联合了。张仪见计划实现了，便把楚国使者打发走。楚国使者再一次向张仪索要土地时，张仪耍赖不承认有这回事了。

·苏秦合纵·

苏秦是战国时期纵横家的代表人物。他与张仪同学，师从于鬼谷先生。苏秦入燕，深受燕昭王信任。苏秦认为，燕国欲报强齐之仇，必须先向齐表示屈服顺从，掩饰复仇的愿望，赢得振兴燕国所需的时间。其次，要鼓动齐国不断进攻其他国家，以防止齐国攻燕，并消耗其国力，为此，他劝说齐王伐宋，合纵攻秦。公元前285年，苏秦到齐国，挑拨齐赵关系，取得齐湣王的信任，被任为齐相，暗地却仍在为燕国谋划。齐湣王不明真相，依然任命苏秦率兵抗御燕军。齐燕之军交战时，苏秦有意使齐军失败，五万人死亡。他使齐国群臣不和，百姓离心，为乐毅五国联军攻破齐国奠定了基础。

之后，苏秦又说服赵国联合韩、魏、齐、楚、燕攻打秦，赵国国君很高兴，赏给苏秦很多宝物。苏秦得到赵国的帮助，又到韩，游说韩宣王；到魏，游说魏襄王；至齐，游说齐宣王；又往楚，游说楚威王。诸侯都赞同苏秦之计划，于是六国达成联合的盟约，苏秦为纵约长，并任六国相。回到赵国后，赵王封他为武安君。秦知道这个消息后大吃一惊。此后15年，秦兵不敢图谋向函谷关内进攻。

使者回来一报告，楚怀王怒发冲冠，发动10万大军攻打秦国。秦惠王也发兵10万人迎战，齐国赶来助战。楚国一败涂地，10万人马只剩了两三万，商、於600里地没到手不说，还被秦国夺去了汉中600里地。

后来，张仪又放心大胆地去韩国、齐国、赵国、燕国等国逐一地推行他的连横策略。在他策划下，秦对韩、魏采取又拉又打的策略，迫使这些国家就范，力图侍奉秦国以求相安无事。张仪还曾率军向东侵伐，使秦完全占有了河西、上郡等地，并在河东占有土地，掌握了黄河，国威大振。

张仪作为一个纵横家，活跃在战国的政治舞台上，他以言辞和策术游说各国君主，成为战国时期特有的政治活动家。

胡服骑射

北方的赵国看到秦国恃强凌弱的做法，知道只有发愤图强，才能国泰民安。赵国的国君武灵王，是个很有远见的国君，面对周边的诸侯国日益强大，便考虑着赵国的发展前途。

周赧王八年(公元前307年)，赵武灵王率军攻取中山国的房子(今河北高邑西南)之后，大军直达无穷之门(今河北张北)，又自北而西到达黄河边，考察了赵国北面的游牧部族地区。赵武灵王意识到，在北方山地和丘陵地区不能使用车战，胡人身着胡服骑马射箭的作战技术则显示出特有的长处。于是他就着手进行军事改革。

有一天，赵武灵王对他的臣子楼缓说："咱们国家东边有齐国、中山(古国名)，北边有燕国、东胡，西边秦国、韩国和楼烦(古部落名)，我们如果不强大起来，随时都会遭受灭顶之灾。要发愤图强，就必须改革一番。我觉得咱们穿的长袍大褂，干活打仗都不方便。相比之下，胡人(泛指北方的少数民族)的短衣窄袖，倒是很灵活。我打算效仿胡人的风俗，把我们的服装改一改，你看怎么样？"

楼缓一听，连声说好，他说："咱们效仿胡人的穿着，也能学习他们打仗的本领啦！"

⊙ 赵武灵王胡服骑射复原图

赵武灵王说："对啊！咱们打仗全靠步

兵，或者用马拉车，这样不如骑马灵活机动。我们学胡人的穿着，就是要学胡人那样骑马射箭。”

这个想法一传开去，就遭到许多大臣的反对。公子成是赵武灵王的叔父，在赵国影响力很大。他先是以不能“变古之教，易古之道”为由拒绝穿胡服。赵武灵王于是亲至公子成家，反复说明事与礼可以随时代而变，并讲述胡服的优越性，赵要想永远立于不败之地，就得改革以加强军事实力。赵武灵王表示要继承赵简子、赵襄子的事业，振兴赵国。赵武灵王的慷慨陈词，令公子成备受感动，于是第二天他便胡服上朝。公子成对胡服骑射改革的支持，使得赵武灵王有信心将这项军事改革坚决贯彻下去。

⊙ 骑马俑　秦

骑兵是战国以来形成的新兵种，机动性强，富有杀伤力，至战国末年，骑兵成为各国的主要兵种。秦国在六国中对骑兵的建制最为重视，不仅有优良的马种，而且有身材极为强壮的骑士。这是目前发现的最早的骑兵陶俑，也是现在所知的最早的胡服。通常所说的胡服是指古代我国北方少数民族轻便简洁的一种适宜骑马的服装。

赵武灵王向全国发布胡服命令。这时有王族赵文、赵造和王子傅周绍等大臣向赵武灵王进谏以质疑胡服骑射，不断陈述习俗、礼教的不可变更性，希望他收回成命。赵武灵王批驳说：“三

·冠礼·

冠是古代男子成人的标志。几乎每一个民族都有自己的成年礼。古代汉族男子到了20岁就必须按照“始加，再加，三加”的程序行“加冠礼”，再取一个名之外的“字”，以此来宣告自己已经成人。女子年满15岁便算成人，可以许嫁，谓之及笄。如果没有许嫁，到20岁时也要举行笄礼，由一个妇人给及龄女子梳一个发髻，插上一支笄，礼后再取下。在西南的一些少数民族中，男女成年有“穿裤”“染牙”和“盘发髻”等仪式。在春秋战国时期，冠不仅是成年男子和“童子”的区别，它还是君子的象征。冠不只是头上之物，还是“礼”与“非礼”的界限。其实，包括冠礼在内的礼仪，是典型的儒家思想的产物。春秋战国时期的“冠礼”虽只是一个成年的仪式，但是成年的意识却是通过“冠”这个特定的载体传达给社会的。所以，对于一个人来说，“冠”在礼当中的意义完全超过了它在服饰中实用的功能。因此，“行冠礼”也就自然成了人生当中的头等大礼。

代不同服而王，五伯不同教而政”，“法度制令，各顺其宜，衣服器械，各便其用”。批评他们不知时变，不谙治国。他们最后不得不接受了胡服。

赵武灵王看到条件已经成熟，就发布了一道改革服装的命令。不久，赵国人不分贫富贵贱，都穿上了胡服。一开始，人们还觉得有点不习惯，后来觉得穿了胡服实在方便灵活得多。

⊙ 战国时期贵族服装复原图

战国时期纺织业有了很大发展，首先发明了脚踏板织布机，可手脚并用，大大地提高了生产效率，其次，提花工艺和刺绣技术的广泛应用使得纺织品的质量提高。

赵武灵王接着又号令国人学习骑马射箭。他把攻下的原阳（今山西大同北）改为“骑邑”，用来培训骑兵。大臣牛赞进谏：“使不得，大王！国家和军队的常规是不能改变的。”赵武灵王立即驳斥他：“依你说，经济发展，社会进步了，国家和军队还应该是一成不变吗？”“今重甲循兵，不可以踰险；仁义道德，不可以来朝。”牛赞被斥责得无言以对。从这里可以看出，赵国胡服骑射改革的过程是艰难而又曲折的。这不只是单纯的易服，而且还是一场尖锐的思想政治斗争。

赵国原来的服装是宽袍大袖，里三层外三层，十分烦琐；改为胡人服饰后变成紧身短装，束皮带，穿皮靴，轻巧利索，很适合马上训练、作战。赵武灵王组织培养出一支强大的骑兵，使之成为赵国军队中一个重要组成部分，为赵国发展成为东方六国最强国作出了卓越贡献。春秋以来，骑兵虽已出现，但数量很少，在军队中地位无足轻重。赵武灵王通过骑射改革，建立起强大的骑兵队伍，这为中原国家军队的发展提供了范例。

赵武灵王的改革很快收到了成效。胡服骑射举动不仅拓展了赵国的疆土，壮大了赵国的实力，而且使赵国继晋之后与燕国同为北方民族融合的中心，也为中原的生活方式带来了新的因素。公元前305年，赵武灵王亲自率领骑兵打败了临近的中山，又收服了东胡和临近几个部落。到了实行胡服骑射以后的第七年，中山、林胡、楼烦都被收服了，赵国的土地扩大了许多。

赵武灵王经常带兵外出打仗，把国内的事务交给儿子处理。公元前299年，他把国君的位子传给了他的儿子，就是赵惠文王。赵武灵王自己改称叫主父（意思是国君的父亲）。

纸上谈兵

公元前262年，秦昭襄王派大将白起向韩国进攻，切断了上党郡(治所在今山西长治)和韩都的联系。在形势危急的情况下，上党的韩军将领打发使者去赵国请降。赵孝成王派军队接收了上党。过了两年，秦国又派王龁带兵把上党团团围住。

赵孝成王得知消息，连忙派廉颇率领20多万大军去援救上党。他们到长平(今山西高平市西北)时，听说上党已经落入秦军之手。

王龁转而进军长平。廉颇连忙叫兵士们修筑堡垒，坚守阵地准备做长期抵抗的打算。王龁无计可施，只好派人回报秦昭襄王。

秦昭襄王请范雎出主意。范雎说："要打败赵国，必须把廉颇调开。"他沉思了一会儿，想出了一条计策。

过了几天，赵孝成王听到左右纷纷议论，说："秦国就是怕让年轻有为的赵括带兵，廉颇老了不中用了，眼看就快投降啦！"

他们所说的赵括，是赵国名将赵奢的儿子。赵括自幼爱学兵法，谈起用兵之道，口若悬河，自以为天下无敌，不把任何人放在眼里。

赵王听信了左右的议论，叫人把赵括找来，问他能不能打败秦军。赵括说："秦国的大将白起比较难对付。但是王龁没有什么了不起的，不过是廉颇的对手。要是换上我，打败他轻而易举。"

赵王听了很高兴，就拜赵括为大将，去接替廉颇。这个决定遭到了蔺相如的反对，可是赵王听不进去蔺相如的劝告。

赵括的母亲也给赵王上了一道奏章，不赞成赵王派他儿子去换廉颇。赵王把她召了来，问她什么原因。赵母说："他父亲临终时再三嘱咐我说，'赵括这孩子把用兵打仗看作儿戏似的，派不上用场。将来大王不用他还好，如果用他为大将的话，只怕赵军断送在他手里。'所以我请求大王千万别让他当大将。"

赵王说："你不要管了，我已经决定了。"

赵括替换廉颇的消息传到秦国，范雎知道自己的反间计成功，就秘密派白起代替王龁为上将军，去指挥秦军。白起其人非同一般，伊阙一战斩韩魏军24万；南破楚都郢，焚楚夷陵；华阳斩魏、赵军15万。他战功显赫，威震东方，纸上谈兵的赵括又怎是他的对手？赵括上任，一反廉颇所为，更换将吏，改变固守防御战略，让大小将领大为不满。接着他制定了进攻方案，传令准备出击。

公元前260年八月，赵括率赵军主力出城进攻秦军。两军稍事交锋后，白起命秦军佯败后撤，诱敌深入。赵括误认为秦军抵挡不住，便挥师紧追。当赵军前进到长壁后，预伏在这里的秦军主力精锐迎面扑来，赵军攻势受阻；白起又组织了一支轻装突击队直插过来。正面的秦军主力已让赵军疲于应付了，又怎经得起这一股新生力量的冲击？赵军渐抵挡不住，赵括欲退兵，但为时已晚：白起埋伏于两翼的2.5万秦兵在赵军与秦军主力格斗时已迂回到赵军侧后，抢占了西壁垒高地，截断了赵军的退路，赵军被全面包围。白起见袋形阵已形成，为防止这“庞大猎物”逃脱，“口袋”还得系上口，他即派精骑5000迅速插入赵军营垒间，牵制、监视守营的那部分赵军。赵军被围困，只得筑垒坚守。

赵王大惊，忙派兵增援。秦王知道赵派援兵后，便往河内(河南黄河以北地区)征发年满15岁的男丁参加长平之战，堵截赵国援军，断其粮道。九月，赵军已被困46天，粮尽援绝，内部自残以人肉充饥；他们还不时受到秦军突击队的冲击，死亡的阴影笼罩着全军。突围4次失败后，赵括孤注一掷，亲领赵军精锐强行突围，结果再遭惨败，赵括本人也中箭身亡。赵军失去主帅，又身心疲惫，便放弃抵抗，白起怕赵军日后反叛，只让年少体弱的240人归赵，其余全部坑杀于长平。

秦赵长平之战，结果以赵国的惨败而告终，赵军先后死亡达45万人，秦军也死亡过半。赵国实力由此大为削弱。

荆轲刺秦王

尉缭得到重用后，用计拆散了燕国和赵国的联盟，秦国趁机攻占了燕国的几座城池。

燕国的太子丹原来留在秦国当人质，他见秦王政有兼并列国的野心，又夺去了燕国的土地，便设法逃回了燕国。太子丹回国后，寻找能刺杀秦王政的人。

太子丹物色了一个很有本领的勇士，名叫荆轲。他把荆轲奉为上宾，把自己的车马给荆轲坐，让荆轲一起享用自己的饭食、衣服。

公元前230年，秦国灭韩国。两年后，秦国大将王翦攻占了赵国都城邯郸，向燕国进军。燕太子丹十分着急，就去找荆轲，商议如何刺杀秦王。

荆轲说：“要挨近秦王身边，必须先让他相信我们是去向他求和的。听说秦王早就想得到燕国的土地督亢(在今河北涿州市一带)，还有流亡在燕国的秦国将军樊於期，秦王正在悬赏抓他。我要是能拿着樊将军的头和督亢的地图去进献，秦王一定会接见我。这样，我就可以下手了。”

太子丹说：“把督亢的地图带去没有问题，但是樊将军受秦国迫害来投奔我，我怎么忍心伤害他呢？”

⊙ 荆轲刺秦王石像图

荆轲知道太子丹不忍心杀樊於期，就私下去找樊於期，跟樊於期说："我决定去行刺，怕的就是见不到秦王的面。现在秦王正在悬赏捉拿你，如果我能够带着你的头颅给他送去，他一定会接见的。"樊於期二话没说，拔出宝剑，刎颈自杀了。

荆轲临行前太子丹交给他一把锋利的匕首，这是一把用毒药煮炼过的匕首，只要被它刺出一滴血，就会立刻气绝身亡。太子丹又派了个年仅 13 岁的勇士秦舞阳，做荆轲的助手。

荆轲出发时，太子及宾客都穿白衣戴白帽到易水边为他饯行。荆轲的朋友高渐离击筑，荆轲慷慨悲壮地唱道："风萧萧兮易水寒，壮士一去兮不复还！"唱完上车离去，头也不回一下，表示了他义无反顾的决心。

荆轲到了咸阳。秦王政一听燕国派使者送来了樊於期的头颅和督亢的地图，十分高兴，就传令在咸阳宫接见荆轲。

到了秦国的朝堂上，荆轲从秦舞阳手里接过地图，捧着装了樊於期头颅的木匣上去，献给秦王政。秦王政打开木匣，里面果然装着樊於期的头颅。秦王政又叫荆轲把地图拿来。荆轲把一卷地图慢慢打开，到地图全都打开时，荆轲事先卷在地图里的那把浸过毒的匕首就露了出来。

秦王政见了，惊呼。荆轲连忙抓起匕首，左手拉住秦王政的袖子，右手握着匕首向秦王政的胸口刺去。

秦王政使劲挣断了那只袖子，便往外跑。荆轲拿着匕首追了上来，秦王政一见跑不了，就绕着朝堂上的大铜柱子跑。荆轲紧紧地在后面追，两个人在柱子的周围转起圈来。

过了一会儿，有个伺候秦王政的医官，急中生智，把手里的药袋向荆轲扔了过去。荆轲一闪身的工夫，秦王政往前一步，拔出宝剑，砍断了荆轲的左腿。这时候，侍从的武士一拥而上，杀死了荆轲。台阶下的勇士秦舞阳也死在了武士们的刀下。

秦始皇统一天下后，高渐离借击筑之机，扑击秦始皇，也失败被杀。秦始皇因此不再接近各诸侯国的人。

九州一统 

天下归秦

天下归一统

嬴政在亲政后，用了大约九年的时间，确立自己的绝对权威。对六国的斗争也由先前的蚕食变为吞并。他根据李斯的建议，确立了“先取韩，以恐他国”的策略。从公元前 230 年起，嬴政全面发动了兼并六国的统一战争。

战国后期，七雄中只有赵国是可以勉强与秦国抗衡的国家。但是公元前 260 年的长平之战，赵国惨败，40 万赵军被坑杀，赵国实力大损，其他国家更加无力抵御秦国的进攻。

嬴政亲政，更把削弱赵国的军事实力作为统一的重要一步，并于公元前 236 年和公元前 232 年先后两次进攻赵国，但由于赵国大将李牧的英明指挥而没有成功，不过也使赵国的实力大为削弱。

公元前 230 年，秦王嬴政令内史腾率领大军转而进攻韩国，韩国几乎没有进行任何抵抗，就被秦军迅速攻下其都城新郑，并俘虏了韩王安。韩国灭亡，秦国在此设颍川郡。

第二年，即公元前 229 年，秦王嬴政派大将王翦率兵从上党进攻赵国，赵国仍然由李牧率兵抵抗，双方相持达一年之久。于是秦国使用反间计，以重金贿赂赵王宠臣郭开，向赵王诬陷李牧，结果李牧被罢，后被处死。这样，赵国无人可以统兵抗敌。于是，王翦在公元前 228 年俘虏赵王，并攻入赵国都城邯郸。

·封建中央集权制·

秦始皇顺应国家政治制度从君主制向专制集权制演变的趋势，首先树立了绝对的皇权。他为了避免列国纷争历史的重演，适应专制皇权和统一国家的需要，采纳廷尉李斯的建议，彻底废除分封诸侯的制度，全面推行郡县制，把全国分为36郡，均为中央政府下辖的地方行政单位。他又以秦国原有官制为基础，对官制进行了调整和扩充。建立了一整套从中央到地方的新的政府机构：在中央设有三公（丞相、太尉、御史大夫）和九卿（郎中令、卫尉、太仆、廷尉、治粟内史、少府、典客、宗正、奉常），可以对国家大政进行廷议，最后由皇帝裁决；地方行政机构分为郡、县两级，郡设守、尉、监，县设令或长。并有相应的官吏考核制度。为维护这种集权制度，秦始皇还颁布了严苛的封建法律，在全国统一施行。

赵国灭亡。

灭赵同时，秦已兵临燕境。燕国自知无力抵抗，太子丹于是孤注一掷，重金雇勇士荆轲，公元前227年遣其入秦刺杀秦王，结果刺杀未遂。

秦王政杀了荆轲后，余怒未消，他立即命令大将王翦加紧攻打燕国。燕国哪里抵挡得住秦军的攻打，很快就溃败下来。秦军不肯罢休，非要抓住太子丹不可。燕王喜被逼无奈，只好杀了太子丹，向秦国求和。

秦王政打败了燕国，又听从尉缭的计策，派王翦的儿子王贲带兵10万进攻魏国。魏王派人向齐国求救，齐王建没有回应。

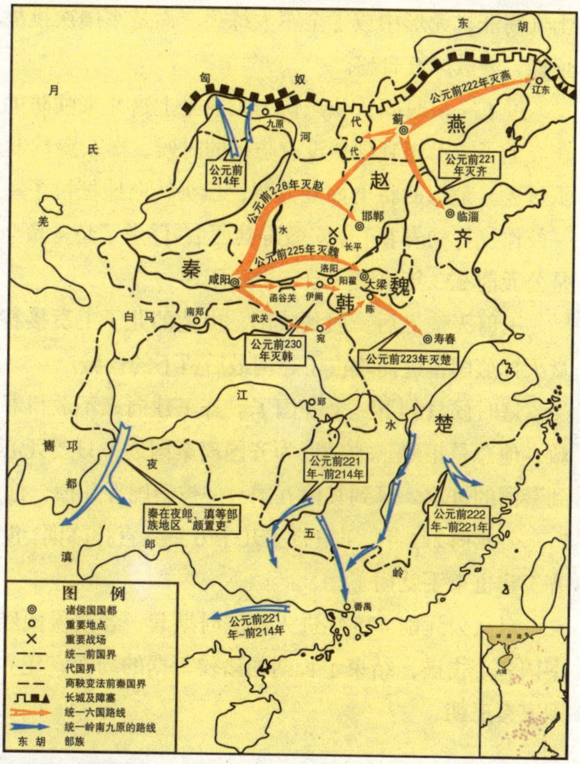

⊙ 秦统一形势图

公元前225年，王贲灭了魏国。灭魏同时秦已策划伐楚。秦王问诸将灭楚需多少兵力，青年将领李信说需20万，而老将王翦则认为非60万不可。秦王以为王翦年老怯战，否定了他的意见，而派李信、蒙恬领兵20万攻楚。公元前225年秦军南下伐楚，楚将项燕率军抵抗。初时秦军进展顺利，在平舆和寝击败楚军，进抵城父。但楚国毕竟地大兵多，项燕在城父集结数十万楚军发起反击，大败秦军，李信败逃回国。秦王方知王翦估兵不虚，屈尊亲自登门向王翦赔礼，命他征楚。

公元前224年，大将王翦带领60万人马，浩浩荡荡向楚国进攻。楚国也出动全国兵力奋起抵抗。

王翦到了前方后，修起了壁垒，坚守不出。楚国大将项燕一再挑战，他也不理睬。

几个月的时间一晃而过，双方的将士都因为无仗可打而心烦。王翦四处巡视，见将士们无所事事，就想了个办法：让大家每天吃饱睡好后，比赛跳远、蹦高和投掷石块。这样一来，将士们不像原来那样无所事事，士气消落，而是生机勃勃、士气高涨，无形中成了全军大练兵。而楚军屡次挑战不成，整日无所事事，军中烦躁、懒散风气日盛。

过了一段时间，项燕认为王翦是上这儿来驻防的，就不怎么把秦国的军队放在心上了。没想到项燕没有防备的时候，秦军突然发起进攻，60万人马一拥而上杀过去。楚国的将士如梦方醒，晕头转向地抵抗了一阵，便各自逃命去了。秦军一鼓作气打到寿春(今安徽寿县西)，俘虏了楚王负刍。楚国就此灭亡了，这一年是公元前223年，秦王政二十四年。

王翦灭楚之后，回到咸阳，由他的儿子王贲接替做大将。公元前222年，王贲灭掉燕国，进而攻占了赵国最后留下的代城。

这时候只剩下一个齐国了。齐王建向来不敢得罪秦国，每回遇到诸侯向他求救，他总是拒绝。他满以为齐国离秦国远，只要死心塌地听秦国的话，就不会遭到秦国的进攻。等到其他五国一一被秦国吞并掉，他才慌手慌脚。

公元前221年，王贲带了几十万秦兵直扑临淄。没有几天，秦军就攻进了临淄，齐王建也束手就擒了。

自从公元前475年进入战国时期起，各诸侯国经过250多年的征战，终于被秦国各个击破，结束了长期的诸侯割据的局面，建立了一个统一的多民族的封建国家秦王朝。

千古第一帝

秦朝以前，统治者最高的称号是王。商、周时君主都称为王。后来周王室衰微，群雄并起，各诸侯国君也相继称王。但是，经过10年左右的兼并，其他六国的国王都成了阶下囚。秦王面对自己取得的成就，深感“王”的称号不足以显示自己的地位。于是，秦王下令说：“寡人以眇眇之身，兴兵诛暴乱，赖宗庙之灵，六王咸伏其辜，天下大定。今名号不更，无以称成功，传后世。其议帝号。”

于是王绾、冯劫、李斯等人与博古通今的博士们商议后，对秦王嬴政说：“以前五帝时，不过统治方圆千里之地，而且周边的少数部落只是时向时离，但是天子也没有办法。现在，陛下兴义兵，平定天下，这是自古以来没有的功业，三皇五帝也没法与陛下相比，所以请陛下尊称泰皇，自称为朕，命令称为诏。”但嬴政认为应采用上古帝位号，称“皇帝”，并立即制命天下。在制命中，嬴政决定自称始皇帝，后世继承皇位者以数计，为二世、三世，直至万世，传之无穷。这样，秦始皇就成为秦王嬴政的称号，皇帝也就成为中国封建社会最高统治者的专称。

为了神化皇权，秦始皇在议定帝号后，还规定了玉玺制度。由秦始皇下诏，李斯书写，后由工匠制成的玉玺，上面勾交五条龙，方四寸，其文为“受命于天，既寿永昌”，成为皇权的象征。

⊙ 秦始皇像

在确定皇帝的称号后，秦始皇为了加强集权，对原来的中央和地方管理体制进行了变革，在中央设立三公九卿，在地方实行郡县制，官吏都由皇帝任命。

秦朝的三公指的是丞相、御史大夫、太尉。丞相是百官之长，它的职责是协助皇帝处理全国的政事。秦丞相多设左、右二人。秦朝建立之初，分别以隗状、王绾为左、右丞相，后来则有右丞相冯去疾和左丞相李斯。在秦始皇统治时期，不但丞相的任免完全由皇帝决定，而且各项政事的处理，也完全取决于皇帝，丞相并无决断之权。

御史大夫，负责监察工作，同时还要帮助丞相处理政事。在秦朝以前就有御史一职，但只是很低微的一种官职。秦始皇为了牵制相权，加强监察，于是改设御史大夫，位列三公。

太尉的职责是协助皇帝处理军事事务，是中央政府中的最高军事长官。太尉在战时有领兵作战的权力，但是没有权力调兵，军队的调动权只属于皇帝一人。

在三公下，秦朝还设有九卿（但是数目不只是九），分掌朝廷和国家的不同行政事务，分别受丞相、御史大夫和太尉的领导，并直接听命于皇帝。秦朝的九卿主要有掌宗庙礼仪的奉常、掌宫殿掖门户的郎中令、掌宫门卫屯兵的卫尉、掌舆马的太仆、掌刑辟的廷尉、掌少数民族事务的典客、掌宗室的宗正、掌谷货的治粟内史、掌山海池泽之税的少府、掌列侯的中丞、掌皇后太子家的詹事。

以三公九卿为主的中央行政机构，是秦朝封建专制主义政治体制的核心，是绝对听命于皇帝的最高权力机关。

为加强皇权，秦始皇加强了思想控制，其中最主要的措施就是焚书坑儒。

公元前 213 年，秦始皇在咸阳宫中举行盛大宴会，庆祝寿诞，参加宴会的有文武百官及博士 70 人。

宴会上，博士们都向秦始皇祝寿。仆射周青臣首先祝颂道：“他时秦地不过千里，赖陛下神灵明圣，平定海内，放逐蛮夷，日月所照，莫不宾服。以诸侯为郡县，人人自安乐，无战争之患，传之万世。自上古不及陛下威德。”对于周青臣这番歌功颂德之辞，秦始皇十分高兴。这时博士齐人淳于越则奏道：“臣闻殷周之王千余岁，封子弟功臣，自为枝辅。今陛下有海内，而子弟为匹夫，卒有田常、

⊙ 始皇诏版　秦

这块青铜的诏版，原置于宫廷重要的器具之上，文为“廿六年，皇帝尽并兼天下诸侯，黔首大安，立号为皇帝，乃诏丞相状、绾，法度量则不壹，歉疑者，皆明壹之”。

六卿之臣，无辅拂，何以相救哉？事不师古而能长久者，非所闻也。今青臣又面谀以重陛下之过，非忠臣。”这样，淳于越就再次提出了分封制的问题。

于是秦始皇命众臣对淳于越的观点进行讨论。此时已担任丞相的李斯说：“五帝不相复，三代不相袭。”认为不同的时代，有不同的统治方法，这些儒生借古非今，使得百姓的思想混乱。因此，李斯向秦始皇建议道：“臣请史官非秦记皆烧之。非博士官所职，天下敢有藏《诗》《书》百家语者，悉诣守、尉杂烧之。有敢偶语《诗》《书》者弃市。以古非今者族。吏见知不举者与同罪。令下三十日不烧，黥为城旦。所不去者，医药卜筮种树之书。若欲有学法令，以吏为师。”秦始皇根据李斯的建议，下令在全国“焚书”。第二年，秦始皇又进行了坑儒。

秦始皇坑儒是由几个方士的畏罪逃亡引起的。随着统一大业的完成，秦始皇祈求长生的欲望越来越强。早在公元前 219 年，秦始皇东巡，来到齐国故地。齐地的方士徐福投秦始皇所好，告诉秦始皇东海中有蓬莱、方丈、瀛洲三座仙山，并宣称只要挑选数千名童男、童女，乘几十艘大船，带足礼物，便可入海求见仙人。秦始皇竟信以为真，随即按徐福所说的去做，结果徐福率船东渡，却一去不回。

后来在公元前 215 年，秦始皇又派方士卢生去寻找仙人及长生不老的仙药，但是卢生仍旧是空手而归。卢生还以谎言蒙骗秦始皇说：“臣等寻仙求药，因为

·“皇帝”的由来·

君王称为“皇帝”是从秦始皇开始的。在此之前，中国古代的最高统治者称“王”，如周文王、周武王等。春秋战国时期，王室渐衰，一些国力强大的诸侯国的国君也自称为王。秦王嬴政统一天下后，自认为这是自古未有的功业，如果不改变“王”的称号，“无以称成功，传后世”。于是，让李斯等人议改称号。他们和众人商议后报告秦王说：“上古，有天皇、地皇、泰皇，泰皇最贵，可改‘王’为‘泰皇’。”秦王反复考虑，认为自己“德高三皇，功高五帝”，决定兼采“帝”号，称为“皇帝”。从此以后，“皇帝”的称号便为历代君主所袭用。

有妨碍的东西，所以常常不能遇到。只要皇帝时常秘密出行，居地无人知晓，真人就会到来，长生之药便可求得。”秦始皇对卢生的话信以为真，并说：“朕十分仰慕真人!”还按照卢生的话去做。但是卢生等人还是没有找到仙药，他们知道不可能永远隐瞒欺骗下去，于是便四处散布流言，说仙药求不得是因为秦始皇独断专权，性格暴躁。然后卢生等带着骗取到的钱财偷偷地逃离咸阳。

⊙ 秦始皇焚书坑儒图　清

这件清代的帛画以想象的方式向我们展现了秦始皇当年焚书坑儒的情形，图中在朝堂之上秦始皇巍然高坐，儒生战战兢兢求命于下，朝堂之外已有许多儒士被绑，或被杀扔入坑中，或被押在坑边。

秦始皇见卢生等人寻求仙药长久不得，心中生疑，但是因为寻求仙药之事早已天下皆知，而且秦始皇也自称“真人”，所以仍希望会找到仙药。可是，卢生等的出逃使得咸阳百姓议论纷纷，秦始皇知道后，大怒，说：“朕先前收尽天下不用的书，尽毁去；然后召集天下方士儒生，优待他们，以求太平，炼寻仙药，可是徐福等人竟一去不回，卢生等人还在背后诽谤朕，妖言惑众，朕要一一查问卢生在咸阳的同伙。”于是秦始皇下令审讯儒生，这些人互相告发，共查得460人，全部被活埋于咸阳城外的骊山温谷。所以，骊山温谷也叫坑儒谷。

秦始皇“焚书坑儒”虽然加强了思想控制，但是，对于中国文化来说，则是一次严重的摧残，标志着封建文化专制主义的到来。

始皇暴政

强大的秦王朝从建立到灭亡不过几十年，秦朝灭亡的根本原因就在于秦始皇的暴政，这主要体现在赋役和刑罚两方面。

秦始皇时期，征收的赋税十分沉重。秦朝的赋税可分为田税、口赋两种，据汉代董仲舒所言，秦朝赋税“二十倍于古”。

另外，秦朝的徭役更是十分繁重。秦朝规定：一般人民从15岁开始服役，至60岁。一生中须正卒一年，屯戍一年，每年还要更卒一个月。

秦始皇不断大兴土木，在咸阳及别的地方修建宫殿，其中以阿房宫的修建为最。公元前 212 年，秦始皇仍感到已有的宫殿太小，于是决定修建阿房宫。阿房宫的设计规模庞大，东西 500 步，南北 50 丈，宫中可容纳万人，其宫殿之高，可以将高 5 丈的旗杆竖于其中。在南山上的山峰之顶还建筑了门阙，这是建在宫殿之前的建筑物。另外，还要修建复道。所以后来唐代诗人杜牧在其《阿房宫赋》中对阿房宫的规模做了较详细的描绘："蜀山兀，阿房出。覆压三百余里，隔离天日。骊山北构而西折，直走咸阳，二川溶溶，流入宫墙，五步一楼，十步一阁；廊腰慢回，檐牙高啄；各抱地势，钩心斗角。"阿房宫作为秦始皇举行朝会、庆典、议决国家大事的场所，其设计自然要体现其身为皇帝的尊贵。但据现代考古的发掘表明，因阿房宫工程规模庞大，工期短，人力不足，所以虽两度修建但未完工。

秦始皇不仅活着要享尽人间富贵，而且死后仍要穷奢极侈，为自己在骊山修建了规模宏大的陵墓。在他即位之初，就开始为自己修墓。统一六国后，更役使数十万人继续营造，其陵高为 120 多米，周长 2167 米，陵下则"穿三泉，下铜而致椁，宫观、百官、奇器珍怪徙藏满之。令匠作机弩矢，有所穿近者辄射之。以水银为百川江河大海，机相灌输，上具天文，下具地理。以人鱼膏为烛，度不灭者久也"。除陵墓主体外，还有许多作为陪葬的工程。兵马俑和铜赤马的出土即可作为明证。至今已发掘了三个秦兵马俑坑，出土的兵俑与真人大小差不多，造型生动、神态逼真，被联合国教科文组织确定为世界第八大奇迹。

据统计，秦朝人口约有 2000 万，每年服徭役的就达 200 多万人，由此可见秦朝徭役之重。

⊙ 阿房宫图屏　清　袁江

此图所绘依山殿阁，傍水楼台，山水相连，花木并茂，并有龙舟、游艇、宫人等点缀。

⊙ 阿房宫前殿遗址

秦始皇统一六国后，六国的贵族与百姓，特别是原来六国的旧贵族，反秦情绪尤为强烈。为了巩固自己的统治，秦始皇采用严厉的镇压手法，实行严峻的刑罚。其名目繁多，可分为死刑、肉刑、徒刑、连坐等 12 种，并且秦朝法律规定，各种刑罚可以重用、单用、合用。

秦朝的种种刑罚，主要是针对农民和奴隶的，对农民和奴隶往往是轻罪重处。例如，服役的刑徒在生产中若稍稍损坏器具，就会遭到很重的鞭笞。总之，秦始皇称帝后，秦朝的法律更为严苛了。

病亡沙丘

公元前 210 年，秦始皇在最后一次出巡中于沙丘宫病死。

秦始皇统一六国之后，曾 5 次巡视天下，第一次出巡，是在公元前 220 年，巡行陇西、北地。北地郡治义渠（今甘肃宁县西北），陇西郡治狄道（今甘肃临洮），秦始皇由咸阳北上到义渠，又至陇西郡，其所行路线为“出鸡头，过回中”。鸡头指平凉的崆峒山，由平凉西去为六盘山所阻，便南下经秦安到甘谷，再经武山西去。“过回中”，是秦始皇由陇西郡东归咸阳时，又过天水境，秦始皇西巡目的是“以示威强，服海内”。秦始皇二十八年（公元前 219 年），也就是统一六国后的第三年，秦始皇第二次出巡，这次东巡，他召集齐、鲁的儒生博士七十余人到泰山下，商议封禅的典礼，以表明自己当上皇帝是受命于天。封禅是古代统治者祭告天地的一种仪式；所谓“封”，是指筑土坛祭天。所谓“禅”，是指祭地，即在泰山下小山的平地上祭地。儒生们的议论各不相同，难于施行。于是秦始皇斥退所有的儒生，借用原来秦国祭祀雍上帝的礼封泰山、禅梁父，刻石颂秦德。颂辞称：“皇帝临位，作制明法，臣下修饬。二十有六年，初并天下，罔不宾服。亲巡远方黎民，登兹泰山，周览东极。从臣思迹，本原事业，祗诵功德。治道运行，诸产得宜，皆有法式。……”都是称颂功德的词句，共 147 字。

秦始皇登临泰山封禅时，于半山坡曾遇暴风骤雨，不得不避雨于一棵大松树下。雨过天晴后，秦始皇称赞此松树遮雨有功，于是当即封之为五松大夫，百官则高呼皇帝万岁。现在泰山山腰的五松亭，据说就是秦始皇当年封禅的避雨处。第三次出巡是在公元前 218 年。秦始皇再次东出函谷关巡行东方，当其车驾行至河南阳武博浪沙时，从道旁的杂草树丛中突然跳出一个人，此人将手中的凶器掷向安车。但是秦始皇坐在安车后面的专车中，因此没有受伤。这个刺客为张良所选派，他以120斤的大铁锥袭击秦始皇，没有成功。秦始皇十分愤怒，下令搜遍天下，张良于是改名换姓逃走。第四次出巡则是巡行碣石和北边。

公元前211年，有一陨石落在东郡，有人在上面刻上了“始皇帝死而地分”。秦始皇听说后，便派人到东郡调查此事，但没有结果，于是便下令把陨石落地附近的居民全部杀掉。此后，秦始皇一直不高兴。到秋天，朝廷使者在一天夜里路过华阴平舒时，突然有人持着一块玉璧，拦住使者，说：“今年祖龙死！”使者正待查问，那人则放下璧，转身逃走。秦始皇闻听此事，召使者询问，并不解其意，退朝后，方想到祖龙就是指人的祖先。于是命人仔细查看玉璧，这玉璧竟是秦始皇几年前不慎掉入江中的那块。秦始皇更加觉得不可思议，于是命人占卜，依据占卜的结果，秦始皇迁徙北河榆中3万家，并决定于公元前210年再次出巡。

秦始皇这次出游，本来是打算随行官员只带左丞李斯，但是其子胡亥也要随从，秦始皇也应允了。十月，秦始皇一行从咸阳出发巡行江南，一路上，秦始皇游云梦，登庐山，过会稽，游兴正浓，因此，并没有感觉到阴冷潮湿的江南天气给他的身体有什么不良影响。然后他们渡江北上，至琅琊，沿海滨寻仙求药，在海上捕杀大鱼。秦始皇非但没有求得长生不死之药，而且海风的侵袭，使得秦始皇因长期巡行而下降的体质，已无法抵御病魔。当车驾到达沙丘平台时，秦始皇已经病入膏肓，只好在沙丘宫住下来，不久病死于沙丘宫。

据记载，秦始皇在病危期间，曾留下遗诏赐位于扶苏，但是遗诏落到了赵高、李斯手中。面对秦始皇的突然死亡，赵高、李斯决定秘不发丧，知道秦始皇死讯的只有胡亥、赵高、李斯及秦始皇身边的几个宦者。为不引起人们的怀疑，李斯等人决定将秦始皇尸体放在辒辌车中运至咸阳。但是时值七月，天气炎热，不几日，秦始皇的尸体便发出臭味。他们只好命令随后的车载一石鲍鱼，用鱼的臭味掩盖尸体的臭味，所以，沿途臣民并不知秦始皇已死。

·秦筑驰道·

秦始皇完成统一中国的大业后，为了控制广阔的国土，特别是六国旧境，并便于政令、军情的传送和商旅车货的往来，下令在全国各地修筑驰道。筑道工程以秦都咸阳为中心向各地辐射，东至燕齐，南达吴楚，北抵九原，西通陇西，形成较为完整的交通网络。驰道宽50步，路基均用铁锤夯实，较为坚固；道中央宽3丈，为车马专用道路。驰道两旁辅以小径，为百姓行走之途。驰道的修成，极大地方便了整个国家的陆路交通，促进了全国的联系。

另一方面中车府的赵高则利用这一时机，勾结李斯，篡改遗诏，立胡亥为太子，并以“为人子不孝”“为人臣不忠”的罪名赐死扶苏。

不久，皇帝车驾回到咸阳，李斯等先宣读改过的遗诏，立胡亥为太子。然后胡亥以太子身份主持秦始皇的葬礼，并继皇位，是为秦二世。

秦始皇一生 50 年，但这 50 年却使秦始皇成为千古一帝。他开创了中国第一个统一的封建专制主义的多民族国家，统一了文字、货币、度量衡，并确立了郡县制，对后世影响深远。可是，另一方面，秦始皇又是一代暴君，后期的暴政导致秦朝二世而亡。

陈胜、吴广起义

胡亥夺取皇位的这一年，即公元前 209 年七月，爆发了我国历史上第一次大规模的农民起义，领导这次起义的人是陈胜、吴广。

秦二世元年(公元前 209 年)七月，征发闾左(秦时贫弱农户居闾之左，富者居右)900 人戍守渔阳(今北京密云)。陈胜、吴广都被征调，担任屯长。

陈胜又叫陈涉，是阳城(今河南登封东南)人。吴广又叫吴叔，是阳夏(今河南太康县)人。

陈胜对自己的苦难遭遇一直愤愤不平，可更不幸的事情又落在了他的身上。他和吴广以及其他的穷苦农民一共 900 多人，被秦二世征发去渔阳驻防。

那时候正赶上雨季，他们走到蕲县大泽乡(今安徽宿州西南)的时候下起了大雨。大泽乡靠近淮河的支流浍河，地势低洼，大水淹没了道路，没法走了。他们只好停下来，等天晴了再走。按照秦朝的律法，叫你什么时候到达什么地方，你就得按时到达，误了日期，就要杀头。陈胜、吴广计算了一下，估计无论如何也不能按期到达渔阳，这样，他们已经犯下死罪了。

陈胜、吴广一起商量办法。陈胜说：“如今要是逃走，抓回来是死；起来造反，夺天下大不了也是死。这样下去等死，还不如拼出一条生路呢！”

⊙ 秦末陈胜、吴广大泽乡起义旧址

吴广认为陈胜说得有道理，便决定跟着陈胜干一场。当时的人们很迷信，想要号召众人起来造反，除了假借扶苏等人的名义外，

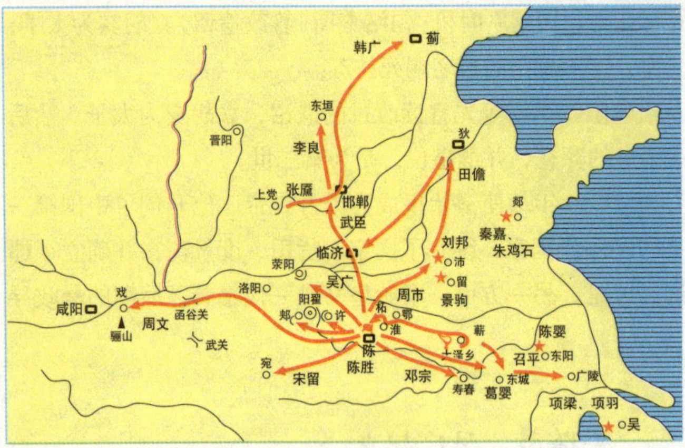

⊙ 陈胜、吴广起义示意图

还得采用装神弄鬼一类的办法，取得众人的信任。他们为此想出了办法。

第二天，伙夫上街买鱼回来，剖开一条鲤鱼的时候，在鱼肚子里发现一块绸子，绸子上用朱砂写着“陈胜王”三个字。这件事一下子就传开了，众人都认为这是老天爷的旨意，原来陈胜是个真命天子呀！

过了几天，陈胜和吴广带领着一大帮人，趁押送他们的军官喝醉了酒，故意去要求释放他们回家。军官一听，又急又气，先抽打了吴广几鞭子，接着又拔出剑来要杀吴广。这时大伙儿一拥而上，陈胜乘机杀死了军官。

陈胜、吴广杀死了军官，大伙儿都感到出了一口恶气。看到大伙儿都很齐心，陈胜、吴广就决定立即起义。他们派人上山砍伐树木、竹竿作为武器。然后，用泥土垒个平台，作为起义誓师的地方。还做了一面大旗，旗上绣上了一个大大的“楚”字。陈胜自立为将军，吴广为都尉。起义军首先攻下大泽乡，进而攻占蕲县及各县。中国历史上第一次大规模的农民起义就这样爆发了。

陈胜、吴广在大泽乡起义的消息很快传开，附近穷苦的老百姓扛着锄头、铁耙、扁担，纷纷赶来加入起义军，起义军一下子壮大了起来，并且很快地占领了陈县。陈胜在陈县称了王，国号“张楚”。陈县成为全国农民起义的中心。

为推翻秦朝统治，陈胜于八月封吴广为“假王”，令其率主力西击荥阳（在

·秦代军队的平时编制·

步兵的编制分为六级，即：五人为伍，二伍为什，五什为屯，二屯为百，五百人，一千人。前五级分设一人为长，第六级设“二五百主”也称“千人”，已属中级军官。骑兵的编制，很可能是四骑一组，三组一列，九列一百零八骑为一队，并能属战车六乘。车兵的编制，没有步兵配合时，每八乘为一偏（即一行），二偏为一组，四组为一队；有步兵配属时，则以兵车一乘、甲士三人、步卒八人为一个基本单位，六乘为一组，十八乘加指挥车一乘为一队。

今河南中部），进而入函谷关（今河南灵宝东北）夺占秦朝腹地；宋留率部入武关（今陕西商南东南），迂回咸阳；武臣、陈余率部攻取六国故地。吴广久攻荥阳不下，陈胜又以周文为将军，领兵绕过荥阳，进攻关中。周文攻破函谷关，屯军于戏(今陕西临潼东北)。这时起义军已有兵车千辆，战士几十万。

秦二世见起义军打到了都城附近，即令少府章邯把修建骊山陵墓的数十万刑徒和奴产子编成军队迎击农民军。同时，又从边塞调回王离的30万军队以保卫都城。周文率领的农民军，虽然英勇作战，但缺乏训练，没有作战经验，又孤军深入，在秦军的突然袭击下，接连受挫，被迫退出函谷关，在曹阳驻守待援。

这时，武臣的东路农民军在河北旗开得胜，对秦朝官吏恩威兼施，连下30余城，在攻占旧赵都城邯郸后，武臣在张耳、陈余的怂恿下自立为赵王。陈胜为了顾全大局，勉强予以承认，并命他率军西上，支援周文。武臣置若罔闻，以陈余为大将军，张耳为丞相，公然割据自立。六国旧贵族纷纷割据称王，韩广称燕王，魏咎为魏王，田儋为齐王。陈胜所遣各部义军互不接应，六国旧贵族又变身割据者，严重削弱了反秦力量，起义军陷入孤立无援又腹背受敌的境地。曹阳的农民军与兵力庞大的秦军苦战两月，损失惨重，又无援助，终告失败，周文自杀。章邯乘胜猛扑，占领渑池。

随着反秦斗争的进行，起义军自身的矛盾和弱点也逐步暴露。围攻荥阳的起义军内部发生内讧，将领田臧因与吴广意见不合，竟假借陈胜之命杀死吴广，自立为将军，致使军心涣散。章邯乘机率秦军直扑荥阳，田臧率军迎战章邯，兵败身死，余部溃散。陈胜依旧坐守陈县，章邯率军直扑陈县，在城西与张贺所率农民军展开激战，陈胜亲自督战。由于众寡悬殊，而秦军又挟战胜周文、田臧之余威，士气高昂，农民军终败，张贺战死，陈县失陷。12月，退至下城父(今安徽涡阳东南)的陈胜为车夫庄贾杀害，余部投奔其他反秦武装。宋留闻讯，在南阳降秦。轰轰烈烈的陈胜、吴广起义在秦王朝的残酷镇压下历经半年失败了。

刘邦和项羽

陈胜、吴广起义以后，各地的百姓纷纷响应。农民起义像一阵风暴，很快就席卷了大半个中国。

在南方会稽郡有一支强大的起义队伍，领导这支队伍的首领是项梁和他的侄儿项羽。项梁是楚国大将项燕的儿子，秦国大将王翦攻灭楚国的时候，项燕兵败自杀，项梁一直想重建楚国。他的侄儿项羽身材魁梧，力大无比，跟项梁学了不

⊙ 刘邦像

少本领。

项梁本是下相(今江苏宿迁西南)人，因为跟人结了仇，躲避到会稽郡吴中来。他能文能武，吴中的年轻人都很佩服他，把他当老大哥看待。项梁教这些年轻人学兵法，练本领。这时，他们听说陈胜起义，觉得是个建功立业的好机会，就杀了会稽郡守，占领了会稽郡。不到几天，就拉起了一支 8000 人组成的队伍。因为这支队伍里都是当地的青年，所以称为“子弟兵”。

项梁、项羽带着八千子弟兵渡过长江，攻克了广陵(郡名，治所在今江苏扬州市)，接着又渡过淮河，向北进军。一路上又有各地方的起义队伍来投奔项梁。

第二年，刘邦带着一支 100 多人的队伍，来投靠项梁。

刘邦是沛县(今江苏沛县)人，在秦朝做过亭长(秦朝十里是一亭，亭长是管理十里以内的小官)。有一次，上司要他押送一批民夫到骊山做苦工，在去往骊山的山路上，每天总有几个民夫跑掉，刘邦想管也管不了。这样下去，到了骊山，刘邦也交不了差。

有一天，他把民夫们叫到一起，对大家说：“你们到骊山去做苦工。累不死也得被打死；就算不死，也不知道哪年哪月才能返回家乡。我现在放你们走，大家各自去找活路吧！”

民夫们非常感激刘邦，当时就有几十个民夫愿意跟着他走。刘邦就带着这些人逃到芒砀山躲了起来。

沛县县里的文书萧何和监狱官曹参知道刘邦是个好汉，都愿意与他交好，他们之间来往不断。

⊙ 泗水亭

此亭在今江苏省沛县，据《沛县志》记载，汉高祖刘邦曾做过泗水亭长。

等到陈胜打下了陈县，萧何和沛县城里的百姓杀了县官，并让人到芒砀山把刘邦接了回来，请他当了沛县的首领，大家称他“沛公”。不久，张良也投到了刘邦麾下。

项梁见刘邦也是一个人才，就拨给他人马。从此，刘邦成了项梁的部下。

这时各地起义军的领导权都落在旧六国贵族手里，彼此争夺地盘，互相攻打。秦国的大将章邯、李由想趁机把起义军各个击破。

面对这种形势，项梁在薛城开始整顿起义队伍。为了增强号召力，项梁听了谋士范增的建议，立楚怀王的孙子为楚王。因为楚国人对当年楚怀王受骗死在秦国一直愤愤不平，所以大家把他的孙子仍称为楚怀王。

楚汉之争

刘邦听从萧何的建议，拜韩信为大将，执掌兵权，准备攻打汉中。萧何整顿后方，训练人马。公元前 206 年，汉王和韩信率领汉军进攻汉中。

战争开始后，由于关中的老百姓对“约法三章”的汉军本来就有好感，所以，汉军每到一处，士兵、百姓都不愿抵抗。不到三个月的时间，刘邦就消灭了秦国降将章邯的兵力，牢牢地控制了关中地区。项羽得知刘邦攻占了整个汉中，准备率兵来打。但是西面齐国的田荣也起来反抗项羽，把项羽所封的齐王赶下台，自立为王，项羽只好扔了刘邦这一头带兵去镇压田荣。

刘邦趁项羽和齐国相持不下的时候，率军东进，攻下了西楚的都城彭城。项羽赶紧往回撤兵。双方在睢水展开了一场大战。战斗一开始，双方谁也不知道对方有多少人，只打得昏天黑地，尸横遍野。到最后，汉军战败，刘邦的父亲太公和妻子吕氏也被楚军俘虏了。

刘邦领着残兵败将，退到荥阳成皋一带，严密布防。另一方面派韩信带领兵马向北收服了魏国、燕国和赵国的地盘，又派陈平用重金挑拨项羽和范增的关系。项羽本来疑心很重，听信了谣言，真的怀疑起范增来。范增一气之下告老还乡，又气又伤心的他死在路上。范增一死，项羽身边少了一位得力的谋士，汉军的压力也减轻了。刘邦又叫彭越在后方截断楚军的运粮道，这样就有效地控制了楚军。楚汉双方这样对峙了两年多。

公元前 203 年，项羽决定自己带兵去攻打彭越。临走时，他再三叮嘱成皋守将曹咎，无论如何也要坚守城池不许出战。刘邦见项羽一走就向曹咎挑战。曹咎说什么也不战。后来刘邦叫士兵整天隔着汜水辱骂楚军。曹咎受不了刘邦士兵的辱骂，渡江作战被刘邦打得大败。曹咎觉得没脸见项羽，就刎颈自杀了。

项羽听说成皋被汉军占领，曹咎自杀，急忙赶回来，楚汉两军在广武（今河南荥阳市东北）又对峙起来。

正当刘邦想和项羽决一死战的时候，项羽派使者给刘邦传话说：“现在天下不安定，都是由于你我两人相持不下造成的，你敢不敢与我比试高低，别让老百姓受连累了。”刘邦也叫使者回话说：“我愿意比文斗智。”刘邦和项羽各自出

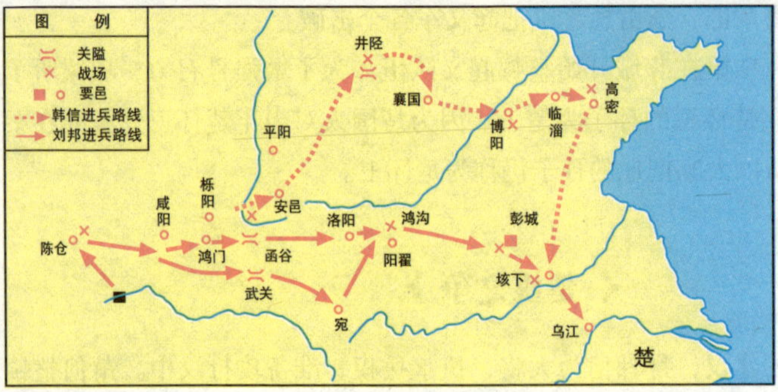

⊙ 楚汉相争示意图

阵来，刘邦为了叫项羽在楚、汉军面前威风扫地，便历数项羽有“十大罪状”。

项羽听刘邦述说自己的“十大罪状”，忍无可忍，也不回答，回头作了个暗示。钟离昧带领弓箭手一阵乱箭齐发，刘邦刚要回头，胸口已经中了一箭。他忍住疼痛，故意弯下身，大叫道：“不好，贼兵射到我的脚趾了。”众将士急忙把他扶到营里，叫医官医治。张良怕军心动摇，便劝刘邦勉强起来，坐在车上巡视军营。

项羽见刘邦没死，还能巡视军营，而楚军粮草已供应不上，感到进退两难。

刘邦重伤在身，见双方相持不下，也非常着急。这时，洛阳人侯公从中调和了一下，双方定下协议，楚汉双方以荥阳东南的鸿沟为界，鸿沟以东属楚，鸿沟以西属汉，双方各守疆土，互不侵犯，罢兵息战。协议达成后，项羽把太公和吕氏也放了回来。

四面楚歌

楚汉议和之后，汉王刘邦曾想撤兵西归，张良、陈平劝他说：“汉已据天下的大半，诸侯又都归附于汉。而楚军兵疲粮尽，这正是上天亡楚之时。不如索性趁此机会消灭他。如果现在放走项羽而不打他，这就是‘养虎给自己留下祸患’。”汉王听从了他们的建议。不久，汉王追赶项羽到阳夏南边，让部队驻扎下来，并和韩信、彭越约好日期会合，共同攻打楚军。汉军到达固陵，而韩信、彭越的部队却没有来会合。楚军攻打汉军，把汉军打得大败。汉王又逃回营垒，掘深壕沟坚守。刘邦问张良道：“诸侯不遵守约定，怎么办？”张良回答说：“楚军快被打垮了，韩信和彭越还没有得到分封的地盘，所以他们不来是很自然的。君王如果能和他们共分天下，就可以让他们立刻前来。如果不能，形势就难以预料了。”刘邦说：“好。”于是派出使者告诉韩信、彭越说：“你们跟汉王合力击楚，打败楚军之后，从陈县往东至海滨一带地方给韩信，睢阳以北至谷城的地方给彭越。”使者到达之后，韩信、彭越都说：“我们今天就带兵出发。”于是韩信从齐国起行，刘贾的部队从寿春和他同时进发，到达垓下。

公元前 202 年，项羽被汉军围困在垓下 (今安徽灵璧县东南)，韩信在垓下的周围布置了十面埋伏。项羽的人马少，粮食也快吃光了。他想带领人马冲杀出去，但是汉军和各路诸侯的人马里三层外三层，项羽打退一批，又来一批；杀出一层，还有一层，项羽没法突围出去，只好回到垓下大营，吩咐将士小心防守。这天夜里，项羽在营帐里愁眉不展。他身边有个宠爱的美人名叫虞姬，看见他闷闷不乐，便陪伴他喝酒解愁。

项羽要虞姬离开垓下，回彭城或是回她的故乡，虞姬温柔地加以拒绝。要死就死在一块儿，她的念头非常单纯。项王战死，她也不独活。

到了午夜，只听得一阵阵西风吹来，风声里还夹着歌声。项羽仔细一听，歌声是从汉营里传出来的，唱的都是楚人的歌曲，楚军士兵那本已冰冷的心，顿时有如春回大地，冰消雪融，流水淙淙，万物苏生；他们好像回到了故乡的村庄，看见了那熟悉的山水、田野、牛羊，家乡父老的一张张笑颜、企盼的目光……楚军士卒不觉坐起身来，不顾严寒，走出营帐，向汉军营寨远眺，因为正是那篝火兴旺的地方传来了楚地的民歌乐曲……于是一群又一群的楚兵情不自禁地向那令他们向往的一堆堆温暖的篝火走去，项羽听四面到处是楚歌声，失神地说："完了！恐怕刘邦已经打下西楚了！汉营里怎么有那么多的楚人呀。"

项羽愁绪满怀，忍不住唱起一曲悲凉的歌来：

力拔山兮气盖世，
时不利兮骓不逝。
骓不逝兮可奈何，
虞兮虞兮奈若何？

项羽唱着唱着，禁不住流下了眼泪。旁边的虞姬和侍从也都伤心地哭了起来。

当天夜里，项羽跨上乌骓马，带了 800 个子弟兵冲出汉营，马不停蹄地往前跑去。天亮后，汉军才发现项羽已经突围出去，连忙派了五千骑兵紧紧追赶。项羽一路奔跑，后来他渡过淮河时，跟着他的只剩下 100 多人了。

⊙ 垓下遗址

项羽他们到达阴陵时，迷了路，于是去问一个农夫，农夫骗他说："向左边走。"项羽带人向左，却陷进了大沼泽地中。因

⊙ 霸王别姬　年画

这是杨柳青年画中表现项羽兵败、痛别虞姬的场面，可见“霸王别姬”的故事在民间流传之广。

此，汉兵很快追上了他们。项羽又带着骑兵向东，到达东城。

但后面的追兵又围上来了。项羽对跟随他的士兵们说：“我从起兵到现在有 8 年了，经历过 70 多次战斗，从来没有失败过，才当上了天下霸王。今天在这里被围，这是天要叫我灭亡，并不是我打不过他们啊！”

项羽说罢又几次冲出重围，一直到了乌江（在今安徽和县东北）边。此时，他的身边只剩下二十几个人了。恰巧乌江的亭长有一条小船停在岸边。亭长劝项羽马上渡江，说：“江东虽然小，可还有 1000 多里土地，几十万人口。大王过了江，还可以在那边称王。”

项羽苦笑了一下说：“我当年在会稽郡起兵时，带了八千子弟渡江。到今天他们没有一个能回去。我一个人回到江东，即便是江东父老同情我，立我为王，我也没脸见他们呀。”

项羽说完跳下马来，对亭长说道：“我知道您是位长者，我骑这匹战马已有 5 年，所向无敌，曾经一日行走千里，不忍心杀掉它，就送给您吧。”项羽把战马送给乌江亭长后，令骑士全部下马步行，跟追上来的汉兵展开肉搏战。他们杀了几百名汉兵，楚兵也一个个倒下。项羽受了十几处创伤，最后在乌江边拔剑自杀了。

项羽死后，楚地全部向汉军投降，唯鲁地不降。刘邦率大军想要屠城，兵至曲阜城下，还可听到城中的弦歌诵读之声，认为鲁人坚守礼义，为君主死节，便拿出项羽的人头令鲁人观看。鲁地父老见项羽已死，这才投降汉军。当初，楚怀王曾始封项羽为鲁公。项羽死后，鲁地最后投降，因而按照鲁公封号应享有的礼仪，将项羽安葬在谷城。

刘邦为项羽发丧，洒泪而去。项羽的各支宗族，刘邦都不加以诛害。刘邦封项伯为射阳侯，项襄为桃侯，项佗为平皋侯，但都赐姓为刘。

西汉盛衰

大风歌

刘邦打败了项羽，建立了一个比秦朝更强大的汉王朝。公元前 202 年，汉王刘邦正式做了皇帝，这就是汉高祖。汉高祖定都洛阳，后来迁都到长安(今陕西西安)。

西汉初年，刘邦大封功臣，异姓王有 7 人，史称“异姓诸王”。这些王侯据有关东广大区域，势力强大，朝廷奈何不得。异姓王的存在为汉朝的长久稳定留下无穷隐患。

汉高帝五年(公元前 202)七月，距离刘邦称帝不到半年，燕王臧荼首先叛乱，刘邦亲自率兵征讨。两个月以后，臧荼成为阶下囚，刘邦又立长安侯卢绾为燕王。九月，颍川的原项羽部将利几谋反，没多久即被刘邦平定。一时举国上下，谈兵色变，有人告发楚王韩信意图谋反，刘邦决定采纳陈平的建议，采取智取的办法。他假装巡游云梦(古大泽，在今湖北南部和湖南北部)，命令各路诸侯于十二月在陈县会集。韩信见到诏令后，虽然有点儿疑惧，但自认为没有什么过失，便前往会见刘邦。武士当即将韩信逮捕押往洛阳，刘邦废其王号，改封他为淮阴侯。韩信因此非常忧郁。他经常称病不上朝，还常常发牢骚：“果真像别人所说的那样，‘狡兔死，走狗烹；飞鸟尽，良弓藏；敌国破，谋臣亡’。天下已经安定，我固当亡。”

⊙ 争功图　汉

此图描绘汉初天下始定，各位将领争功的场面，最后叔孙通奏议立礼仪规范，使高祖体会到做皇帝的尊贵。

汉高帝十年(公元前 197 年)，有人说韩信与陈豨谋反。陈豨是刘邦子代王如意的部下，如意年幼，长期留居长安，代王相陈豨独自掌握王国大权。据说，陈豨与韩信商定反汉，以韩信为内应，陈豨带将守边，内外呼应。高帝十年的秋天，刘邦借“太上祖驾崩”的名义召见陈豨，陈豨称身体不适，不应召见，并与王黄、曼丘臣一同造反，自立为代王。刘邦亲自赴邯郸坐镇，派周勃等率军北征。当时陈豨部将侯敞、王黄、张春四处招兵买马，号召反叛，叛乱几乎波及华北全境。而刘邦则处于劣势，他多次以羽檄征集彭越、英布等人，但无人应召。最后刘邦采用重金收买陈豨手下部将的计谋，方得以将陈豨打败。到了高帝十二年（公元前 195 年），周勃斩陈豨于当城（今河北蔚县）。

刘邦亲自征讨陈豨时，要求韩信随军出征，韩信以身体有病为借口，没有一同前往。后来有人检举韩信想利用刘邦出征的机会，策划在长安动手，与陈豨里应外合。高帝皇后吕后与丞相萧何设计将韩信骗入宫中处死，并诛灭了其亲人家属。至此，在反楚战争中立下赫赫战功的韩信不复存在了。

高帝十一年（公元前 196 年）三月，梁王彭越的部下告发他谋反，刘邦不动声色地遣使前往梁王王都定陶，乘其不备，一举将彭越逮捕，押往洛阳。刘邦念其战功，没有将其处死，只是将其贬职为民，发放蜀地。恰巧在去流放地的途中，彭越偶遇从长安去洛阳的吕后。彭越自以为遇见了大救星，恳求吕后向刘邦求情，殊不知吕后为人刚毅，心肠狠毒。她假装答应了彭越的要求，将彭越带回了洛阳。她不但没有践约为彭越求情，反而对刘邦说让彭越这种有才能、有威望的人去蜀地是自留祸患，不如斩草除根。刘邦认为其妻言之有理，改判彭越死刑，并灭其全族。

韩信与彭越的死对英布震动很大，同病相怜的处境使得他不得不首先防范。他暗中部署兵力，小心刺探周围各郡的动静。后来有人将英布的活动报告给刘邦，刘邦派遣使者到淮南国查明情况。英布得知此事，如惊弓之鸟，只好于高帝十二年（公元前 195 年）七月宣布反叛。叛乱之初，英布气焰很高，他认为刘邦已 61 岁高龄，又身患疾病，无法也不会再带兵出征了，他信心十足地东进击杀了荆王刘贾，占据了大片的土地。刘邦深知年老体衰，意图让太子刘盈率兵出征。但太子宾客认为英布是善于用兵的猛将，诸将曾经与高祖一同打江山，平起平坐，威望较高，恐怕未必肯听太子的调遣，因此太子的出征，前景令人担忧。于是他们策划让吕后去请求皇帝亲自出征。刘邦思前想后，觉得别无选择，只好不顾年老体衰，于十月亲率大军东征，连连打败英布的队伍。高帝十二年（公元前 195 年）十月，刘邦与英布在蕲西短兵相接，英布不敌，逃往江南鄱阳（今江西鄱阳东），被当地人杀死于乡民田舍。英布所发动的叛乱是刘邦在位期间最大的一次叛乱，这次叛乱的平定，对汉王朝的长治久安起了重要的作用。

汉高祖平定了英布叛乱后，在凯旋的路上，回故乡沛县住了几天。他邀集了故乡的父老子弟和以前的熟人，举行了一次宴会。他在与父老乡亲团聚畅饮当中，想起过去自己战胜项羽的经历，又想到以后要治理好国家，可真不容易。想到这里，汉高祖感慨万千，情不自禁地唱道：

大风起兮云飞扬，

威加海内兮归故乡，

安得猛士兮守四方。

白登被围

秦王朝时期，蒙恬率10万大军北击匈奴，收复河套地区黄河以南的土地，并修筑万里长城防御匈奴南下入寇。秦末农民大起义以来，中原地区战乱连年，原秦朝流放到边地的戍守人员相继离开边境，于是匈奴的势力逐渐南下，渡过黄河，来到南岸与秦王朝以前的中国边塞为界。当汉军与楚军于荥阳相持不下的时候，匈奴却在首领冒顿单于的率领下，统一了北方草原大地，设官分职，势力逐渐强大，拥有能够弯弓射箭的战士30多万人。

汉高祖做了皇帝后，匈奴的冒顿单于带领了40万人马向汉朝攻来，并包围了韩王信(原韩国贵族，和韩信是两个人)的封地马邑(今山西朔县)。韩王信抵挡不了，便向冒顿求和。汉高祖得知这个消息，派使者责备韩王信。韩王信害怕汉高祖办他的罪，就投降了匈奴。

冒顿占领了马邑，又继续向南进攻。汉高祖亲自带兵赶到晋阳，和匈奴对峙。

公元前200年的冬天，寒风刺骨。中原的士兵没碰到过这样冷的天气，冻得受不了，战斗力明显减弱。但是，汉朝的军队和匈奴兵一交战，匈奴兵就败走。一连打了几回，匈奴兵都败下阵去。后来，听说冒顿单于逃到代谷(今山西代县西北)。

汉高祖进晋阳后，派出兵士侦察，回来的人都说冒顿的部下全是一些老弱残兵，连他们的马都是瘦得皮包骨头，如果趁势打过去，准能打赢。汉高祖担心这些兵士的侦察不可靠，又派刘敬到匈奴营地看看虚实。

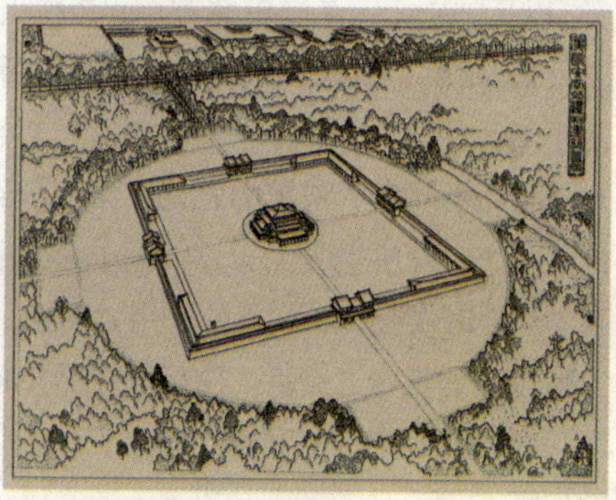

⊙ 汉长安城南郊礼制建筑复原图

刘敬回来说：“我们看到的匈奴的确都是些老弱残兵，但我认为冒顿一定把精兵埋伏起来了，陛下千万不能上他们的当。”

汉高祖听罢大怒，说：“你胆敢胡

·匈奴的饰品·

匈奴人很注重装饰，车有装饰，马也有装饰，而且匈奴人一身从上到下，都有一系列的装饰品。其中最重要的要数带饰了。在匈奴人中，腰带及带饰是身份、地位的象征。腰带称为“具带”，带上饰物有饰板、联珠状或兽头形饰物等。其他装饰品类目繁多，如项链、冠饰、项圈、耳坠等，不胜枚举。

说八道，是想阻拦我进军吗？”说完，命令士兵把刘敬关押起来。

汉高祖率领一队人马刚到平城(今山西大同市东北)，就被四下里涌出的匈奴兵包围起来。这些匈奴兵个个身强体壮，原来的老弱残兵全不见了。汉高祖在部下的掩护下，拼命杀出一条血路，退到平城东北面的白登山。

冒顿单于的40万精兵，把汉高祖围困在白登山。周围的汉军无法救援，汉高祖的一部分人马在白登，整整被围困了7天，脱不了身。

后来，高祖身边的谋士陈平打发了一个使者带着黄金、珠宝去见冒顿的阏氏(就是匈奴的王后)，请她在单于面前说些好话。阏氏一见汉朝使者给她送来这么多贵重礼物，心里挺高兴。

当天晚上，阏氏便向冒顿进言说：“两个国家的君主，不应当相互围困逼迫。如今得到汉朝的土地，单于归终也不能居住在那里；况且汉王也有神灵庇佑，望单于明察定夺。”冒顿与韩王信的部将王黄、赵利约定会合日期，然而王、赵的军队未能按期到来。冒顿怀疑他们与汉军有什么密谋，便听信了阏氏的话，将包围圈解开一角。于是，汉高祖命令士兵全部拉满弓，搭上箭，面朝外，从解围的一角冲了出去，与外面的汉朝大军会合。冒顿率领40万精锐骑兵离去，汉高祖也率领大军撤回。汉王朝建国后同匈奴大军的第一次全面的交锋，便以汉高祖的白登被围和用计脱险而告终。

经过这一次险情，汉高祖知道汉朝没有力量再去征服匈奴，只好回到长安。以后，匈奴一直侵犯北方，使汉高祖大伤脑筋。他问刘敬该怎么办，刘敬说：“最好采用‘和亲’的办法，大家讲和，结为亲戚，彼此可以安安稳稳地过日子。”

汉高祖同意了刘敬的建议，派刘敬到匈奴去说亲，冒顿当即同意了。汉高祖挑了一个宫女所生的少女，假称作大公主，送到匈奴去，冒顿把她立为阏氏。

从那时候起，汉朝开始采用“和亲”的政策，跟匈奴的关系暂时缓和了下来。武帝以前的惠帝、高后、文帝、景帝期间，在同匈奴的关系上，一直是奉行刘敬为汉高祖所制定的“和亲”政策，以妥协的方式来减缓匈奴在北部边境上所造成的危害。

白马之盟

汉高祖晚年时宠爱戚夫人。戚夫人生了个孩子，名叫如意，被封为赵王。汉高祖觉得吕后所生的太子刘盈性格软弱，担心他成不了大事，倒是如意说话做事很合自己的心意。因此，想废掉太子刘盈，立如意为太子。

他为这件事召集大臣们商量，但大臣们都反对，连他一向敬重的张良也不同意。大臣们还把当时很有名望的四个隐士——“商山四皓(就是白发老人的意思)”请了来，帮助辅佐太子刘盈。这样一来汉高祖就没法废掉太子了。

汉高祖知道自己快不行了，便把大臣召集在他跟前，吩咐侍从宰了一匹白马，要大臣们歃血为盟。大臣们当着高祖的面，歃了血，发誓说：“从今以后，不是姓刘的不可以封王，不是功臣不可以封侯。谁违背这个盟约，大家就共同讨伐他。”汉高祖病情越来越重了，便叫吕后进去，嘱咐后事。

公元前195年，汉高祖死了。吕后封锁了消息，秘密地跟他的一个心腹大臣审食其说：“大将们和先帝都是一起起兵的，这些人很难控制。如今先帝去世，他们就更靠不住了，不如把他们都杀了。”

审食其觉得这事不好办，就约吕后的哥哥吕释之做帮手。吕释之的儿子吕禄偷偷地把这个秘密消息泄露给他的好朋友郦寄，郦寄又把这件事告诉他父亲郦商。

郦商听到这消息，马上去找审食其，对他说：“听说皇上去世4天了。皇后不发丧，反倒打算杀害大臣。这样做，一定会激起大臣和将军们的反抗，不仅天下会大乱，只怕您的性命也难保。”

审食其害怕了，忙去找吕后。吕后也觉得杀大臣这件事没有十足的把握，就下了发丧的命令。

大臣们安葬了汉高祖，太子刘盈即位，就是汉惠帝。吕后做上了太后。

汉惠帝仁弱孝顺，高帝死后，国家大权落入吕后手中。吕后怨恨戚姬和赵王如意，高帝一死，吕太后命永巷令将戚姬囚禁在宫内幽禁犯罪嫔妃的永巷之中，同时派使者召赵王如意入京。赵王的相国周昌认为这次召见是凶多吉少，便让赵王声称有病而不前往。为敦促赵王来京，使者往返再三，周昌仍是坚持不让赵王入京，并对派来的使者说：“高帝把赵王嘱托给我，赵王又年少，私下听说太后怨恨戚夫人，想要征召赵王入京，一起杀害，我因此

⊙吕后像

⊙ 皇后之玺　西汉前期

玺面阴刻篆文“皇后之玺”四字，四侧阴刻云纹，顶雕螭虎为钮。此玺发现于汉高祖长陵附近，应是吕后生前的御用之宝。

不敢放赵王前往。况且赵王也真是有病在身，不能奉诏前往。”

使者返京后，把周昌说过的话如实向太后汇报，太后大怒，认为只要有周昌在赵王身边，就难以把赵王召到京来。她决定首先征召周昌，周昌不得不奉诏入京。到达长安后，周昌拜见吕太后，太后骂周昌：“你不知道我最怨恨戚氏吗？你不放赵王来京，是何道理？”

周昌沉默不言，从此便推托有病而不肯入朝，3 年后悲愤而死。

周昌到达长安后，吕太后又再次派使者召赵王来京，赵王动身离开赵都邯郸。

汉惠帝知道太后要加害弟弟如意，便亲自把如意接到宫里，他俩吃饭睡觉都在一起，使吕太后没法下手。

有一天早晨，汉惠帝起床出外练射箭。他想叫如意一起去，一看如意睡得很香，不忍叫醒他，便自己出去了。等惠帝回宫，看到如意已经死在床上了。惠帝知道弟弟是被毒死的，抱着尸首大哭了一场。

吕太后杀了如意，还残酷地把戚夫人的手脚都砍去，挖出她的两眼，给她吃了哑药，把她扔在厕所里。

后来，汉惠帝看见戚夫人被太后折磨成这个样子，不禁放声大哭，然后生了一场大病。他派人对太后说：“这种事不是人能干得出来的。我是太后生的，但没有治理天下的能力。”从那以后，汉惠帝很少过问朝廷的事务。

萧规曹随

汉惠帝即位第二年，相国萧何年纪大了，身患重病。汉惠帝亲自去慰问他，就将来谁来接替相位的人选一事，向萧何请教。

萧何不愿意直接说出自己的意见，只说：“陛下是最了解臣下的。”

汉惠帝问他：“你看曹参这个人怎么样？”

萧何说：“陛下的主意太好了。有曹参接替，我可以放心地走了。”

曹参文武全才，先做了将军，后做了丞相。在灭秦、击楚以及平定叛军的诸多战役中，他披荆斩棘，立下赫赫战功，计攻占两个诸侯国、一百二十二县，俘二诸侯王、三个诸侯相、六个将军，另大莫敖、郡守、司马、军侯、御史各一人。刘邦论功行赏，他功居第二。韩信被诛杀后，刘邦封长子刘肥为齐王，曹参出任

·汉初休养生息·

秦末的连年战乱，使社会生产遭到极大的破坏。汉初君臣所面临的社会政治和经济局面十分艰难：农民大量脱离户籍流亡，人口锐减，市场混乱，物价奇高，国家府库空虚，财政困难；同时国内异姓王对中央政权形成很大威胁，北方匈奴也时时威胁着边境的安宁。针对这种种矛盾，刘邦在铲除了异姓诸王、稳定边疆之后，把恢复农业生产、稳定社会生产生活秩序作为国家的首要任务，采取了一些重要的措施：一、兵士罢归家乡，免除一段时间的徭役。二、在战乱中聚保山泽的人各归本土，恢复故爵和田宅。三、由于饥荒自卖为奴婢的人，一律还为庶人。四、抑制商人，限制他们对农民土地的兼并。五、减轻田租，十五税一。这些政策的实行，使封建经济逐步得以恢复，汉初政权逐步地稳固下来了。

齐国相国。

萧何死后，汉惠帝马上命令曹参进长安，继任相国。萧何早年任秦沛县狱吏，后来辅佐刘邦起义。刘邦攻克咸阳后，他接收了秦丞相、御史府所藏的律令、图书，掌握了全国的山川险要、郡县户口，对日后制定国政有很大帮助。楚汉战争时，他留守关中，使关中成为汉军的巩固后方，不断地输送士卒粮饷支援作战，对刘邦战胜项羽，建立汉朝起了重要作用。萧何在世时制定的规章、制度主要有：《九章律》，这是以秦朝《六律》为蓝本，增加《户律》《兴律》《厩律》，合为九章；田赋、口赋、献费三种构成赋役；徭役制度，有正卒、戍卒、更卒三种。还有许多其他制度。曹参对这些规章制度不做任何变动，而是全盘执行。在他出任相国的 3 年内，没提出任何建议和措施。

一些大臣见曹参这种无所作为的样子，有点着急，也有人去找他，想帮他出点主意。但是他们一到曹参家里，曹参就请他们一起喝酒。有些人想借机向他说起朝廷政务，他总是岔开话头，让人开不了口。

汉惠帝看到曹相国这种做法，认为他瞧不起自己，心里挺不舒服。于是，他把在皇宫里侍候他的曹参之子曹窋叫来，对他说："你回家的时候，找个机会问问你父亲，高祖归了天，皇上年轻没有经验，国家大事全靠相国来处理。可他天天喝酒，不管政事，这么下去，能治理好天下吗？看你父亲怎么说。"

曹窋回去的时候，就照惠帝的话对曹参说了。曹参一听，马上火了，他骂道："你这个毛孩子懂得什么，国家大事也轮到你来啰唆！"说着，竟叫仆人拿板子打了曹窋一顿。

曹窋莫名其妙地挨了一顿打，非常委屈，回宫的时候就一五一十地向汉惠帝说了。汉惠帝听了很不高兴。

第二天，在朝堂上，惠帝就对曹参说："曹窋跟你说的话，是我让他说的，你打他干什么？”曹参向惠帝谢过罪，接着说：“请问陛下，您跟高祖比，哪一个更英明？”

汉惠帝说：“我比不上高皇帝。”

曹参说：“我跟萧相国比较，哪一个能力更强一些？”

汉惠帝禁不住微微一笑，说：“好像萧相国强一些。”

曹参说：“陛下说得对。陛下比不上高皇帝，我又比不上萧相国。高皇帝和萧相国平定了天下，又给我们制定了一套规章。我们只要照着他们的规定办，不要失职就行了。”

汉惠帝这才明白了过来。

曹参采用黄老无为而治的学说，做了 3 年相国。从社会经济的发展来看，战国时期，到处是万户大邑，汉初万户大邑存留不过二三千户。汉惠帝两次筑长安城，征发京畿附近 600 里内男女夫役，每次都只有十来万人。偏远地区更是一片荒凉景象。从经济和人口的恢复来看，中国的确需要休养生息的政策来修补战争创伤。曹参那套办法没有加重百姓的负担，国家也得以休养生息。

周勃夺军

汉惠帝一直没有儿子，吕太后做主从外面找来一个婴儿，对外说是惠帝生的，立为太子。公元前 188 年，惠帝一死，这个婴儿接替了皇位。小皇帝不能处理朝政，吕太后便名正言顺地临朝执政。

吕太后为了巩固自己的权力，要立吕家人为王，向大臣们征求意见。右丞相王陵提起汉高祖临终前与大臣们立下白马盟约的事，不赞成吕太后的想法。吕太后大为不满。

陈平、周勃说：“高祖平定天下，分封刘家的子弟为王，这当然是对的；现在太后临朝，封自己的子弟为王，也没有什么不可以。”散朝以后，王陵批评陈平和周勃违背了誓言。

陈平、周勃说：“您别着急。当面在朝廷上和太后争论，我们比不上您；将来保全刘家天下，可就要靠我们了。”

从这以后，吕太后就陆续把她的娘家人，像吕台、吕产、吕禄等一个个都封了王，还让他们掌握了军权。朝廷大权几乎控制在吕家的手里了。

⊙ 彩绘骑马俑　西汉

马昂首嘶鸣，骑俑肃穆端庄，整个造型大胆概括，体现了汉人激越昂扬的精神风貌。

·汉代铁兵器·

西汉末期之前，兵器以青铜为主。由于冶铁技术和锻钢工艺的进步，钢铁兵器逐步增多，到西汉末基本取代青铜兵器。格斗兵器主要有长柄的戟、铍、矛和短柄的刀、剑。东汉时期铁制兵器占据了军事舞台，骑兵以弓剑为主，使用臂张弩。步兵使用蹶张弩，缚以弓剑。步骑兵的格斗兵器以矛、戟、刀、剑为主，常与盾配合使用。

吕太后在临朝的第八个年头，患了重病。临死前她封吕产为相国掌管南军；赵王吕禄为上将军，掌管北军，并且叮嘱他们说："现在吕氏掌权，朝廷里有很多大臣不服。我死了以后，你们要带领军队保卫宫廷，不要出去送殡，提防被人暗算。"

吕太后死后，兵权都在吕产、吕禄手里，他们便策划发动叛乱。

朱虚侯刘章得知了吕家的阴谋，就派人去通知哥哥齐王刘襄，约他出兵攻打长安。

齐王刘襄起兵，吕产得到了这个消息，立刻派将军灌英带领兵马去征讨。灌英一到荥阳，就跟部将们商量说："吕氏想夺取刘家天下。如果我们向齐王进攻，这不等于帮助吕氏叛乱吗？"

大家商量了一下，决定按兵不动，暗地里通知齐王，要他联络诸侯，等时机成熟，一起起兵讨伐吕氏。齐王接到通知，马上就地安营扎寨，停止前进。

周勃、陈平知道吕氏要发动叛乱，便想先发制人，但是兵权掌握在吕氏手里，必须想办法夺回兵权。他们想出个主意，派人鼓动郦寄去劝说吕禄道："太后死了，皇帝年纪又小，您身为赵王，却留在长安带兵，大臣诸侯都怀疑您。如果您能把兵权交给太尉，回到自己的封地，齐国的兵就会撤退，叛乱也就会平息。"吕禄相信了郦寄的话，把北军交给太尉周勃掌管。

周勃拿到了将军的大印，马上赶到北军军营中去，向将士下了一道命令："现在吕氏想夺刘家的天下，你们看怎么办？支持吕家的把右臂袒露出来，帮助刘家的把左臂袒露出来。"

北军中的将士本来都是向着刘家的。命令一传下去，军中士卒纷纷袒露左肩，呼声震天。周勃很顺利地将北军控制，成为反吕的一支主要部队。接着，周勃命令朱虚侯刘章率兵千人以进宫护卫皇帝为名，伺机捕杀了统率南军的相国吕产，后又捕杀吕禄，并分派人手去捕杀诸吕，不论老少全部处死。至此，吕氏集团被剿灭，统治大权又回到刘氏集团手中。

诸吕之乱平定后，周勃、陈平等大臣密商选立皇帝。大臣们一致认为，代王刘恒适合即帝位。因为现即帝位的少帝和各位王子都不是惠帝亲生，代王却是汉高祖的儿子，而且为人宽厚，待人仁慈，其母薄氏也很善良，不会出现拥尊自立的现象。最为关键的一点是代王年龄最大，全国上下无可争议。于是，周勃、陈平等人亲迎代王入长安而即帝位。闰九月，代王刘恒一行由代到长安，在群臣拥戴下即皇帝位，是为太宗孝文皇帝。文帝即位后，大赦天下，积极推行休养生息政策，开创了汉朝盛世。

将门虎子

汉文帝即位之后，匈奴单于中断了与汉朝的交往。

公元前 158 年，匈奴的军臣单于带领 6 万士兵，侵犯上郡（治所在今陕西榆林东南）和云中（治所在今内蒙古托克托东北），烧杀抢掠，一时间战火又起。

汉文帝连忙派三位将军兵分三路去抵抗。为了保卫长安，另外派三位将军带兵守卫在长安近郊，将军刘礼驻扎在灞上，徐厉驻扎在棘门（今陕西咸阳市东北），周亚夫驻扎在细柳（今咸阳市西南）。

周亚夫是绛侯周勃的儿子。几年前，周亚夫的哥哥犯了罪，废除侯位。汉文帝要选拔周勃儿子中最贤能的人，大家都推举周亚夫。于是文帝封周亚夫为条侯，继承绛侯周勃的爵位。

周亚夫带兵驻守细柳后，有一天，汉文帝亲自到长安附近三个军营去慰劳，顺便也去视察一下。

他先到灞上，刘礼和他的部下将士接到皇帝来视察的消息，都纷纷骑着马来迎接。汉文帝的车马驶进军营，如入无人之境。汉文帝慰劳了一阵走了，将士们列队欢送。接着，他们又来到棘门，受到的迎送仪式同样隆重。

最后，汉文帝来到细柳。周亚夫军营的前哨看见远远有一队人马过来，立刻向周亚夫报告。将士们披盔带甲，弓上弦，刀出鞘，做好了战斗准备。

汉文帝的先遣队到达了营门，守营的岗哨立刻拦住。先遣的官员吆喝道：“皇上马上驾到，打开营门！”营门的守将镇定地回答说：“军中只听将军的军令，将军没有命令，不能开营门放你们进去。”官员正要同守将争执，文帝的军驾已经到了。守营的将士照样挡住不让进。汉文帝只好命令侍从拿出皇帝的符节，派人给周亚夫传话说：“皇帝来军营劳军。”

⊙ 周亚夫像

周亚夫下令打开营门，让汉文帝的车马进来。

护送文帝的人马一进营门，守营的官员又郑重地告诉他们："军中有规定：军营内不允许车马奔驰。"汉文帝马上吩咐侍从放松缰绳，缓缓地前进。

⊙ 汉文帝灞陵

位于西安市东郊渭水南岸的白鹿原上。灞陵是依山开掘墓室，平地无冢。这是我国历史上第一个依山开凿墓穴的帝王陵，对以后各朝特别是唐朝依山为陵的影响极大。

到了中军大营，只见周亚夫披盔戴甲，拿着武器，威风凛凛地站在汉文帝面前，拱手施礼道："臣盔甲在身，不能下拜，请允许按照军中的礼节朝见。"汉文帝听了，很受震动，也扶着车前的横木欠身答礼。接着，又派人向全军将士传达了他的慰问。

慰问结束后，汉文帝离开细柳。在回长安的路上，汉文帝的侍从人员都心怀不满，认为周亚夫对皇帝太无礼了。但是，汉文帝却赞叹地说："周亚夫是真正的将军啊！灞上和棘门两个地方的军队，防备松懈，如果敌人来偷袭，一定会失败。如果将军们都能像周亚夫这样治军，敌人就不敢侵犯了。"

通过这次视察，汉文帝认定周亚夫是个军事人才，就把他提升为中尉。第二年，汉文帝一病不起。临死之前，他对太子说："如果将来国家发生动乱，叫周亚夫率军队去平乱，准错不了。"文帝死后，景帝刘启即位，任命周亚夫为车骑将军。

晁错削藩

汉景帝即位后，也采用休养生息的政策，治理国家。景帝当太子的时候，有个管家的官员叫晁错，挺有才能，大家都称他"智囊"。后来，汉景帝把他提升为御史大夫。

秦朝实行的是郡县制，但是汉高祖打下天下后，分封了 22 个诸侯国，这些诸侯都是汉高祖的子孙。到了汉景帝时，诸侯的势力变得强大起来，土地又多，像齐国就有 70 多座城。有些诸侯不受朝廷的约束，简直成了独立王国。

晁错见各诸侯国的发展态势很有可能造成国家分裂的危险，就对汉景帝说："吴王私自开铜山铸钱，煮海水取盐，招兵买马，动机不纯，不如趁早削减诸侯国的封地。"

汉景帝有点犹豫，说："削地只怕会引起他们造反。"

晁错说："诸侯想造反的话，削地会反，不削地将来也会反。现在造反，祸患小；将来他们势力大了，再反起来，祸患就大了。"

汉景帝觉得晁错的话很有道理，便下定决心，削减诸侯的封地。过了不久，朝廷找了些理由，削减了诸侯的封地。有的被削去一个郡，有的被削掉几个县。

正当晁错与汉景帝商议要削吴王濞的封地时，吴王濞先造起反来了。他打着"惩办奸臣晁错，救护刘氏天下"的旗号，煽动其他诸侯一同起兵造反。

公元前154年，吴、楚、赵、胶西、胶东、淄川、济南7个诸侯王发动叛乱。历史上称为"七国之乱"。

叛军声势很大，汉景帝惊恐之余，想起汉文帝临终时的嘱咐：国家有变乱，就让周亚夫带兵出征。于是，他拜善于治军的周亚夫为太尉，统率36名将军去讨伐叛军。

那时候，朝廷中有人妒忌晁错，说七国发兵完全是晁错的过错，如果杀了他，七国就会退兵。接着，有一批大臣上奏章弹劾晁错，说他大逆不道，应该杀头。汉景帝看了这个奏章，为平定叛乱，只得批准了。

这样，一心想维护汉家天下的晁错，竟成为七国之乱的牺牲品。

汉景帝杀了晁错，下诏书要七国退兵。这时候，吴王濞已经打了几个胜仗，夺得了几座城池。他听说要他拜受汉景帝的诏书，冷笑说："现在我也是个皇帝，为什么要拜受别人的诏书？"

这时，汉军营里有个叫邓公的官员，到长安向景帝报告军情。汉景帝问他："你从军营里来，知不知道晁错已经死了？吴楚答应退兵了吗？"

邓公说："吴王一直有造反的野心。这次借削地的借口发兵，哪里是为了晁错呢？陛下把晁错杀了，恐怕以后没人敢替朝廷出主意了。"

汉景帝这才知道自己错杀了晁错，悔恨之余，决定以武力平叛，于是派遣太尉周亚夫率兵征讨。周亚夫以坚壁固守的战术，多次挫败吴楚联军的进攻。吴楚联军的士卒饿死、投降、失散的很多，只得败退。三月，吴王刘濞残部数千人退守丹徒(今江苏丹徒)，被东越人所杀。其他诸王也战败或自杀、或被杀，历经3个月的七国之乱遂被平定。

七国之乱的平定，在很大程度上解决了汉高祖分封同姓王所引起的矛盾，巩固了汉王朝中央的统治，并为日后汉武帝以推恩令进一步解决诸侯王国问题创造了必要的条件。

汉景帝平定了叛乱，仍旧封七国的后代继承王位。但是从那以后，诸侯王只能在自己的封国里征收租税，取消了他们干预地方行政的资格，大大削弱了他们的权力，汉朝的中央集权才得以巩固。

武帝初登

汉武帝生母王夫人本名娡，其母亲臧儿，本是项羽所封燕王臧荼的孙女，因家道衰落，嫁给同乡的王仲为妻，生下王娡。王娡聪明伶俐，容貌俊美清雅。据传，有一相面术士见到王娡后，大惊失色地称赞道："此女贵不可言，当匹配天子，生天子，母仪天下！"这时王娡嫁人，并生有一女。后来赶上宫中选秀，其母想方设法将她混成秀女送入宫中。当时还是皇太子的汉景帝见她貌美，遂纳入自己宫中。汉景帝即位后封王娡为"美人"，宫中都称她为"王夫人"。

公元前156年，王夫人产下景帝第九子，乳名刘彘。

刘彘自幼聪明，三岁能背典籍，无遗漏，汉景帝大为惊异，于是大为宠爱。一天，景帝把刘彘抱在膝头上，问道："我儿愿意当皇帝吗？"刘彘用稚嫩的声音答道："做皇帝不由儿臣，我愿天天在父皇膝前嬉戏，不失为子之道。"景帝暗暗惊叹："三岁小儿竟如此口齿伶俐，真是天资聪颖啊！"于是就有了立刘彘为太子的打算。

汉武帝的童年和少年的宫廷生活，决定了他一生的命运，并给他54年的皇帝生涯打上了深深的烙印。

汉武帝虽然也是汉景帝的儿子，但是按照当时的继承顺序，皇帝的位子根本轮不到他。汉景帝在公元前153年就立皇子刘荣为太子，与此同时封刘彘为"胶东王"。但是刘荣的母亲栗姬和刘彘的母亲王美人都不是皇后，和栗姬相比，王美人并不怎么得宠。公元前151年，汉景帝废薄皇后，眼看皇后之位就要落到栗姬手中。但是，栗姬自从亲生儿子被立为太子后，就目空一切，专横跋扈，脾气越来越乖戾。汉景帝终于忍无可忍，景帝七年（公元前150年）正月，他不顾朝臣反对，下诏废皇太子刘荣为临江王，将栗姬打入冷宫。

皇太子之位暂时空缺，诸子为争夺皇位继承权展开了激烈斗争。刘彘被立为太子，他的姑母长公主刘嫖起了关键的作用。刘嫖是窦太后的女儿，汉景帝的姐姐，她不仅受到窦太后的宠爱，与汉景帝的关系也非常密切。长公主生有一个女儿，名阿娇。长公主一心想让阿娇当皇后，她本来想把阿娇许配给太子刘荣，可遭到栗姬的回绝，长公主由此和栗姬结仇。王美人抓住这一机会，

⊙汉武帝刘彻像

⊙ 无字碑 汉

此碑置于山东泰山玉皇殿大门西则，高 6 米，宽 1.2 米，厚 0.9 米，形制古朴，不著一字，故名。对此碑有两种说法：一说因秦始皇“焚书坑儒”，故于碑上“一字不錾”；一说汉武帝登封泰山，为显示自己“受命于天”“功德盖世”的超凡气概，立碑于古登封台前，史称“立石”，即今无字碑，至今仍莫衷一是。

极力讨好长公主。碰巧一天年仅五六岁的刘彘到长公主家玩耍，长公主见他聪明可爱，于是抱在膝上问道：“我儿想要娶个媳妇吗？”刘彘答道：“想。”长公主指着左右侍女问刘彘：“她们之中你喜欢哪一个呀？”刘彘摇摇头，表示一个也不喜欢，最后长公主指着自己的女儿问他：“阿娇好不好？”刘彘这才高兴地说：“好！我要是能娶阿娇做媳妇，一定要给她盖一座金屋，让她住在里面。”长公主听了非常高兴，后来在征得汉景帝同意后，便把阿娇许配给了刘彘。后来，武帝登上皇位之后，履行了自己的诺言，他真的为阿娇备下了一坐金碧辉煌的宫殿，并册封她为皇后。这样，长公主和刘彘的关系更近了一层，看到刘荣的太子之位被废，长公主和王美人乘机活动，终于说服汉景帝。景帝七年（公元前 150 年）四月，汉景帝立王美人为皇后，接着立 7 岁的胶东王刘彘为皇太子，改名彻。

刘彻从公元前 150 年被立为太子，到公元前 141 年汉景帝驾崩，继承皇位，其间做了 9 年太子。在这 9 年中，聪颖过人的皇太子深得汉景帝的宠爱。他一方面协助汉景帝处理政务；另一方面博览群书，广泛涉猎琴棋书画、诗歌辞赋，这为他以后五十余年的政治生涯奠定了基础。景帝后元三年（公元前 141 年），汉景帝为已年满 16 岁的皇太子举行了隆重的冠礼。不料冠礼大典之后，汉景帝突然患病，医治无效，正月二十七日驾崩于未央宫。国不可一日无君，皇太子当日在汉景帝灵前继承皇帝大位，君临天下，一代名君汉武帝登上了皇帝的宝座。

·察举制·

汉武帝初年，儒生董仲舒提出了让列侯郡守2000石各自选择自己管辖范围内的贤者，每年选择两名向朝廷推荐。到了元光元年（公元前134年），汉武帝向全国下令，各郡国举孝、廉各一人，郡国岁举孝廉的察举制度就这样建立起来了。一开始，各郡国对中央要求举孝廉并不重视，有的郡根本不举荐一人。汉武帝规定了严厉的惩罚措施：2000石如果不举孝，就是不奉行诏令，应当以不敬论罪；不举廉，就是不胜任，应当免官。从此，孝廉一科成为士大夫的主要仕进途径，被推举的孝廉多数在郎署供职，然后由郎迁为尚书、侍中、侍御史，或外任县令长丞尉，再迁为刺史、太守。武帝还令公卿、郡国不定期地举荐茂才、贤良方正、文学等，以从中选拔一些人才。

⊙ 武帝茂陵　汉

位于西汉 11 座帝陵的最西端，是汉诸陵中规模最大的帝王陵。

汉武帝统治时期是中国历史上的一次转变。他统治下的西汉王朝是中国历史上的第一个黄金时代。处于鼎盛之中的大帝国无论是文治还是武功都达到中国封建社会的高峰。在政治上，武帝颁行推恩令，制定左官律、附益法，实施“酎金夺爵”，基本上改变了汉初以来诸侯王强大难治的局面；实行一系列打击地方豪强的有效措施；创立刺史制度，加强对地方的控制和监督；同时，汉武帝削弱了丞相权力，任用酷吏，严格刑法，设立太学，建立察举制度，加强中央集权的统治力量。在经济上，将冶铁、铸钱、煮盐收归官营；设立均输、平准官，运输和贸易由国家垄断，将物价平衡；实行算缗告缗，打击富商大贾；治理黄河，大力兴修水利，广开灌溉；实行代田法，改进农具，推动农业生产的发展。在思想上，采纳董仲舒建议，“罢黜百家，独尊儒术”，巩固君主集权，使大一统的儒家思想成为封建统治思想。在民族关系上，多次派兵攻打匈奴，解除了匈奴对北部边郡的威胁；前后两次派遣张骞出使西域，实现和发展了与西域地区的交流，促进了经济文化的繁荣；又遣使至夜郎、邛、笮等地宣慰，加强对西南地区的控制和开发；还统一了南越地区，设立南海、苍梧等 9 郡。

汉武帝晚年因杀戮太过，颇思悔悟。当时李广利伐匈奴不利，全军覆没，求神仙不成，又因巫蛊之祸造成父子相残，种种打击使武帝心灰意懒。在登泰山、祀明堂之后，武帝在轮台宫殿下《罪己诏》，即《轮台罪己诏》，表示承认自己的错误。天下也因此又逐渐归于和谐，为昭宣中兴的盛世奠定了基础。

公元前 88 年，汉武帝叫画工画了一张“周公背成王朝诸侯图”送给霍光，意思是让霍光辅佐他的小儿子刘弗陵。公元前 87 年二月丁卯，汉武帝去世，享年七十岁，葬于茂陵。

汉武帝在位 54 年，为以汉族为主体的统一的、多民族的封建国家的巩固和发展作出了重要贡献。武帝时期，西汉成为亚洲最富强繁荣的多民族国家，也是中国历代封建王朝中的盛世之一。

罢黜百家，独尊儒术

“罢黜百家，独尊儒术”是公元前140年，汉武帝尊崇儒术，将百家学说排斥于官学之外的思想措施。“罢黜百家，独尊儒术”确立了儒家思想在中国社会和文化中的主导地位，不仅巩固了汉朝政权，而且对整个中国历史的发展和传统文化的凝聚产生了极其深远的影响。

西汉初年，汉高祖继续实行秦代的挟书律，禁止私人收藏《诗经》《尚书》等，儒家学术活动几乎灭绝，清静无为的道家思想被统治者大力提倡。这些政策短期内适应了长期战争后恢复生产、稳定社会秩序的要求。无为而治、休养生息的政策造就了文景时期的社会安定、政治开明、文化复兴的繁荣局面。

但随着时代的发展，黄老学说已经不适应时代潮流。汉武帝时期，王国势力强大并凌驾于朝廷之上，商人豪强大力兼并土地，匈奴不断骚扰边界，强化专制主义中央集权制度已经成了统治者的迫切需要。而儒家的大一统思想、神化皇权的观念以及仁义学说，恰好适应了这种要求。年轻力壮的汉武帝要大有作为，建立千秋帝业，也需要这种新的思想武器。

汉武帝即位后，首先举行的一件大事是召集天下文士，亲自出题考试。大儒董仲舒提出，诸子学说使国家不能保持一贯的政策，法令制度常常改变不利于封建的专制统治，建议政府只用讲儒学的人为官。武帝采纳了董仲舒的建议，把各地举荐来的非儒学的诸子百家一概罢斥，同时任用考试优秀的儒家学者。这样一来，只有学习儒家学术才有做官的机会。武帝又改组领导班子，起用了一大批好儒学的人，如用好儒术的田蚡做丞相等，以此来褒扬儒学，贬斥道家等诸子学说。

汉武帝的改革激怒了黄老学说的首要代表窦太后。窦太后大力打击儒家，并找借口把鼓吹儒学的人投入监狱。窦太后去世后，武帝重用儒生，把官府里非儒

·三纲五常·

董仲舒在孔子提出的“君君、臣臣、父父、子子”的正名说和韩非提出的“臣事君、子事父、妻事夫”的思想的基础上，系统地提出了“三纲”“五常”的社会道德规范，从而完成了对于先秦儒家伦理思想的改造。董仲舒以天道的阴阳对此做了论证。他把阳比为德，阴比为刑，天贵德而贱刑。根据这种阳尊阴卑的理论，在君与臣、父与子、夫与妻的关系中，前者对后者的统治以及后者对于前者的忠诚和服从，都是绝对的，无条件的。为了维系“三纲”的伦常关系，董仲舒还论证了仁、义、礼、智、信五种道德规范，他以阴阳五行为基础，认为“五常”也是永恒合理的。“三纲五常”是董仲舒的新儒学的重要内容，它是维护封建宗法制度的核心，是贯穿此后两千年封建社会的伦理道德规范。

家的博士一律免职，排斥黄老刑名等百家学术于官学之外，这就是有名的“罢黜百家，独尊儒术”。武帝提倡的儒学，是在原来孔子仁义学说的基础上吸收了阴阳五行家神化皇权、鼓吹王权神授的思想，又接受法家君王独尊、增设刑法、任用酷吏的学说，成为一种儒家王道与法家霸道杂合的思想。

⊙ 董仲舒像

汉武帝的独尊儒术与秦始皇的焚书坑儒目的都是为了统一思想，巩固封建统治，只是他们采用的手段不一样。秦始皇烧掉诸子百家书籍，企图用暴力手段来达到目的，结果失败了。汉武帝则采用引导的办法，提倡儒家学说，确立儒学为官学，从而开创了两千多年来儒家学说独盛的局面，儒家由此成了中国封建社会的主流思想。

张骞出使西域

汉武帝初年的时候，汉武帝从投降过来的匈奴人那里，得知了有关西域(今新疆和新疆以西一带)的情况。他们说有一个被匈奴打败的月氏国，向西迁移到西域一带。

汉武帝想，月氏在匈奴西边，如果汉朝能跟月氏联合起来，断绝匈奴跟西域各国的交往，这不是等于断了匈奴的右臂吗？于是，他下了一道诏书，征求能到月氏去联络的人。

有个年轻的郎中(官名)张骞，觉得这件事很有意义，便自告奋勇去应征。随后又有 100 多名勇士应征，其中有个叫堂邑父的匈奴族人，也愿意跟张骞一块儿去找月氏国。

公元前 138 年，汉武帝就派张骞带着应征的 100 多个人出发了。但是要到月氏，中途必须经过匈奴占领的地界。张骞他们小心地走了几天，还是被匈奴兵给发现了，全都做了俘虏。

他们被匈奴扣押了 10 多年。日子久了，匈奴对他们管得不那么严了。张骞偷偷找到堂邑父，两人商量了一下，瞅匈奴人不防备，骑上两匹快马逃走了。他们一直向西跑了几十天，历尽千辛万苦，逃出了匈奴地界，进入了一个叫大宛(在今中亚费尔干纳盆地)的国家。

大宛和匈奴是近邻，当地人能听懂匈奴话。张骞和堂邑父便用匈奴话与大宛人交谈起来。大宛人给他们引见了大宛王，大宛王早就听说汉朝是个富饶强盛的

⊙张骞像

字子文，西汉成固人。汉武帝时，张骞以军功受封为博望侯，后又拜为中郎将。

大国，听说汉朝的使者到了，非常高兴，后来，又派人护送他们到康居（约在今巴尔喀什湖和咸海之间），再由康居到了月氏。

月氏被匈奴打败以后，迁到大夏（今阿富汗北部至印度河流域）附近，在那里建立了大月氏国。大月氏国王听了张骞的来意，不感兴趣，因为他们不想再跟匈奴结仇。但是张骞毕竟是个汉朝的使者，也很有礼貌地接待了他。

张骞和堂邑父在大月氏住了一年多，没能说服大月氏国共同对付匈奴，只好返回长安。在回国的途中，又被匈奴人扣留了一年。这样，直到公元前126年，张骞等人才回到长安，见到汉武帝。

张骞在外面整整过了13年才回来。汉武帝认为他立了大功，封他为太中大夫。到了卫青、霍去病消灭了匈奴主力，匈奴逃往大沙漠北面以后，汉武帝再次派张骞去结交西域诸国。

公元前119年，张骞和他的几个副手，拿着汉朝的旌节，带着300个勇士，还有1万多头牛羊和黄金、绸缎、布帛等礼物去西域建立友好关系。张骞到了乌孙（在今新疆境内），乌孙王亲自出来迎接。张骞送给他一份厚礼，建议两国结为亲戚，共同抵御匈奴。

过了几天，张骞又派他的副手们带着礼物，分别去联络大宛、大月氏、于阗（在今新疆和田一带）等国。乌孙王派了几个翻译做他们的助手。

这些副手去了好久还没回来。张骞决定不再等下去了，乌孙王便派了几十个

·丝绸之路·

西汉初年，河西走廊先后被西域的乌孙、月氏、匈奴所占据，汉与西方的交通受到了阻隔。张骞通西域以后，汉朝在从敦煌至盐泽的通道上修筑了很多的烽火亭障，以防止匈奴南侵。从此，汉朝的使节和商人源源不断地向西行进，大量的丝绸锦绣输入了西方；西域各国的奇珍异物也向东输入中原地区。这条路被后世称为“丝绸之路”。两汉时期的丝绸之路东起长安，经过河西走廊，到了敦煌后分为南北两道：南道向西南出阳关至楼兰，然后沿塔克拉玛干沙漠的南缘西行，经鄯善、且末、于阗、莎车，越葱岭过大月氏、身毒、安息、条支，最后抵达大秦帝国（东罗马帝国）；北道向西北出玉门关，经楼兰沿孔雀河经渠犁、乌垒、轮台、龟兹、姑墨、疏勒，越葱岭过大宛、康居至安息（今伊朗），再西至大秦。丝绸之路的开辟，对加强东西方文化交流起了巨大的作用。

人护送张骞回国，顺便一起到长安参观，还带了几十匹高头大马送给汉朝皇帝。

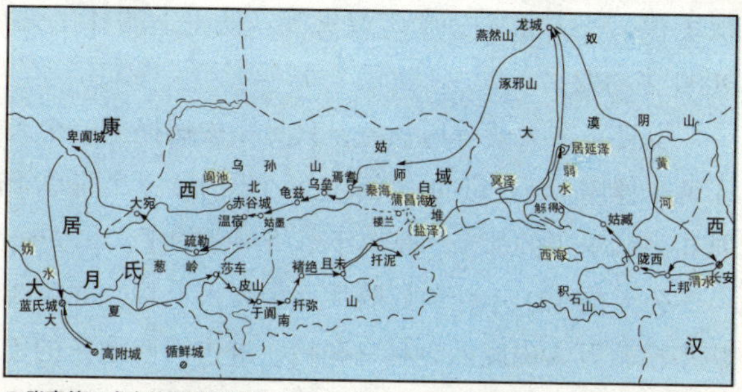

⊙ 张骞第二次出使西域示意图

汉武帝见乌孙人来了，很是高兴，又瞧见乌孙王送的大马，就格外优待乌孙使者。一年后，张骞生病死了。张骞派到西域各国去的副手也陆续回到长安。副手们把到过的地方合起来一算，总共到过 36 个国家。

从那以后，汉朝和西域各国建立了友好交往的关系。汉武帝每年都派使节去访问西域各国，西域派来的使节和商人也络绎不绝。中国和中亚及欧洲的商业往来也迅速增加，通过这条贯穿亚欧的大道，中国的各种丝制品，源源不断地运向中亚和欧洲，因此，希腊、罗马人称中国为赛里斯国，称中国人为赛里斯人，“赛里斯”即“丝绸”之意。19 世纪末，德国地质学家李希霍芬将张骞开辟行走的这条东西大道誉为“丝绸之路”。德国人胡特森在多年研究的基础上，撰写成专著《丝路》。从此，丝绸之路这一称谓得到世界的承认。丝绸之路在世界史上有重大的意义，它是亚欧大陆的交通动脉，是中国、印度、希腊三种主要文化的交汇的桥梁。

河西之战

武帝时国力鼎盛，为巩固边防开始反击匈奴。关内侯卫青出身低微，他的父亲是平阳侯曹寿家里的差役。卫青长大后，当了平阳侯家的骑奴。后来，卫青的姐姐卫子夫在宫里受到汉武帝的宠幸，卫青的地位才渐渐显贵起来。

霍去病是卫青的外甥。霍去病从 18 岁开始就在皇帝左右担任侍卫，他擅长骑马射箭。公元前 123 年，匈奴又来进犯，霍去病也跟着卫青一起去抗击匈奴。

匈奴听说汉军大批人马杀来，立即往后逃走。卫青派 4 路人马分头去追赶匈奴兵，决定歼灭匈奴主力。卫青自己坐镇大营，等候消息。可是到了晚上，4 路兵马回来了，谁都没有找到匈奴的主力，有的杀了几百个匈奴兵，有的连一个敌人也没找到，无功而返。

这次出击，霍去病是以校尉的职务带领 800 名壮士组成的一个小队，这是他第一次带兵打仗。他们一直向北追赶了几百里路，才远远望见匈奴兵的营帐。他带手下兵士偷偷地绕道抄过去，瞅准最大的一个帐篷，猛然冲了进去。霍去病眼疾手快，一刀杀了一个匈奴贵族。他手下的壮士又活捉了两个，而后乘乱杀了2000多匈奴兵。

卫青正在大营等得焦急，只见霍去病提了一个人头回来，后面的兵士还押来了两个俘虏。经过审问，原来这两个俘虏，一个是单于的叔叔，一个是单于的相国，被霍去病杀了的那个，是单于爷爷一辈的王。霍去病因此被封为冠军侯。

公元前121年，匈奴骑兵万余攻入上谷。同年3月，汉武帝派骠骑将军霍去病率精骑万人出陇西，越乌鞘岭，进击河西地区的匈奴。霍去病采用先突然袭击而后连续进击的战术，长驱直入，驰进匈奴脩濮部落；又渡过狐奴河，转战6天，连破匈奴5小王国，降服者赦之，反抗者杀之。匈奴军猝不及防，向北退走。

霍去病知道大军长途跋涉，宜速战速决。于是不敢逗留，即刻率军翻越焉支山(今甘肃山丹县境内大黄山)，向西北急驰千余里以寻匈奴主力决战。在皋兰山下遭遇匈奴浑邪王、休屠王军队，两军展开一场恶战，汉军挟胜余威，猛烈冲杀。浑邪王、休屠王却是仓促应战，部署并未完善，就遭到霍去病军暴风雨般的打击，自然难以招架。二王自知不敌，便下令匈奴军后撤，汉朝军队的紧逼使匈奴军队无法有秩序地退走。匈奴士兵前面跑得慢的被后赶上来的撞倒后就再也爬不起来，后面跑得慢的被汉军赶上，都做了刀下之鬼。这一战匈奴大败，被霍去病军斩首8900余人，浑邪王子、相国、都尉等多人被俘，休屠王的祭天金人也被汉军缴获。霍去病凯旋回到长安，汉武帝亲自出城迎接，加封2200户。是年，霍去病仅20岁。

汉武帝此次派霍去病征匈奴的初衷本是试探霍去病的军事潜能，不曾想霍去病竟是如此骁勇善战，一举击溃河西匈奴。武帝感谢上苍又赐给他一个比卫青还优秀的大将，抗击匈奴的雄心更受鼓舞。同年夏天，武帝再命令霍去病统军北击匈奴，为了防止东北方向的匈奴左贤王乘机进攻，他又派李广、张骞率偏师出右北平，攻打左贤王以策应霍去病主力军的行动。

·西域都护·

汉武帝太初元年（公元前104年），李广利出征大宛并将其击败，西域的交通更加顺畅。西汉又在楼兰、轮台等地设校尉管理屯田，这是汉在西域最早设置的军事和行政机构，为后来设西域都护创造了条件。公元前68年，汉宣帝派侍郎郑吉屯田渠黎，和匈奴争夺车师，以护卫鄯善以西“南道”诸国的安全。公元前60年，匈奴日逐王归降汉朝，匈奴设置在西域的都尉从此撤销，匈奴对西域的控制也越来越弱。西汉王朝于是在西域设置西域都护府，并任命郑吉为首任都护，其官职相当于内地的郡守，下设副校尉、丞、司马等属吏。西域都护的设置，标志西域正式归属中央政权，汉对西域有权册封国王，颁赐官吏印信，调军征粮；同时，西域都护的设置也保证了丝绸之路的畅通，加强了民族间的团结和经济文化交流。

匈奴伊稚斜单于闻知亦不甘示弱，他亲率大军侵入代郡、雁门。霍去病自宁武渡河，翻越贺兰山后至居延海，然后转兵南下至小月氏（今酒泉）陈兵张掖，挺进2000里至祁连山一带，迂回到河西走廊北面敌人后方，而后以秋风扫落叶之势率部对匈奴发起迅猛攻势，大破匈奴主力军。同时西逐诸羌，打通了河西走廊之路。

⊙ 匈奴武士复原像

是役，霍去病军共杀敌3万余人，俘匈奴王5名及王母、王子、将相百余人，收降浑邪王部众4万，全部占领河西走廊。

东线右北平方面，李广率四千骑先行，不料被左贤王4万骑包围。危难时刻，李广尽显“飞将军”本色：他令部下结为圆阵，士兵持弩向外。匈奴连续发起冲击，汉军箭如雨下，阵始终未破；战罢多时，弓箭将尽，李广令军士持弩不发，自己以大黄连弩射匈奴裨将数人，匈奴军惊恐，于是攻势稍缓。战至日暮，汉军兵士都面无人色，独李广依然意气风发，众将无不叹服。第二天双方又展开激战，李广军危急，幸好博望侯张骞及时赶到，匈奴军见不能取胜，撤兵而去。

河西之战夺回了河西走廊，打开了通往西域的大门，使匈奴的生存空间被压缩至年降水量很少的苦寒之地。

漠北之战

经漠南、河西两大战役打击，匈奴势力遭受重创，但仍未停止南下骚扰汉边。元狩三年（公元前120年）匈奴又从右北平、定襄攻汉，杀掠千余人；还用汉降将赵信计谋，欲把汉军引至漠北歼之。

公元前119年，汉武帝震怒于匈奴两次战败仍贼心不改，遂决定来一次更大规模的军事行动。经过充分准备后，武帝命大将军卫青、骠骑将军霍去病各统骑兵五万、四万随军私人马匹、几十万步兵及转运者，分别从定襄（今内蒙古和林格尔）、代郡（今河北蔚县）出发，深入漠北，寻歼匈奴主力，予以打击。

匈奴单于听说汉兵远来扫荡，不敢怠慢，“远其辎重，以精兵待于漠北”。卫青率精兵出塞，寻歼单于本部，同时令李广、赵食其从东面迂回策应。抵达漠北后，“见单于兵陈而待”，卫青当机立断，创造性地运用车骑协同的新战术，命令部队以武刚车“自环为营”，以防匈奴骑兵突袭，而令五千骑兵进击匈奴。伊稚斜单于乃以万骑迎战。两军从黎明激战至黄昏，杀得难分难解，临近日落时，突然刮起大风，飞沙走石，两军不辨敌我，卫青乘势分轻骑从左右两翼迂回包抄匈奴。伊稚斜单于见汉军人马尚强，情知再打下去会吃亏，遂趁夜幕降临时，跨上一匹千里马，率数百壮骑杀出重围向西北方逃走。匈奴军溃散，卫青乘势追击，斩杀和俘虏敌人1.9万余名。

与此同时，“飞将军”李广和赵食其肩负着迂回截击匈奴单于的任务，日夜兼程行军，然而大漠深处一眼望去全是茫无涯际的荒沙，找不到一个当地人。李广军因没有向导，走迷了路，李广焦急却无可奈何，怕再往前走与卫青主力军队更会不上面，下令回军南还。

卫青经过殊死血战，击溃匈奴单于主力，本期望李广能在单于后方截断伊稚斜的退路，然后汉军前后夹击，围歼单于，但北追200余里却不见李广军，伊稚斜单于最终逃脱。卫青继续挥师挺进，兵至窴颜山赵信城，缴获了匈奴屯集的大批粮食和军用物资，并在其地休整一天，然后放火烧毁赵信城后班师回国。到达漠南以后与李广、赵食其会合，卫青差人往李广军营询问迷路经过，并说要上报天子。卫青派去的人劝李广把走失单于的责任推给赵食其，以避惩罚，但李广为人正直，并不答应。卫青闻讯恼怒，又遣人催逼李广的幕僚去中军受审，李广说：“他们无罪，迷路责任在我，我自己去受审。”他把责任揽在自己身上。来人走后，李广慨然叹道：“我自年少从军，与匈奴大小70余战，想不到今天却被大将军如此催逼，我已年过花甲，怎能再受这样的侮辱？”说罢拔剑自刎而死。左右无不泪如雨下。

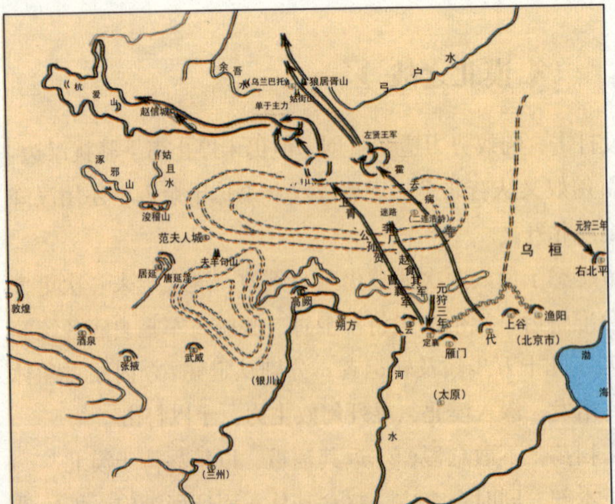

⊙ 汉军漠北之战示意图

率兵从东路出代郡的霍去病却取得了辉煌的战绩，足以使他彪炳史册。他深入2000余里，凭借兵精马壮的优势，对匈奴左贤王发起猛烈攻击。霍去病少年英雄，身先士卒，左贤王垂垂老矣，怎是他的对手？战不多时，左贤王就率亲信弃军而逃，匈奴兵大溃。霍去病即率众追击，一直追到狼居胥山，歼其精锐，斩杀北车耆王，俘屯头王、韩王等3王以及将军、相国、当户、都尉等83人，俘虏70443人；并封狼居胥，登临翰海，祭告天地后班师凯旋。

漠北之战重创了匈奴势力，从此“匈奴远遁，而幕南无王庭”，危害汉朝百余年的边患基本得到解决。

霍去病从此威名远扬，汉武帝十分喜欢他，并下令给他建造府第，被他拒绝。他的“匈奴未灭，何以家为”这句洋溢着爱国激情的名句，世世代代激励着后人。年仅24岁的霍去病于元狩六年(公元前117年)去世，武帝在自己的陵墓旁为他修了一座状如祁连山的坟墓，用以表彰他抗击匈奴的卓著功绩。

武帝战胜匈奴，打通了到塔里木盆地及中亚的商路，匈奴控制的河西走廊归属于汉朝。从此，在从中原到中亚的丝绸之路上，西汉的外交使节和商人往来不断，丝绸之路逐渐成为中西交流的一座桥梁。

司马迁写《史记》

司马迁，字子长，汉朝左冯翊夏阳（今陕西韩城）人。司马迁约生于汉景帝中元五年（公元前145年），卒于汉武帝征和三年（公元前90年），是西汉著名历史学家和散文家，自幼深受父亲司马谈的学术思想熏陶。司马谈，是汉武帝时的太史令，崇尚道家，曾以黄老学说为主，著有《论六家要旨》，对儒、墨、名、法、阴阳、道等各家学说，进行过批判和总结。这种家学传统，对司马迁影响很大。司马迁自幼好学，博闻强记，10岁的时候便通读《左传》《国语》等史籍。青少年时，曾师从古文学家孔安国学习《古文尚书》，向今文学家董仲舒学过《春秋》《公羊》学。他涉猎的范围很广，使他积累了丰富的文化知识，精通天文历法、史学、儒学等各家学说。20岁时，开始到各地游历，足迹遍及名山大川。此次远游，使他开阔了眼界，认识了社会，累积了知识，并对其进步历史观的形成产生了巨大的影响。回长安以后，入仕郎中，其间随武帝巡游了很多地方。元鼎六年（公元前111年）奉命“西征巴蜀”，到达邛、笮、昆明一带，从而进行了第二次大游历。元封元年(公元前110年)，其父司马谈病逝，元封三年，即继任父职做了太史令，时年38岁。这样，使他有机会阅读宫廷收藏的大量文献典籍。此后，在他的主持下，太初元年（公元前104年）冬制成新历——《太初历》。同年，司马迁开始撰写巨著《史记》。

苏武被匈奴扣押的第二年，汉武帝派“贰师将军”李广利带领3万人进攻匈奴，打了败仗，几乎全军覆没。天汉二年(公元前99年)，在汉朝对匈奴的战争中，

⊙ 苏李泣别图轴 明 陈洪绶 绢本

此图源自汉史中苏武与李陵的故事。苏武出使匈奴后，匈奴王令降将李陵前去劝降，但遭苏武拒绝，李陵只得与其洒泪而别。画面中苏武持节斜视李陵，虽衣衫褴褛，但仍不失汉官气节。李陵身着胡服，佩胡刀，掩面而泣。

李广的孙子李陵当时担任骑都尉，带着5000名步兵跟匈奴作战。后来，寡不敌众，又没救兵，李陵被匈奴俘虏，投降了。

消息传来，大臣们都谴责李陵贪生怕死。汉武帝也收押了李陵的妻儿老母，但司马迁却为李陵辩护。他说："李陵带领五千步兵，深入敌人的腹地，打击了几万敌人。他虽然打了败仗，可是杀了很多敌人，也可以向天下人交代了。李陵不想马上死，自有他的打算。他一定还想将功赎罪来报答皇上。"

汉武帝认为司马迁这样为李陵开脱罪责，是有意贬低李广利(李广利是汉武帝宠妃的哥哥)，不禁勃然大怒，说："你这样替投降敌人的人辩解，我看是存心反对朝廷。"他命令侍从把司马迁送进监狱，交给廷尉审问，最后被判为宫刑(一种阉割性器官的肉刑)。

司马迁在身心上受到极大摧残，痛苦之中，数欲"引决自裁"，但恨《史记》未能成稿，遂以坚韧不拔的精神，忍辱发愤地过了8年。出狱之后，任中书令，继续笔耕。征和二年（公元前91年），历经14年终于完成《史记》的写作。这部巨著问世之后，当时称为《太史公书》或称《太史公记》，也叫《太史公》。

全书130篇，由本纪12篇、表10篇、书8篇、世家30篇、列传70篇组成，计52.65万字。它记载了上起黄帝轩辕氏，下迄汉武帝太初四年（公元前101年），近3000年的历史。

"本纪"是全书的提纲，专取历代帝王为纲，以编年的形式，提纲挈领地记载了上起轩辕，下迄汉武这一历史阶段的国家大事。

"表"以年表形式，按年月先后的顺序，以清晰的表格，概括地排列各个历史时期的人事，或年经国纬，或年纬国经，旁行斜上，纵横有致。分世表、年表、月表三类，以汉代年表为详。

"书"记载了各种典章制度的演变，以及天文历法等，以叙述社会制度和自然现象为主体，对礼乐、天文、历法、经济、水利等制度的发展状况进行了系统记述，具有文化史性质。

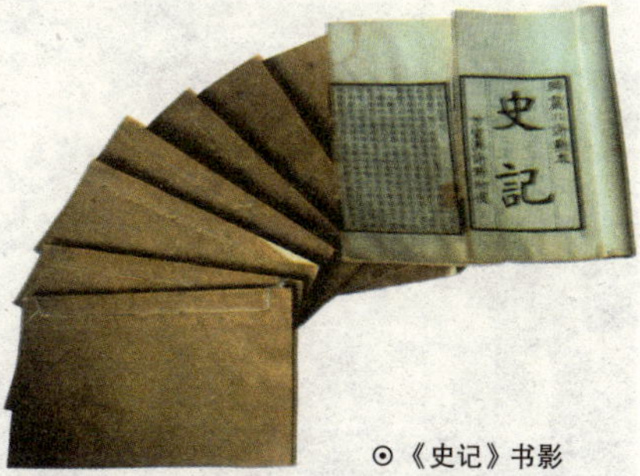

⊙《史记》书影

“世家”记载了自周以来开国传世的诸侯，以及有特殊地位的人物事迹，其中主要包括春秋战国以来的诸侯国君、汉代被封的刘姓诸侯子侄以及汉朝所封的开国功臣。此外，还有《孔子世家》《陈涉世家》和《外戚世家》。

“列传”记载了社会各阶层代表人物的事迹，其中有著名的思想家、政治家、军事家、文学家等，另外还包含了儒林、酷吏、游侠、刺客、名医、日者、龟策、商人的传记。该部分以“扶义倜傥，不令己失时，立功名于天下”为标准。一部《史记》，就是一条五光十色的历史人物画廊。天才画家司马迁，以其天纵之才，把3000年风起云涌的历史中的风流人物，活灵活现地驱于笔端，魅力无穷，常读常新，千百年来，一直受到人们的喜爱。

一部血泪凝成的《史记》，不仅是历代正史的开山之作，而且也成了以后2000多年中国叙事文学的渊薮。它是古代散文的典范，其写作技巧、文章风格、语言特点，对唐宋八大家、明代的前后七子、清代的桐城派都有着巨大而深刻的影响。它情节曲折、人物形象栩栩如生的特点，也对后代小说的创作积累了丰富的经验。至于那些活跃在历史浪花里的人物，则成为明清戏曲里的鲜活的舞台形象。

《史记》具有诗的意蕴和魅力。虽然在形式上是历史，但它也许是中国文学史上最伟大的浪漫主义的抒情篇章。在司马迁的身后，有着无数的异代知音，有着无数的风云人物，他们在追随着那一个浪漫的时代，在追随着浪漫时代里的那位为着渺茫命运奋斗不息的悲剧英雄司马迁。

汉朝柱石霍光

汉武帝晚年迷信神仙、巫师和方士，为求通达，他们纷纷聚集在京城寻求机遇。他们求得武帝赏识的途径之一，就是与宫中后妃结交。后妃之间本来彼此嫉妒，此时便利用巫蛊，相互诅咒攻讦。随后，她们又向武帝彼此告发对方诅咒皇帝。征和二年（公元前91年），武帝命宠臣江充为使者治巫蛊，江充与太子刘据有隙，就陷害太子，导致皇后卫子夫和太子刘据相继自杀，这就是汉武帝末年的巫蛊之祸。后来，田千秋等上书为太子申冤，汉武帝杀江充三族，又修思子宫，建归来望思台，以志哀思。

汉武帝逼死了太子刘据，后来十分后悔，准备立钩弋夫人生的刘弗陵为新

⊙ 彩绘骑马俑　西汉
此群俑充分显示了汉军的威武阵容。

太子。当时，弗陵才 7 岁，而其母却正年轻，武帝恐怕刘弗陵即帝位后重演前朝吕后专权的故事，于是就想托付大臣辅佐少子刘弗陵。

武帝通过仔细考察，认为已故奉车都尉、光禄大夫霍去病的同父异母弟弟霍光忠厚可靠，可当此重任，就命黄门画一幅周公负成王朝诸侯图，赐予霍光。当感觉自己去日无多时，武帝又赐刘弗陵的母亲（即钩弋夫人）一死，以绝后患。

后元二年（公元前 87 年）二月，武帝于五柞宫病危。霍光前往询问后事。武帝说："立少子，君行周公之事。"就是让霍光学习西周时周公旦辅佐年幼的周成王一样，辅佐少子刘弗陵执政。同时，又诏立刘弗陵为太子，封霍光为大司马、大将军，金日磾为车骑将军，上官桀为左将军，共同受遗诏辅佐少主。御史大夫桑弘羊也一起受命。很快，武帝死于五柞宫，是年 71 岁。

汉武帝死后，即位的汉昭帝刘弗陵年仅 8 岁，朝中政事都由霍光决定。

当时，上官桀与霍光同为汉武帝托孤的辅政大臣，现在看到霍光独揽大权，不留情面，就与汉昭帝的大姐盖长公主密谋排挤霍光，并勾结燕王刘旦，想方设法要陷害霍光。

公元前 81 年，霍光出去检阅羽林军，检阅之后，把一个校尉调到他的府里来。上官桀等人趁机冒充燕王刘旦上书，告发霍光阴谋造反。

汉昭帝接信后看了又看，然后就搁在一边。第二天，霍光等人上朝。霍光事前听说了这件事，不敢进金銮殿。汉昭帝临朝，见了霍光，就问："大将军在哪？"上官桀暗自得意，嘴上说道："大将军听说燕王告发他的罪行，躲在偏殿里不敢来。"

汉昭帝吩咐内侍传霍光进殿，霍光摘掉官帽，伏在地上请罪。昭帝说："大将军请起！"一边指着信笺道："这封信是假造的，我知道有人成心要害你。"霍光高兴地问："皇上怎么知道的？"汉昭帝说："大将军检阅羽林军是在临近地方，调用校尉也是最近的事，一共不到 10 天的时间。燕王远在燕京，离长安这么远，他怎么知道这件事？即便知道了，马上派人送信来，也来不及赶到这儿。再说，大将军如果真的要叛乱，也用不着靠一个校尉。这明明是有人谋害大将军，燕王的信是假造的。我虽然年轻，也不见得这么容易受人愚弄。"

上官桀见一计不成，就准备铤而走险。他们偷偷商量好由盖长公主出面邀请霍光赴宴，然后布置下刀斧手，准备趁酒酣耳热之际，行刺霍光。

谏议大夫杜延年得到这个消息，连忙告诉了霍光。霍光立即向昭帝报告，于是昭帝通知丞相田千秋火速带兵，把上官桀一伙统统抓起来处死。

聪慧的昭帝在公元前 74 年病死，年仅 21 岁。昭帝没有儿子，霍光等大臣与皇后议定立汉武帝的孙子昌邑王刘贺为帝。使者到达昌邑已经是深夜，刘贺已睡下，赶紧起身接诏书。他得知是让自己去当皇帝，就高兴得手舞足蹈。

刘贺被拥立为天子后，日益骄横，荒淫无道，失帝王礼仪，我行我素，对大臣进谏不闻不问。于是霍光与大司马田延年、车骑将军张安世密谋，废黜刘贺；后又召集丞相、御史、将军、列侯、大夫、博士在未央宫会合，商议废黜事。大臣们见霍光主意已定，纷纷附和。霍光立即与群臣上报太后。太后下诏送刘贺回昌邑，而刘贺带入朝的昌邑群臣 200 余人被诛杀，罪名是不能辅佐君王，将皇帝引向歧途。刘贺仅当天子 27 天。

元平元年(公元前 74 年)七月，前廷尉监丙吉上书霍光说：武帝有曾孙名刘询，年纪 18 岁，聪明贤德，通晓经书，可立为皇帝。刘询，字次卿，是原太子刘据的孙子。出生数月时，适逢征和二年(公元前 91 年)七月原太子巫蛊事件，被关押于狱中，后遇大赦，得以恢复皇族身份。霍光以为可立为帝，于是召集丞相以下百官商议此事，共同上奏皇太后，请求立刘询为皇帝，皇太后表示同意。刘询便在霍光的引导下，入未央宫见太后，并被立为皇帝。这就是汉宣帝。

地节二年(公元前 68 年)春，霍光病逝。其霍氏子弟更加骄奢无度，终于引起宣帝的不满。地节四年(公元前 66 年)七月，霍氏密议谋反，结果阴谋败露，被宣帝灭三族。至此富贵至极的霍氏家族覆灭了。

昭君出塞

武帝时期，汉国力强盛，便改变了对匈奴的政策，展开了对匈奴的反击战争。匈奴在汉朝的重击下，希望停止战争，重新建立和亲关系，武帝同意和亲，但条件是匈奴必须嫁女、称臣、纳贡。匈奴无法接受，汉匈关系没有什么进展。

汉宣帝在位的时候，由于有霍光等大臣辅助，国家渐渐强大起来。那时候，匈奴由于贵族内部争权夺利，国势渐渐衰落。汉五凤元年（公元前 57 年），匈奴发生内乱，东有呼韩邪单于，西有屠耆单于，此后屠耆单于派驻东部边境防御呼韩邪单于的右奥鞬王及乌藉都尉又分别自立为车犁、乌藉两单于，统辖匈奴西北部地区的呼揭王亦自立为呼揭单于，由此形成五单于并立之势。五凤元年（公元前

⊙ 王昭君像

昭君怀抱琵琶，戎装乘马出塞，离开长安时，文武百官一直送到十里长亭。

57年）八月，屠耆单于率兵进攻车犁、乌藉，车犁、乌藉战败，退向西北，与呼揭合兵一处。屠耆单于再率骑兵向西进攻车犁，同时派左大将及都尉分率骑兵屯驻东部边境防备呼韩邪。屠耆单于击败车犁后，车犁率部向西北方向转移。五凤二年（公元前56年）春，呼韩邪派其弟右谷蠡王率兵进攻屠耆单于的左大将及都尉统帅的骑兵，俘斩万余人。屠耆亲率骑兵6万反击呼韩邪，东行千余里，与呼韩邪骑兵遭遇。屠耆兵败自杀，余部降汉。退向西北的车犁单于见呼韩邪势众，率部归降。十一月，乌藉复自立为单于，被呼韩邪捕杀，至此，呼韩邪兼并匈奴各部。匈奴五单于争立，死者数以万计，畜产损耗十之八九。战后，呼韩邪单于所部不过数万人，匈奴从此逐渐由盛转衰。呼韩邪和大臣商量后，决心跟汉朝和好。呼韩邪还亲自带着部下来见汉宣帝。

呼韩邪是第一个来中原朝见的单于，汉宣帝像招待贵宾一样招待他，亲自到长安郊外去迎接他，为他举行了盛大的欢迎仪式。呼韩邪临行时，与汉朝使者订立了此后“汉朝与匈奴合为一家，世世代代不相侵犯”的友好盟约。

公元前33年，呼韩邪第三次到长安，提出愿意做汉家的女婿，结为亲戚，加强汉匈友好。汉朝经历了近百年的战火侵扰，也希望内外和平安宁。汉元帝答应了呼韩邪的要求，决定从后宫的宫女中挑选出合适的人选，嫁给单于。

后宫中有个叫王昭君的宫女，是我国四大美女之一，有空谷幽兰般的姿色和才情。元帝时，昭君正值青春年华，因容貌秀丽、聪慧可人、琴棋书画俱精而被选入宫。汉宫中宫女众多，元帝便让画工为宫女画像，自己凭像选人。宫女于是无不巴结、贿赂画工。昭君拒绝贿赂画工，她不相信自己的美丽会因为画工的笔而被埋没，但贪婪的画工把她画得平平庸庸，致使艳如桃李的她在后宫待了10年之久。而匈奴单于向汉朝求婚给了昭君一个机会，她自愿前往匈奴。在临别大会上，昭君服饰华丽、容貌丰美，呼韩邪无限喜欢。元帝则惊叹后宫藏有如此惊艳绝伦的美女，想挽留住昭君，可是君无戏言，只有眼睁睁地忍痛割爱。汉元帝吩咐办事的大臣选择吉日，让呼韩邪单于和王昭君在长安成亲。

呼韩邪单于得到这样一个年轻貌美的妻子，又是高兴又是感激。在汉朝和匈奴官员的护送下，王昭君离开了长安，千里迢迢地来到了匈奴单于的领地。

到了匈奴后，呼韩邪单于封王昭君为“宁胡阏氏”（王后），意思是说王昭君嫁给匈奴，会带来和平安宁。呼韩邪单于娶了王昭君很满意，他上书向汉元帝表示愿意为汉朝守卫边疆，让汉天子和百姓永享和平、幸福。

王昭君出塞的时候带去很多礼物，她在塞外同匈奴人民和睦相处，爱护百姓，教给当地妇女织布、缝衣和农业生产技术，受到人民的爱戴。

王昭君在匈奴生一子，取名伊屠智牙师，长大后被封为右日逐王。成帝建始二年（公元前31年），呼韩邪单于去世。依匈奴风俗，昭君下嫁复株累单于（呼韩邪单于与大阏氏之子），又生二女。

昭君出塞后，匈奴与汉朝得以长期和睦相处，汉匈民族间政治、经济、文化有所沟通并相互促进，边境安宁，百姓免遭战争之苦。为了让人们记住王昭君的功勋，元帝下诏将昭君出塞这一年改元竟宁。

王莽篡位

王昭君离开长安不久，汉元帝就死去了。他的儿子刘骜即位，是为汉成帝。汉成帝是个荒淫的皇帝，他当了皇帝后，朝廷的大权逐渐被外戚掌握了。成帝的母亲、皇太后王政君有8个兄弟，除了一个死去的以外，其他人都封了侯。其中要数王凤的地位最显赫，他被封为大司马、大将军。

王凤掌了大权，他的几个兄弟、侄儿都十分骄横。只有一个侄儿王莽与众不同，他像平常的读书人一样，做事谨慎小心，生活也比较节俭。人们都说王家子弟中，王莽是最好的一个。

王凤死后，他的两个兄弟先后接替他的职位，后来又让王莽做了大司马。王莽很注意招揽人才，有些读书人慕名前来投奔他。

汉成帝死后，在10年之内，换了两个皇帝——哀帝和平帝。汉平帝登基时才9岁，国家大事都由大司马王莽做主。很多大臣都吹捧王莽，说他是安定汉朝的大功臣，请太皇太后封王莽为安汉公。王莽说什么也不肯接受封号和封地。

王莽越是不肯受封，越是有人要求太皇太后封他。据说，朝廷里的大臣和地方上的官吏、平民上书请求加封王莽的人多达48万人。有人还收集了各种各样歌颂王莽的文字，使王莽的威望越来越高。

⊙ 新莽“大泉五十”陶范

“大泉五十”是王莽第一次货币改革的新铸币之一，是王莽统治时期流行时间较长的一种币型。

渐渐长大的汉平帝越来越觉得王莽的行为可怕、可恨，免不了背地里说些抱怨的话，这些话被传到了王莽的耳中。

有一天，大臣们给汉平帝过生日，王莽借机献上一杯毒酒。汉平帝没想到王莽胆敢做出这种事，接过来喝了。

没过几天，汉平帝就得了重病，死去了。王莽假惺惺地哭了一场。汉平帝死的时候才 14 岁，没有儿子，于是由王莽摄政，称为“摄皇帝”。第二年，王莽改年号为居摄元年。三月，王莽立只有两岁的刘婴（宣帝玄孙）为皇太子，号称“孺子婴”，以效仿周公摄政旧事，为篡汉自立做准备。居摄三年（公元 8 年），梓潼（今属四川）人哀章制作铜匮，内藏“天帝行玺金匮图”与“赤帝行玺某传予黄帝金策书”，假说是高祖遗命令王莽称帝。于是，王莽便到高帝祠庙接受铜匮，即天子位，定国号为“新”。至此，西汉灭亡。

王莽自立为帝后，为了巩固政权，在全国实行改革，推行新制。

从居摄二年（公元 7 年）到天凤元年（公元 14 年），王莽先后进行了四次币制改革。居摄二年，他下令铸造大钱、契刀、错刀，与汉五铢钱共为四品，一齐流通于市。两年后，又改币制，将错刀、契刀、五铢钱废除，另铸一铢小钱和十二铢大钱并行。始建国二年（公元 10 年），三改币制，把货币总称“宝货”，分为钱货、金货、银货、龟货、贝货、布货，总称“五物、六名、二十八品”。天凤元年，四改币制，又实行金、银、龟、贝等货币，废除大、小钱，改行货布、货泉二品。

始建国元年（公元 9 年），王莽下令将全国土地改为王田，奴婢改名为私属，都不能自由买卖。还规定一家男子不超过 8 人而种田数额超过一井（九百亩）的，应把多出来的田分给九族乡邻中没有田或少田的人；本身无土地的亦按一夫一妇授田百亩的制度授予田地。

同年，王莽下令制造标准的度量衡器，颁行天下，作为统一全国的度量衡标准。

始建国二年（公元 10 年），王莽诏令在全国实行五均、赊贷和六筦法。政府在长安、洛阳等大城市设立五均官，负责管理工商业经营和市场物价，收取工商税。赊贷规定由政府办理，年利息为十分之一。五均赊贷和政府经营的盐、铁、酒、铸钱及收山泽税，合称为“六筦”。

除此以外，王莽对中央和地方的官名、官制、郡县地名、行政区划，也多次改变。

王莽大规模的改革，并没有起到维护新莽政权的作用，相反，改制后的结果触及大地主商人的利益，加剧了统治阶级的内部矛盾。制度本身的弊病，也给人民带来了更大的灾难，因此很快导致了王莽政权的覆灭。

绿林、赤眉起义

西汉末年，封建统治阶级和官僚地主疯狂地兼并土地，贪官污吏巧取豪夺，加紧对农民进行残酷的经济剥削和政治压迫，逼得农民难以为生。阶级矛盾异常尖锐，小规模农民起义不断发生。王莽建立新朝后，企图通过复古西周时代的周礼制度来达到他治国安天下的理念，于是仿照周朝的制度开始推行新政，史称王莽改制。但由于王莽的这些政策只求名目复古，很多都是与当时的实际情况相违背的，而且在推行时手段和方法不正确，在遭到激烈反对后，又企图通过严刑峻法强制推行，使上至诸侯公卿，下至平民百姓因违反法令而受重罪处罚者不计其数，加剧了社会的动荡。各项政策朝令夕改，使百姓官吏不知所从，人们未蒙其利，先受其害，因此导致天下豪强和平民百姓的不满，反而造成“农商失业，食货俱废”的恶果，破坏了社会的正常生产和人民的正常生活，人民已是财竭力尽，无法生活，又加上自然灾害连年不断，农田荒废，农民倾家荡产，很多地区甚至出现了“人吃人”的现象。

公元 17 年，荆州发生饥荒，老百姓到沼泽地区挖野荸荠充饥，野荸荠越挖越少，便引起了争斗。新市 (今湖北京山东北) 有两个有名望的人，一个叫王匡，一个叫王凤，出来调解，受到农民的拥护。王匡、王凤就把这批饥民组织起来举行起义。南阳人马武、颍川人王常、成丹等率众参加。他们的根据地在绿林山 (今湖北大洪山) 中，故称为“绿林军”。

地皇二年 (公元 21 年)，绿林军在云杜 (今湖北河沔) 击败荆州两万官军，乘胜占取竟陵 (今湖北钟祥)、安陆 (今湖北安陆) 等地，起义队伍日益增大。

王莽派了两万官兵去围剿绿林军，被绿林军打得溃不成军。投奔绿林山的穷人越来越多，起义军很快就发展到 5 万多人。

琅琊（在今山东诸城）有个姓吕的老大娘，儿子因为没肯依县官的命令毒打没钱付税的穷人，被县官杀害了。这一来激起了公愤，上百个穷苦农民起来替吕母的儿子报仇，杀了县官，跟着吕母逃到黄海，一有机会就上岸打官兵。

这时候，另一个起义领袖樊崇带领几百个人占领了泰山。吕母死了后，她手下的人投奔樊崇起义军。不到一年工夫，就发展到 1 万多人，在青州和徐州

⊙ 执戟骑士俑　西汉

之间来往打击官府、地主。

樊崇的起义军纪律严明，规定谁杀死老百姓就处死谁，谁伤害老百姓就要受惩罚。这样一来，得到了老百姓的拥护。

公元 22 年，王莽派太师王匡 (和绿林军中的王匡是两个人) 和将军廉丹率领 10 万大军去镇压樊崇起义军。樊崇为了避免起义兵士跟王莽的兵士混杂，叫他的部下把自己的眉毛涂成红色，作为识别的记号。这样，人们都称樊崇的起义军为“赤眉军”。

赤眉军于成昌与王莽 10 万军队展开激战。少不更事的王匡根本没有作战能力，两军刚一交锋就败下阵来。见太师夺路而逃，部下也纷纷调转马头，紧随其后的廉丹部队也被冲散了。廉丹眼看败局已定，无力回天，便将帅印交予王匡，最后战死。

成昌一役，是赤眉军与王莽军队的第一次大交锋，也是最后一次。因为南阳一带的反莽运动已经兴起，王莽只能龟缩在洛阳一带防守、再也无力出重兵与赤眉军决战了。

成昌大捷后，赤眉军乘胜向西发展，人数已多达 10 万人。

绿林、赤眉两支起义大军分别在南方和东方打败王莽军的消息一传开，其他地方的农民也纷纷起义。另外，还有一批没落的贵族和地主、豪强也乘机起兵造反。

南阳郡舂陵乡 (今湖北枣阳县西) 的汉宗室刘縯、刘秀两人，怨恨王莽废除汉朝宗室的封号、不许刘姓人做官的做法，发动族人和宾客七八千人在舂陵乡起兵。他们和绿林军三路人马联合起来，接连打败了王莽的几名大将，声势越来越强大。

绿林军将士们认为人马多了，必须推选出一个负责统一指挥的首领，这样才能统一号令。一些贵族地主出身的将军，利用当时有些人的正统观念，主张找一个姓刘的人当首领，这样才能符合人心。

于是，舂陵兵推举刘縯，可是其他各路的将领都不同意。经过商议，众人立了破落的贵族刘玄做皇帝。

公元 23 年，刘玄正式做了皇帝，恢复汉朝国号，年号“更始”，所以刘玄又称更始帝。更始帝拜王匡、王凤为上公，刘縯为大司徒，刘秀为太常偏将军，又封了其他的将领。从此，绿林军又称为汉军。

昆阳大战

王莽听到起义军立刘玄为皇帝，顿时感到坐立不安。后来又听说起义军打下了昆阳 (今河南叶县)，更是急得像热锅上的蚂蚁，他立即派大将王寻、王邑率领 43 万兵马，从洛阳出发，直奔昆阳。

驻守在昆阳的起义军只有八九千人。有些起义军看见王莽的军队人马众多，担心抵抗不住，主张放弃昆阳，退到原来的据点去。刘秀对大家说："现在我们兵马和粮草都很缺乏，在这种情况下，全靠大家同心协力，才能战胜敌人；如果放弃昆阳，起义军各部也会被敌军各个击破，那就什么都完了。"

大家认为刘秀说得有道理，可是王莽军兵力实在太强大，死守在昆阳终究不是个办法。于是派刘秀带一支人马突围出去，到定陵和郾城去调救兵。当天晚上，刘秀带着 12 个勇士，骑着快马，趁黑夜偷偷出了昆阳城。王莽军没有防备，刘秀等人就冲出了重围。

莽军不久将昆阳围得水泄不通。大将严尤向王邑进言："昆阳虽小，但易守难攻。敌人主力在宛城，我们不如绕过昆阳赶往宛城寻歼其主力，到那时昆阳敌人受震动，城可不战而下。"但王邑拒绝说："非也非也！我军百万之师，所过当灭，今屠此城，喋血而进，前歌后舞，岂不快哉？"于是陈营百余座，挖地道，造云车，猛攻昆阳不已。王凤、王常率全城军民顽强抵挡，多次挫败敌人的进攻，敌军消耗很大。

严尤见昆阳久攻不下，再次向王邑进言："围城应该网开一面，使城中一部分守军逃出至宛城，散布兵危消息，以使敌人情绪消沉，军心动摇，其士气低落下来后，城必可破！"但又为刚愎自用的王邑拒绝，他认为不久昆阳就会告破。

刘秀到了定陵，把定陵和郾城的人马全部带到昆阳去解围。但是有些起义军将领舍不得丢掉得到的财产，不愿去昆阳。后来，刘秀说服了众人，带着全部人马赶赴昆阳。到了昆阳，刘秀见昆阳仍未失守，而莽军队形不整，显得士气低落，疲惫不堪，心下大喜。他立即投入战斗，他亲率一千轻骑为前锋，冲到王邑军阵前挑战。王邑以其人少不足畏惧，就派了 3000 人迎战。刘秀急忙挥军疾冲猛杀，转眼间莽军百余人被砍死，剩下的败退回去了。初战告捷，城内城外的起义军士气都为之一振，斗志立时高涨了许多。

刘秀为了更进一步振奋士气，同时动摇敌人军心，便假造宛城已为起义军攻

·汉乐府·

乐府是古时政府所设置的专门掌管音乐歌舞的机构，在汉初时就已经设立。汉武帝时以李延年为协律都尉，编制庙堂乐歌，歌词主要由文人写作，这些由词臣们创作的作品，大多着意修饰，意在颂圣应制。同时，乐府机关也深入民间，广泛地采集民歌并润色加工，后世就称之为乐府诗。这些乐府诗大部分是"感于哀乐，缘事而发"的民间优秀作品，广泛而深刻地反映了当时丰富多彩的社会生活：兵役的痛苦、官府的掠夺、贫民的亡命生活、妇女的悲惨命运，等等。其中有许多作品有完整的故事情节和浪漫的色彩，感情真挚而深刻。这些诗篇思想性和艺术性都很高，对中国古典诗歌的发展有很大的影响。

克的战报，用箭射入昆阳城中；又故意遗失战报，让莽军拾去传播。这一消息顿时一传十，十传百，城内军民守城意志更加昂扬，而城外莽军情绪则更加沮丧。胜利的天平已开始向起义军这边倾斜了。刘秀见效果已经达到，便精选勇士三千人迂回到敌军侧后偷渡昆水，而后猛攻王邑大本营。

此时，王邑仍不把刘秀放在眼里，他担心州郡兵主动出击会失去控制，就令他们守营勿动；自己和王寻率万人迎战刘秀的三千义勇。然而王邑的轻敌应战怎奈得住刘秀部署严密的进攻？万余兵马很快被冲得阵势大乱，而州郡兵诸将却因王邑有令不得擅自出兵，谁也不敢去救援。于是王邑所部大溃，王寻也被杀死。莽军余部见主帅都溃退了，也纷纷逃命。刘秀乘势掩杀，城中王凤、王常见莽军崩溃，即从城内杀出，与刘秀部内外夹攻王邑。王邑军互相践踏，死伤无数，狼狈向洛阳方向逃去。昆阳大战消灭了王莽主力的消息传到各地，百姓纷纷起来响应起义军。

更始帝派大将申屠建、李松率领起义军乘胜向长安进攻。王莽集团内部一片混乱。王莽的心腹刘歆、王涉和董忠等准备发动政变，颠覆王莽政权。事情败露后，刘歆自杀，董忠被诛。大臣内叛，军事外破，王莽开始陷入被动的局面。起义军则趁机大举进攻：王匡率兵直捣洛阳；李松、申屠健等进逼武关。各地也都纷纷响应，杀掉他们的牧守，自称将军，用汉年号，以待诏命。王莽仍在负隅顽抗，招集囚徒为兵，企图阻挡起义军。但囚徒兵很快背叛王莽，掘王莽祖坟，烧王莽祖庙。析县人邓晔、于匡也支持起义军，迫使析县宰和武关都尉投降，攻杀莽军右队大夫。王莽走投无路，便带领群臣到南郊哭天，祈求苍天保佑。但王莽越哭，起义军越近，长安很快便被起义军包围得严严实实。九月，起义军占据长安，长安人张鱼、朱弟率众起义响应，冲入宫廷，将宫室焚毁。王莽抱头鼠窜，逃到未央宫中的渐台，妄图借台周围的池水将起义军阻挡，但起义军已经把宫室团团围住，一时乱箭四射，不久就攻占了渐台。王莽已毫无退路，被商人杜吴所杀。起义军将王莽的头传到南阳，挂在南阳市示众，“百姓共提击之，或切食其舌”。

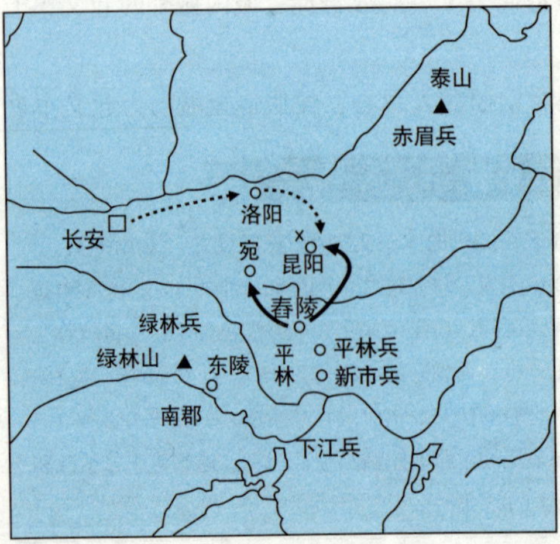

⊙ 昆阳之战形势图

王莽新朝共历经15年，在礼义、职官、货币、土地、税贷等方面多次进行改制，导致了经济混乱，社会矛盾激化，最后终于葬送在农民起义的熊熊烈火中。

东汉挽歌

光武中兴

昆阳一战，使刘縯和刘秀名扬天下。有人劝更始帝把刘縯除掉。更始帝便找了个借口，杀了刘縯。

刘秀听说他哥哥被杀，知道自己的力量打不过更始帝，就立刻赶到宛城（今河南南阳市），向更始帝赔礼。

更始帝见刘秀不记他的仇，很有点过意不去，就封刘秀为破虏大将军，但没有重用他。后来，攻下了长安，更始帝才给刘秀少量兵马，让他到河北去招抚各郡县。

这时候，各地的豪强大族有自称将军的，有自称为王的，还有的自称皇帝，各据一方。更始帝派刘秀到河北去招抚，正好让刘秀得到一个扩大势力的好机会。他到了河北，废除王莽时期的一些严酷的法令，释放了一些囚犯。同时，不断消灭割据势力，镇压河北各路农民起义军。整个河北几乎全被刘秀占领了。

刘秀留寇恂、冯异等据守河内，与更始政权留守洛阳的朱鲔相持，自己亲率大军北征，击败尤来、大枪、五幡等部农民军。四月，回军南下，于温县大败新市、平林两军，于河南击溃赤眉、青犊两军，大体解除了对河北的严重威胁。此时，刘秀手下的将领开始商议为刘秀上尊号，称帝位，并使人造《赤伏符》以传“天命”。刘秀装模作样“三推”之后，便“恭承天命”，自立为皇帝，这就是汉光武帝。

更始帝先建都洛阳，后来又迁到长安。他到了长安以后，认为自己的江山已经坐稳，便开始腐化起来。原来的一些绿林军将领，看到更始帝整天花天酒地，不问政事，都十分不满。

赤眉军的首领樊崇看更始帝腐败无能，就立15岁的放牛娃刘盆子为皇帝，率领20万大军进攻长安，不久就攻占了函谷关。更始帝眼看赤眉军就要攻到长安了，便率领文武百官逃到城外。樊崇进入长安后，派使者限令更始帝在20天内投降。更始帝没办法，只好带着玉玺向赤眉军投降。

赤眉军声势浩大地进了长安，可是几十万将士的口粮发生了困难，长安天天有人饿死。这样一来，长安的混乱局面就无法收拾了。无奈之下，樊崇带着军队离开长安，向西流亡。但是别的地方粮食也一样困难；到了天水（在今甘肃）一带，又遭到那里的地主豪强的拦击。樊崇没辙，又带着大军往东走。

汉光武帝这时已占领了洛阳，他一听到赤眉军向东转移，就带领20万大军分两路设下了埋伏。他派大将冯异到华阴，把赤眉军往东边引。赤眉军被诱引到崤山下，冯异让伏兵打扮得和赤眉军一模一样，双方混战在一起，分不出谁是赤眉兵，谁是汉兵。赤眉军正在为难的时候，打扮成赤眉军模样的汉兵高声叫嚷"投降！""投降！"赤眉军兵士一看有那么多人喊投降，没了主意，一乱就被缴了武器。

公元27年一月，樊崇带着赤眉军向宜阳（今河南宜阳县）方向转移。汉光武帝得到消息，亲自率领预先布置好的两路人马截击，把赤眉军围困起来。赤眉军无路可走，樊崇只好派人向汉光武帝请降。汉光武帝把刘盆子、樊崇等人带回洛阳，给他们房屋田地，让他们在洛阳住下来。但是不到几个月，就加上谋反的罪名，把樊崇杀了。

⊙ 光武帝涉水图　明　仇英

全国平定后，光武帝于建武十三年（公元37年）开始安置有功之臣。他采取了两条措施：一是不让拥有重兵的功臣接近京师；二是对功臣封赏而不用。邓禹、贾复等开国元勋明白光武帝的意思后，率先解去军职，倡导儒学。刘秀对功臣只赏不用的政策是东汉政权重建过程中重要的一步，也是较为成功的一项治国安邦的措施。

刘秀深切地认识到，要使国家真正地长治久安，必须安民，与民休息，才能保持社会稳定，才能发展社会生产。

首先，是给老百姓一个安定的社会环境。刘秀生长在民间，经历过王莽的残暴统治，知道耕作的艰难及百姓的痛苦。因此建立东汉后，通过废除王莽的繁苛法令，恢复汉初的简政轻刑，给百姓创造一个宽松的社会环境。此后，他多次下诏裁减各地的监狱，不断地告诫各级官吏尤其是地方官吏要体恤百姓、宽松执法。光武帝年初，派卫飒担任桂阳（今湖南郴州）太守。卫飒到任后，了解到桂阳地处边远、礼俗落后，便从教育入手，设立学校，端正风俗，不长时间便使境内风气大为改观。桂阳郡的含洭、浈阳、曲江原来是越族居住的地方，沿着河岸靠山居住的，多是一些在战乱中逃进深山的百姓，他们因为地处偏僻，也不向官府交纳田租。卫飒组织人凿山开道五百多里，一路设置亭传、邮驿，不仅方便了那里的交通，也减轻了人民的负担，百姓逐渐搬到道路两边居住，使当地经济迅速发展起来，也开始向官府交纳田赋了。

其次，是有效减轻人民的负担。光武帝认为官吏的奢侈、官僚机构设置无度以致冗官无数，是百姓的最大负担。因此他在位期间，始终提倡节俭。公元 37 年，一国使者向光武帝献上一匹可日行千里的名马和一柄宝剑，光武帝接受后便下诏把这匹千里马送去驾鼓车，把宝剑赐给骑士。在光武帝的垂范下，节俭在东汉初年形成风气。在提倡节俭的同时，光武帝对冗官进行裁汰。公元 30 年，光武帝在河北、江淮、关中刚刚平定的情况下，下诏归并了郡、国 10 个，县、邑、道、侯国 400 多个。并官省职，直接减少了行政开支。

再次，是提高奴婢的社会地位。西汉中期以来，大量的平民沦为奴婢，成为严重的社会问题。为此，光武帝曾连续 6 次下诏释放奴婢。同时，他还在一年之内连续下诏 3 次，禁止杀、伤和虐待奴婢，使奴婢的地位有所提高。

最后，就是要设法解决土地问题，使百姓和土地结合在一起，便于发展社会生产。西汉中期以来，大规模的土地兼并使土地急剧集中。但那些占有土地的豪强们却不如实地向国家申报土地、交纳田赋。为准确地掌握全国的垦田数目和户口名籍，打击豪强，保证赋税收入和徭役征发，光武帝于公元 39 年下令在全国“度田”即丈量土地，同时也核定人口。但在度田过程中，官吏们和豪强相互勾结，或抵制清查，或隐瞒不量，而对百姓土地却是多量，连墙头地角、房前屋后也不放过。光武帝了解到这种情况后，曾经先后诛杀了大司徒、河南尹及郡守十多人，引起了一场大规模的地方骚乱。地方上的豪族大姓纷纷起来叛乱，光武帝用镇压和分化相结合的手段，好不容易才平息了叛乱。

光武帝刘秀通过集权加强了中央的统治，通过休养生息使人民安心从事生产，经济得到发展，社会比较稳定，这一历史时期被称为“光武中兴”。

强项令董宣

封建官僚机构是由封建官吏组成的，光武帝深知治理国家首先必须有贤明的人才。他沿用了西汉的察举征辟制度，颁布了“四科取士”的诏书。“四科”是选择官吏的德才标准：一是品德高尚，志节清白；二是有知识，是通经的儒士；

三是熟悉法令，能够熟练地依法办事；四是有魄力才干，遇事不会犹豫，能独当一面。通过这种制度选拔上来一批官吏，但光武帝对他们要求非常严格，不仅要求他们严守法度、勤于职守，还经常亲自对他们进行考核，选优汰劣。对违法官吏，严加处罚，就是对尚书近臣，只要有过错，也要进行处罚。

正是在光武帝的这种政策下，东汉开国初年出现了一批忠正耿直的官员。董宣，陈留人，曾任宣怀县令，后任洛阳令。有一次，光武帝的姐姐湖阳公主有一个家奴行凶杀了人，躲在公主府里不出来。董宣不能进公主府去搜查，就天天派人在公主府门口守着，等那个凶手出来，以便捉拿。

有一天，湖阳公主坐着马车外出，那个杀人凶手也跟在身边侍候。董宣得到了消息，就亲自带衙役赶来，拦住湖阳公主的车。他不管公主阻挠，吩咐衙役把凶手逮起来。然后，就当场把他处决了。

湖阳公主怒气冲冲地赶到宫里，向光武帝哭诉董宣怎样欺负她。光武帝听了，十分恼怒，立刻召董宣进宫，吩咐内侍当着湖阳公主的面，责打董宣，替公主消气。

董宣说："先别动手，让我把话说完了，我情愿死。"光武帝瞪着眼说："你还有什么话好说？"

董宣说："陛下是一个中兴的皇帝，应该注重法令。现在陛下允许公主放纵奴仆杀人，怎么能治理好天下？用不着打，我自杀就是了。"说罢，他仰起头就向柱子撞去。

光武帝连忙喊内侍拉住董宣，可是董宣已经撞得头破血流了。光武帝认为董宣说得有理，不该责打他，但是为了照顾湖阳公主的面子，便要董宣去给公主磕

⊙君车出行图　汉

·《熹平石经》·

《熹平石经》是中国历史上最早的官定儒家经典刻石，它和魏正始年间所刻《正始石经》，以及唐文宗开成二年所刻《开成石经》并列为古代著名的三大石经。汉代独尊儒术之后，朝廷将儒家经文刻制成石头书籍，供学官们正定校勘，作为向太学生讲授的标准经本。熹平石经共刻《鲁诗》《尚书》《周易》《春秋》《公羊传》《仪礼》《论语》等7经，共64石，计200910字，刻制时间从东汉熹平四年至光和六年（公元175～183年），一共历时9年。制成后立于洛阳太学门前。熹平石经主要由蔡邕等人用隶书体写成，是中国书法史上著名碑刻。

个头赔个礼。

董宣宁愿不要命，也不肯磕这个头。内侍把他的脑袋往地下摁，可是董宣用两只手使劲撑着地，挺着脖子，不让内侍把他的头摁下去。

内侍知道光武帝并不想责罚董宣，可又得给光武帝个台阶下，就大声地说："回陛下的话，董宣的脖子太硬，摁不下去。"

湖阳公主见状不满地说："皇上在做平民的时候，也藏过逃亡和犯死罪的人，官吏都不敢上门。现在身为天子，难道威力反倒对付不了一个县令吗？"光武帝苦笑着说："天子和平民是不一样的。"光武帝让人把董宣的头包好，并赐他到太官府吃饭。饭后，董宣把碗反扣在桌子上，光武帝问他这是什么意思，董宣回答说："我吃饭不敢有余粒，如同奉职尽忠不遗余力一样。"光武帝深为他尽责尽忠的精神所感动，称之为"强项令"，也就是硬脖子县令的意思。

董宣担任洛阳令5年，对各种不法行为严加打击，被人称为"卧虎"。74岁那年，董宣死在任上。光武帝专门派使者前去吊唁，只见董宣身覆一布被，妻子儿女相对而泣，家中仅有大麦数斛，破车一乘。光武帝听说后，伤感地说："董宣廉洁，死后才真正知道。"

投笔从戎

汉光武帝建立了东汉王朝后，让大学问家班彪整理西汉的历史。班彪有两个儿子，一个叫班固，另一个叫班超，还有一个女儿叫班昭。班彪在几个孩子幼小的时候，就教他们学习文学和历史。

班彪死了以后，汉明帝任命班固为兰台令史，继续完成他父亲整理历史书籍的事业，就是《汉书》（一部记载西汉历史的书）。班超跟着他哥哥做抄写工作。兄弟二人都很有学问，可是性情和志趣不一样，班固喜欢研究百家学说，致力于

⊙ 班超像

班超，字仲升，东汉扶风安陵（今陕西咸阳）人，班彪之子，班固之弟。公元 62 年随班固至洛阳，以文为生，后投笔从戎。公元 73 年，奉明帝之命与窦固一起北击匈奴，班超任司马，机智勇敢，杀敌无数。后出使西域以肃清匈奴势力，被任命为西域都护，使 50 余国归汉。公元 95 年，班超被封为定远侯，公元 102 年去世。

他的《汉书》，而班超却不愿意皓首穷经地在案头写东西。

后来，班超听到匈奴不断地掳掠边疆的居民和牲口，就扔下了笔，气愤地说："大丈夫应当像张骞那样到塞外去立功，怎么能在书房里待一辈子呢？"就这样，他下决心放弃文案工作，去立战功。

公元 73 年，班超投笔从戎，以代理司马之职，随窦固大军，大败匈奴呼衍王，一直追击匈奴军队到蒲类海，并占领了伊吾庐（今新疆哈密）。在这次战役中，班超机智勇敢，深得窦固的赏识。

窦固为了抵抗匈奴，采用了汉武帝的办法，派人到西域去，与各国建立友好关系，共同对付匈奴。他赏识班超的勇气才干，派班超出使西域。

班超带着 36 个随从，先到了鄯善（在今新疆境内）。鄯善原来是归顺匈奴的，因为匈奴逼他们纳税进贡，勒索财物，鄯善王十分厌恶。这次看到汉朝派了使者来，他很高兴，非常殷勤地招待班超一行。

几天后，班超发现鄯善王对待他们忽然变得冷淡了。班超料想到其中必有变故，他从鄯善的侍者口中得知匈奴也派使者来了，鄯善王何去何从犹豫不定。班超立即与同行的 36 个随从密商，必须先发制人，夜袭匈奴使者。于是，班超布置随从们乘夜纵火烧了匈奴营帐，将匈奴使者全部杀死。第二天，班超把鄯善王请来，鄯善王看到匈奴使者的人头，非常惊叹汉家将军的英勇行为，马上打消疑虑，摆脱匈奴的统治，与汉家复通友好。

班超回到洛阳，汉明帝提拔班超做军马司，又派他去于阗联络。于阗王接见班超的时候，并不怎么热情。班超劝他脱离匈奴，跟汉朝交好。于阗王犹豫不决，找来巫师向神请示。班超见巫师装神弄鬼，借神的名义不愿与汉朝结交，便拔刀杀了巫师。最后，于阗王同意和汉朝和好，并主动把匈奴派去奴役他们的"监护使者"杀了。

班超在西域联合弱小民族，团结抗暴，先后打败莎车（今新疆沙车一带）、龟兹、焉耆（今新疆焉耆一带）等国，匈奴北单于在西域北道上的势力也被驱逐出去，西域 50 多国又同东汉王朝建立起友好的关系。

党锢之祸

党锢之祸是桓帝、灵帝时期，统治集团的内部权势之争。东汉政权自和帝后长期被宦官外戚轮流把持，到桓、灵时期，社会矛盾日益突出，政治腐败黑暗，宦官专权也到达了顶峰。宦官集团把持朝政，谋取私利，排斥异己，陷害忠良，先后制造了两次党锢惨祸。反对宦官的官僚士大夫和太学生受到惩罚，本人以及亲属、门生等或被逮捕，或被流放，或者禁锢终身不得做官。

东汉后期，官吏的任免权被宦官控制，正直的官僚士大夫在朝中不断遭受排挤和打击，而作为官吏后备军的太学生们更是感到仕途无望，于是官僚士大夫和太学生联合起来，形成反对宦官集团的社会政治力量。他们抨击时弊，品评人物，被称为“清议”。有识之士力图通过清议，反对宦官专权，挽救危机四伏的东汉统治。清议之风的盛行，造成很大的舆论影响。

公元153年，宦官赵忠的父亲去世，安葬时葬礼隆重超出常规，刚正严明的朱穆令手下挖掘坟墓，亲自检查，发现有玉匣、木偶等违规葬品。朱穆下令逮捕赵忠家属，赵忠反而向桓帝告状，诬陷朱穆。太学生刘陶等人愤愤不平，联名上书请愿，桓帝迫于舆论压力赦免了朱穆。公元162年，宦官徐璜等向平定羌人叛乱有功的皇甫规敲诈勒索，遭到拒绝。徐璜等反诬告皇甫规私吞军饷。皇甫规被桓帝罚服苦役，太学生张风等人和一些官员联合起来共同上书，使皇甫规获得赦免。这两次以太学生主体的反对宦官的斗争取得了胜利，他们的活动对当权的宦官形成巨大的压力。

公元165年，陈蕃做了太尉，名士李膺做了司隶校尉。他们都是读书做官、操行廉正又看不惯宦官弄权的人，因而太学生都拥护他们。

李膺做司隶校尉的职责是纠察京师百官及附近各郡县官吏。有人向他告发大宦官张让的弟弟张朔做县令时，横行不法，虐杀孕妇，事后逃到张让家躲避罪责。李膺打听到张朔藏在张让家空心柱子中，亲率部下直入张让家中，“破柱取朔”，拉出去正法了。张让马上向汉桓帝哭诉。桓帝知道张朔的确有罪，也没有责备李膺。

李膺执法公正，刚直不阿，轰动了京师，受到士人和百姓的推崇。

过了一年，有一个和宦官来往密切的方士张成，从宦官侯览那里得知朝廷即将颁布大赦令，就纵容自己的儿子杀人。杀人凶手被逮起来，准备法办。就在这时，大赦令下来了。张成得意地对众人说：“有大赦诏书，司隶校尉也不能把我儿子怎么样。”这话传到李膺的耳朵里，李膺怒不可遏。他说：“张成预先知道大赦，故意叫儿子杀人，这是藐视王法，大赦轮不到他儿子。”就下令把张成的儿子处决了。

⊙ 李膺像

张成哪肯罢休，他与宦官侯览、张让一起商量了一个鬼主意，叫张成的弟子牢修向桓帝诬告李膺和太学生，罪状是“结成一党，诽谤朝廷”。

汉桓帝接到牢修的控告，便下令逮捕党人。除了李膺之外，还有杜密、陈寔和范滂等200多人，均在党人之列。朝廷通令各地抓捕这些人。李膺和杜密都被关进了监狱。

捉拿人的诏书到达了各郡，各郡的官员都把与党人有牵连的人申报上去，有的多达几百个。

第二年，有个叫贾彪的颍川人，自告奋勇到洛阳替党人申冤叫屈，汉桓帝的岳父窦武也上书要求释放党人。李膺在牢里采取以守为攻的办法，故意招出了好些宦官的子弟，说他们也是党人。宦官害怕，就对汉桓帝说：“现在天时不正常，应当施行大赦。”汉桓帝对宦官是唯命是从的，马上宣布大赦，把200多名党人全部释放了。

党人被释放后，宦官不许他们在京城居留，打发他们一律回家，并把他们的名字向各地通报，罚他们一辈子不得做官。这就是第一次党锢事件。桓帝袒护宦官集团，使社会更加黑暗，而正直的党人们却受到社会各阶层的称赞。党人范滂出狱回家，家乡人迎接他的车多达数千辆。

桓帝死后，灵帝即位，窦太后临朝，大将军窦武和太傅陈蕃辅政。他们起用李膺等被禁锢的党人，企图一举消灭宦官势力。宦官曹节等发动宫廷政变，劫持窦太后、挟制灵帝，窦武兵败自杀，陈蕃也被捕死于狱中。公卿百官中受陈、窦举荐的全部免官禁锢。公元169年，张俭揭发宦官的爪牙为非作歹，反被宦官倒打一耙，并乘机把上次禁锢过的党人牵连进去，李膺等100多人被捕死于狱中。又过几年，曹鸾上书为党人诉冤。灵帝反而重申党禁，命令抓捕一切与党人有关的人，凡是党人门生、故吏、父子兄弟和亲属，皆免官禁锢，这是第二次党锢事件。直到黄巾起义爆发，灵帝被迫赦免了党人，党锢才结束。

黄巾起义

东汉末年，土地兼并严重，豪强地主势力日益扩张；宦官专权，吏治腐败，统治集团日趋腐朽，社会矛盾日趋激化；而天灾人祸不断，流民颠沛流离。走投无路的农民被迫奋起反抗，终于酿成了东汉中平元年（公元184年）中国历史上第一次有组织、有准备、全国性的农民起义——黄巾起义。

巨鹿郡有弟兄3个，老大名叫张角，老二名叫张宝，老三名叫张梁。3个人不仅有本领，还常常帮助老百姓排忧解难。

张角通晓医术，给穷人治病，从来不要钱，深得穷人的拥护。他知道农民只求安安稳稳地过日子，可眼下受地主豪强的压迫和天灾的折磨，多么盼望有一个太平世界啊！于是，他决定利用宗教把群众组织起来，便创立了一个教门叫太平道。

随着他和弟子们的传教广泛深入民间，相信太平道的人越来越多。大约花了10年的时间，太平道传遍了全国。各地的教徒发展到几十万人。

张角和其他组织者商议后，把全国8个州几十万教徒都组织起来，分为36方，大方有一万多人，小方六七千人，每方选出一个首领，由张角统一指挥。

他们秘密约定36方在"甲子"年(公元184年)三月初五那天，京城和全国同时举行起义，口号是："苍天已死，黄天当立；岁在甲子，天下大吉。""苍天"，指的是东汉王朝；"黄天"，指的是太平道。张角还派人在洛阳的寺庙和各州郡的官府大门上，用白粉写上"甲子"两字，作为起义的暗号。

可是，在离起义的时间还有一个多月的紧要关头，情况发生了变化，起义军内部出了叛徒，向东汉朝廷告了密。面对突然变化的形势，张角当机立断，决定提前一个月举事。36方的起义农民接到张角的命令后，同时起义。因为起义的农民头上全都裹着黄巾作为标志，所以称作"黄巾军"。

汉灵帝得到消息后，惊慌失措，忙拜外戚何进为大将军，派出大批军队，由皇甫嵩、朱儁、卢植率领，兵分两路，前去镇压黄巾军。

然而，各地起义军声势浩大，把官府的军队打得望风而逃。起义之初，起义军进展顺利：河北黄巾军生擒皇族安平王刘续、甘陵王刘忠；南阳(今河南南阳)黄巾军斩杀太守褚贡，围攻宛城；汝南黄巾军在召陵(今河南漯河市东北)打败太守赵谦军；广阳(今北京市西南)黄巾军攻破蓟县，杀幽州刺史郭勋。

起义军发展壮大后，张角自称天公将军，其弟张宝称地公将军，张梁称人公将军。张角、张梁驻广宗，张宝驻下曲阳，作为农民军中央基地，率部在冀州一带攻城略地，同时节制各路义军；南阳黄巾军由张曼成率领，在南方扩张势力；汝南黄巾军由波才、彭脱率领，活动于颍川(在今河南禹州)、陈国(在今河南淮阳市)一线，成为黄巾第三大主力。黄巾军从北、东、南三个方向对京师洛阳形成包围之势。

黄巾农民军的"遍地开花"引起了东汉朝廷的恐慌。汉灵帝从温柔乡中醒来，匆忙组织武装镇压。他下令大赦党人，以缓和统治阶级内部矛盾；又下诏令各地严防起义军势力渗透，并积极集兵进剿。灵帝命国舅兼大将军何进统率左、右羽林军，加强洛阳防御，拱卫京师；左中郎将皇甫嵩、右中郎将朱儁率4万步骑进

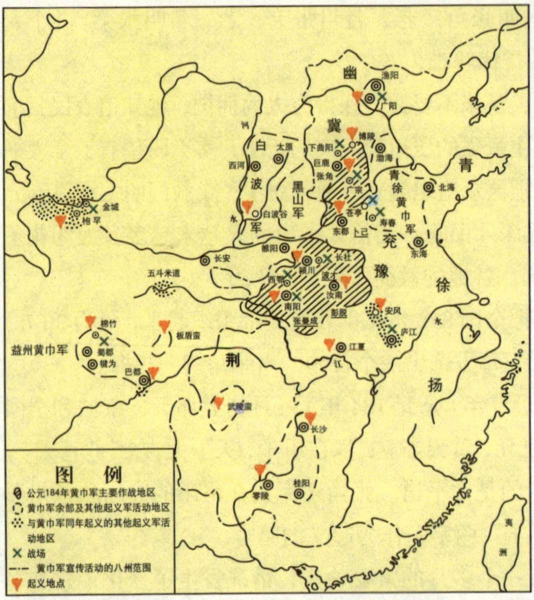

⊙ 黄巾起义形势图

攻颍川黄巾军；北中郎将卢植率北军和地方军队进攻河北黄巾军。

张曼成率南阳黄巾军进攻中原战略要地宛城，遭南阳太守秦颉顽抗，张曼成战死。赵弘继为指挥，攻克宛城，部众发展至10余万人。六月，刚刚剿灭颍川起义军的朱儁，把屠刀挥向南阳黄巾军，与荆州刺史徐璆、南阳太守秦颉合兵两万余人围攻宛城。黄巾军拼死抵御，坚守两个多月。

朱儁见城坚难攻，遂退兵以诱敌，暗中设伏。赵弘不明虚实，出城追击，遭朱儁伏兵重创，被迫退回城中。但元气大伤的黄巾军已无力守城，余部于十一月向精山(今河南南阳市西北)转移，被官军追上，大部战死。

河南黄巾军被镇压后，东汉朝廷将重点转向河北。因卢植久攻广宗不下，何进改派东中郎将董卓接替卢植。但董卓恃勇轻敌，被张角大败于下曲阳。十月，朝廷再调皇甫嵩进攻广宗，适值张角病死，黄巾军失其主帅，士气受挫。皇甫嵩趁机在夜间发动突袭，起义军仓促应战，张梁等3万余人战死。十一月，皇甫嵩移师转攻下曲阳，张宝等10余万人被杀。至此，黄河南北的黄巾军主力先后被官军及地方豪强武装消灭。

公元185年农历四月，波才率部击败朱儁，进围皇甫嵩于长社(今河南长葛东北)。但因缺乏作战经验，依草结营，时值大风，皇甫嵩乘夜顺风纵火，起义军大溃；皇甫嵩随即联合朱儁、曹操三军合击黄巾军，斩杀起义军数万。官军乘胜进击汝南、陈国黄巾军，阳翟(今禹州)一战，波才战死；彭脱的黄巾军也在西华被击溃。八月，东郡(今河南濮阳市西南)黄巾军与官军大战于苍亭，7000余人被屠杀，主将卜已身死。颍川、汝南、东郡三郡黄巾军主力悉数被歼。

黄巾起义虽仅9个月便失败了，但起义的余波却持续了20多年。黄巾起义瓦解了东汉王朝的统治，外戚宦官的黑暗统治也因此结束了。

离析与交融

三国鼎立

枭雄曹孟德

曹操，字孟德，小名阿瞒，沛国谯县(今安徽亳州)人。他父亲夏侯嵩是汉桓帝时大宦官曹腾的养子，随曹腾改姓了曹。

曹操从小就很聪明机警，善于随机应变。当时汝南名士许劭以善于评论人物著称，曹操特地登门拜访，请他品评自己。许劭起初不肯评说，经曹操再三追问，他才说："你在治世时，会成为能干的大臣；在乱世里，会成为奸雄。"

⊙ 魏武帝曹操像

受《三国演义》的影响，在许多人的心目中，曹操是个反面人物。实际上，曹操是一位雄才大略的政治家和军事家，他统一北方，使混乱的社会经济得到恢复，对于结束东汉末年的战乱功不可没。同时，曹操在文学上也卓有建树。

曹操在20岁的时候，当了一个叫洛阳北部尉的小官。洛阳是一座大城，皇亲国戚、达官显贵很多，他们经常胡作非为，没人敢管。曹操到任后，命令手下人做了十几根五色棒，高高挂起，表明无论是什么人，只要触犯法规、禁令，就要挨棒子。大宦官蹇硕的叔叔依仗权势，违法乱纪。一天，他违反禁令，深更半夜提刀乱闯，被巡夜的当场捉住，挨了一顿五色棒的痛打。从此以后，谁也不敢违反禁令，洛阳的治安有了好转，曹操的威名一下子传开了。

公元190年，曹操和各路讨伐董卓的大军，在陈留附近的酸枣(今河南延津西南)集合，组成一支"反董"联军，大家共同推举袁绍作为联军的盟主。

董卓听说各地起兵的消息，心惊胆战。他不顾大臣们的反对，决定迁都长安。

·豪强贵族的庄园世界·

东汉是豪强势力极端膨胀的时代。豪族大姓往往世代高官，控制着中央和地方的政权，并且拥有规模很大的田庄，以经营庄园的形式称霸一方。他们经营的庄园一般以农业为主，兼营畜牧业、手工业和商业，基本上自给自足，每处庄园俨然是一个独立王国。东汉末年社会动荡，各地豪强的庄园普遍建立起防御性的军事堡垒，并拥有强大的武装的家兵。这时的庄园不仅是经营生产的单位，也是强大的军事组织。

汉献帝被迫离开洛阳后，董卓下令放火焚城。一时间，洛阳成了一片火海，致使洛阳的百姓流离失所，尸骨弃野。

这时，在酸枣附近集结的各路讨董大军都按兵不动，彼此观望。曹操看到这种情形，义愤填膺，带领手下五千人马，向成皋进兵。曹操的人马刚刚到了汴水，便遭到了董卓部将徐荣的攻击。双方力量对比悬殊，一交手，曹操便败下阵来。

曹操损兵折将，回到酸枣。他看到起义讨伐董卓的同盟军不能与他一起成就大事，就单独去了扬州(今安徽淮水和江苏长江以南)，在那里招兵买马，养精蓄锐。

迁都许城

东汉王朝经历了董卓之乱后，已经名存实亡，各地州郡割据一方，官僚、豪强趁机争城夺地，形成了大大小小的割据势力。

经过几年的苦心经营，曹操的势力渐渐壮大。最初他打败了攻进兖州(今山东省西南部和河南省东部)的黄巾军，在兖州建立了一个据点。他还将黄巾军的降兵补充到自己的军队中，扩大了武装。后来，他又打败了陶谦和吕布，成为一个强大的割据势力。

公元195年，长安的李傕和郭汜发生火拼，互相攻伐。在这种情况下，外戚董承和一批大臣带着献帝逃出长安，回到洛阳。这时的洛阳宫殿，早已被董卓烧光了，到处是瓦砾碎石、残垣断壁、荆棘野草。汉献帝到了洛阳，没有宫殿，就住在一个官员的破旧住房里。一些文武官员，没有地方住，只好搭个简陋的草棚，遮风避雨。这些还不算，最大的难处是没有足够的粮食充饥。

这时候，曹操正驻兵在许城(今河南许昌)，听到这个消息，就和手下的谋士商量，把汉献帝迎过去。随后，他派出曹洪带领一支人马到洛阳去迎接汉献帝。

董承等大臣怀疑曹操另有图谋，发兵阻拦曹洪的人马。后来，曹操亲自到了洛阳，向他们说明：许城有粮食，但是不便运输到洛阳来，只好请皇上和大臣们暂时迁到那里，免得在洛阳受冻挨饿。

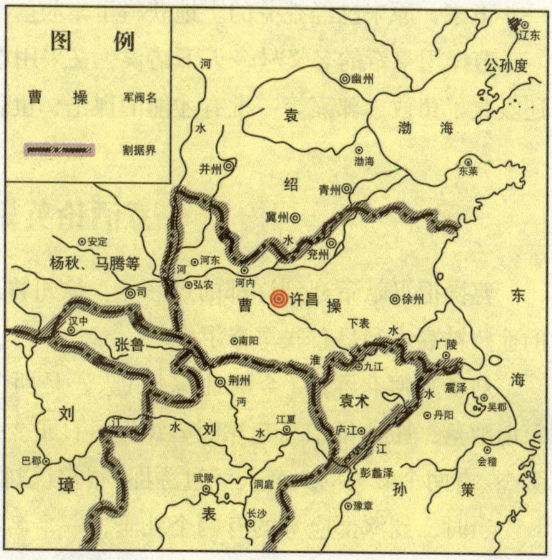

⊙ 群雄割据图

·屯田制·

为了恢复和发展生产，曹操推行了屯田制和租调制。屯田分为民屯和军屯两类。民屯是把招募的流民按军事编制组织起来，50人为一屯，在屯司马的直接管理之下进行屯田。民田的屯田区设典农都尉等职，直隶于中央的大司农。民屯的土地由国家拨给，屯田民每年向国家交纳田租。军屯则是以兵士屯田，驻守各地的军队在保持原有军事建制的前提下，以营为生产单位，由将吏直接组织屯田，归中央政府的大司农属下官吏度支中郎将、度支校尉管辖。屯田的军队实行且田且守，收获物全部上交国家。屯田制是一种封建土地国有制度，它的实行，把大量土地和劳动力集中到政府手中，在一定程度上抑制了土地的兼并，促进了农业生产的恢复和发展，也有利于当时社会秩序的稳定。

汉献帝和大臣一听许城有粮食，都赞同了迁都的建议。公元196年，曹操把汉献帝迎到了许城。从那时起，许城成了东汉临时的都城，因此改称为许都。

曹操在许都给汉献帝修建了宫殿，献帝便正式上朝了。曹操自封为大将军，从此以后，曹操以汉献帝的名义向各地州郡豪强发号施令。

但是日子一久，由于要支付大批官员和军队的粮食供应，许都的粮食也发生困难了。经过十年混乱，到处都在闹饥荒。如果粮食问题不解决，大家也无法在许都待下去了。

有个叫枣祗的官员向曹操提出一个办法，叫作“屯田”。他请曹操把流亡的农民召集到许都郊外开垦荒地，农具和牲口由官府提供。每年收割下来的粮食，官府和农民平分。

曹操接受了枣祗的建议，下令实行屯田。不久，许都附近的荒地就开垦出来了。一年下来，原来已经荒芜的土地获得了丰收。

曹操用皇帝的名义号令天下诸侯，又采用屯田的办法，解决了军粮供应问题，还吸收了荀攸、郭嘉等一批有才能的谋士，也就奠定了成就霸业的基础。

煮酒论英雄

曹操把汉献帝迎到许都的这一年，徐州牧刘备前来投奔他。那时，刘备驻守的徐州被袁术和吕布联军夺了去。

刘备是河北涿郡(今河北涿州)人，是西汉皇室的宗亲。他从小死了父亲，家境败落，跟他母亲一起靠贩鞋织席过日子。他对读书不太感兴趣，却喜欢结交豪杰。有两个贩马的大商人经过涿郡，很赏识刘备的气度，就出钱帮助他招兵买马。

当时，到涿郡应募的有两个壮士，一个名叫关羽，一个名叫张飞。这两人武艺高强，又跟刘备志同道合，日子一久，3个人的感情真比亲兄弟还密切。

刘备投奔曹操以后，曹操和刘备一起去攻打吕布。吕布兵败被杀。回到许都后，曹操请汉献帝封刘备为左将军，并且非常尊重刘备，走到哪儿，都要刘备陪在他身边。

这时候，汉献帝觉得曹操的权力太大了，又很专横，便要外戚董承设法除掉曹操。他写了一道密诏缝在衣带里，又把这条衣带送给董承。

董承接到密诏，就秘密地找来几个亲信，商量如何除掉曹操。他们觉得自己力量不够，认为刘备是皇室的后代，一定会帮助他们，就秘密与刘备联络。刘备果然同意了。

此后过了不久，曹操邀请刘备去喝酒。两个人一面喝酒，一面说笑，谈得很投机。他们谈着谈着，很自然地谈到天下大事上来了。曹操拿起酒杯，说："您看当今天下，有几个人能算得上英雄呢？"

刘备谦虚地说："我说不清楚。"

曹操笑着对刘备说："我看啊，当今的天下英雄，只有将军和我曹操两个人。"

刘备心里想着跟董承同谋的事，正感觉不安，听到曹操这句话，大吃一惊，身子打了一个寒战，手里的筷子掉在了地上。正巧在这时，天边闪过一道电光，接着就响起一声惊雷。刘备一面俯下身子捡筷子，一面说："这个响雷真厉害，把人吓成这个样子。"

刘备从曹操府中出来，总觉得曹操这样评价自己，将来会丢了性命，便等待机会离开许都。

事也凑巧，袁绍派他儿子到青州去接应袁术，要路过徐州。曹操认为刘备熟悉那一带的情况，就派他去截击袁术。刘备一接到曹操命令，就赶紧和关羽、张飞带着人马走了。

刘备打败了袁术，夺取了徐州，决定不回许都去了。

到了第二年春天，董承和刘备在许都合谋反对曹操的事败露了。曹操把董承和他的 3 个心腹都杀了，并且亲自发兵征讨刘备。

刘备听说曹操亲自带领大军进攻徐州，慌忙派人向袁绍求救。袁绍手下的谋士田丰劝袁绍乘许都兵力空虚的时候偷袭曹操，袁绍没有听从。

曹操大军进攻徐州，刘备兵少将寡，很快就抵挡不住，最后只好放弃徐州，投奔冀州的袁绍。

官渡之战

到汉献帝建安四年（公元 199 年）的时候，袁绍占据黄河下游四州，拥兵数十万，成为当时东汉势力最强的北方诸侯。不久袁绍被册封为大将军、太尉，总督冀州、幽州、并州、青州，成为中国黄河以北地区实际统治者。同年，袁绍看到刘备兵败之后，才感到曹操是个强大的敌人，由此准备向曹操发起进攻，直捣许都，劫夺汉帝。监军沮授、谋士田丰认为曹操的实力终究不如袁绍，于是劝其进屯黎阳，据守黄河，以逸待劳，然后遣精骑不断骚扰曹军，不出3年便可击败曹操。而以郭图、审配为代表的一部分将领则主张迅速决战，一举消灭曹操，袁绍采纳后者的意见。

公元200年，袁绍调集了10万精兵，派沮授为监军，从邺城(冀州的治所，在今河北临漳西南)出发，进兵黎阳(今河南浚县)。他先派大将颜良渡过黄河，进攻白马(今河南滑县)。

当时，曹操的部下刘延驻守白马，坚守不出。曹操虽亲率大军驻扎在官渡(今河南中牟县)，但是兵力也很少，只有三四万人，没有办法分兵来救。曹操很是着急。谋士荀攸向曹操献计说："我军兵少，面临强敌，正面交锋恐怕不易得手，应该分散袁绍的兵力。曹公您领兵向延津(今河南延津北)推进，摆出要渡黄河进攻袁绍后方的阵势，袁绍一定分兵向西，然后我们用轻骑突袭白马，攻其不备，一定可以擒获颜良。"曹操认为荀攸说得很有道理，便按他说的去做，进军延津。

袁绍知道后，十分惊慌，急忙命令黎阳的袁军星夜赶到延津渡口，截住曹军，不让他们过河。曹操见袁绍中计，便立即率领轻骑直扑白马。当时围攻白马的是袁绍的大将颜良、郭图，他们自恃兵多将广，又有黎阳做后盾，麻痹轻敌。曹军到白马后立即发动袭击，颜良、郭图毫无防备，被杀得大败。

袁绍听到这个消息，决定孤注一掷，全军渡河，追击曹军。沮授一再劝告袁绍，但袁绍向来刚愎自用，不听劝告，率大军渡过黄河朝延津以南而来，并派大将文丑率精兵追击曹军。

曹操见袁绍军追来，下令以后军为前军，绕道西进；令徐晃率600多名精锐骑兵在树丛中埋伏起来。文丑率大军追到，见路上扔满车辆物资，士兵们纷纷跳下马抢东西。这时曹军突然杀出，袁军仓促应战，大败而逃。文丑被徐晃一刀砍死，袁军士兵逃降的不计其数。

⊙水田附船陶器　汉

东汉末年，曹操占据北方，实行屯田，这样既能纾解军粮短缺的压力，又可操练军队，控制军纪。汉代规定，作战士兵每人以月供应粮物，粮物的进出都有严格的手续，曹操更是规范了这一程序，并且更为严密。此器即是军屯的士兵在水田中劳作的形象反映。

袁绍一再战败，一心想跟曹操决一死战。沮授经仔细分析，认为袁军新败不宜决战，曹操虽胜，但兵少粮缺，只要与曹长期对峙，曹操必败。袁绍骄傲成性，无

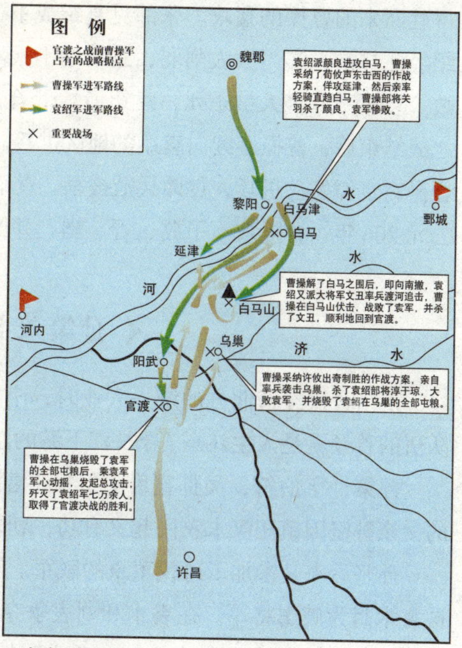

⊙ 官渡之战示意图

人能劝，亲率大军直逼官渡。官渡离许昌不到200里地，是许昌的屏障，也是南北咽喉要道。一旦官渡失守，许昌危在旦夕。这时曹操只有死守官渡。曹军作战勇猛，又占有地利，袁绍攻了好几次，都无功而返，两军处于相持状态。

粮草缺乏的曹军被困官渡已一个多月，再也坚持不下去，曹操决定退守许都。荀彧正在许都留守，知道后便给他来信，让他再坚持一下，事情可能会有转机。在袁绍那里，许攸一眼看破曹操困境，认为曹操兵少，此时又去集中力量与袁军对抗，许都一定空虚；如果派一支精锐轻骑去偷袭许都，一定能攻下，也能把献帝控制在手中，再来讨伐曹操，曹操必被擒。即使许都攻不下，也会造成曹操首尾不能相顾的局面，曹操必败。但袁绍不听从他的建议。

许攸在袁绍手下郁郁不得志，想起曹操是他的老朋友，就连夜投奔了曹操。曹操在大营里刚脱下靴子，正想入睡，听说许攸来投奔他，高兴得顾不上穿靴子，光着脚板跑出来迎接许攸。他一见许攸的面便说："您来了，真是太好了！我的大事有希望了。"

许攸说："我知道您的情况很危急，特地来给您透露个消息。现在袁绍有一万多车粮食、军械，全都在乌巢放着。那里的守将是淳于琼，他的防备很松。您只要带一支轻骑兵去袭击，把他的粮草全部烧光，三天之内，袁兵就会不战自败。"

曹操得到这个重要情报后，立刻布置好官渡大营防守，自己带领5000骑兵，连夜向乌巢进发。他们打着袁军的旗号，对沿路遇到袁军的岗哨说，他们是袁绍派去增援乌巢的。曹军顺利地到了乌巢，放起一把火，把1万车粮食，烧了个一干二净。乌巢的守将淳于琼匆忙应战，也被曹军杀了。

乌巢被烧，袁绍决定偷袭曹操大营，切断他的归路，而不派兵去乌巢。张郃、高览被袁绍派去攻打曹军大营。张郃深知，如果粮草被烧，袁军将无法支持，必败无疑，他便去劝袁绍，但没有效果。张郃只好硬着头，同高览领着几万大军攻打官渡曹军大营。他们刚到达官渡，就遇到曹军的顽强抵抗，背后又受到从乌巢得胜回来的曹操的猛攻。张郃见袁绍成不了大事，便与高览率军投降了曹操。袁绍经此打击，实力大大削弱，袁绍的士兵不攻自乱，曹操率军奋力冲杀，袁军大败。袁军 7 万多人被杀死，袁绍慌忙带着儿子袁谭和 800 骑兵，向北逃窜。官渡之战结束后，曹操继续向袁绍的地区进兵。公元 202 年，袁绍病死。公元 205 年，曹操对袁谭发动进攻，袁谭兵败被杀，袁绍的另外两个儿子袁熙和袁尚逃往乌桓。公元 206 年，曹操攻下了冀、青、幽、并四州，统一了北方。

孙策入主江东

正当曹操经营北方的统一大业时，南方有一支割据势力渐渐壮大起来，这支队伍的首领就是入主江东(今长江下游的江南地区)的孙策、孙权两兄弟。

孙策，字伯符，吴郡富春(今浙江富阳)人，出身于当地一个名家大族。他的父亲孙坚因镇压汉末农民起义有功，朝廷封他为长沙太守。

孙坚后来又参加了讨伐董卓的联军。他到鲁阳(今河南鲁山县)时遇上袁术，被袁术封为破虏将军。在袁术和刘表争夺荆州的战斗中，孙坚打先锋，击败了刘表的大将黄祖。孙坚乘胜追击，渡过汉水，不料，在追击途中被黄祖手下一名躲藏在树丛中的士兵用暗箭射死。

孙坚死后，长子孙策接替他的职务，统领部队，继续在袁术手下供职。孙策打起仗来勇猛异常，总是一马当先，当时人们都称他为“孙郎”。

孙策想继承父志，干一番大事业，但总感到在袁术手下难以施展自己的抱负。于是千方百计寻找机会脱离袁术，另寻出路。正巧孙策的舅舅、江东太守吴景这时被扬州刺史刘繇赶出丹阳，孙策便向袁术请求，去平定江东，替舅舅报仇。

孙策带领袁术拨给他的一千人马到江东去，以此来开辟自己的地盘。他一路上招募兵士，从寿春到达历阳(今安徽和县)时，已招募了五六千人。这时，孙策少年时的好朋友周瑜正在丹阳探亲，听说孙策出兵，就带领一队人马前来接应，

·骁勇善战的铁骑·

秦汉时代，骑兵装备轻巧，一般穿着轻型铠甲。这样的轻装骑兵机动灵活，适合运动战，但防护能力有限。这时未发明马镫，骑士两脚悬空，没有着力点，战斗力受到影响。汉末至魏晋，“铁骑”成为骑兵中的精锐部队，其特点是骑手和战马都佩上重型铠甲，防护严密，故又称“重装甲兵”。这种重装骑兵，防护力与冲击力兼备，在魏晋南北朝的战场上叱咤一时。另外，这时的骑兵已经使用马镫，骑士两脚有了着力点，有利于马上格斗，战斗力得到了加强。但由于装备笨重，机动性不强，在隋唐逐渐消失。

帮助他补充了粮食和其他物资。这样，孙策进一步充实了自己的力量，而且增加了一个得力助手。

孙策带领军队，渡过长江，先后几次打败刘繇的军队，最后把刘繇从丹阳赶走，还攻下了吴郡和会稽郡，同时控制了江东大部分地区。

孙策到江东后，军纪严明，不许士兵抢掠百姓财物、侵害百姓利益，深得江东百姓的欢迎。

孙策平时爱好打猎。有一天，他追赶一头鹿，一直追到江边，他的马快，跟从他的人都被远远地甩在后面。这时，原吴郡太守许贡的三个门客正好守在江边。孙策在攻下吴郡时，杀了太守许贡，因此，许贡的门客一直在寻找机会替许贡报仇。他们见机会来了，便一齐向孙策突发冷箭。孙策的面颊中了一箭。

孙策的病情很快恶化，他自知好不了了，便把张昭等谋士请来，对他们说："我们现在依靠吴、越地区的人力资源，长江的险固，可以干一番事业，请你们好好辅佐我的弟弟。"

他又把孙权叫到面前，把自己的官印和系印丝带交给他，说："带领江东的人马，在战场上一决胜负，和天下人争英雄，你不如我；推举和任用贤能的人，使他们尽心竭力，保住现在的江东，我不如你。"当晚，这位纵横江东的"孙郎"便死去了。

孙策死后，弟弟孙权接替他的职务，掌管大权。在张昭和周瑜的帮助下，年仅 19 岁的孙权继承父兄业绩，担负起巩固发展江东的重任。

三顾茅庐

当曹操扫除北方残余势力的时候，在荆州依附刘表门下的刘备，也正寻找机会实现自己的政治抱负。他四处招请人才，为自己出谋划策。在投奔他的人当中，有个名士叫徐庶，刘备非常赏识他的才智，便拜他为军师。

有一天，徐庶对刘备说道："在襄阳城外 20 里的隆中，有一位奇士，您为什么不去请他来辅助呢？这位奇士复姓诸葛，名亮，字孔明。此人有经天纬地之才，人称'卧龙'。"

刘备听到有这样的贤才，非常高兴，便决定亲自去拜访诸葛亮。第二天，刘备带着关羽、张飞启程前往隆中。

刘备一行三人来到隆中卧龙岗，找到了诸葛亮居住的几间茅草房。刘备下马亲自去叩柴门，一位小童出来开门，刘备自报姓名，说明了来意。小童告诉他们："先生不在家，一早就出门了。"

⊙三顾茅庐图　明　佚名

几天以后，刘备听说诸葛亮已经回来了，忙让备马，再次前往。时值隆冬，寒风刺骨。他们三人顶风冒雪，非常艰难地走到卧龙岗。当他们来到诸葛亮家，才知道诸葛亮又和朋友们出门了。刘备只好给诸葛亮留下一封信，表达了自己求贤若渴的心情。

刘备回到新野之后，一心想着诸葛亮的事，时常派人去隆中打听消息，准备再去拜谒孔明。三个人第三次去隆中时，为了表示尊敬，刘备离诸葛亮的草房还有半里地就下马步行。到了诸葛亮的家时，碰巧诸葛亮在草堂中酣睡未醒。刘备不愿打扰他，就让关张两人在柴门外等着，自己轻轻入内，恭恭敬敬地站在草堂阶下等候。

诸葛亮被刘备的诚心所打动，他根据自己多年来研究时势政治的心得体会，向刘备详细讲述了自己的政治见解，提出了实现统一的战略方针。他说："现在曹操打败了袁绍，拥有百万兵马，又借天子的名义号令天下，很难用武力与他争胜负了。孙权占据江东，那里地势险要，民心顺服，还有一批有才能的人为他效劳，也不可以与他争胜负，但可以与他结成联盟。"

接着，诸葛亮分析了荆州和益州（今四川、云南和陕西、甘肃、湖北、贵州的一部分地区）的形势，认为如果能占据荆州和益州的地方，对外联合孙权，对内整顿内政，一旦机会成熟，就可以从荆州、益州两路进军，攻击曹操。到那时，功业可成，汉室可兴。

刘备听完诸葛亮的讲述，茅塞顿开。他赶忙站起来，拱手谢道："先生的一席话，让我如拨开云雾而后见青天。"刘备从诸葛亮的分析中看到了自己广阔的政治前景，于是再三拜请诸葛亮出山。诸葛亮见刘备这样真诚地恳求，也就高高兴兴地跟刘备到新野去了。

从那时起，年仅27岁的诸葛亮用他的全部智慧和才能帮助刘备实现政治抱负，建立大业。从此，刘备才真正拉开了称霸一方的序幕。

赤壁之战

曹操统一北方后，于公元208年秋天率兵30万，号称80万，南下攻打荆州。当曹操的军队还没有到达时，刘表就病死了。他的两个儿子——长子刘琦、次子刘琮向来就不和睦，在刘表临终前几个月，刘琦出任江夏太守；刘琮被部下拥戴，继任荆州牧。刘琮是个贪生怕死的人，听说曹操来攻荆州，暗地派人投降，曹操兵不血刃地占领了襄阳，当时刘备和诸葛亮正在与襄阳一水之隔的樊城(今湖北襄樊)操练兵马，他还不知道刘琮已经投降。曹操大军逼近时，单凭自己的力量抵抗曹操已不可能，便与诸葛亮率军向江陵(今湖北江陵)退去。

刘备在荆州很有影响，当他撤退时，有10多万百姓纷纷随他南下，辎重数千辆，男女老幼互相搀扶，所以每天走得很慢。曹操看出刘备想退守江陵的意图，亲自率五千骑兵，昼夜急行300多里，直奔江陵。曹军在当阳长坂追上刘备，大败刘备。曹操顺利占据江陵，而刘备却逃到刘琦驻守的夏口。此时刘备的军队除关羽的1万水军和刘琦的1万多步兵外，其余损失殆尽。

曹操席卷荆州的消息传到江东，孙权部下的文武官员都异常震动，有些人主张投降，孙权犹豫不决。在曹操进兵荆州以前，孙权就曾派鲁肃到荆州去探听虚实，鲁肃在当阳劝刘备把军队移驻到长江南岸的樊口(今湖北鄂城)，以便和东吴互通声气。刘备乘机派诸葛亮和鲁肃一同前往柴桑(今江西九江)去见孙权，商议联合抗曹的策略。

这时候，孙权接到曹操的恐吓信，声称孙权若不投降，他将率80万大军直捣江东。曹操的威势使一些人吓破了胆，长史张昭就是其中之一。他认为只有投降才是上策。针对这种观点，周瑜批驳说："曹操挥师南下，后边有关西马超、韩遂的威胁，后方一定不稳定。再说曹军习于陆战，不习水战，他们与我们较量是舍长就短。另外，现在是寒冬十月，曹操军马粮草不足，北方士兵远涉江湖之间，水土不服，必生疾病。这些都是曹操致命的弱点。曹操号称80万大军，据我观察，曹操带来的军队不过十五六万，已疲惫不堪；从刘表那里所得军队，最多不过七八万，且人心不稳。这二十二三万军队人数虽多，但不堪一击。将军只要给我5万精兵，就足以打败曹操，请将军放心。"一番话说得孙权非常激动，他拔出宝剑，砍掉奏案的一角，厉声说道："诸将吏谁再敢说投降二字，就和这奏案一样！"

⊙ 诸葛亮舌战群儒

凭着雄辩的口才和满腹智慧，诸葛亮轻易达到了联吴抗曹的目的。

于是，孙权以周瑜为左督(总指挥)，程普为右督（副总指挥），鲁肃为赞军校尉(参谋长)，率精兵3万，与刘备大军一齐进驻长江南岸的赤壁（今湖北蒲圻西北），与江北曹操的军队隔江对峙。

曹操的士兵因来自北方，初到南方个个水土不服，很不习惯南方潮湿的气候，再加上不习惯乘船，没多久就病倒了许多人。曹操见士兵们身体虚弱，只好召集谋士们商量对策。这时，有人献上连环计：将水军的大小战船分别用铁环锁住，十几条船一排，每排船上再铺上宽阔的木板，不仅人可以在上面行走自如，就是马也可以在上面跑起来。曹操听了非常高兴，立即下令：连夜打造连环大钉，锁住大小战船。这样做后，效果果然不错，人在船上走，如履平地，一点也不觉得摇晃。

驻防在长江南岸的孙刘联军，看见曹操的战船连在一起，便想用火攻。正在发愁无法将火种靠近敌船时，周瑜手下的大将黄盖主动要求自己假装投降，以便靠近敌船。

周瑜很赞成黄盖的主意，两人经过商量，派人给曹操送去一封信，表示投降曹操。曹操以为东吴的人看清了形势，害怕兵败身亡，便没怀疑黄盖的假投降。

周瑜在江东将各路人马布置停当，只等东南风起，火攻曹营。

公元 208 年冬至那天半夜，果然刮起了东南风，而且风势越来越猛。黄盖又给曹操去了一封信，约定当晚带着几十只粮船到北营投降。

当天晚上，黄盖率领20只战船，船上装满干草、芦苇，浇了膏油，上面蒙上油布，严严实实地把船遮盖住。每只船后又拴着 3 只划动灵活的小船，小船里都埋伏着弓箭手。降船扯满风帆，直向北岸驶去。曹军水寨的官员听说东吴的大将前来投降，都跑到船舷来观看。

黄盖的大船离北岸 2 里左右时，只见黄盖大刀一挥，20 只大船一齐着起火来，火焰腾空而起，20 只战船像狂舞的火龙，一起撞入曹操的水军中。火趁风势，风助火威，一眨眼的工夫，曹军的水寨成了一片火海。水寨外围都是用铁钉和木板连起来的首尾相接的连环船，一时间拆也无法拆，逃也逃不走，只好眼巴巴地看着大火烧尽战船。黄盖他们则早已跳上小船，不慌不忙地接近北营，向岸上发射火箭。这样一来，不但水寨里的战船被烧，连岸上的营寨也着了火。一时间，江面上火逐风飞，一片通红，漫天彻地。

⊙ 赤壁之战旧址，在今湖北蒲圻西北。

刘备、周瑜一看北岸火起，马上率水陆两军同时进兵，杀得曹军死伤了一大半，曹操败走华容道。

⊙ 赤壁大战图

刘备、周瑜水陆并进，乘胜追击，一直追到南郡。曹操在战斗中损兵折将。恰在这时，又传来孙权围攻合肥的消息，必须派兵驰援。曹操只得留下曹仁、徐晃驻守江陵，乐进驻守襄阳，自己率领其余的队伍踏上北归的路途。

赤壁之战，以孙刘联军胜利、曹操大败而告结束。这是三国时期以少胜多，以弱制强的著名军事战役，为三国鼎立奠定了基础。赤壁之战结束后，曹操再也无力南下，统一全国的愿望化成了泡影。孙权稳定江东，并且向岭南地区发展。刘备占据荆州，向益州发展。

刘备入川

赤壁之战以后，周瑜把曹操的人马从荆州赶了出去。在荆州的归属问题上，孙、刘两家发生了分歧。刘备认为，荆州本来是刘表的地盘，他和刘表是本家，刘表不在了，荆州理应由他接管；孙权则认为，荆州是靠东吴的力量打下来的，应该归东吴。后来，周瑜只把长江南岸的土地交给了刘备。刘备认为分给他的土地太少了，很不满意。不久，周瑜病死，鲁肃从战略的角度考虑，认为把荆州借给刘备，可以让他抵挡北方的曹操，东吴便可以借机整顿兵马，图谋大业。为此，他劝说孙权把荆州借给刘备。

借人家地方总不是长远之计，刘备按照诸葛亮的计划，打算向益州发展。正好在这个时候，益州的刘璋派人请刘备入川。

原来，益州牧刘璋手下有两个谋士，一个叫法正，另一个叫张松。两人私交很深，都是很有才能的人。他们认为刘璋是无能之辈，在他手下做事没有出息，想谋个出路。

建安十三年（公元 208 年），张松出使曹操，归来后劝说刘璋与曹操断绝来往与刘备交好，并推荐刘璋派法正去见刘备。法正来到荆州后，刘备殷勤地接待了他，同他一起谈论天下形势，谈得十分融洽。法正回到益州后，就和张松秘密商议，想把刘备接到益州，让他做益州的主人。

建安十六年（公元 211 年），刘璋听闻曹操欲遣司隶校尉钟繇征讨张鲁占据的汉中（今陕西汉中市东），因此惧怕曹操得汉中后兼并益州。张松趁机劝刘璋迎接刘备入蜀，让他讨伐张鲁，法正于是再次被任命为使者，与孟达各率两千人出使刘备，迎请刘备入蜀。

刘备见到法正后，对于是否入蜀还有点犹豫。法正于是暗地里背叛刘璋，向刘备献策："阁下是英才，而刘璋无明主之能，以张松为内应，夺取益州；以益州的富庶为根本，凭借天府之国的险阻来成就大业，易如反掌。"当初诸葛亮的隆中对认为想要夺取天下就必须占据荆州和益州，法正、张松的倒戈实乃天赐良机，那时候，庞统已经当了刘备的军师，他坚决主张刘备到益州去。刘备听从了法正、庞统的劝说，让诸葛亮、关羽留守荆州，自己亲率人马到益州去。后来，张松做内应的事泄露了。刘璋杀了张松，布置人马准备抵抗刘备。

刘备带领人马攻打到雒城(今四川广汉北)时，受到雒城守军的顽强抵抗，足足打了一年才攻下来，庞统也在战斗中中箭而亡。随后，刘备向成都进攻，诸葛亮也带兵从荆州赶来会师。刘璋坚持不住，只好投降了。

公元 214 年，刘备进入成都，自称益州牧。他认为法正对这次攻进益州立了大功，便把他封为蜀郡太守。

火烧连营

蜀汉得知曹丕称帝的消息后，大臣们便拥立刘备承继汉家帝位。公元 221 年，汉中王刘备正式在成都即皇位，这就是汉昭烈帝。

由于孙权重用吕蒙，用计袭取了荆州，杀了关羽，使得蜀汉和东吴的矛盾越来越激化。刘备即位之后，便调集 75 万大军，以替关羽复仇为名，进攻东吴。刘备出兵前，张飞的部将叛变，杀了张飞投奔东吴。刘备旧恨未报又添新仇，报仇心切的他命令大军急进。蜀军先锋吴班、冯习很快攻占巫县(今重庆巫山)、秭归(今湖北秭归)。

东吴君臣吓得要命，赶紧派使者向刘备求和，但都没有效果。孙权正在着急的时候，大臣阚泽以全家担保举荐陆逊为统帅。于是孙权封镇西将军陆逊为大都督，赐给他宝剑印绶，带领 5 万人马抵御蜀军。

第二年正月，刘备到了秭归。蜀军水陆并进，直抵夷陵(今湖北宜昌东南)。刘备率领主力，进驻猇亭(今湖北宜都北)。他在长江南岸，沿路扎下营寨，水军

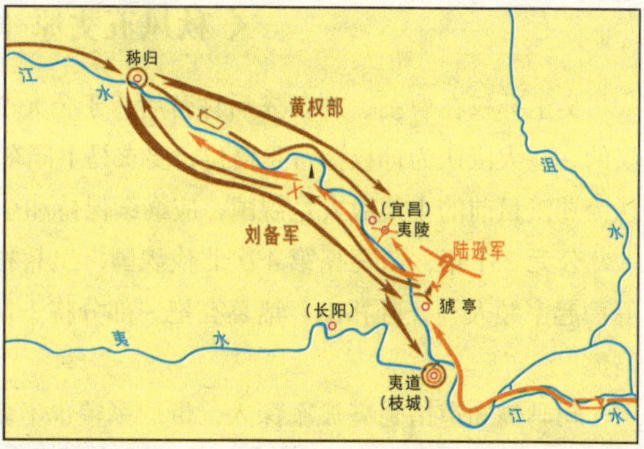

⊙ 夷陵之战示意图

也弃舟登陆。从巫峡到夷陵的六七百里山地上，蜀军一连设置了几十处兵营，声势非常浩大。

陆逊看到蜀军士气旺盛，又占据了有利地形，很难攻打，就坚守不出。这时，东吴的安东中郎将孙桓被蜀军包围在夷道（今湖北宜都西北），派人向陆逊求救。陆逊手下的将领，也纷纷要求派兵救援。陆逊对大家说：“孙桓很得军心，夷道城池牢固，粮草也很充足，不必忧虑，等我的计谋实现以后，孙桓就自然解围了。”

东吴众将见陆逊既不肯攻击蜀军，又不肯救援孙桓，认为他胆小怕打仗，都在背地里愤愤不平。

刘备在夷陵受阻，从这年（公元 222 年）一月到六月，一直找不到决战的机会。他为了引诱吴军出战，命令吴班带领几千人马，到平地上扎营，摆出挑战的架势。事先在附近山谷里埋伏了 8000 精兵，等候吴军。东吴众将以为机会来了，都想出击。陆逊阻止说：“蜀兵在平地里扎营的兵士虽然少，可是周围山谷里一定有伏兵。我们不能上这个当，看看再说。”刘备见陆逊不上当，便把埋伏在山谷中的伏兵撤出。这一来，东吴诸将都佩服陆逊了。

陆逊通过观察，心中已经有数了，于是决定进行反击。陆逊先派一支军队试攻蜀军一处兵营。这一仗，吴军虽然打败了，但陆逊却找到了进攻蜀军的办法。

接着，陆逊命士兵每人拿着一把茅草冲入蜀营，顺风点火，发动火攻。那天晚上，风刮得很大，蜀军的营寨都是连在一起的，一个营起火，便延烧到另一个营。顿时，蜀军的营寨陷入了一片火海之中。陆逊率领大军，乘机反攻，一连攻破蜀军四十余座营寨，杀死蜀将张南、冯习等人。蜀军纷纷逃命，包围夷道的蜀军也都溃逃了。

刘备逃到夷陵西北的马鞍山。陆逊督促大军四面围攻，又杀死蜀军 1 万多人。刘备乘夜冲出重围，逃归白帝城（今四川奉节东）。

这一场大战，蜀军几乎全军覆没，军用物资也全被吴军缴获。历史上把这场战争“夷陵之战”，又称为“猇亭之战”。

秋风五丈原

吴王孙权在曹丕、刘备先后称帝后，于公元229年农历四月，正式称帝。蜀汉的一些大臣认为孙权称帝是僭位，要求马上同东吴断绝往来。诸葛亮力排众议，认为蜀汉目前的主要敌人是魏国，应继续保持和东吴的联盟，攻伐魏国。

公元231年，诸葛亮第4次北伐魏国，出兵祁山。魏国派大将司马懿和张郃等一起率领人马开赴祁山。诸葛亮把一部分将士留在祁山，自己率领主力进攻司马懿。

司马懿知道诸葛亮孤军深入，带的军粮也不多，就在险要的地方筑好营垒，坚守不出。后来，魏军将领一再请求出战，并用话来讥刺司马懿。司马懿只好与诸葛亮打了一仗，结果被蜀军打得溃不成军。

诸葛亮几次出兵，往往因为粮食供应不上而退兵，这次又是如此。他接受了这个教训，设计了两种运输工具，叫作“木牛”“流马”(两种经过改革的小车)，用它们把粮食运到斜谷口(在今陕西眉县西南)囤积起来。

公元234年，诸葛亮做好充分准备后，带领10万大军北伐魏国。他派使者到东吴，约孙权同时对魏国发起进攻，两面夹击魏国。

诸葛亮大军出了斜谷口，在渭水南岸的五丈原构筑营垒，准备长期作战；另派一部分兵士在五丈原屯田，跟当地老百姓一起耕种。魏明帝派司马懿率领魏军渡过渭水，也筑起营垒防守，和蜀军对峙起来。

孙权接到诸葛亮的信，马上派出三路大军进攻魏国。魏明帝一面亲自率领大军开赴南面抵挡东吴的进攻；一面命令司马懿只许在五丈原坚守，不准出战。

诸葛亮焦急地等待东吴进兵的战况，但是结果令他很失望：孙权的进攻以失败而告终。他想跟魏军决战，但是司马懿始终固守营垒，任凭诸葛亮怎样骂阵，就是坚守不出。双方在那里相持了100多天。

诸葛亮在猜测司马懿的心理，司马懿也在探听诸葛亮的情况。有一回，诸葛亮派使者去魏营挑战，司马懿为了了解情况，假意殷勤地接待使者，跟使者聊天，问道：“你们丞相公事一定很忙吧，近来身体还好吧！”使者觉得司马懿问的都是些无关大局的话，也就老实回答说：“丞相的确很忙，军营里大小事情都亲自过问。他每天早早起来，很晚才睡。只是近来胃口不好，吃得很少。”

使者走了以后，司马懿就跟左右将士说：“你们看，诸葛孔明吃得少，又要处理繁重的事务，能支撑得长久吗？”

不出司马懿所料，诸葛亮由于过度操劳，终于病倒在军营里。后主刘禅得到诸葛亮生病的消息，赶快派大臣李福到五丈原来慰问。李福跟诸葛亮谈了一些军国大事，就走了。过了几天，李福返了回来。他看到诸葛亮病势转重，哭了起来。诸葛亮睁开眼睛，对李福说：“我知道您回来想问些什么，您想知道谁来接替我。您所要问的人，我看就是蒋琬吧。”李福说：“丞相说的是。陛下正要我问丞相万一身子不好，由谁来继任您的工作。那么请问蒋琬之后，谁可以继任呢？”诸葛亮说：“可以由费祎接替。”李福还想再问下去，诸葛亮闭上眼睛不回答了。

⊙诸葛亮像

过了几天，年仅 54 岁的诸葛亮病死在军营里。按照诸葛亮生前的嘱咐，蜀军将领封锁了他去世的消息。他们把尸体裹着放在车里，布置各路人马有秩序地撤退。

司马懿探听到诸葛亮病死的消息，立刻带领魏军去追蜀军。刚过五丈原，忽然蜀军的旗帜转了方向，一阵战鼓响起，兵士们转身掩杀过来。司马懿大吃一惊，赶快掉转马头，下命令撤退。等魏军离得远了，蜀军将领才不慌不忙地把全部人马撤出五丈原。

这件事传到老百姓耳朵里，百姓编了歌谣嘲笑司马懿，说：“死诸葛吓走了活仲达（仲达是司马懿的字）！”司马懿听了也不生气，说：“我只能料到活的

·诸葛亮与武侯祠·

诸葛亮毕生兢兢业业，把全部智慧和精力奉献给了刘家天下，“鞠躬尽瘁，死而后已”。他在民间受到的尊崇更是非同一般，这一点从各地修建的众多武侯祠就能看出来。因诸葛亮生前被封为武乡侯，死后谥号为忠武侯，故又名武侯祠。

现存武侯祠系清康熙十一年（1672年）重建，占地56亩，布局严整，古朴端庄。刘备殿是武侯祠中最高大的一座建筑，体现出一派帝王气象。正殿中，有刘备及其孙刘谌塑像。唐代祠内曾有其子刘禅塑像，因刘禅是乐不思蜀的昏君，不久就被人毁掉了。东偏殿有关羽及其子关兴、关平，部将周仓、张累塑像；西偏殿有张飞及其子张苞、孙张遵塑像。诸葛亮殿的规模要比刘备殿小得多。规模小，位置又在刘备殿之后，这种布局充分反映出君臣之间的主从关系。殿正中为诸葛亮贴金塑像，羽扇纶巾，儒雅端重。古代文人武将一旦遇到有明主赏识重用，往往鞠躬尽瘁以报知遇之恩，诸葛亮之于刘备，可谓其中典型。而君臣合祠的武侯祠，正是这种君臣相得的表现。

⊙成都武侯祠

诸葛，怎么能料到死的呢！”后来，他又亲自跑到蜀军原来扎营的地方，观察了诸葛亮布置的阵势，赞叹说：“诸葛孔明真是天下奇才啊！”

诸葛亮虽然没有实现统一中原的愿望，但是他的智慧和品格，一直被后代的人所称颂。

司马懿篡权

诸葛亮死后的一段时期内，蜀国再也没有足够的力量进攻魏国。魏国虽然外部的压力减弱了，但内部却乱了起来。

司马懿（公元 179 ~ 251 年），字仲达，汉末三国时河南温县（今河南温县西南）人。他年少聪达，因见汉室衰微，不愿出来做官，曹操为丞相以后，使用强制手段辟司马懿为文学掾，后任丞相主簿。曹操晋封魏王后，司马懿为太子中庶子，佐助曹丕，当时司马懿“每与大谋，辄有奇策”，为曹丕所信任和重用，所以关系一直很好。公元 226 年魏文帝曹丕死，遗诏司马懿与曹真、陈群共同辅政，辅佐魏明帝。魏明帝时，司马懿为大将军，负责对蜀汉的战争，并平定辽东，功高望重，掌握了魏国大部分军权。他又利用职权拉拢世族官僚，形成以司马氏为核心的势力集团。

公元 239 年，司马懿奉命去关中镇守。在前往关中的路上，魏明帝曹叡给司马懿连续下了 5 道诏书，催他火速赶到洛阳。司马懿赶回洛阳宫中的时候，曹叡已经病势沉重，他握着司马懿的手，看着 8 岁的太子曹芳，说：“我等你来，是要把后事托付给你。你要和曹爽辅佐好太子曹芳。”

司马懿说：“陛下放心吧，先帝（曹丕）不也是把陛下托付给我的吗？”

曹叡死后，太子曹芳即位，这就是魏少帝。司马懿和大将军曹爽奉曹叡遗诏，共同执掌朝政。司马懿本人才智出众，文武双全。他在曹操执政时期，曾经帮助曹操推行屯田制。曹操儿子曹丕废掉汉献帝，自立为帝，司马懿也帮助出过许多主意，立了大功。因此，他得到曹丕的信任，掌握了军政大权。曹爽这个人没有什么才能，却依仗自己是皇帝宗室，总想排挤司马懿，独揽大权。

曹爽因司马懿年高望重，起初还不敢独断专行，有事总听听司马懿的意见。不久，他任用心腹何晏、邓飏等人掌管枢要，并奏请魏少帝提升司马懿为太傅。司马懿表面上升了官，实际上却被削了权。曹爽又安排自己的弟弟曹羲担任中领军，率领禁兵；曹训任武卫将军，掌管了一些军权。司马懿对曹爽专擅朝政，很是不满。他索性称风痹病复发，不参与政事，但是暗中却自有打算。

曹爽担心司马懿不是真的有病，正巧自己的心腹李胜调任荆州刺史，于是就命李胜到司马懿那里进行探察。李胜到了太傅府，求见司马懿。司马懿装出重病的样子。李胜回去后，把这次相见的情况告诉了曹爽，并说："司马懿已经形神离散，只剩下一口气，活不了多久了。"曹爽满心高兴，从此就不再防备司马懿了。

一转眼就是新年。少帝曹芳按规矩要到高平陵去祭祀。曹爽和他的兄弟曹羲等人也一道前往。曹爽他们出了南门，浩浩荡荡地直奔高平陵。

等他们走远了，司马懿立刻带着他的两个儿子司马师和司马昭，率领自己的兵马，借着皇太后的命令，关上城门，占据武库，接收了曹爽、曹羲的军营。同时假传皇太后的诏令，把曹爽兄弟的职务给撤了。

曹爽接到了司马懿的奏章，不敢交给曹芳，又想不出主意。司马懿又派侍中许允、尚书陈泰来传达命令，让曹爽早些回去，承认自己的过错，交出兵权，那样就不会为难他们。

曹爽乖乖地交出兵权，回到洛阳侯府家中。司马懿把少帝曹芳接到宫里去，当天晚上就派兵包围了曹爽府第，在四角搭上高楼，叫人在楼上察看曹爽兄弟的举动。没过几天，又让人诬告曹爽谋反，派人把曹爽一伙人全部处死了。

曹爽死后，司马懿担任丞相，掌握了魏国的军政大权。

司马昭之心

司马懿杀了曹爽之后，又过了两年，他也死去了，他的儿子司马师接替了他的职位。魏国大权落在司马师和司马昭兄弟两人手里。大臣中有谁敢反对他们，司马师就把他除掉。魏少帝曹芳早就对司马师兄弟的霸道行径极为不满，一直想撤掉司马氏兄弟的兵权。但还没等曹芳动手，司马师已经逼着皇太后，把曹芳废了，另立魏文帝曹丕的一个孙子曹髦即了皇位。

魏国有些地方将领本来就看不惯司马氏的专权行为，司马师废去曹芳后，扬州刺史文钦和镇东将军毌丘俭(毌丘，姓)起兵讨伐司马师。司马师亲自出兵，打败了文钦和毌丘俭。但是在回到许都之后，司马师也得病死了。

司马师一死，司马昭便做了大将军。司马昭比司马师更为专横霸道。

魏帝曹髦实在忍无可忍了。有一天，他把尚书王经等3个大臣召进宫里，气愤地说"司马昭之心，路人皆知，我不能坐着等死。今天，我要同你们一起去诛杀他。"

年轻的曹髦，根本不懂得怎样对付司马昭。他带领了宫内的禁卫军和侍从太监，乱哄哄地从宫里杀了出来。曹髦自己拿了一口宝剑，站在车上指挥。

司马昭的心腹贾充领了一队兵士赶来，与禁卫军打了起来。曹髦上前大喝一声，挥剑杀过去。贾充的手下兵士见到皇帝亲自动手，都有点害怕，有的准备逃跑了。

贾充的手下有个叫成济的，问贾充怎么办。

贾充厉声说：“司马公平时养着你们是干什么的！还用问吗？”

经贾充这么一说，成济胆壮起来了，拿起长矛就往曹髦身上刺去。曹髦来不及躲闪，被成济刺穿了胸膛，当时就死了。

司马昭听说他手下人把皇帝杀了，也有点害怕了，连忙赶到朝堂上，召集大臣们商量。

老臣陈泰说：“只有杀了成济，才勉强可以向天下人交代。”

司马昭见没法拖下去，就把杀害皇帝的罪责全都推在成济身上，给成济定了一个大逆不道的罪，把他的一家老少全杀了。

之后，司马昭从曹操的后代中找了一个15岁的曹奂即了皇位，这就是魏元帝。

智出阴平道

魏帝曹髦死后，司马昭的地位更加稳固了。于是，他决定进攻蜀国。

公元263年，司马昭调集了十几万大军，准备一举消灭蜀国。他派邓艾和诸葛绪各自统率3万人马，派钟会带领10万人马，兵分三路进攻蜀国。钟会的军队很快攻取汉中。邓艾的军队也到达沓中，向姜维进攻。姜维得知汉中失守，就将蜀兵集中到剑阁据守，抵御魏军。

钟会兵力虽强，但姜维把剑阁守得牢牢的，一时攻不进去，军粮的供应也发生了困难。钟会正想退兵时，邓艾赶到了。邓艾让钟会在这里与蜀军对峙，自己领兵从阴平小道穿插到蜀国的后方，这样就会攻破蜀国。钟会觉得邓艾的想法根本行不通，但一看邓艾很坚决，也就同意了。

邓艾派自己的儿子邓忠作先锋，每人拿着斧头、凿子，走在最前面，打开小路通道，自己则率领大军紧跟在后。

最后，邓艾他们到了一条绝路上，山高谷深，没法走了。大家一看悬崖深不见底，禁不住抽了一口冷气，好多人打了退堂鼓。邓艾当机立断亲自带头，用毡毯裹住身子先滚下去。将士们不敢落后，照着样子滚下去。士兵们没有毡毯，就用绳子拴住身子，攀着树木，一个一个慢慢地下了山。

邓艾集中了队伍，对将士们说：“我们到了这儿，已经没有退路了，前面就是江油。打下江油，不但有了活路，而且能立大功。”镇守江油的将军马邈

⊙ 姜维像

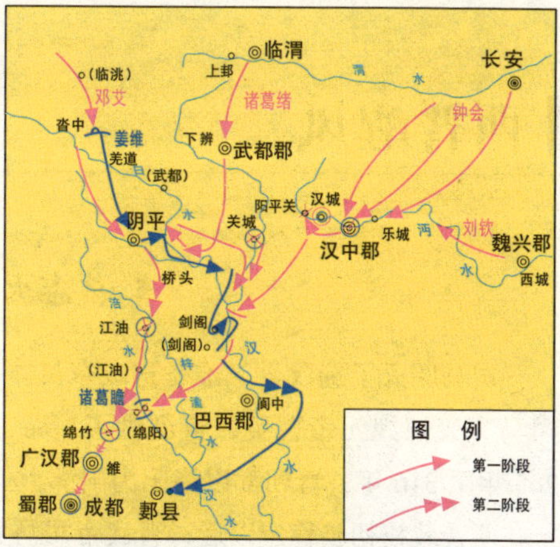

⊙ 魏灭蜀汉之战示意图

公元 263 年，魏军开始了灭蜀军事行动。魏军迅速占据汉中后，被蜀军阻于剑阁（今四川剑阁境）。魏军随机应变，从阴平（今甘肃文县西北）南进，奇袭江油，一举攻占蜀都成都，蜀国至此灭亡。

没料想到邓艾会从背后像天兵一样出现在眼前，吓得他晕头转向，只好竖起白旗，向邓艾投降了。

邓艾占领了江油城，又朝绵竹方向前进。蜀军驻守绵竹的将军是诸葛亮的儿子诸葛瞻。魏军人数太少，双方一交战，就吃了个败仗。

魏军第二次出去跟蜀军交战时都铁了心，反正打了败仗也不能活着回去。这一仗真非同小可，打得天摇地动。两军杀到天黑，蜀军死伤惨重，诸葛瞻和他的儿子诸葛尚都战死在疆场上。魏军胜利地占领了绵竹。

邓艾攻下绵竹，向成都进军。蜀人做梦也没有想到魏军来得这么快，再要调回姜维的人马也已经来不及了。后主刘禅慌忙召集大臣们商议对策，大臣们你一言我一语，都找不出好的办法，最后大臣谯周提议投降。于是后主刘禅就派侍中张绍等捧着玉玺到邓艾军营里去请求投降。

蜀国就这样灭亡了。姜维等人一直坚守剑阁，惊悉绵竹失守，接着，坏消息一个接一个，简直一日三惊，有的说后主想固守成都，有的说后主要向东投奔盟国东吴，有的说后主要向南进入建宁。姜维恐腹背受敌，即引军退至巴西境，至郪县时，后主诏书传来，命令全军投降。姜维“将士咸怒，拔刀斫石”。但事已至此，姜维也无力回天，只好奉诏到涪城向钟会投降。钟会赏识姜维是个好汉，把他当作自己人一样看待。后来，姜维利用钟会和邓艾之间的矛盾，劝钟会告发邓艾谋反，杀掉了邓艾。

邓艾死后，兵权就全都掌握在钟会的手里。但司马昭对钟会怀有野心早有戒备，遣中护军贾充率兵入蜀，钟会大惊，就想谋反自立。

姜维一心想着复国兴汉，觉着有机可乘，便假意赞同钟会的想法，劝钟会早杀众魏将，进而自立。钟会想听从姜维的意见，但一直犹豫不决。

后来，有人传言钟会和姜维要杀光北方来的将士，一下引起了兵变。钟会和姜维控制不住局面，被乱军杀死了。

蜀国灭亡的第二年，吴景帝孙休病逝，孙皓即帝位，改年号为元光。吴国朝政从此日益破坏，东吴亦一步一步走向灭亡。

西晋醒风

蓄志灭东吴

司马昭灭了蜀汉，又准备进攻东吴。正在这时，他得了重病死了。他的儿子司马炎废掉魏元帝曹奂，自己做了皇帝，建立了晋朝，这就是晋武帝。从公元265年至316年，晋朝都以洛阳为国都，史称西晋。

西晋政权初步稳定以后，晋武帝司马炎接受羊祜的建议，积极准备攻灭东吴，统一中国。

羊祜是蔡邕的外孙，司马师的小舅子，从小喜欢读书，知识渊博，有辩才，文章写得好。有人把他比作孔子的弟子颜回。

从公元269年起，羊祜出任荆州都督，镇守襄阳，很受老百姓的爱戴。他到襄阳的时候，军营里的粮食还不够一百天用的，后来推行屯田政策，让士兵开垦荒地，粮仓里储满了粮食。他还对东吴军民讲究信用，投降过来的士兵想回去的随他们自愿。有些投降的人，回去后都说羊祜的好话。这样，投降的人就越来越多了。

晋武帝司马炎非常赞赏羊祜在襄阳的政绩，提升他为车骑将军。

羊祜决心采取一套策略，用道义去争取民心。他每回跟东吴交战，一定按照约定的日子，决不偷袭，决不布置埋伏。将士当中有谁向他献计，只要听到话里有欺诈的计策，他就拿出上等的好酒，请献计的人喝，让他喝得醉醺醺的，开不得口。羊祜行军的时候，经过东吴的地界，士兵割了稻谷，也必须报告吃了多少粮食，按价赔偿人家。他出外打猎，每次都郑重叮嘱手下将士只准在自己的地界内。碰巧，东吴的将士

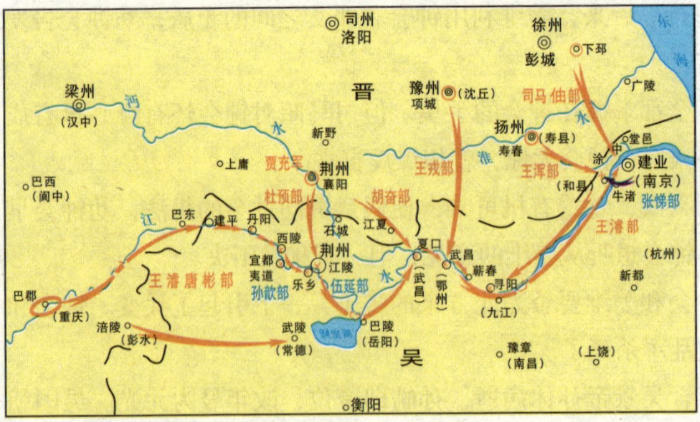

⊙ 晋灭吴之战示意图

也在对面打猎，双方各不侵犯。如果有一只飞鸟或者一只野兽，先给吴兵打伤，飞到这边被晋兵抓住，必须送给对方。因此，吴人对他很是敬重，称他为羊公。

羊祜见时机慢慢成熟起来，便积极筹备伐吴。公元276年，羊祜上书，请示晋武帝征伐东吴。不料秦、凉二州的少数民族发生了动乱，朝廷大臣纷纷反对出兵东吴，只有杜预和张华赞成，于是建议被搁置下来。

又过了一年多，羊祜病了，他要求回到洛阳来。晋武帝请他坐车进宫，不必叩拜。后来又让他回家养病，不必上朝。接着，就派张华去向羊祜请教征伐东吴的计策。羊祜说："孙皓暴虐昏庸，今天去征伐，一定能够胜他。要是孙皓一死，吴人另立一个有能耐、爱护老百姓的新君，咱们即使有百万大军，恐怕也打不过长江去了。"

过了几天，张华向晋武帝详细报告了羊祜灭吴的谋略。晋武帝接受了羊祜的建议，拜杜预为平安东将军，统率荆州所有的军队。杜预受命后，招集兵马，储备粮草，准备伐吴。正在这个时候，羊祜病故了。

羊祜死后的第二年，杜预攻灭了东吴，统一了中国。在庆祝宴上，晋武帝拿起酒杯对大臣说："讨平东吴，统一天下，是羊太傅的功劳啊！"接着，他带领文武大臣到羊祜的墓前去祭奠，告慰已经安眠于地下的羊祜。

白痴皇帝

从魏国的明帝时开始，社会逐渐蔓延开一种奢侈浮华的风气。晋武帝在奢侈风气中又起了带头作用。统一以后，原来节俭的晋武帝追求起奢靡的生活，大兴土木、修建宫殿。晚年的晋武帝因为荒淫过度，身体状况逐渐下降，他不得不考虑继承人的问题。

晋武帝和他的祖父辈都是善于玩弄权术的人，可是他的儿子——太子司马衷却是一个什么都不懂的白痴。朝廷里的大臣都很担心，晋武帝死后，要是让这个低能儿即位，不知道会把朝政搞成什么样子。有些大臣想劝武帝另立太子，但又不敢开口明讲。

晋武帝也有些犹豫。他想试试他的儿子到底糊涂到什么程度。有一次，他派人给太子送去一卷文书，里面提到几件公事，要太子处理一下。

太子的妻子贾妃，是个脑瓜灵活的女人，见到这卷文书，赶忙请来宫里的老师，替太子代做

⊙ "富贵万岁"瓦当　西晋

答卷。那个老师很有学问，写出的卷子引经据典，讲得头头是道。

贾妃看了非常满意，旁边有个太监却提醒她："这份卷子好是好，只是皇上知道太子平常不太懂事，看了这样一份卷子，难免生疑。万一追究起来，事情就不好办了。"

贾妃经他一提醒，明白过来，便让略懂文墨的太监另外起草了一份粗浅的答卷，让太子抄写一遍，给晋武帝送去。

晋武帝一看，卷子虽然写得不高明，但是总算有问必答，可以看出太子的脑子还是清楚的，也就不再想废掉太子的事了。

公元290年，晋武帝病重。这时，太子司马衷已经30多岁了。按理说，30多岁的人可以处理政事了。但是晋武帝还是不放心，临死前立了遗诏，要皇后的父亲杨骏和他叔父汝南王司马亮共同辅政。杨骏想独揽大权，便和杨皇后串通起来，伪造了一份遗诏，指定由杨骏一人辅政。

晋武帝死后，太子司马衷继承皇位，就是晋惠帝。晋惠帝即位以后，根本管不了国家政事，还闹出一些笑话来。

新继位的晋惠帝天生愚钝，呆傻而不明事理。有一天，晋惠帝在皇宫的御花园游玩，见池塘中青蛙正呱呱鸣叫，他扯住一位侍从的衣襟问："青蛙是在为官家叫，还是为私家叫？"侍从早已熟知如何糊弄这位白痴皇帝，便应道："青蛙在官家地里时便为官家叫，在百姓的自家地里时，便是为私家叫。"晋惠帝听后，认为侍从言之有理，还赏了银子给侍从。

有一年，各地庄稼歉收。地方官员把灾情上报朝廷，说灾区饿死很多人。

晋惠帝知道这件事，就问大臣说："好端端的人怎么会饿死呢？"大臣回奏说："当地灾情严重，没有粮食吃。"

惠帝沉思了一下，说："为什么不叫他们多吃点肉粥呢？"大臣们听了，目瞪口呆。

有这样一个白痴当皇帝，西晋王朝难免要闹出乱子来了。

八王之乱

晋武帝统一全国以后，为了保住司马氏的天下，吸取了曹魏皇权太弱的教训，大封自己的子侄兄弟做王，让他们像众星拱月一样来护卫皇室。后来晋武帝又让诸王出任地方都督，诸王既有行政权力，又有数量可观的军队，如此一来，多位王掌握了封国的军政大权。晋武帝完成了分封宗室诸王的政治计划，自以为得计，认为司马氏的统治由此稳固，其实反而种下了祸根。然而，晋武帝没有想到，握有兵权的诸王野心越来越大，最终酿成了大祸。

晋惠帝司马衷即位后，军政大权落到杨太后的父亲杨骏手中。杨骏用阴谋权术，排除异己，引起皇后贾南风与晋宗室的强烈不满。

贾后不甘心让杨骏掌权，就暗中联系宗室诸王，让他们进京除掉杨骏。诸王早已心怀鬼胎，楚王司马玮一接到诏书，马上进了京城。贾后即以惠帝名义下诏，宣布杨骏谋反，在皇宫卫队的配合下，司马玮杀死了杨骏，并灭了他的三族，其他凡是依附杨家的官员也都掉了脑袋。

贾后除掉杨家势力后，为稳定大局，召汝南王司马亮入朝辅政。司马亮也是喜欢操控权柄的人，暗中谋划着夺取司马玮的兵权。贾后感到诸王难以控制，便生出了除掉诸王的想法。她先让惠帝下诏，派司马玮杀了司马亮全家。接着，贾后以司马玮擅杀朝廷重臣的罪名，将司马玮处死。这样，贾后夺得了西晋的全部大权。

可是，贾后没有儿子，她怕大权将来会落到别人手里，就假装怀孕，暗地里把妹夫韩寿的儿子抱来，说是自己生的。有了这个儿子，贾后就决定废掉太子，并且派人把他毒死，立抱来的孩子做太子。这个消息传出去以后，宗室群情激愤，以贾后篡夺司马氏天下为名义，起兵讨伐贾后。赵王司马伦当即领兵入宫，派齐王司马冏废掉贾后，接着又将她毒死，之后司马伦废掉晋惠帝，自己称了帝。

在许昌镇守的齐王司马冏，听说赵王司马伦当了皇帝，非常不满，他向各处发出讨伐司马伦的檄文，号召大家共同起兵。成都王司马颖、河间王司马颙也有夺取政权的野心，他们和齐王司马冏联合起来，攻杀了司马伦。

齐王司马冏进入洛阳后，独揽大权，沉湎酒色。长沙王司马乂乘机起兵发难，司马颖、司马颙互相声援。司马冏与司马乂打了几年，兵败被杀。司马乂乘机入朝辅政，控制了朝政大权。司马颙见司马乂又独揽了朝政大权，恼羞成怒，随即发大兵讨伐司马乂，与司马颖联合，大举进攻洛阳。正当他们打得昏天暗地的时候，在洛阳城里的东海王司马越乘机偷袭了司马乂，并把他用火烧死了。司马颖也就乘机进入洛阳，做了丞相，控制了政权。

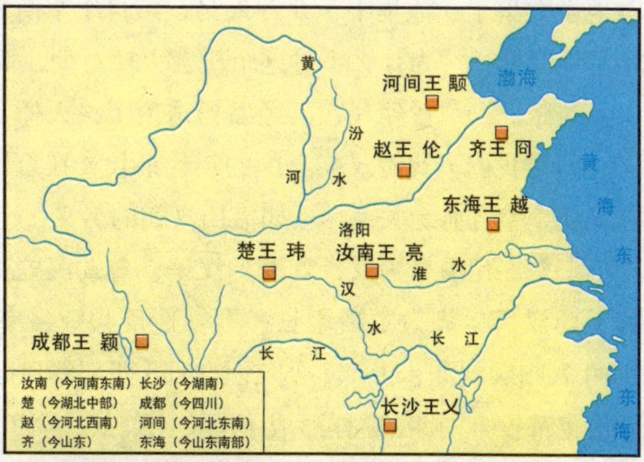

⊙ 西晋时期八王封国略图

东海王司马越认为自己杀司马乂有功，却没捞到半点好处，很不甘心，就假借惠帝的名义，起兵讨伐司马颖。司马颖挟持着惠帝，到了长安。长安是在河间王司马颙的掌握之中，他看到司马颖兵败势穷，就乘机排挤司马颖，把惠帝控制在自己手里，独揽了朝政大权。

被司马颖打败逃走的东海王司马越见王浚的势力大，就和王浚联合起来，攻打关中。他打败了司马颙，进入长安。后来，司马越又把惠帝和司马颖、司马颙全都带回洛阳，把他们全都杀死，然后，立司马炽做皇帝，这就是晋怀帝。晋怀帝把即位的这一年改年号为永嘉元年(公元307年)。至此，8个王围绕皇权的血腥争夺告一段落。

八王之乱时间长达16年，8个王中死了7个，西晋的力量大大削弱了。此后，北方和西部的少数民族乘乱进攻中原，西晋王朝处在了风雨飘摇之中。

刘渊反晋

李雄在成都称王的那一年，北方的匈奴贵族刘渊也自称汉王，反晋独立。

从西汉末年起，有一些匈奴人分散居住在北方边远郡县，他们和汉族人在一起生活久了，接受了汉族的文化。匈奴贵族以前多次跟汉朝和亲，可以说是汉朝皇室的亲戚，后来就改用汉皇帝的刘姓。曹操统一北方后，为了便于管理，把匈奴3万个部落集中起来，分为5个部，每个部都设一个部帅，匈奴贵族刘豹就是其中一个部的部帅。

刘豹死后，他的儿子刘渊继承了他的职位。刘渊自幼读了许多汉族人的书，文才很好，同时武艺也很高强。后来，刘渊在西晋的成都王司马颖(八王之一)部下当将军，留在邺城，专管五部匈奴军队。

公元304年，刘渊回到左国城，匈奴人想借八王混战之机，复国兴邦，便拥戴他做大单于。他集中了5万人马，亲自率军南下，帮助晋军攻打鲜卑兵。有人不解地问他："为什么不趁这个机会灭掉晋朝，反倒去打鲜卑呢？"

刘渊说："晋朝现在已经腐朽透顶了，灭掉它非常容易，但是晋朝的百姓未必会归顺我们。我看汉朝立国的年代最长，在百姓中还很有影响，我们的上代又与汉朝皇室有血缘关系，不如借用汉朝的名义，也许可以得到汉族百姓的支持。"

于是，建国号为汉，刘渊即汉王，尊蜀汉刘禅为孝怀皇帝，建元元熙。刘渊称王建汉后，势力不断增长。石勒造反兵败，率领胡人部众几千人、乌桓部落2000人归顺刘渊，上郡(今陕西北部)四部鲜卑陆逐延、氐酋大单于徵、东莱王弥等也都投奔刘渊，这样形成了一支由匈奴、鲜卑、氐、羌等各族组成的反晋力量，刘渊称帝的意图也渐明显。为给建立帝业做准备，刘渊四处出兵，频繁侵略晋地。

永嘉二年(公元308年)冬十月，刘渊正式称帝。公元309年正月，刘渊又根据太史令宣于修建议，正式迁都平阳(今山西临汾西)。因从汾河水中获得治国玉玺，其上面写有“有新保之”，刘渊认为这对自己非常吉祥。

永嘉三年(公元309年)三月，晋将军朱诞归降刘渊，刘渊于是任命朱诞为前锋都督，刘景为大都督，起大军攻晋。洛阳的老百姓虽然恨透了腐朽的西晋王朝，但是更不愿受外族人统治。所以刘渊两次进攻，都遭到洛阳军民的顽强抵抗，没有占到一点便宜。

永嘉四年(公元310年)，刘渊死，刘聪杀刘和而自立为皇帝后，开始攻打西晋淮南各州郡。永嘉五年(公元311年)六月，各路汉军先后攻陷洛阳，俘司马炽，杀王公士民3万余人，纵兵大掠宫内珍宝、财物和宫女，又烧宫庙、官府和平房，史称“永嘉之乱”。同年，晋怀帝被汉兵俘虏到平阳，刘聪封他为会稽郡公，享受三司的礼仪，而且还将小刘贵人嫁给他为妻。

永嘉七年(公元313年)年初，刘聪在光极殿大宴群臣，饭饱酒酣时，命令晋怀帝穿上青衣行酒令取乐。这一情景让晋朝的故臣庾珉、王儁悲愤不已，大声痛哭。刘聪十分生气。二月，刘聪就将晋怀帝和晋朝的旧臣10多个人全都杀害。

⊙ 匈奴人黄金铠甲

晋怀帝被害的消息传到长安之后，太子司马邺举哀服丧，并且于四月即皇帝位，即孝愍皇帝，改元建兴。这时他只有14岁。当时的长安城里住户不超过一百，公私加起来也只有车4辆，文武百官既没有官服，也没有印绶，只有桑版刻上官号罢了，皇帝即位的仪式显得十分凄凉。

建兴四年(公元316年)，汉军在大司马刘曜的统领下，向长安发起强烈攻势。九月，长安的外城被汉军攻陷。在内无粮草、外无援兵之际，愍帝决定向汉军投降。索琳派自己的儿子去见刘曜，想靠请降来表功，没想到儿子被刘曜杀了。晋愍帝只得自己亲自光着上身，乘着羊车出城向汉军请降。汉帝刘聪降愍帝为光禄大夫，封怀安侯。刘曜被封为大都督，并且大赦天下，改元麟嘉。

至此，西晋共经历司马炎、司马衷、司马炽、司马邺四帝，历时52年(公元265～316年)而灭亡。

东晋偏安

王马共天下

永嘉元年(公元307年)七月，朝廷命镇守下邳(今江苏睢宁西北)的琅琊王司马睿移镇建邺(今江苏南京)，又任命王衍弟王澄为荆州都督，族弟王敦为扬州刺史。建兴四年(公元316年)十一月，愍帝向刘聪投降，西晋灭亡。

建兴五年(公元317年)三月，晋愍帝被杀的消息传到建邺，琅琊王的僚属全都上表劝司马睿即皇帝位。司马睿(公元276～322年)，字景文，司马懿的玄孙。十日，司马睿于建康即位称帝，是为晋元帝。东晋王朝正式建立。建邺为了避愍帝司马邺的讳，改称建康。司马睿宣布大赦天下，改元建武，文武百官都官升二级。

司马睿在西晋皇族中，地位和名望都不太高。晋怀帝的时候，派他去镇守江南。他还带了一批北方的士族官员，其中最有名望的是王导。司马睿把王导看作知心朋友，对他言听计从。

司马睿刚到建康的时候，江南的一些大士族地主嫌他地位低，看不起他，都不来拜见。司马睿为此常常不安，便让王导想想办法。

王导把在扬州做刺史的王敦找来，两人商定了一个主意。

这年三月初三，按照当地的风俗是禊节，百姓和官员都要去江边"求福消灾"。这一天，王导让司马睿坐上华丽的轿子到江边去，前面有仪仗队鸣锣开道，王导、王敦和从北方来的大官、名士，一个个骑着高头大马跟在后面，这个大排场一下轰动了建康城。

江南有名的士族地主顾荣等听到消息，都跑来观看。他们一见王导、王敦这些有声望的人都这样尊敬司马睿，不禁大吃一惊，怕自己怠慢了司马睿，一个接一个地出来排在路旁，拜见司马睿。

⊙武士俑　东晋

魏晋时期的戎服主要是袍和裤褶服。褶短至两胯，紧身小袖，交领。裤为大口裤，东晋的比西晋的裤腿更大，如今天的女裙裤，上俭下丰，是当时军服的一大特点。

从那以后，江南大族纷纷拥护司马睿，司马睿在建康便稳固了地位。

后来，北方战乱不止，一些士族地主便纷纷逃到江南避难。王导劝说司马睿把他们中间有名望的人都吸收到王府来。司马睿听从王导的意见，前后吸收了一百多人在王府里做官。

司马睿在王导的辅助下，拉拢了江南的士族，又吸收了北方的人才，他的地位就日渐巩固了。

公元317年，司马睿在建康即位，这就是晋元帝。在这之后，晋朝的国都一直在建康。为了和司马炎建立的晋朝(西晋)区别开来，历史上把这个朝代称为东晋。

晋元帝总认为他能够得到这个皇位，都是凭借王导、王敦兄弟的帮助，所以，对他们特别尊重。他封王导担任尚书，掌管朝内的大权，让王敦总管军事，把王家的子弟封了重要官职。

当时，民间流传着这样一句话："王与马，共天下。"意思是：东晋的大权，由王氏同皇族司马氏共同掌握。

王敦掌握军权后，便不把晋元帝放在眼里。晋元帝也看出了王敦的骄横，于是渐渐疏远了王氏兄弟，另外重用了大臣刘隗和刁协。这样，刚刚建立的东晋王朝内部，又出现了裂痕。

桓温北伐

桓温是东晋时谯国龙亢(今安徽怀远)人。桓温的父亲叫桓彝，在苏峻之乱中，被苏峻将领韩晃杀了。那一年桓温刚满15岁，他得知父亲被人杀害的消息后，悲痛欲绝，发誓要为父报仇。桓温长到18岁时，曾参与策划杀他父亲的江播死了，于是他怀揣刀剑大闹灵堂，杀了江播儿子江彪等6人。

生长在永嘉乱世中的桓温，青年时代就崭露头角。晋穆帝永和三年(公元347年)，任职安西将军的桓温奉命率兵讨伐蜀地李势。

两军刚交兵时，形势对晋军极为不利，桓温的部下参军龚护战死，桓温的马也中了箭，桓温慌忙命令撤退。但击鼓士兵误解了桓温的意思，反而擂起了前进的战鼓，三军将士奋勇向前。李势完全没有料到桓温攻势这样猛烈，抵挡不住，连夜逃到葭萌关，后来，又派人求降。桓温大军浩浩荡荡进入成都，成汉王朝就这样灭亡了。桓温因此被提升为征西大将军，封临贺郡公，一时间声震朝野。

桓温灭掉成汉王朝，给东晋立了大功。但是东晋王朝内部矛盾很大，晋穆帝表面上提升了桓温的职位，暗地里却猜忌他。桓温要求北伐，晋穆帝没有同意，另派了殷浩带兵北伐。

殷浩出兵到洛阳，被羌族人打得大败，死伤了1万多人马。桓温再次上奏章要求朝廷将殷浩撤职办罪，并再次提出北伐。晋穆帝没办法，只好撤了殷浩的职，同意桓温带兵北伐。

永和十年（公元354年）二月，桓温率4万大军从江陵出发，经襄阳，出武关，越秦岭，大军直指关中，讨伐由氐族人苻氏建立的前秦政权。这是桓温第一次北伐。

前秦王苻坚派太子率5万大军与晋军对抗。这年四月，晋、秦两军大战于蓝田，秦军大败。桓温率军占领灞上，抵达前秦都城长安的郊区。当地老百姓纷纷牵牛担酒前来犒劳晋军。老人流涕道："不图今日复见官军！"六月，因军中缺粮，桓温被迫从潼关退兵。秦军跟踪追击，晋军损失1万多人。

永和十二年（公元356年）六月，桓温进行第二次北伐，从江陵发兵，向北挺进。八月，桓温挥军渡过伊水，与羌族首领姚襄军二次战于伊水之北，大败姚襄，收复洛阳。桓温在洛阳修复西晋历代皇帝的陵墓，又多次建议东晋迁都洛阳。东晋朝廷对桓温的北伐抱消极态度，只求苟安东南，无意北还，桓温只得退兵南归。到升平三年（公元359年），中原地区被慕容氏的前燕政权所占领。隆和二年（公元363年），桓温被任命为大司马，都督中外诸军事，录尚书事，第二年又兼扬州刺史。桓温身为宰相，又兼荆扬二州刺史，尽揽东晋大权。

⊙ 京口北固山图
东晋征西大将军桓温曾驻守京口，并有"京口酒可饮，箕可使，兵可用"的豪言。

太和四年（公元369年），桓温利用执政之机，发动了第三次北伐，讨伐前燕政权。这年四月出发，六月到金乡（今山东金乡）。桓温率水军经运河、清水河进入黄河，一直进军至枋头（今河南浚县西南，黄河重要渡口）。前燕王任命慕容垂为大都督，率5万军队前往抵御。这时，桓温犯了一个错误，他下令由水路运粮，结果燕军占领石门渡口，切断了水运粮道，桓温军队面临断粮的威胁。无奈之下，桓温只好命令全军撤退。退兵时，遭到了慕容垂的拦截，等桓温逃到山阳（今江苏淮安）时，手下已经没有多少人马了。

这次北伐的失利，使桓温已如日中天的威信大大降低了。然而，由于桓温长期掌握东晋的军事大权，他的野心却越来越大。他曾经说：“男子汉如果不能流芳百世，也应当遗臭万年。”属下知道他的野心，向他献计，说要提高自己的威信，就先得学西汉霍光的办法，把现在的皇帝废了，自己另立一个皇帝。当时在位的皇帝是晋废帝司马奕。桓温带兵到建康，把司马奕废了，另立一个司马昱当皇帝，这就是晋简文帝。桓温当了宰相。

桓温改立新帝后，开始陷害一些政见与他不合的皇族和大臣，将殷、庾两大强族的势力削除殆尽。咸安二年(公元372年)六月，简文帝去世。桓温原本指望简文帝司马昱禅位于他，或自己摄理朝政，但大失所望。桓温于是拒绝入朝，直至宁康元年(公元373年)二月才到建康朝见孝武帝，并带兵入朝。群臣惊慌失措。由于侍中王坦之、吏部尚书谢安应付自如，桓温才没有发难，晋朝得以安宁。三月，桓温退兵。七月，桓温在姑孰病死，终年61岁。

扪虱谈天下

公元316年，早已被八王之乱弄得焦头烂额的西晋王朝寿终正寝了。在此前后，中国北方开始陷入十六国纷争的泥淖，而南方立足未稳的东晋政权也处于风雨飘摇的险境。就是在这样杂乱无章、硝烟弥漫的历史画面上，出现了两个名臣贤相的身影，“关中良相惟王猛，天下苍生望谢安”，两人分别留下了各自的精彩。

桓温第一次北伐时，将军队驻扎在灞上。有一天，有个穿着破旧短衣的读书人来军营求见桓温。桓温很想招揽人才，一听来了个读书人，便马上请他进来相见。

这个读书人叫王猛，从小家里很贫穷，靠卖畚箕谋生。但是他喜欢读书，很有学问。当时关中士族嫌他出身低微，瞧不起他，但他毫不介意。有人曾经请他到前秦的官府里做小官吏，他不愿意去，后来索性在华阴山隐居了下来。这回他听说桓温来到关中，特地到灞上求见桓温。桓温很想知道王猛的学识才能究竟如何，便请王猛谈谈当今的天下形势。

王猛把南北双方的政治军事形势分析得清晰明了，见解也很精辟，桓温听了暗暗佩服。王猛一边谈，一边把手伸进衣襟里摸虱子(文言是“扪虱”)。桓温左右的侍从见了，都忍不住想笑。但是王猛却旁若无人，照样谈笑自若。

桓温看出王猛是一个难得的人才，从关中退兵的时候，他再三邀请王猛跟他一起走，还封他一个比较高的官职。王猛知道东晋王朝的内部不稳定，就拒绝了桓温的邀请，又回华阴山去了。如此一来，王猛却出了名。

⊙ 王猛像

王猛出身布衣，为人不拘小节。与当时东晋安西将军桓温畅谈天下局势时，把手伸进衣襟里摸虱子，桓温左右随从窃笑，王猛谈笑自若，旁若无人。后来襄助苻坚治理前秦，使前秦国势强盛一时。

后来，前秦的皇帝苻健死了，他的儿子苻生昏庸残暴，很快就被他的堂兄弟苻坚推翻。

苻坚是前秦王朝中一个有作为的皇帝。他在即位以前，有人向他推荐王猛。苻坚派人把王猛请来相见，两个人一见如故，谈起时事来，见解完全一致。苻坚非常高兴，像刘备得到了诸葛亮一样。

苻坚即位后，自称大秦天王。王猛在他的朝廷里做官，一年里被提升五次，成为他最亲信的大臣。官至吏部尚书、京兆尹等职，主持前秦的政务长达16年。他为政期间对内整顿吏治，压制不法贵族，重视农业生产，增加财政收入，对外加强战备，使得前秦的国力迅速强大，为统一北方奠定了基础。

有了王猛的帮助，苻坚镇压豪强，整顿内政，前秦国力日渐增强。王猛兼任京兆尹的时候，太后的弟弟、光禄大夫强德强抢人家的财物和妇女。王猛一面逮捕了强德，一面派人报告苻坚。等到苻坚派人来宣布赦免强德时，王猛早已把强德杀了。以后几十天里，长安的权门豪强、皇亲国戚有20多人被处死、判刑、免官。从此以后，谁也不敢胡作非为了。苻坚赞叹说："我现在才知道国家要有法制啊。"

前秦在苻坚和王猛的治理下，国力越来越强大。在十几年内，前秦先后灭掉了前燕、代国和前凉3个小国，黄河流域地区全成了前秦的地盘了。

公元375年，王猛得了重病。王猛对前来探望他的苻坚说："东晋远在江南，又继承了晋朝的正统，现在内部和睦。我死之后，陛下千万不要去进攻晋朝。我们的敌人是鲜卑和羌人，留着他们终归是后患。要保证秦国的安全，就一定要先把他们除掉。"

苻坚一意孤行

王猛活着的时候，苻坚对他言听计从。苻坚励精图治，整饬军政、提倡儒学、广兴学校、鼓励农耕、兴修水利，使得前秦获得了长足的发展。经过多年经营，前秦国力日渐强盛，为统一北方准备了条件。从公元370年开始，苻坚先后攻灭前燕、仇池氐族、前凉和代，统一了北方，并进军西域。其疆域东极沧海，西并龟兹，南包襄阳，北尽沙漠，成为十六国中最强大的政权。但是王猛临死留下的忠告，苻坚却没有听。

王猛把鲜卑人和羌人看成前秦的敌手，但是苻坚却信任从前燕投降来的鲜卑贵族慕容垂和羌族贵族姚苌。王猛劝他不要进攻东晋，但苻坚却一定要进攻东晋，非把它消灭不可。

公元 382 年，苻坚认为时机成熟，就下决心大举进攻东晋。苻坚把大臣们都召集来，在皇宫的太极殿里商量出兵的事。苻坚说：“我继承王位将近 30 年了，各地的势力差不多都平定了，只有东南的晋朝，还不肯降服。我们现在有 97 万精兵，我打算亲征晋朝，你们认为怎么样？”

大臣们纷纷表示反对。到后来，苻坚不耐烦了，他说：“你们都走吧。还是让我来决断这件事。”大臣们见苻坚发火，谁都不再说话，一个个退出宫殿。最后，只剩下苻坚的弟弟苻融没走。

苻坚把苻融拉到身边，说：“自古以来，国家大计总是靠一两个人决定的。今天，大家议论纷纷，没有得出个结论。这件事还是由咱们两人来决定吧。”

苻融面露难色地说：“我看攻打晋朝不是很有把握。再说，我军连年打仗，兵士们疲惫不堪，不想再打了。今天这些反对出兵的，都是忠于陛下的大臣。希望陛下采纳他们的意见。”

苻坚没料到苻融也反对出兵，马上沉下脸来，说：“连你也说这种丧气的话，太叫人失望了。我有百万精兵，兵器、粮草堆积如山，要打下晋国这样的残余敌人，

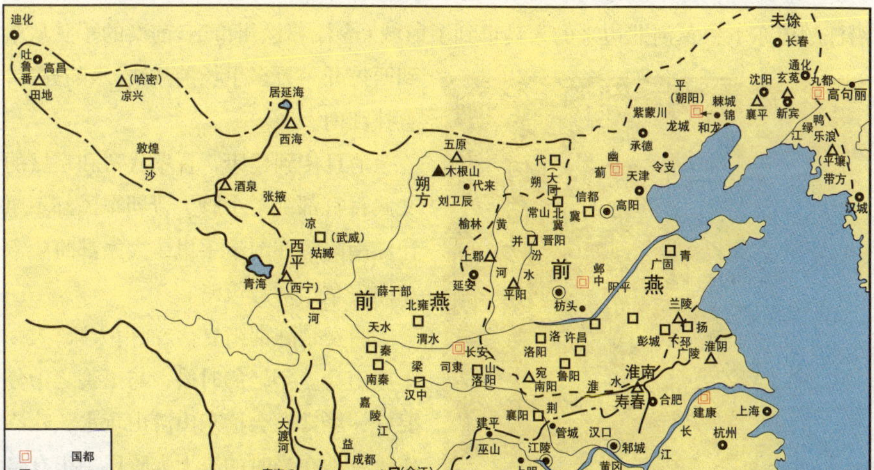

⊙ 燕秦分据及苻秦全盛大势

还怕打不赢吗？”

面对一意孤行的苻坚，苻融苦苦劝告说：“现在要打晋朝，不但没有必胜的把握，而且京城里还有许许多多鲜卑人、羌人、羯人，都是潜在的隐患。如果他们趁陛下远征的机会起来叛乱，后悔都来不及了。陛下还记得王猛临终前的遗言吗！”

此后，还有不少大臣劝苻坚不要进攻晋国。苻坚一概不理睬。有一次，京兆尹慕容垂进宫求见。苻坚让慕容垂谈谈对这件事的看法。慕容垂说：“强国灭掉弱国，大国兼并小国，这是自然的道理。像陛下这样英明的君王，手下又有百万雄师，满朝都是良将谋士，要灭掉小小晋朝，没有问题。陛下只要自己拿定主意就是，何必去征求别人的意见呢。”

苻坚听了慕容垂的话，喜笑颜开，说：“看来，能和我一起平定天下的，只有你啦？”

苻坚不听大臣们的劝说，决心孤注一掷，进攻东晋。他派苻融、慕容垂当先锋，又封姚苌为龙骧将军，指挥益州、梁州的人马，准备出兵攻晋。

谢安东山再起

公元 383 年八月，苻坚亲自统率 97 万大军从长安出发。一时间，大路上烟尘滚滚，步兵、骑兵再加上车辆、马匹、辎重，队伍浩浩荡荡，绵延千里。

一个月后，苻坚主力到达项城(在今河南沈丘南)。与此同时，益州的水军也沿江顺流东下，黄河北边来的人马也到了彭城(今江苏徐州市)。前秦的军队从东到西拉开一万多里长的战线，水陆并进，直扑江南。

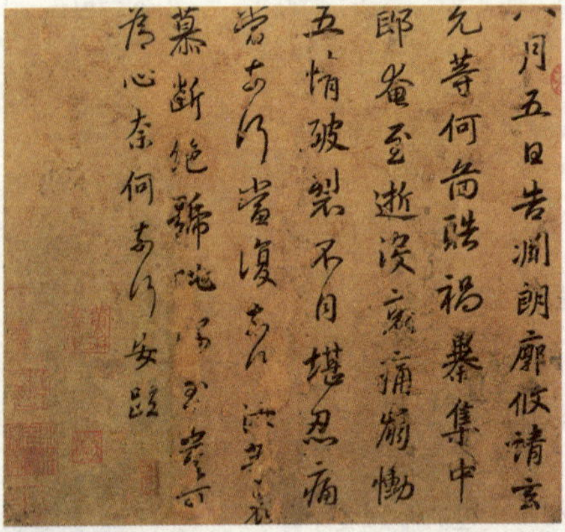

⊙ 行书中郎帖

谢安史传善书，唐代李嗣真《书后品》赞之曰：“纵任自在，有螭盘虎踞之势。”根据此帖玺印及纸、墨，当属南宋绍兴御书院所临摹的古帖。米芾有《谢帖赞》云：“山林妙寄，岩廊英举。不繇不羲，自发淡古。”

消息传到建康，晋孝武帝和京城的文武百官都乱了手脚。晋朝军民都不愿让江南陷落在前秦手里，大家都盼望宰相谢安拿出对敌策略。

谢安是陈郡阳夏(今河南太康)人，士族出身。年轻的时候，与王羲之十分要好，经常在会稽东山游山玩水，吟诗作赋。他在当时的士大夫阶层中很有名望，大家都认为他是个非常有才干的人。但是他宁愿在东山隐居，不愿出来做官。

谢安到了 40 多岁的时候，才重新

出来做官。因为谢安长期在东山隐居，所以后来把他重新出仕称为“东山再起”。

前秦强大起来以后，经常骚扰东晋北面的边境。为此，谢安把自己的侄儿谢玄推荐给孝武帝。孝武帝封谢玄为将军，镇守广陵（今江苏扬州市），掌管江北的各路人马，防守边境。

谢玄是个文武全才的人。他到了广陵以后，就招兵买马，整顿军队。当时有一批从北方逃难到东晋来的人，纷纷投到谢玄的麾下。他们中间有个彭城人叫刘牢之，武艺高强，打仗也特别勇猛。谢玄派他担任参军，叫他带领一支精锐的部队。后来这支经过谢玄和刘牢之严格训练的人马，成为百战百胜的军队。由于这支军队经常驻扎在京口（今江苏镇江市），京口又叫“北府”，所以人们把它称为“北府兵”。

这次，面对苻坚的百万大军，谢安决定自己在建康坐镇，派弟弟谢石担任征讨总指挥，谢玄担任前锋都督，带领8万军队前往江北抗击秦兵，又派将军胡彬带领五千水军到寿阳（今安徽寿县）去配合作战。

⊙ 东山携妓图　明　郭诩

东晋谢安曾隐居会稽东山，故后人多以“东山”称之。此图即描绘谢安东山携歌伎游玩之事。

谢玄手下虽然有勇猛的北府兵，但是前秦的兵力比东晋多10倍，敌我兵力对比悬殊，谢玄心里到底有点紧张。出发之前，谢玄特地到谢安家去告别，想让谢安给他出出主意。哪知道谢安像没事一样连句嘱咐的话都没有，等了老半天，谢安还是不开腔。

谢玄回到家里，心里总有些忐忑不安。隔了一天，又请他的朋友张玄到谢安家去，托他向谢安探问一下。谢安一见张玄，也不跟他谈什么军事，马上邀请他到自己建在山里的一座别墅去下棋。整整玩了一天，张玄什么也没探听到。

到了晚上，谢安把谢石、谢玄等将领召集到家里来，把每个人的任务一件件、一桩桩都清清楚楚地交代一遍。大家看到谢安这样镇定自若，也增强了信心，都神情振奋地回军营去了。

那时候，在荆州镇守的桓冲听到形势危急，专门派出3000名精兵到建康来保卫京城。谢安对派来的将士说：“这里已经安排好了，你们都回去加强西面的防守吧！”回到荆州的将士向桓冲复命，桓冲忧心忡忡地对将士说：“谢公的气度确实令人钦佩，但是不懂得打仗。眼下大敌当前，他还那样悠闲自在；兵力那么少，又派一些没经验的年轻人去指挥。我看我们要大难临头了。”

淝水之战

前秦建元十二年(公元376年)，前秦统一北方。建元十九年(公元383年)七月，苻坚不顾群臣反对，举大军攻东晋。八月，苻坚发动近百万大军南下，水陆并进。九月，苻坚的弟弟苻融率30万大军到达淮河前线，进攻寿阳。东晋宰相谢安遣尚书仆射谢石为大都督，以徐、兖二州刺史谢玄为前锋，率军8万前往迎敌。又命龙骧将军胡彬率水军五千援救寿阳。十月，苻坚求胜心切，他等不及各路人马聚齐，便命令苻融进攻寿阳。

寿阳是军事重镇，它的得失对于整个战局的胜负，具有举足轻重的作用。奉命增援寿阳的晋将胡彬，在半路上就接到寿阳失守的消息，只好退守硖石(今安徽寿县西北)。苻融马上命令部将梁成率众5万进攻洛涧(今安徽淮南市东)，切断了胡彬与谢石大军的联系。

苻坚到了寿阳，派尚书朱序到晋军大营去劝降。朱序本来是东晋的将领，4年前在襄阳和前秦军队作战时兵败被俘，留在前秦。现在他见晋秦交战，知道自己为东晋出力赎罪的机会到了。他到晋营后，不但没有劝降，反而向谢石提出打败秦军的建议。他说：“这次苻坚发动了百万人马攻打晋国，如果全部人马都到了，恐怕晋军无法抵挡。所以，应乘秦军还没集结的时候，赶快进攻秦军前锋。打败了它的前锋，便可挫伤秦军的士气，这样就可以战胜他们了。”

谢石听从了朱序的建议，派战斗力较强的北府兵将领刘牢之带领一支兵马，在夜晚神不知鬼不觉地来到洛涧，向秦军阵地发起突然袭击。正在睡梦中的秦将梁成听到喊杀声，吓出了

⊙ 淝水之战示意图

一身冷汗，慌慌张张地从床上爬起来，上马迎战，结果被刘牢之一刀砍翻，送了性命。

秦军失去主将，四散奔逃，晋军乘胜追击。谢石带领晋军主力渡过洛涧，在离寿阳城只有4里地的八公山下，扎下营寨，与秦军主力隔淝水对峙。苻坚在寿阳城里接到洛涧秦军失利的消息，有些沉不住气了。

⊙ **东山报捷图　明　仇英**

谢安（公元320～385年）是东晋的一代名相，《世说新语》中关于他的词条最多，记载也最丰富。图中表现的正是《世说新语》中描述的“东山报捷”场面：报捷的童子侍立在一旁陈述战事的胜利，而谢安仍专心下棋，镇定自如。

过了几天，谢石派人到寿阳城里，送给苻融一份战书，要求定期决战，条件是秦军把阵地向后撤出一些，腾出一块空地作为战场，让晋军渡过淝水决战。秦诸将都反对晋军的建议，苻坚和苻融却同意晋军的条件，说：“让我们的士兵稍稍向后退一点，等他们正在渡过的时候，让我们的骑兵冲上去，一定能把他们消灭。”

谢石、谢玄得到前秦答应后撤的回音后，迅速整顿兵马，指挥渡河。

晋军渡过淝水，勇猛地冲向秦军阵地。朱序见状，就在秦军阵后大声高喊：“秦军败了，秦军败了！”正在后退的秦军，听到喊声，一时也分辨不清是真是假，逃的逃、躲的躲，整个队伍溃不成军。

苻融赶快跑到队伍后面，去拦阻队伍，不料连人带马被挤倒在地。他还没来得及从地上爬起来，就被赶上来的晋军一刀砍死。苻坚见形势不妙，吓得丢下士兵，只顾自己逃命。到洛阳（今河南洛阳）时，苻坚收拾残兵，只剩下十几万人了。

晋军乘胜追击，一口气追赶了30多里才收兵。谢石、谢玄连夜派人去建康报捷。当报捷的军士赶回建康的时候，谢安正在与客人下棋，他看过告捷的书信，悄悄地把它搁在床上，不露声色，照常下棋。等到客人问时，才漫不经心说：“孩子们已经打败贼军了。”

南北朝并立

刘裕成帝业

刘裕是丹徒县京口里（今江苏镇江）人，小名寄奴儿，出身贫苦，生逢乱世。刘裕的远祖是汉高祖刘邦的弟弟刘交。汉王朝覆灭后，刘氏家族也渐渐没落了。他的祖父刘靖，曾做过东安太守，父亲刘翘却只是个小小的郡功曹。

刘裕一出生，母亲便死了，他也差一点被扔掉。后来，他父亲给他取名裕，即多余的意思。婶母给他取了小名叫寄奴儿，即从小寄养他家的意思。刘裕15岁时，刘翘病死了，他的继母带着他和他的两个异母弟弟艰难度日。刘裕便做草鞋换粮食。生活虽然清贫，但他对继母却是十分孝敬，宁可自己饿肚子，也不让继母没有饭吃。

生活在贫困之中的刘裕，一直怀有建功立业的志向，于是他加入了东晋北府兵的行列，成了一名士兵。后来，东晋北府兵将领孙元终让刘裕在他身边做了一名亲兵，不久又提拔他做司马。

刘裕后来做了参军，更加勤勉卖力。他三次带兵打败了孙恩，迫使孙恩逃到海上，从而被刘牢之当作心腹爱将，逐渐掌握了北府兵权。

后来，桓玄自立为帝，刘裕起兵讨伐。他联络各方豪杰，于公元404年秋正式开始了他的讨桓行动。刘裕的军队只有2000人，但个个英勇无比，在覆舟山一战，把桓玄的军队打得大败。

⊙ 刘裕像

刘裕（公元363～422年），南朝宋开国君主，字德舆，小字寄奴。为政崇尚简约，实行“庚戌土断”，集权中央。谥武，庙号高祖。

公元405年，晋安帝司马德宗回到建康，大封平叛有功之臣，刘裕被任命为都督扬、荆、徐等16州军事，成了一个封疆大吏。

公元409年初，南燕慕容超几次派兵侵犯淮北，杀东晋朝廷命官，抢劫财物，掳掠百姓。刘裕正想找机会立功，便上表请求北伐南燕。刘裕从建康出发，先出兵包围了南燕的国都广固（今山东益都西北）。南燕的国主慕容超着急了，向后秦讨救兵。

后秦国主姚兴派使者到晋军大营去见刘裕，说："燕国和我们秦国是友好邻国。如果你们一定要逼燕国，我们不会坐视不救。"

⊙骑马武士俑　南北朝

刘裕听了使者的话，冷笑着说："你回去告诉姚兴，我本来想灭掉燕国之后，休整3年再消灭你们。没想到你们愿意送上门来，那就来吧！"

使者走后，有人问刘裕："您这样做，只怕会激怒姚兴，如果秦兵真的来攻怎么办？"刘裕泰然地说："俗话说：'兵贵神速。'他们如果真想出兵，就会偷偷出兵，为什么先派人来通知呢？这不过是姚兴虚张声势罢了。他连自己都顾不过来，哪有心思救人呢？"

不出刘裕所料，当时后秦正跟夏国互相攻打，根本无暇出兵救南燕。没过多久，刘裕就把南燕消灭了。朝廷命他兼任青、冀二州刺史，并允许他相机行事。也就是说，他可以自作主张，不必请示朝廷了。

不久，卢循在广州起义反晋，刘裕又率兵南征广州。东晋官兵在刘裕的严令督促下，积极奋战，刘裕带着年仅4岁的儿子刘义隆亲自到前线布防，鼓舞士气。士气高昂的东晋士兵，一举打败了卢循的军队。东晋朝廷又加封刘裕为太尉中书监，加黄钺，从此刘裕正式执掌了朝政大权。

刘裕掌握了大权后，便起了取代晋安帝的念头。晋安帝虽然是个白痴，但生命力却很旺盛。刘裕一心想做皇帝，但苦于安帝不死，便命王韶之入宫，将安帝活活勒死。刘裕见时机还没成熟，就立晋安帝的弟弟司马德文继位，这就是晋恭帝。

·刘宋元嘉之治·

刘裕建宋以后，大力革新内政，推行改革。他死后，长子刘义符继位，整日耽于游乐，不理朝政，不久便被废掉。刘义隆即位，这就是宋文帝。他是一位很有作为的皇帝。他继承前代的事业，进行了一系列的改革。在政治上，他整顿吏治，加强对地方官的考察监督，同时放宽刑罚，诏求贤才；在经济上，他兴修水利，奖励耕织，减免赋税，积极开展赈灾活动；在社会思想文化建设上，他大力兴复学舍，发展教育。这样，刘宋王朝就出现了政治清明社会安定的大好局面。宋文帝的年号是元嘉，因此历史上把这段清明的统治时期称为"元嘉之治"。

晋恭帝在刘裕的控制下得过且过，成了一名傀儡皇帝。

此后，刘裕便培植亲信，铲除政敌。刘毅、诸葛长民、司马休之等与刘裕政见不同的大臣纷纷被罢黜。然后，他第二次北伐，克复关中，于义熙十四年(公元 418 年)受封为相国、宋公。这个时候，刘裕取代东晋的条件已经成熟。

这样勉强过了一年，已经 57 岁的刘裕觉得自己时日不多了，更加急于当皇帝了。晋元熙二年(公元 420 年)，手下之人拟好禅位诏，献于刘裕，他拿到晋恭帝处让其抄录，恭帝欣然操笔，书赤纸为“诏”。刘裕筑坛于南部，登上皇位，国号宋，是为宋武帝。刘裕改元永初，定都建康(今江苏南京)，改《秦始历》为《永初历》，废晋恭帝为零陵王。第二年六月，刘裕派人将他毒死，开了杀“禅让”退位者的先例。至此，历时 104 年、共 11 帝的东晋王朝结束，南北朝时期开始。

刘裕执政时较开明，减轻赋税，赦免奴客士兵。当了两年皇帝后，刘裕于公元 422 年病死，终年 59 岁。

拓跋珪建北魏

前秦淝水之战被东晋打败后，刚统一不久的北方又陷入分裂局面，拓跋珪趁机复国，他创造出“越过坚城，纵深攻击”的战法，以较小代价换取最大收获。在其子拓跋嗣、孙拓跋焘在位时更得到完善，使北魏逐渐发展壮大。

拓跋珪死后，拓跋嗣取得皇位，当时南朝的宋和西疆的大夏赫连氏是北魏的两大威胁。特别是宋在刘裕时曾攻占长安、洛阳，灭后秦，势力扩展到中原心脏，引起了北方诸政权的不安。拓跋嗣政权巩固后，便决心对抗防御宋了。

拓跋嗣调集军队欲攻打南朝宋的洛阳、虎牢、滑台三处要塞。他以奚斤带两万军队渡过黄河，在滑台东面屯营，准备强攻滑台。名臣崔浩谏道：南人擅长守城，从前秦主苻坚攻襄阳，一年都没打下来，损失惨重。如今大军团受阻于小城市，一旦敌人增援保卫，我军处境就危险了。不如遣铁骑四面分兵出击，直至淮河以北，掠夺粮食钱帛，把洛阳、滑台、虎牢三地分割在后方，成为孤城，隔断它们与宋都建康的联系，那么守军久无支援，必然会沿黄河撤退，三城即唾手可得。

拓跋嗣认为很在理，于是命奚斤依计而行。刚开始，奚斤军占领了滑台周围仓桓等小城，使滑台成为孤城；但这时奚斤没有纵深攻击，而是存侥幸心理，率魏军围攻滑台，结果强攻数日未克，奚斤向平城求援。拓跋嗣见奚斤未按计划作战，以致损兵折将，收效甚微，怒不可遏，即命太子拓跋焘留守平城，自率 5 万大军去增援奚斤。崔浩又谏言：滑台已被围困多日，既已强攻开了，不如继续攻打，指日可下。于是拓跋嗣令奚斤 5 日内攻下滑台，将功抵罪；再拿不下，二罪归一，决不宽恕。

奚斤率军冒着飞石流矢猛攻滑台，攻势一浪高过一浪。东晋滑台太守久守孤城，早已力不从心，为了活命，欲举城投降，但手下将士不从，太守只好只身逃跑。城中剩余士兵拒不降魏，奋死抵抗，魏军攻入城内，宋军和敌人展开激烈的巷战，力竭城陷。奚斤乘胜追击，前锋直抵虎牢关。拥有绝对优势的北魏军队相继攻占了虎牢、金墉城、洛阳，当年刘裕打下的河南诸地得而复失。

拓跋嗣之后，太武帝拓跋焘用此战法攻占大片土地，并于公元439年统一北方。

檀道济唱筹量沙

宋武帝刘裕在南方建立宋朝后，北魏太武帝拓跋焘正在加紧统一北方的大业。公元439年，太武帝灭了十六国中最后一个小国北凉，终于统一了北方。这样一来，在东晋灭亡后的170年的时间里，我国历史上出现了南北两个政权对峙的局面。南朝先后更换了宋、齐、梁、陈四个朝代；北朝的北魏，后来分裂为东魏、西魏；东魏、西魏又分别被北齐、北周取代。历史上把这段时期称为“南北朝”。

宋武帝只做了两年皇帝，就病死了。北魏趁宋朝举行国丧之机，大举渡过黄河，进攻宋朝，把黄河以南的大片土地都抢去了。宋文帝派檀道济率领大军去征讨。

有一回，魏军进攻济南，檀道济亲自率领将士来到济水边。在20多天里，宋军打了30多个胜仗，一直把魏军追到历城(在今山东省北部)。

这时候，檀道济有点自大起来，防备也松懈了。魏军瞅个机会，派两支轻骑兵向宋军的两翼发起突然袭击，把宋军的粮草全烧光了。军粮一断，宋军就没法维持下去了，檀道济便准备从历城退兵。

宋军中有个逃兵，到魏营把宋军缺粮的情况告诉了北魏的将领。北魏就派出大军追赶檀道济，想把宋军围困起来。宋军将士看到大批魏军围上来，都有点惊慌失措。只有檀道济不慌不忙地命令将士就地扎营休息。

当天晚上，宋军营寨里灯火通明，檀道济亲自带着一批管粮的兵士在一个营寨里查点粮食。一些兵士手里拿着竹筹唱着计数，另一些兵士用斗量米。

魏军的探子看见一只只米袋里面都是雪白的大米后，赶快去告诉魏将，说檀道济营里有很多军粮，要想跟檀道济决战，准是又打败仗。魏将得到消息，认为前来告密的宋兵是檀道济派来骗他们上当的，就把那个宋兵杀了。

其实，檀道济在营里量的并不是白米，而是一斗斗的沙子，只是在沙子上覆盖着少量的白米罢了。

天亮以后，檀道济命令将士披甲戴盔，自己则穿着便服，乘着一辆马车，不慌

⊙ 南北朝战争形势图

不忙地沿着大路向南转移。魏将经常被檀道济打败，本来对宋军就有点害怕，再看到宋军从容不迫地撤退，说不定他们在哪儿设下了埋伏，不敢去追。

檀道济以他的镇定和智谋，使宋军安全地回师。以后，北魏再也不敢轻易向宋朝进攻了。

檀道济在宋武帝、文帝两代，都立过大功。但是由于他功劳大、威望高，宋朝统治者就对他不放心了。

有一次，宋文帝生了一场病。宋文帝的兄弟刘义康就跟心腹商量说："如果皇上的病好不了，留下檀道济总是一个祸患。"他们就假借宋文帝的名义下了一道诏书，说檀道济有谋反的企图，把檀道济逮捕起来。

檀道济被捕的时候，气得眼睛里像要喷射出火焰来。他恨恨地把头巾摔在地上，说："你们这是在毁掉自己的万里长城！"

檀道济终于被杀了。这个消息传到北魏，魏国的将士都高兴得互相庆贺，说："檀道济死了，南方就没有什么叫人害怕的人啦！"

后来，北魏的军队打到江北的瓜步（今江苏六合）。宋文帝在建康的石头城上向远处遥望，感慨地说："如果檀道济活着的话，胡骑就不会这样横行了。"

孝文帝改革

自从太武帝被宦官杀死后，北魏政治腐败不堪，不断引起北方人民的反抗。公元471年，北魏孝文帝拓跋宏即位后，顺应历史潮流，实行了一系列汉化改革。

孝文帝改革首先围绕政治、经济制度进行。当时执政的冯太后是孝文帝的祖母，她是颇有才干的女政治家。献文帝死后，5岁的孝文帝继位，她以太皇太后身份临朝称制。

从公元484年开始，冯太后颁布了一系列的改革措施。

第一，整顿吏治，实施俸禄制。北魏前期吏治败坏，地方官员不论政绩好坏，任期都是6年。官吏没有俸禄，生活来源靠自行搜刮，巧取豪夺。冯太后针对吏治的混乱，规定官吏任期由政绩优劣决定，并推行班禄制，即给官吏发俸禄，官吏贪污价值一匹绢以上者一律处死。

第二，实行均田制，发展经济。中原地区经过长期战乱，经济受到严重破坏，土地大片荒芜，世家大族乘机兼并土地，国家财政日益困难。北魏太和九年（公元485年）十月，北魏推行均田制。均田制是北魏政权在奴隶制残余这一特殊历史条件下实行的一种土地分配制度，是封建土地所有制的一种补充形式。同时，均田制使游离的劳动力重新和土地结合起来，扩大了自耕农的数量和政府的纳税面，推动了农业生产的发展和北魏政权封建化的进程。

均田制的具体内容是：一、政府授给均田农民露田。露田只能种植五谷，不许栽种树木，并不许买卖，农民年满70岁或身死后须将田归还官府。二、初授田的男子另给田20亩作为世业，并可终身拥有，但须在3年内栽种桑树50株，枣树5株，榆树3株。三、给予新迁居而来的农民园宅田，每3口1亩，奴婢每5口1亩。四、地方官吏按品级授给公田，刺史15顷，县令、郡丞6顷，不准买卖。五、老幼残疾者没有受田资格。

第三，建立三长制，加强对地方的控制。冯太后废除了宗主督护制，规定5家立一邻长，5邻立一里长，5里立一党长，这三长负责掌管田产、户口，征发租调徭役，维护地方治安等。三长制的建立确立了户籍制度，巩固了地方统治秩序。冯太后的这些改革措施，推动了北方经济的恢复和发展，加强了中央集权。

冯太后病逝后，孝文帝亲政，继续改革，主要进行的是以“汉化”为中心的文治改革。魏都平城地处边塞，气候严寒，农业生产条件差，交通运输也不便利，而迁都是政治经济发展的必然要求，但总是阻力重重。文帝首先取得任城王的支持，并精心编导

⊙ **农耕图　南北朝**

太和九年，北魏孝文帝颁布了均田令，授给平民与奴隶农田耕种，农田不得买卖。均田制以法律形式确认了劳动者对于土地的占有权与使用权。其后，隋唐均沿用并完善了此土地制度。

了一幕“外示南讨、意在谋迁”的喜剧。公元493年，文帝亲率30万大军渡过黄河，进驻洛阳，准备大举南征。当时正值秋雨绵绵，军队疲惫不堪。众大臣纷纷跪在御马前，叩头哭劝，请求停止讨伐南齐。孝文帝让群臣在南征和迁都之间选择，百官宁愿迁都也不愿冒险南征。公元494年，孝文帝把都城迁到洛阳。

迁都洛阳后，孝文帝实行全面汉化政策。从平城迁来的人都得改为洛阳籍，死后也要葬在洛阳。同时，他们都得改穿汉服，学说汉语，并改鲜卑姓为汉姓，号召胡汉通婚。孝文帝改姓为元，并带头娶4个汉姓女子做后妃，又为5个弟弟娶汉人为妻，并把公主们嫁给汉人。

孝文帝改革是成功的，它缓解了民族矛盾和阶级矛盾，巩固了鲜卑贵族在北方的统治，促进了各民族之间的融合，对中国多民族的统一作出了贡献。

梁武帝出家

梁朝趁北魏内乱之机，曾几次出兵北伐。但梁武帝出师不利，不但没能占到便宜，还死伤了不少军民。此后，双方都无力征伐，彼此相安无事。

梁武帝没有当上皇帝之前，对百姓和士兵都挺关心，到了登上皇位后，就换了一副面孔。他对皇亲国戚格外宽容，对百姓却尽情搜刮掠夺。他的臣下更是贪得无厌。有人告发他的弟弟萧宏谋反，库里藏有兵器。梁武帝一听，这还了得。他亲自带人去萧宏家搜查，结果看到萧宏家的库房里堆满了布、绢、丝、棉，还有数以亿计的钱财。梁武帝看到没有谋反的迹象，就对萧宏说：“阿六呀，你的家当还真不少啊！”

其他的王公侯爷看到梁武帝对此一点也不在意，就更加肆无忌惮地搜刮民脂民膏了。

梁武帝到了晚年，开始崇信佛教，借佛教名义愚弄百姓，搜刮钱财。他修

·佛教的盛行·

佛教传入中国以后，东汉末年开始流行。魏晋南北朝时，身处动乱年代历尽苦难的人们对于现实世界感到无能为力，而佛教教义宣扬众生平等，相信善恶因果，今生不好还可以希望来生，引导人们把希望寄托在佛天的保佑与来生的福报上面。统治者也出于种种原因积极提倡佛教。名僧释道安先后在黄河南北、襄阳、长安等地宣扬佛法，受到了东晋和前秦统治者的格外尊崇，他整理和翻译佛经，编制佛经目录，制定佛教的仪轨和戒律，对于佛教的兴盛起到了很大的推动作用。比释道安稍晚的鸠摩罗什是一位原籍天竺的高僧，他翻译佛经近300卷，当时的僧人聚集在长安，参加译经工作的不可胜数。两晋南北朝的历代统治者，都广修佛寺，大造佛像，佛教盛极一时。

建了一座规模宏大、富丽堂皇的同泰寺为自己诵经拜佛之用，自己装成一副苦行僧的样子，早晚到寺中朝拜。有一次，他到同泰寺“舍身”，表示要出家做和尚。他这一出家做和尚，国中无主，大臣们急得像热锅上的蚂蚁，最后只得去寺中劝他回来。他做了 4 天和尚，大臣们出钱把他从同泰寺中赎了出来。这样的滑稽剧总共演了 4 次，大臣们一共花了 4 亿钱的赎身钱。这笔钱，都转嫁到老百姓身上去了。而且在他最后赎身回宫的那个晚上，竟派人把同泰寺的塔烧了，却说是魔鬼干的。为了压住魔鬼，又下诏要造一座几丈高的高塔来压住，继续叫百官捐钱。

梁朝就这样一天天地衰弱了，就像一个苹果，里头全烂了，外面看不出来，只要有人踏它一脚，就什么都完了。

侯景反复无常

梁武帝有一天晚上做了个梦，梦见北朝的刺史、太守都来向南梁王朝投降。这个梦无非是他日思夜想造成的。

20 天后，恰好西魏的大将侯景派人来，说他跟东魏、西魏都有冤仇，打算投降南梁，还表示愿意把他控制的函谷关以东 13 个州都献给南梁。

侯景原来是东魏丞相高欢部下的一员大将，高欢让他带兵在黄河以南镇守。高欢临死的时候，怕侯景叛乱，派人召侯景回洛阳。侯景怕自己去洛阳会被害死，就不接受东魏的命令，带着人马向西魏投降了。

西魏丞相宇文泰也不信任侯景，打算解除他的兵权。侯景又转向南梁投降。

梁武帝接受了侯景的投降，把侯景封为大将军、河南王，并且派他的侄儿萧渊明带着 5 万兵马去接应侯景。

萧渊明带兵北上，受到东魏的进攻。梁军已经很久没有打仗了，人心涣散，被东魏打得几乎全军覆没。萧渊明也被俘虏了。

东魏又向侯景进攻，侯景大败，只带着 800 多人逃到南梁境内的寿阳。

东魏派使者到南梁讲和，还说愿意把萧渊明送回来。

⊙ 骑兵和步兵战斗图　南北朝

侯景知道了这件事，害怕对自己不利，就决定叛变。

侯景的人马很快就打到了长江北岸，梁武帝急忙派他的侄儿萧正德到长江南岸布防。

侯景派人诱骗萧正德做内应，说推翻了梁武帝后，就拥戴他做皇帝。萧正德利欲熏心，秘密派了几十艘大船，帮助侯景的军队渡过长江，还亲自带领侯景的军队渡过秦淮河。之后，侯景顺利地进入建康，把梁武帝居住的台城包围起来。

台城里的军民奋力抵抗，双方相持了130多天。到了后来，台城里的军民有的在打仗中死去，有的病死饿死，剩下的已不到4000人。

到了这个时候，谁也没法挽回败局。叛军攻进了台城，梁武帝也成了侯景的俘虏。

侯景自封为大都督，掌握了朝廷的生杀大权。他先杀了那个一心想做皇帝的萧正德，然后把梁武帝也软禁起来。最后梁武帝连吃的喝的也没有了，活活饿死在台城里。梁武帝死后，侯景又先后立了两个傀儡皇帝。公元551年，他自立为皇帝。

侯景当了皇帝后，到处搜刮掠夺，给百姓带来深重的灾难。第二年，梁朝大将陈霸先、王僧辩率领大军从江陵出发，进攻建康，把侯景的叛军打得一败涂地。最后，侯景只带了几十个人出逃，半路上被他的随从杀死了。

南梁王朝经过这场大乱之后，分崩离析。公元557年，陈霸先在建康建立了陈朝，这就是陈武帝。

乾坤变幻

隋朝兴衰

杨坚建隋

北魏崛起后统一了五胡十六国，北周又进一步扩大了北朝的地域，成为南北对峙中北方的最后一个政权。公元581年，北周相国杨坚迫使自己的外孙、9岁的周静帝退位，自立为帝，改国号为隋，在北周政权的基础上建立了隋朝。杨坚积极改革，增强实力，灭掉了南方陈朝政权，结束了东晋以来数百年分裂的局面，统一了南北。

杨坚生于贵族之家。父亲杨忠是西魏、北周的军事贵族，西魏时因辅佐宇文泰建立政权，受封为十二大将军之一；北周时官至柱国大将军，封为随国公。杨坚后来袭父职，他的妻子独孤氏是鲜卑大贵族独孤信的爱女，他的女儿杨丽华是北周宣帝的皇后。宣帝好酒色，常在后宫酗酒，并实施严刑酷法，统治无道，北周政权日趋衰落。宣帝死后，宦官郑译、刘昉假传遗诏，召杨坚进宫，并极力主张让他入宫辅政，杨坚因此总揽军政大权，并逼迫颜之仪交出天子玉玺和兵符。

为防止各地的诸侯王发动兵变，杨坚借口赵王要嫁女儿给突厥，把北周皇室成员召进京都，又让静帝下诏书把威望极高的元老重臣尉迟迥召回京师。尉迟迥统兵数十万，北联突厥，南结陈朝，在相州举兵反杨，同杨坚对抗。杨坚以韦孝宽为行军元帅发兵讨伐，尉迟迥兵败自杀。杨坚在重臣李穆、韦孝宽的支持下，不到半年时间，就平定了各方叛乱。公元581年，杨坚自称随王，后经“禅让”代周称帝，但因随字不吉利，便改国号为隋，杨坚即是隋文帝。隋朝建立后，文帝采取加强中央集权和发展社会经济的改革措施，国力渐渐强盛，为统一全国奠定了基础。

⊙ 隋文帝像

隋初，北方突厥的势力强盛，与隋朝对抗。突厥可汗曾率军南下大举侵隋，隋军损失惨重。后突厥内部发生叛乱，隋才得到短暂安宁。不久突厥内部矛盾更加激化，并分裂为东、西两汗国。文帝利用突厥的分裂进攻突厥，突厥大败，东突厥归附隋朝。隋文帝完成了北方的统一，转而集中兵力于南方。

文帝积极作伐陈的准备工作，令大将军贺若弼和韩擒虎镇守离陈朝较近的广陵和庐江；大将杨素调集水工大造战船，做渡江的准备。公元 587 年，文帝灭掉后梁的割据势力，扫除了向陈进军的障碍。公元 588 年，隋文帝诏告天下，历数陈后主的罪恶，以瓦解陈军斗志，为战争做好舆论准备。之后，文帝令儿子杨广率兵 50 多万兵分 8 路，南下攻陈。

陈后主从小生活在宫廷中，根本不知创业和守业的艰难，沉湎于酒色，不理政事。朝中大臣有劝他以国事为重的就被他杀掉。当后主得知隋朝进攻后还不以为然，宣称有王气在陈朝。隋朝首先在长江沿岸对陈军发起全面进攻，陈军毫无抵抗力，隋军乘胜包围建康。

公元589年初，隋将韩擒虎、贺若弼率军渡江，分两路攻入建康。后主和张贵妃、孔贵妃躲到景阳殿的枯井中，最终还是当了俘虏，陈朝灭亡。自西晋以来的分裂局面结束了，南北又归于统一，全国进入稳定时期。

文帝灭陈

在北方动乱不安的时候，南陈王朝获得了一个比较安定的时期，经济渐渐发展起来。但是第五个皇帝，却是一个荒唐得出奇的陈后主。

陈后主名叫陈叔宝，是个不过问国事、只知道喝酒玩乐的人。他大兴土木，为他的宠妃们造起了三座豪华的楼阁，自己常在里面淫乐。他手下的宰相江总、尚书孔范等人，也都是一伙腐朽不堪的文人。陈后主和宠妃经常在宫里举行酒宴，宴会的时候，就把这些文人大臣召来，通宵达旦地喝酒赋诗。还把他们的诗配上曲子，又挑选了 1000 多个宫女，专门为他们演唱。

陈后主过着荒唐生活的同时，北方的隋朝却渐渐强大起来，并在为灭掉陈朝做着准备。

杨坚在建国之始，便开始谋划消灭陈朝，统一全国。开皇七年（公元 587 年）十一月，朝中宰相向隋文帝献策说："每年逢江南收获时节，我们便四处扬言说将攻打陈，他们必然放弃农事进行驻防，这样他们的粮食便会减产，财力亦随之日渐困乏。如此再三，他们的防备必将松弛，我们便可以趁机过江攻陈。"文帝采纳了此计。同月，隋文帝下令大造巨型战船，准备进攻陈朝。隋将原梁宗室萧岩率兵投降陈朝，隋朝有了进攻陈朝的借口。

公元 588 年，隋文帝造了大批战船，派他的儿子晋王杨广、丞相杨素担任讨

⊙ 历代帝王图卷·陈后主像　唐　阎立本

陈后主承父祖之业，割据江南，内惑于张孔二贵妃，外惑于群小，以至国破家灭，身为臣虏，入隋后贪求爵禄，是以隋文帝叹曰："陈叔宝全无心肝！"

阵元帅，贺若弼、韩擒虎为大将，带领51万大军，分8路进兵，向陈朝攻来。

杨素率领的水军从永安出发，其他几路隋军也进展顺利，都将队伍开到江边。北路的贺若弼的人马到了京口，韩擒虎的人马到了姑孰。江边的陈军守将慌忙向建康告急。告急的警报传到建康时，陈后主正跟宠妃、文人们醉得一塌糊涂。他收到警报，连拆都没有拆，就往床下一扔了事。

公元589年正月，贺若弼的人马从广陵渡江，攻克京口；韩擒虎的人马从横江渡江到采石，两路隋军一齐向建康扑来。

到了这个时候，陈后主才如梦方醒。这时城里还有十几万人马，但是陈后主手下的宠臣江总、孔范一伙哪里懂得指挥，隋军很快就攻进了建康城。

隋军打进皇宫，搜了半天也没有找到陈后主在哪里。后来，捉住了几个太监，才知道陈后主躲到后殿的井里去了。隋军兵士来到后殿，果然有一口井。往下一望，是个枯井，隐约看到井里有人，就高声呼喊，让井里的人出来。井里没人答应。兵士们威吓着大声说："再不出来，我们就要扔石头了。"说着，拿起一块大石头放在井口比画，做出要扔的样子。井里的陈后主吓得尖叫了起来。兵士把绳索丢到井里，把陈后主和他的两个宠妃拉了上来。

南朝的最后一个朝代——陈朝灭亡了。中国自从公元316年西晋灭亡起，经过270多年的分裂局面，又重新获得了统一。

科举制的创立

科举就是采用分科考试的办法选拔官吏，是政府以不同科目对学有所长的读书人进行考试的制度。贵族和高官子弟可以通过门第关系做官，除此以外的子弟经过科举取得做官资格后，还需再通过吏部考试，考试合格的才可以做官。科举制是隋朝创立的，完备和兴盛于唐宋，衰落于明清，清朝末年被完全废除，共存在了1300余年。它起源于门阀等级制度盛行的时代，是当时先进的政治制度，它采用公平竞争的方式，对各种人才择优而用，是合乎时代潮流的，对后世的政治、文化、生活方式产生了深远的影响。

⊙ 科举考试图

魏晋南北朝时期，选拔人才使用的是曹魏创立的“九品中正制”。曹操为网罗人才一再宣布“唯才是举”，曹丕在此基础上采用九品官人之法，就是选择有见识的官员，任各地方的中正，负责评审本地读书人的才能德行，将他们分为九品（等级），以此作为吏部授官的依据。

后来九品中正制流弊百出，严重地压制并摧残了优秀人才。由于许多寒门及庶族地主强烈要求参与政治，统治者也迫切需要科举制来选拔人才，为它的统治服务。文帝即位后，正式废除九品中正制，实行科举。

公元 598 年，隋文帝设立志行修谨（有德行）和清平干济（有才能）两科，他下诏命令五品以上京官和地方官总管、刺史按这两科推荐人才，这被看作是科举制的开始。隋朝的科举制大体上有两种情况：一种是临时性的特科，一种是常设科目。公元 603 年隋文帝下诏，以明知古今、通识治乱、究政教之本、达礼乐之源等科目选拔人才。以后科举的名目逐渐增多。

公元 607 年，炀帝下诏以德行敦厚、刚毅正直、执宪不挠、文才秀美、才堪将略、膂力骁壮等十科选拔德、才、体各方面表现突出的人，这些科目都是临时规定的特科，科目较具体，标准较明确，比较公平。比较固定的常设性科目有秀才、明经、进士三科，这些科目必须经过考试。秀才科先考试策，再考杂文，需要应试者具有很高的学识，录取标准很高，隋朝 37 年的历史中共录取了十多个人；杂文的题目往往是模拟名人名篇，难度很大。明经科主要是测试经典，即测试对某一儒家经典的熟悉程度，考中的人数较多。进士科是炀帝所创并且放宽了录取标准，它只试策，不考杂文，主要考文才。考中科举后只是获得了明经进士出身，取得了做官的资格，这之后还要通过吏部的考试才能任命为官员。当时考中的也就是做县尉、功曹等九品小官，他们在当时政治上并不占重要地位，但对后世有重大影响。这样一种新的选官制度在隋朝产生了，由此开始了文官考试制度的历史。

科举制的创立和九品中正制的废除，表明门阀世袭制的衰落和中央集权制的加强，它把读书、应考和做官联系在一起，这就给一般的甚至贫寒的子弟有一个公平的机会。同时，它把选官的权力集中在吏部和朝廷，加强了中央集权。

开凿大运河

举世闻名的京杭大运河，与万里长城并称为中国古代最伟大的工程，是世界上开凿最早、最长的一条人工河道。它始凿于春秋末期（公元前5世纪），后经隋朝（公元7世纪）和元朝（13世纪）两次大规模扩展，成为北起北京、南至杭州的南北交通大动脉。它跨北京、天津以及河北、山东、江苏、浙江四省，沟通海河、黄河、淮河、长江、钱塘江五大水系。

经隋朝数次开凿形成的南北大运河，是世界上最长的运河。它全长1794千米，水面宽50多米，最窄的地方也有30米～40米。运河修通后，隋炀帝杨广率领数达几千艘、长达200里的船队，从洛阳出发，一路浩浩荡荡前往扬州游玩。杨广乘坐的龙舟，高15米，宽17米，长达67米。由此不难看出大运河的规模和通航能力。

南北大运河是由广通渠、通济渠、山阳渎和永济渠以及江南运河连接而成。其开凿的时间前后不一，计有20多年之久。

开皇四年（公元584年），隋文帝杨坚为了改善漕运，命宇文恺率水工凿渠，“引水自大兴城（即长安）东至潼关三百余里，名曰广通渠”，历时3个月。

开皇七年（公元587年），隋文帝出于军事上的需要，下令调集民工，开挖江淮河段，“于扬州开山阳渎”。山阳渎长约300里，疏导了春秋时吴王夫差所开的邗沟，引淮河水入长江。

大业元年(公元605年)，隋炀帝杨广调集河南诸郡民工100余万人，开挖通济渠。自洛阳西苑引毂、洛水入黄河，又从洛阳东面的板渚引黄河水与汴水合流，然后又分流，折入淮水，直达淮河南岸的山阳。通济渠、山阳渎连接后，淮河南北漕运畅通。

大业四年(公元608年)春，隋炀帝又调集河北诸郡民工100余万人开挖永济渠。这个工程先引沁水入黄河，又自沁水东北开渠，到达临清合屯氏河。主要用途是通舟北巡，所以称之为御河。

大业六年(公元610年)冬，隋炀帝下令修江南运河。工程从京口(今江苏镇江)开始到余杭入钱塘江，全长800余里，河宽10余丈。

隋朝修筑的南北大运河，以洛阳为中心，北通涿郡，南达余杭，西至长安，把钱塘江、长江、淮河、黄河、海河5条大水系联系起来，形成了一个四通八达

⊙ 隋运河图

的水运网络。这是一项举世闻名的水利工程。

南北大运河开凿的原因，演义小说都归结为隋炀帝醉心游乐。事实上，主要因为是当时社会经济发展和政治方面的客观需要。从经济方面来说，当时政治中心长安和洛阳人口激增，粮食供应严重不足；而江浙一带“有海陆之饶，珍异所聚，故商贾并凑”，资源丰富，十分繁华。南北的经济需要交流，水运方面的状况尤其需要改善，漕运南方的粟米丝帛到中原地区来，促进了南北之间的贸易往来。从政治军事方面来说，南方广大地区大小起义始终不断，隋王朝鞭长莫及。为了进一步控制南方，隋王朝也需要修建一条运河来及时运兵，以镇压当地的反隋活动。开凿南北大运河是经济、政治和军事的需要，也是时代的需要和历史发展的必然；当朝统治者的个人好恶并不是最主要的原因。

隋朝南北大运河的开凿，功在当时，利在千秋。大运河自从凿通以后，就成为我国南北交通的大动脉，运河中“商旅往返，船乘不绝”。唐代诗人皮日休在《汴河铭》说：“今自九河外，复有淇汴（即运河），北通涿郡之渔商，南运江都之转输，其为利也博哉！”在运河两岸，商业都市日益繁荣。自隋唐以后，沿运河两岸如杭州、镇江、扬州、淮安、淮阴、开封等地，都逐渐成为新兴商业都会，这些城市历经宋、元、明、清而不衰，成为繁盛一方的大都市。开挖大运河，要穿越复杂的地理环境，从设计施工到管理，都需要解决一系列科学技术上的难题。工程涉及测量、计算、机械、流体力学等多方面的科技知识。这一工程的完成，反映了我国古代劳动人民的聪明才智和创造精神。

隋炀帝三下江都

隋炀帝当上了皇帝，就开始追求享乐起来。他生性好玩，享乐游玩的兴趣要经常更换，因此频繁出巡。

⊙ 隋炀帝龙舟出行图　清　佚名

隋炀帝一生中曾经 8 次巡游，其中 4 次北游，1 次西巡，3 次游江都。他在位时，待在京城长安的日子加起来还不到一年。他每次出行都劳民伤财，挥霍无度，天下百姓怨声载道，苦不堪言。

隋炀帝曾镇守过江都，所以对江都一直情有独钟。江都虽然经济并不发达，但地域辽阔，风景秀丽，物产丰富，是个令隋炀帝心驰神往的地方。

第一次巡游江都时，隋炀帝下令建造了龙舟、楼船等大小船只数千艘。龙舟高 15 米，宽 17 米，长 70 米。龙舟上有 4 层建筑，最上层是正殿、内殿和东西朝堂；中间两层是用金玉装饰得金碧辉煌的房间，有 120 间；最下层是内侍宦官居住的地方。还有比隋炀帝乘坐的龙舟规模略小的翔螭舟，专供皇后乘坐。此外，还有各式各样的船只，数不胜数。

这些船动用拉船的民夫共计 8 万多人，其中拉漾彩级以上的有 9000 多人，而仅龙舟就需要 1080 个身穿华丽服饰的民夫拖曳着前进。其规模之大，前所未有。船队绵延 200 余多里，当第一艘船已出发 50 多天之后，最后一艘船才从洛阳驶出。隋炀帝船队浩浩荡荡、壮观无比，当然花费也很大，仅每天所需食物的数量就极其庞大。隋炀帝要求船队所经过的地方，500 里内都必须进献食物。进献食物多的州郡甚至用 100 辆车来运送。所供食物中，空中飞的，水里游的，陆上走的，无所不有，吃不完的在出发时就扔掉。他还下令营建离宫，从长安到洛阳营建了 40 多处。公元 605 年仲夏，隋炀帝从显仁宫出发前往江都游玩，这是他第一次巡游江都。

如果隋炀帝第一次巡游江都还有出于巩固其政权、加强对南方豪强士族的控制的考虑，那么隋炀帝第二次巡游江都则完全是为了玩乐。俗话说得好，“人逢喜事精神爽”。自从隋炀帝西巡河右归来后，他一直处于极度兴奋之中。公元 611 年，隋朝各郡总共增加了 24.3 万名男丁，新归附的也有 64.15 万人，人口的增加说明他政策英明、治国有方，这当然是喜事之一。第二件喜事是隋炀帝对全国各地驻军的军械武器进行了一番考察，他看到的都是精美锐利的枪械武器。第三件事是这一年各藩部落酋长都聚集到洛阳，与隋炀帝同乐，显示出当时各民族之间关系和谐，亲如一家。第四件喜事是曾在武力威逼下拒不归顺的琉球也在这一年俯首称臣。这四件喜事令隋炀帝高兴不已，他认为自己这几年励精图治，辛苦劳累了几年没有白费。看到自己的治理成就，他飘飘然了，想好好放松一下，于是便打算第二次巡游江都。为了尽情享乐，他令人在江都营建江都宫等许多宫殿，最有名的当数位于城西北旧观音寺蜀冈东峰的迷楼了。此楼修建得气势恢宏、富丽堂皇，隋炀帝的奢侈腐化由此可见一斑。

公元611年，隋炀帝第二次巡游江都。这次游幸，又是大肆挥霍。不仅如此，隋炀帝一行到了江都，还大摆酒席，宴请江淮以南的名士，炫耀豪华，向百姓摆威风。

公元617年，隋炀帝第三次出游江都时，农民起义的烽火已燃遍大河上下、长江南北，隋王朝的统治已是岌岌可危了。可是隋炀帝只顾个人享乐，根本不顾百姓死活。在游江都之前，停泊在江都的几千艘龙舟全被起义军烧毁了。隋炀帝马上下令重新建造，规格比原来的还要豪华富丽，耗费了大量的钱财，百姓也已穷困到了极点。

隋炀帝的船队从宁陵向睢阳开进时，常常搁浅，拉纤的民夫用尽力气，一天也走不了几里路。炀帝十分恼火，下令追查这一段河道是哪个官员负责开凿的。经查问，原来这个河段的负责人是麻叔谋。这时，督造副使令狐达乘机上书告发麻叔谋蒸食婴儿、收受贿金等事。于是，炀帝下令查办麻叔谋，并将当时挖这一段河道的5万名民工统统活埋在河岸两旁。

隋炀帝到达江都后，更加荒淫无度，每天都与嫔妃美女一起饮酒作乐。此时，他见天下大乱，心中也常常烦躁不安。一天，他照镜子时对萧后说："我这颗头颅将会葬送谁手呢？"他还准备了毒药带在身边，准备在危急时吃。

隋炀帝一人出游，几乎是全天下的人民都在为他准备行装、供奉食物。他的游幸，给人民带来了深重的灾难，以致百姓没有饭吃，只能剥树皮、挖草根，或者煮土而食，有的地方还出现了人吃人的现象。至此，隋朝江山已处于风雨飘摇之中了。

瓦岗起义

隋炀帝穷兵黩武，公元612～614年三次出兵征伐高句丽都是无功而返，每次动用几百万人，致使田地荒芜，民不聊生。河北和山东是隋炀帝进攻高句丽的主要军事基地。这里人民受害最深，加以水旱灾荒的发生，起义首先在这里爆发，反隋局面逐渐形成。

大业十二年（公元616年），由于各地起义队伍迅速发展，隋炀帝逐渐加强了对起义军的镇压。起义军吸取分散作战易于被各个击破的教训，在大业十三年(公元 617 年）初，形成了杜伏威领导的江淮起义军、窦建德领导的河北起义军与李密、翟让领导的瓦岗军三大义军。

瓦岗军的首领翟让原来在东郡衙门里当差，因为得罪了上司被关进监牢，还被判了死罪。有个狱吏很同情他，偷偷把他放了。

翟让出了监牢，逃到东郡附近的瓦岗寨，召集了一些贫苦农民，组织了一支队伍。当地一些青年人听到消息后，都来投奔他。翟让带领农民军到荥阳一带，打击官府和富商，夺了大批钱粮。附近农民来投奔翟让的越来越多，队伍很快壮大到 1 万多人。

这时，有一个叫李密的青年前来投奔翟让，并且帮助他整顿人马。李密对翟让说："从前刘邦、项羽，也不过是普通老百姓，后来推翻了秦朝。现在皇上昏庸残暴，民怨沸腾，官军大部分又远在辽东。您手下兵精粮足，要拿下东都和长安，打倒暴君，是很容易办到的事！"

接着，两人商量了一番，决定先攻打荥阳。

荥阳一战，隋将张须陀的人马被瓦岗军团团围住，最后全军覆没，张须陀也被起义军杀死。

经过这次战斗，李密在瓦岗军里声望提高了。翟让觉得自己的才能不如李密，就把首领的位子让给了李密。大家推李密为魏公，兼任起义军元帅。

瓦岗军在洛口建立了自己的政权。不久，又乘胜攻下许多郡县，隋朝官吏士兵都纷纷前来投降。瓦岗军一面继续围攻东都，一面发出讨伐隋炀帝的檄文，历数炀帝的罪恶，号召百姓起来推翻隋王朝的统治。这样一来，震动了整个中原。

正当瓦岗军不断发展壮大的时候，它的内部却发生了严重分裂。翟让让位给李密后，翟让手下有些将领很不满意。有人劝翟让把权夺回来，这些话传到李密耳朵里，便心生疑虑了。为了保住自己的地位，李密终于起了杀心。

有一天，李密请翟让喝酒。在宴会中，李密把翟让的兵士支开后，假意拿出一把好弓给翟让，请他试射。翟让刚拉开弓，李密便暗示埋伏好的刀斧手动手，把翟让杀了。

从此，瓦岗军开始走向衰弱了。这时，北方由李渊带领的一支反隋军却日益强大起来。

大唐气象

李渊起兵

在反隋的割据势力中，李渊父子集团最终扫灭群雄，统一中国。

李渊出生于关陇一个贵族家庭。其祖父原是西魏八柱国之一，北周刚建国时被追封为唐国公。其父原任北周柱国大将军。李渊生于周天和元年(公元566年)，幼年丧父，7岁袭唐国公爵。隋灭北周后，李渊先后任侍卫官、太原刺史等职。

公元616年，突厥侵入北部边境，隋炀帝命李渊和马邑太守王仁恭合力抵抗。结果战事不利，隋炀帝于是派使者押李渊和王仁恭至江都治罪。李渊一方面托辞不赴江都，故意纵情声色；另一方面加紧策划。

公元617年，隋炀帝派李渊到太原去当留守(官名)，镇压农民起义。但是隋炀帝不信任他，还任命王威和高君雅为太原副留守，以监视李渊。

李渊有四个儿子，其中第二个儿子李世民是个很有胆识的青年，他很喜欢结交朋友。晋阳(今山西太原)县令刘文静就是李世民非常赏识的一个朋友，他跟李密有亲戚关系。李密参加起义军以后，刘文静受到株连，被革了职，关在晋阳的监牢里。

李世民得知刘文静坐了牢，急忙赶到监牢里去探望。李世民拉着刘文静的手，一面叙友情，一面请刘文静谈谈对时局的看法。

刘文静早就知道李世民的心思，他说："现在杨广远在江都，李密正进攻东都，到处都有人造反，这正是打天下的好时机。我可以帮您招集十万人马，您父亲手下还有几万人。如果用这支力量起兵，不出半年就可以打进长安、取得天下。"

李世民回到家里，反复想着刘文静的话，觉得很有道理。但是要说服他父亲，却不是一件容易的事。正好在这个时候，太原北面的突厥(我国古代北方游

⊙ 彩绘贴金武官俑　唐

此俑所穿铠甲颜色华丽，边缘绘绿、红、蓝等色构成的宝相花纹。

⊙ 战争壁画

敦煌莫高窟第十二窟唐代的战争壁画。从双方隔河相峙、筑城而战的紧张场面，可看到“城”之于“战”的重要。

牧民族之一）可汗向马邑进攻。李渊派兵抵抗，连连打败仗。李渊怕这件事传到隋炀帝那里，要追究他的责任，急得不知怎么办才好。

李世民抓住这个机会，就找李渊劝他起兵反隋。李世民对李渊说：“皇上委派父亲到这里来讨伐反叛的人。可是眼下造反的人越来越多，您能讨伐得了吗？再说，皇上猜忌心很重，就算您立了功，您的处境也将更加危险。唯一的出路，只有起来造反。”

李渊犹豫了许久，才长叹一声，说：“我思考你说的话，也有些道理，我只是有些拿不定主意。好吧！从现在起，是家破人亡，还是夺取天下，就凭你啦！”

李渊把刘文静从晋阳监牢里放了出来。刘文静帮助李世民，分头招兵买马。李渊又派人召回正在河东打仗的另两个儿子李建成和李元吉。

要起兵必须扩大兵力，李渊为太原留守，虽握有重兵，但是仍须招募一支自己的队伍。可是公开招募会引起高君雅、王威的注意。恰在此时，马邑人刘武周杀死了马邑太守王仁恭，占据马邑郡，起兵反隋，且自称皇帝，还勾结突厥直驱太原。于是，这为李渊公开募兵提供了借口。

李渊以讨伐刘武周为托词，召集各位将领商议，提出自己招募兵丁。高君雅和王威迫于当时的形势，只好同意说：“公地兼亲贵，同国休戚，若俟奏报，岂及事机；要在平贼，专之可也。”于是，李渊命李世民与刘文静、长孙顺德、刘弘基、窦琮等人去招募士兵。不多久，便募兵近万人。这支队伍由李渊、李世民父子私自控制和直接指挥，是晋阳起兵的主力。

李渊父子大量募兵，毕竟无法完全掩盖其真实的想法，况且其所用将领长孙顺德、刘弘基是为了逃避征辽诏令而逃到太原的，而窦琮也是逃犯。高君雅、王威见此，怀疑李渊有谋反之心，于是就暗中策划利用晋祠祈雨的机会，将李渊父子诱骗来并全部杀死。不料此事被经常出入王、高家的刘文龙得知，于是刘文龙立刻将此事报告给李渊。因此，李渊决定先发制人。

公元 617 年初夏的一天夜里，李渊命令长孙顺德、赵文恪等人带领 500 壮士，和李世民的精兵一起埋伏于晋阳宫城外，严密封锁。第二天清晨，李渊与高君雅、王威在留守府大厅议事。按照计划，刘文静召鹰扬府司马刘政会入厅，说：“有密状，知人欲反。”李渊故意让王威先看，但是刘政会不给，并说：“所告乃副留守事，唯唐公得视之！”李渊接过密状一看，是控告王、高暗引突厥入侵。王、高正待辩解，刘文静与长孙顺德、刘弘基等将王威、高君雅逮捕入狱。事也凑巧，第二天果然有突厥数万人进攻晋阳，民众以为是王、高所致，于是李渊趁机杀掉高君雅、王威。这标志着李渊父子正式开始晋阳起兵。

晋阳起兵后，李渊父子的目标就是乘虚入关，直取长安，以号令天下，建立新的王朝。在长安（今陕西西安）的统治者听说李渊带兵进攻，忙派大将宋老生和屈突通分别领兵数万，在霍邑与河东抵抗李渊大军。

大业十三年（公元 617 年）七月，李渊率军进攻宋老生驻守的霍邑，却逢秋雨连绵，无法开战，而且道路泥泞，军粮运输困难。相持数日，眼看军粮将尽，李渊准备退兵，李世民劝阻道：“今兵以义动，进战则克，退还则散；众散于前，敌乘于后，死之无日。”听了李世民的意见，李渊决定不撤兵。

八月，连日的阴天终于放晴，李渊遂下令攻城，并由李世民率兵诱敌出城，双方展开决战。李世民身先士卒，奋勇冲锋，“砍杀数十人，两刀皆缺，流血满袖”。霍邑一战，李渊大获全胜，斩杀了隋将宋老生，攻下了霍邑。随后，李渊率兵进攻河东郡，虽取得初战的胜利，但是隋将屈突通固守河东郡，李渊久攻不下。后根据李世民的建议，李渊留下部分兵力包围和牵制屈突通，自己率主力部队渡过黄河，直取长安。

同时，李渊在关中地区的家属和亲族也纷纷起兵响应，其中有李世民的胞妹平阳公主、李渊的从弟李神通，李渊的女婿段纶也在蓝田县聚众万余人。

在这种有利形势下，李渊父子一路上采取收揽人心的办法，废除了隋朝的严刑酷法，还开仓济贫。一面收编关中各地的起义军，一面争取关中地主阶级的支持。数月中，李渊、李世民的军队已达 20 万人，并于十月开始围攻长安。

·租庸调制·

唐朝初年，对田赋户籍制度进行了改进。唐高祖武德七年（公元624年），朝廷颁布了均田令，改进了前代的均田制。在此基础上，推行租庸调制。政府规定征敛赋役原则是“务在宽简”，农民的主要负担是租庸调。具体规定是：每丁每年纳租粟二石；输调绢二丈，绵三两，或是输布二丈五尺，麻三斤；每年服徭役20天，如不应役则按每天三尺绢折纳，叫作输庸。凡是加役15天者，可以免调；加役30天者，租调全免，额外加役最多不能超过30天。租庸调制是统治者轻徭薄赋政策的具体体现，农民的负担比前代大为减轻，社会秩序日趋稳定，经济也随之繁荣。

十一月，长安城破，李渊率军进入长安宫，立年仅13岁的代王杨侑为帝，是为隋恭帝，并改元义宁，遥尊江都的隋炀帝为太上皇。李渊总揽军政大权，晋封为唐王。李建成为唐王世子，李世民为京兆尹、秦公，李元吉为齐公。

义宁二年（公元618年）三月，隋炀帝在江都被部下杀死，隋朝灭亡。五月，李渊在长安称帝，定国号唐，李渊就是唐高祖，年号为武德。然后立世子李建成为皇太子，李世民为秦王，李元吉为齐王。

统一全国

从公元618年李渊称帝建国到公元624年统一全国，共历时7年之久。从晋阳起兵到长安建国，李渊是起了决定作用的，但是对于建国、镇压各地农民军、消灭地主武装割据，这些任务大部分是由李世民领导完成的。

李渊建都长安后，面临的形势十分严峻，四周强敌遍布：薛举集团占据兰州、天水一带，并时常进攻关中；李轨集团占据武威一带，亦虎视关中；刘武周则占据马邑，并时常勾结突厥南下威胁晋阳；梁师都占据夏州朔方，在北面威胁着关中地区。因此，消灭四周强敌，完全控制关中、陇西地区（今甘肃省），以关中为根据地，再消灭关东群雄，从而建立统一的中央政权，就成为唐朝统治集团的必然选择。

统一战争的第一步，就是消灭实力较强且经常进攻关中的薛举父子。薛举是河东汾阴(今山西万荣西南宝鼎)人，家私巨万，交结豪强，雄于边朔。公元617年，薛举自称秦王，封儿子仁杲为齐公。从公元617年底到公元618年春，唐军曾与薛举进行了两次大战。公元618年十一月，薛举再次进攻长安，不料在出兵前暴病而死，遂由其长子薛仁杲率军出征，李世民率兵迎敌。

⊙秦王破阵乐图　唐

李世民见敌军来势凶猛，便下令坚守，避其锋芒，伺机出战。两军相持60余日，秦军粮食耗尽，军心浮动；况且薛仁杲有勇无谋、残暴成性，其部下已有多人投降世民。至此，李世民认为战机成熟，便以少数部队引开秦军，然后亲领主力从秦军背后袭击。秦军溃败，逃往折墌。于是李世民率大军乘胜追击，渡过泾水，围攻折墉城。至半夜，守城秦军纷纷投降唐军，薛仁杲走投无路，只好于第二天出城投降。

公元619年，占据河西五郡的大凉皇帝李轨，因内部矛盾重重而使政权分崩离析。户部尚书安修仁与其兄安修贵发动兵变，并俘获李轨，将其押至长安，后处死。

同年，割据马邑的刘武周勾结突厥，向山西发起进攻。数支唐军先后迎战，均被其打败，镇守太原的李元吉闻风趁黑夜逃回长安。刘武周的先锋宋金刚则乘势打到了河东，“关中大骇”。在这种不利形势下，高祖李渊准备放弃河西，固守关西。此时，秦王李世民审时度势，向李渊说道：“太原，王业所基，国之根本；河东富实，京邑所盗，若而弃之，臣窃愤恨。愿假臣精兵3万，必冀平殄武周，克复汾、晋。”

于是李渊征调关中全部兵力，由李世民率领由龙门渡过黄河迎战敌军。过黄河后，李世民将大军驻扎在柏壁坚守，与刘武周先锋宋金刚之军队相持。期间，李世民时常离开营阵侦察地形。有一次，李世民带领很少的轻骑兵外出侦察敌情。骑兵四散而去，李世民与一名士兵登上一小山丘休息。忽然，敌军从四周包围了山丘，李世民与士兵都没有发觉。恰巧在这个时候，有一条蛇追逐一只田鼠，碰到了士兵的脸。士兵惊醒，发现敌军正在包抄上来，于是赶紧叫李世民上马，眼看就要被敌兵追上。李世民十分镇静，他手取大羽箭，张弓便射，一发就将敌兵的将领射死。敌兵见此，慌忙撤退。

在相持中，李世民派出精兵切断了宋金刚的粮道。两个月后，宋金刚面对强敌无粮草供应，只好撤退。

李世民则率领大军趁机追杀，“一昼夜行二百余里，战数回合”。一直追击到雀鼠谷(今山西介休市西南)，终于追上宋金刚部队，“一日八战，皆破之，俘斩数万人。夜，宿于雀鼠谷西南，世民不食二日、不解甲三日矣，军中只有一羊，世民与将士分而食之”。刘武周、宋金刚失败后逃往突厥，均被突厥杀死。公元620年，李世民收复了太原。

公元620年夏，关东地区原有的李密、王世充、宇文化及、窦建德四支强大的军事力量，其中的李密、宇文化及都已失败，只剩下王世充、窦建德两大集团。

·昭陵六骏·

唐太宗李世民为了纪念他当年驰骋沙场所立下的赫赫战功，贞观十年(公元636年)命令：“朕所乘戎马，济朕于难者，刊石为镌真形，置为左右。”于是贞观十一年(公元637年)即将曾与他一同征战的六匹战马，由唐代著名画家阎立本亲自绘稿，选派当时的优秀雕刻家精心雕刻成六块浮雕，置于昭陵北司马门内东西两廊，是为“昭陵六骏”。

在消除了来自背后和侧面的威胁后，唐高祖李渊诏令李世民东征，直指河南一带的王世充集团。

王世充本姓支，字行满，西域胡人。王世充集团本来是隋炀帝派来镇压瓦岗军的军事力量。打败瓦岗军李密后，王世充于公元618年在洛阳自立为帝，国号郑。

在唐军的猛烈攻击下，王世充原先所属州县的一些官员纷纷降唐。至公元620年底，洛阳城外的王世充所属州县大部分已落入唐军之手，洛阳城处在李世民大军的包围之中。

洛阳城坚壕深、军备充实，但在唐军的长期围困下，王世充在洛阳孤城中危在旦夕。为了解围，王世充向河北的窦建德求援。

窦建德是河北、山东一带势力最强的一支起义军的领袖，他出身农民，于公元618年称帝，定国号夏。他的部下认为，唐朝在消灭了王世充以后，必将会进攻窦建德。因此，窦建德率领10万大军前来救援王世充。

这样，唐军的处境变得极为危险，内部出现了不同的主张：一种是主张退守新安，寻机再战；另一种是进占虎牢关（河南荥阳西北），挡住窦建德前进的道路，然后趁机消灭他，如此一来，洛阳不攻自破。

李世民采用后一种主张，命屈突通等协助齐王元吉围困洛阳，自己率精兵3500余人急奔虎牢关，挡住窦建德的前进道路。

两军相持3个月。五月一日，李世民渡河，并假装粮草已尽，让士兵牧马于

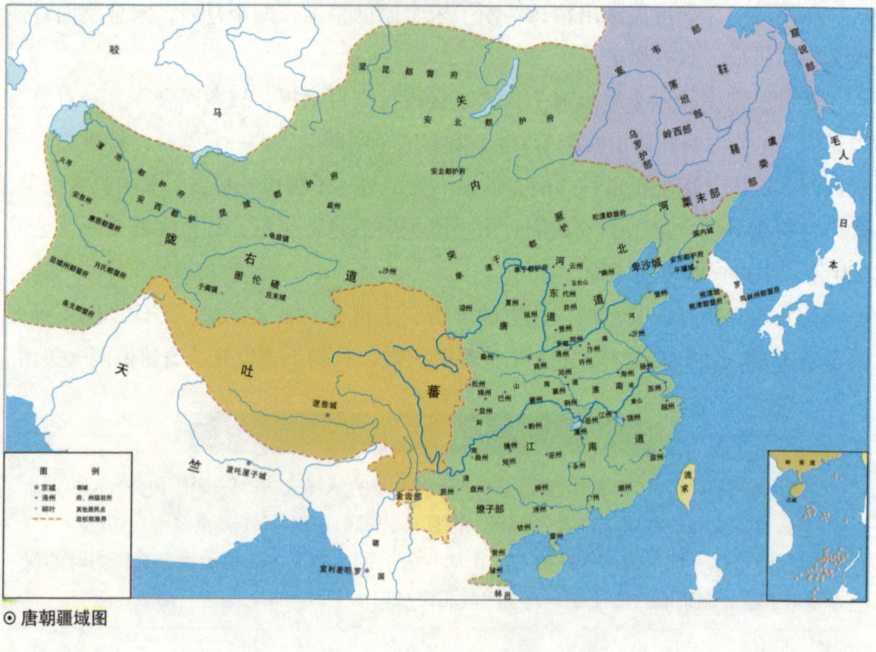

⊙ 唐朝疆域图

河北以迷惑窦建德，他本人则于当晚返回虎牢关。窦建德果然中计，第二天早晨全军出击，陈兵汜水，长达20里，鸣鼓大喊而进，要与唐军决战。

李世民胸有成竹，决定按兵不动，以逸待劳，等到敌军疲乏后再出击。

果然，到了中午，窦建德的军队饥饿困乏，互争饮水，席地而坐，已无斗志。李世民看准战机，下令攻击，唐军铁骑直冲向窦建德军队的阵地。窦建德仓促应战，不久其阵势大乱，全线崩溃。唐军追杀30多里，俘获敌军5万多人，窦建德本人中枪，退至牛口渚时被俘。

虎牢关之战后，王世充惊惶不已，准备突围南走襄阳，但是部下一致反对，王世充不得不自缚投降。河南、河北尽归唐朝所有。

同时，割据江淮一带的杜伏威归顺了唐朝。大将李靖平定了长江中游的萧铣。后来窦建德的部将刘黑闼、杜伏威的旧部辅公祐分别再次起兵作乱，都被李世民迅速扑灭。公元624年，江南也被唐朝平定。至此，唐朝完全统一了中国。

玄武门之变

公元621年，李世民平定王世充、窦建德后大胜而归。高祖李渊认为前代官职皆不足以称之，因此特设天策上将一职，位在王公之上。十月，李世民以天策上将领司徒、陕东道大行台尚书令。

李世民的声望、地位和权势日增，令太子李建成受到威胁。于是在王珪和魏徵的建议下，李建成向高祖请求领兵征战。高祖以李建成为陕东道大行台及山东道行军之帅，于公元623年率军讨伐刘黑闼、徐圆朗。这是李建成在统一大业中立下的唯一重大战功。

李建成与李世民的矛盾，由于统一战争的结束而迅速激化，形成明争暗斗之势。

在朝廷中，最受高祖宠幸的裴寂支持李建成，支持李世民的大臣有萧瑀、陈叔达等。在后宫中，秦王李世民曾得罪过高祖的宠妃张婕妤、尹德妃，于是这些人便常常在高祖面前说太子李建成的好话，说李世民的坏话。如此一来，朝廷和宫中都有人支持李建成，形势对李建成颇为有利。他们之间的斗争终于因为突厥的进攻而演变成流血事件。

公元626年夏，突厥南下犯边。太子李建成为进一步拉拢李元吉，于是向高祖建议，让齐王李元吉代替李世民出征，被高祖采纳。这样，李元吉当上了主帅。出发前，李元吉请求高祖调秦王府中的大将尉迟敬德、程知节、段志宏、秦叔宝同他一起出征，并从秦王府挑选精锐士兵以补充李元吉的军队，此举目

⊙ 玄武门壁画

的在于为杀害秦王做准备。李建成与李元吉密谋，在李建成和李世民为李元吉宴别时，安排伏兵，先杀李世民，然后再杀尉迟敬德。李建成对李元吉许诺，即位后立即封他为皇太弟。有人将李建成与李元吉的密谋报告给李世民，李世民忙与长孙无忌和尉迟敬德商量对策，决定先动手除掉李建成和李元吉。

六月三日，太史令傅奕向唐高祖秘密奏报，说太白星再次出现在秦地，“秦王当有天下”。于是唐高祖询问李世民，李世民趁机向唐高祖告状，指控太子李建成和齐王李元吉淫乱后宫，并且设计谋害自己。高祖听后极为惊讶，决定第二天早朝时进行查问。

六月四日天还没亮，李世民命长孙无忌、尉迟敬德、侯君集、张公瑾等人率领精兵提前埋伏在宫城北面的玄武门，这是李建成和李元吉上朝时的必经之地。六月四日清晨，唐高祖上朝，裴寂、萧瑀、陈叔达、宇文化及等均已入朝，只等李建成兄弟三人到来。此时，李建成、李元吉已进入玄武门，一路走来。当二人行至临湖殿时，发觉情况有些异常，于是立即掉转马头，准备回府。不料此时李世民突然出现，并且在后面呼喊二人，李元吉回身张弓搭箭，射杀李世民，但是连发三箭，都没能射中。李世民的目标是李建成，他一箭就将李建成射死。就在此时，尉迟敬德带着70多名骑兵赶到，朝李建成、李元吉射箭，李元吉坠马后逃入树林中，李世民策马追赶，结果衣服被树枝挂住，也坠马落地。李元吉力气很大，这时跑过来夺取了弓箭要射杀李世民，恰巧尉迟敬德驱马赶到，李元吉慌忙放弃李世民向成德殿逃跑，结果被尉迟敬德一箭射死。东宫和齐王府的将士听说出事了，于是派兵猛攻玄武门。这时，尉迟敬德提着李建成、李元吉的人头赶到，东宫与齐王府的将士见主人已死，立即溃散而逃。

唐高祖对玄武门之事已有所耳闻，于是李世民派尉迟敬德进宫担任宿卫。唐高祖见尉迟敬德头戴铁盔，身穿铠甲，手持长矛，大吃一惊，便问：“今日乱者谁邪？卿来此何为？”尉迟敬德回答说：“秦王以太子、齐王作乱，起兵诛之，恐惊动陛下，遣臣宿卫。”唐高祖这才明白刚才发生的一切，于是派人将敕令向众将士宣读，交战双方才放下兵器。玄武门之变以秦王李世民的胜利而结束。

六月七日，高祖立李世民为太子，诏书说：“自今军国庶事，无论大小悉委太子处决，然后闻奏。”实际上，唐高祖已把国家的全部权力交给了李世民。两个月后，唐高祖下达诏书，让位给太子，自己当太上皇。于是李世民在东宫显德殿即位，改元贞观，即中国历史上著名的唐太宗。

贞观之治

从公元627 ~ 649年，这段时间是唐太宗统治的时期。在这期间，封建统治较为开明，经济发展迅速，社会秩序稳定，历史上把这段时期称为“贞观之治”。

唐太宗经历了隋末农民战争，目睹了强大的隋朝怎样在农民起义的打击中分崩离析，因此他时时注意以隋朝的灭亡为教训，十分重视人民的力量。他常常说：“君好比舟，民好比水，水能载舟，亦能覆舟。”因为有了这种认识，唐统治者为了实现长治久安，较为重视民生问题。

在经济上，唐太宗继续实行均田制。均田制规定：凡18岁以上的男子，分给口分田80亩，永业田20亩。口分田在农民死后要归还国家，由国家另行分配；永业田则归农民所有，可以买卖或传给子孙。与均田制相适应的赋役制度是租庸调制。租是指每年纳粟二石；庸是指每年服役20天，可以让农民纳绢代役；调是指每年纳绢二丈、棉三两或布二丈五尺、麻三斤。唐太宗对租庸调制没有进行重大改革，但是在即位后实行了轻徭薄赋的政策，减轻农民的负担。他尽量减少徭役的征发，即使非征不可的徭役也多改在农闲时征发。如公元631年，皇太子承乾年满13岁，需要举行加冠典礼，这样要征发各地的府兵作为仪仗队。唐太宗认为当时正是农忙的季节，不应该影响正常农事，于是下诏将冠礼改在秋后农闲时举行。

⊙ 唐太宗像

唐太宗还很重视兴修水利，朝廷设有专门的官员以“掌天下川渎陂池之政令”，另外还命各地兴修水利。他还经常派使者到各地考察官吏，劝课农桑。

在政治上，唐太宗总结了前代的经验教训，对三省六部制进行了适当变革。唐代时的三省是指尚书省、中书省、门下省。尚书省是执行政令的最高行政机关，尚书省下设有吏、户、礼、兵、刑、工六部，尚书省的最高长官是尚书令，因为李世民曾任尚书令。为了避讳，便以左右仆射作为尚书省的最高长官。中书省主要管理军国大事的审议和决定，负责进奏章表、草拟诏敕等，因而有“中书出诏令”之说，其最高长官是中书令。门下省的职责是对中书省的决议进行审查，不同意的可以驳回，其长官是侍中。三省六部制的实行巩固了中央集权，行政效率明显提高。也正是因为依靠三省六部制，唐太宗的政令才能畅通。

在地方上，唐实行州县制，设刺史和令为州、县长官。唐太宗十分注重地方官吏的选拔，常把刺史的名字写在寝宫的屏风上，并在每个人的名字下记录他的政绩，以决定奖惩。唐太宗规定，县令须有五品以上的中央官员保举，各州刺史必须由皇帝选拔任命。

为了选拔人才，他还确立了完整的科举制度。科举制度为地主阶级知识分子参与政治提供了机会。唐代科举制已实行分科，其中以进士科最重要。有一次，唐太宗在金殿端门俯视新科进士鱼贯而入的盛况，得意地说：“天下英雄，入吾彀中矣。”

在文化教育上，唐太宗尊崇儒学。从贞观二年开始以孔子为先圣，在国学中设置庙堂，以备祀典，并下令各州县都置孔子庙。为培养更多通晓儒学的士人，唐太宗大力兴办学校。在朝廷设国子监、弘文馆、崇文馆，在地方设京都学及府、州、县学。国子监规模很大，曾有8000多学生。

唐太宗还十分重视历史的借鉴作用，他曾说：“以古为镜，可以知兴替。”因此，在贞观年间，史书编纂取得了重要的成就，编了晋、梁、陈、北齐、北周、隋等朝的史书。除此之外，还开始编修国史。

在个人方面，唐太宗提倡节俭，并以身作则。唐太宗即位后，没有大兴土木，建造新的宫殿，而是住在隋朝时建造的已破旧的宫殿里。公元628年秋天，大臣们想为唐太宗建造一座楼阁，但是当年发生了天灾，于是唐太宗就把这件事阻止了。在建造自己的陵寝时，唐太宗亲自制定规格：以山为陵，能放得下棺材即可。

⊙文官图　唐

唐初多因袭隋制，帝王及文武百官均能戴图中所示的黑色帻，至贞观后，则为帝王、内臣所专用。

经过唐太宗的励精图治，唐朝出了政治清明、社会安定、经济发展、文化繁荣的局面。犯罪的人也大大减少了，有一年，全国仅有29人被判死刑。天下百姓路不拾遗、夜不闭户，民风淳朴，呈现出太平盛世的景象。

玄奘取经

玄奘的原名叫陈祎，洛州缑氏（今河南偃师缑氏镇）人，是长安大慈恩寺的和尚。他从13岁出家做和尚起，就认真研究佛学。后来他到处拜师学习，很快就精通了佛教经典，被尊称为三藏法师（三藏是佛教经典的总称）。玄奘发现原来翻译过来的佛经有很多错误，就决定到天竺去学习佛经。

公元629年（一说公元627年），当时唐朝还没有实现全国的统一，突厥经常侵扰中原，边塞局势不稳，唐朝政府禁止出国。玄奘上书朝廷要求出国取经被拒绝。这年秋天，长安闹饥荒，朝廷同意僧侣外出就食，玄奘乘机离开长安，来到边塞重镇凉州。凉州都督执行朝廷命令，逼令玄奘返回长安，幸得当地高僧的帮助得以逃避禁令。他昼伏夜行，风餐露宿，到瓜州时朝廷的通缉令也到了，瓜州州吏为他这种立志求经、勇往直前的精神打动，毅然放他西行。途中他结识了一个西域人，并请他做向导。玄奘越过玉门关不久向导就跑了。他独自一人继续赶路，进入大戈壁。800里的沙漠上无飞鸟，下无走兽，他迷路了，慌乱中又弄翻了水袋。但他曾经发誓，宁可西行而死，决不东归而生，便继续西行。几天后，他昏倒在沙漠里，幸而离绿洲不远，他被凉风吹醒，又找到水源，才摆脱困境。出了大沙漠，玄奘经伊吾国来到高昌国，

⊙ 玄奘像

高昌王麹文泰也笃信佛教，听说玄奘是大唐来的高僧，十分敬重，请他讲经，还恳切地要他留在高昌。玄奘坚决不肯。麹文泰没法挽留，就给玄奘备好行装，派了25人，带着30匹马护送；还写信给沿路24国的国王，请他们保护玄奘安全过境。

·鉴真东渡·

鉴真和尚（公元688～763年）是唐代著名的高僧，俗姓淳于，扬州人，精于佛教律宗。当时日本的佛教还不够完备，日僧荣叡和普照随遣唐使入唐邀请高僧到日本传授戒律，访求十年找到了鉴真。天宝元年(公元742年)，鉴真不顾弟子的劝阻和地方官的阻挠，发愿东渡传法。前四次都未能成行，第五次漂流到了海南岛，荣叡病死，鉴真双目失明。但是他不改初衷，第六次搭乘日本遣唐使团的船只东渡，终于在天宝十三载（公元754年）到达日本，被日本人称为“过海大师”“唐大和尚”。他在日本传播佛教和先进的唐文化，后来被日本天皇任命为大僧都，成为日本律宗的始祖。公元763年，鉴真在日本圆寂。他对中日文化交流作出了巨大贡献，1000多年来一直受到日本人民的敬仰。

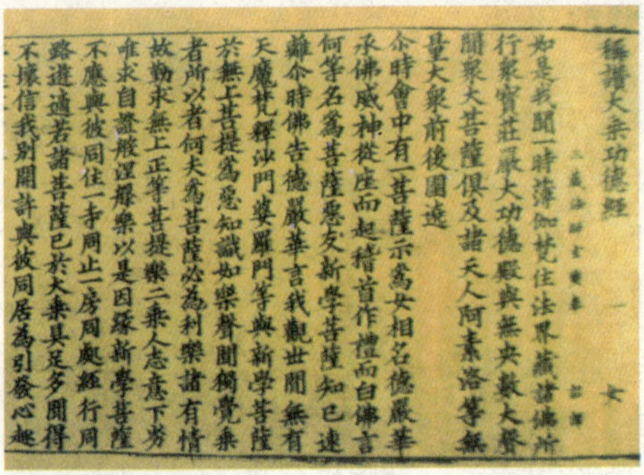

稱讚大乘功德經 一 七

三藏法師玄奘奉 詔譯

如是我聞一時薄伽梵住法界藏諸佛所

行衆寶莊嚴大功德殿與無央數大聲

聞衆大菩薩俱及諸天人阿素洛等無

量大衆前後圍遶

尒時會中有一菩薩示爲女相名德嚴華

承佛威神從座而起稽首作禮而白佛言

何等名爲菩薩惡友新學菩薩知已速

離尒時佛告德嚴華言我觀世間無有

天魔梵釋沙門婆羅門等與新學菩薩

於無上菩提爲惡知識如樂聲聞獨覺乘

者所以者何夫爲菩薩必爲利樂諸有情

故勤求無上正等菩提樂二乘人志意下劣

唯求自證般涅槃樂以是因緣新學菩薩

不應與彼同住一寺同止一房同處經行同

路遊適若諸菩薩已於大乘具足多聞得

不壞信我則開許與彼同居爲引發心趣

⊙ 玄奘译《功德经》内页

玄奘带着一行人马，越过雪山冰河，经历了千辛万苦，到达碎叶城（在今吉尔吉斯斯坦北部托克马克附近），西突厥可汗接待了他们。从那以后，玄奘一路上十分顺利，通过西域各国进入到天竺。

天竺摩揭陀国有一座古老的叫作那烂陀的大寺院。寺里有个戒贤法师，是天竺有名的大学者。玄奘来到那烂陀寺，跟着戒贤法师学习。5 年后，他把那里的经全部学会了。

摩揭陀国的戒日王是个笃信佛教的国王，他听到玄奘的名声后，便在他的国都曲女城（今印度北方邦境内卡瑙季）为玄奘开了一个隆重的讲学聚会。天竺 18 个国的国王和 3000 多高僧都参加了。戒日王请玄奘在会上讲经说法，还让大家讨论。会议开了 18 天，大家十分佩服玄奘的精彩演讲，没有一个人提出不同的意见。最后，戒日王派人举起玄奘的袈裟，宣布讲学圆满成功。

玄奘的游历，不仅在佛学上取得了巨大成功，还促进了东西方的文化交流。公元 645 年，他带着 600 多部佛经，回到阔别 10 多年的长安。他的取经事迹，轰动了长安人民。在长安西郊，他受到朝野僧侣“空城出观”的热烈欢迎。不久，唐太宗又召见了他，随后下令组织规模宏大的译场，调集高僧协助玄奘翻译佛经。

19 年中他共译经论 74 部，1335 卷。他的另一贡献是完成了由他口述、门徒辩机记录而成的世界名著《大唐西域记》。玄奘历时 19 年，跋涉 25000 千米的西游取经，直接沟通了唐朝与中亚、西亚、南亚的联系，特别是中国与印度的友好关系，至今人们仍认为玄奘是中印友好的象征。

文成公主入藏

吐蕃人是藏族的先祖，唐初在青藏高原上生活，并日益壮大起来。大约在公元 620 年，吐蕃赞普（吐蕃人的首领）松赞干布的父亲统一了西藏各个部落。后来，松赞干布做了赞普，把都城迁到逻些（今拉萨），制定了官制和法律，建立了强大的奴隶制政权。松赞干布渴慕唐风，希望能和大唐和亲。

贞观八年（公元 634 年），松赞干布遣使入唐进贡并请婚。唐太宗没答应，派冯德遐前去抚慰。松赞干布又遣使随冯德遐入朝，“多赍金宝，以奉表求婚”，也未获准。贞观十四年（公元640年），松赞干布再遣大相禄东赞带着5000两黄金，数百件珍宝，去长安求婚。唐太宗向禄东赞仔细询问了吐蕃的情况，答应把美丽多才的文成公主嫁给松赞干布。

传说当时到长安求婚的有五个国家的使臣，唐太宗决定出几道难题，考一考这些使臣，谁回答得正确，就把公主许配给谁的国王。

唐太宗叫侍从拿出一颗珍珠和一束丝线，对使臣们说："谁能把丝线穿过珍珠的小孔，就把公主嫁给谁的国王。"这是一颗中间有一个弯弯曲曲小孔的珍珠，叫九曲珍珠。一根软软的丝线怎能从弯弯曲曲的小孔中穿过呢？几位使臣拿着丝线不知怎么办。禄东赞灵机一动，他捉来一只蚂蚁，把丝线拴在蚂蚁的身上，再把蚂蚁放进小孔的一端，然后向小孔内吹气。一会儿，蚂蚁爬出了小孔的另一端，丝线也就在蚂蚁的带动下，穿了过去。

接着，唐太宗又出了第二道难题。他命令马夫赶来100匹母马和100匹马驹，要求辨认一百对马的母子关系。其他使臣束手无策，只有禄东赞想出了办法。禄东赞把母马和马驹分别圈起来，只喂马驹草料，不喂水。过了一天，再把马驹放出来，小马驹渴得厉害，纷纷找自己的妈妈吃奶，就这样，禄东赞辨认出它们的母子关系。

于是，到了公元641年，唐太宗就派礼部尚书、江夏王李道宗护送文成公主，动身进入吐蕃。据《吐蕃王朝世袭明鉴》等书记载，文成公主出嫁队伍非常庞大，唐太宗给的嫁妆非常丰厚。有释迦佛像、珍宝、金玉书橱、360卷经典、各种金玉饰物，又有很多烹饪食物，各类饮料，各种花纹图案的锦缎垫被，卜筮经典300种，用以分别善与恶的明鉴，营造与工技著作60种，治404种病的医方100种，医学论著4种，诊断法5种，医疗器械6种。还带了大量谷物和芜菁种子等入藏。松赞干布于河源迎亲，对唐行子婿之礼，还在逻些专门建筑了一座华丽的王宫，就是现在的布达拉宫。在这座王宫里，松赞干布和文成公主举行了隆重的婚礼。

⊙ 文成公主入藏壁画　吐蕃

文成公主进藏，在吐蕃历史上是一件重大事件。文成公主到达吐蕃，不仅带去各种谷物、蔬菜种子，而且带去了工艺品、药材、茶叶及各种书籍。吐蕃过去没有文字，无论什么事都用绳打结，或在木头上刻符号表示。文成公主劝松赞干布设法造字。于是，松赞干布指令吞弥·桑布扎去研究，后来创制出了30个字母及拼音造句的文法。从此吐蕃有了自己的文字。所有这些，都极大地促进了经济文化的发展。

永徽元年（公元650年），松赞干布去世后，文成公主一直居住在西藏。她热爱藏族同胞，深受百姓爱戴，曾设计和协助建造大昭寺和小昭寺。在她的影响下，汉族的碾磨、纺织、陶器、造纸、酿酒等工艺陆续传到吐蕃；她带来的诗文、农书、佛经、史书、医典、历法等典籍，促进了吐蕃经济、文化的发展，加强了汉藏人民的友好关系。她带来的金质释迦佛像，至今仍为藏族人民所崇拜。永隆元年（公元680年），文成公主逝世，吐蕃王朝为她举行隆重的葬礼，唐遣使臣赴吐蕃吊祭。至今拉萨仍保存藏人为纪念她而造的塑像，距今已1000多年历史。青海省玉树市也建有文成公主庙。庙中央的文成公主坐像，端坐于狮子莲花座上，身高8米，形象生动，雕刻精细。这里一年四季香火不断，酥油灯昼夜长明，前来朝拜的藏汉群众络绎不绝。相传文成公主前往拉萨途中，曾在此地停留很长时间，留下了许多美丽的传说。

女皇武则天

唐高宗是个懦弱平庸的人，他即位以后，把朝政大事交给他的舅父、宰相长孙无忌处理。后来，他又立武则天为皇后，武则天权力欲很强，逐渐掌握了朝政大权，成了中国历史上唯一的女皇帝。

武则天(公元624 ~ 705年)，名曌，并州文水(今山西文水)人。她的父亲武士彠原来是一个很有钱的木材商人，隋末时弃商从戎，成了一名府兵制下的鹰扬府队正。李渊起兵反隋，武士彠转而参加了李渊的军队，后来在唐朝廷为官，官至工部尚书，封应国公。武则天9岁时，父亲死去。14岁时，已经近40岁的唐太宗听说她长得很美，便选她入宫，赐号武媚，人称媚娘，后来又封为才人。

唐太宗死了以后，她和一些宫女依旧制被送到感业寺去做尼姑。唐高宗李治当太子时曾与她有暧昧关系，于是让她蓄发入宫侍寝，封为昭仪。但武则天心里还不满足，想进一步夺取皇后的位子，于是武则天千方百计想陷害王皇后。

武则天生了一个女儿，有一天，王皇后来探望，爱抚地摸了摸，逗了逗。王皇后走后，武则天竟狠心地把女儿掐死，用被子盖好。当高宗来看时，她便诬陷是王皇后杀了她的女儿，使王皇后有口难辩。唐高宗因此大怒，从此动了废王立武的念头。

到了公元655年九月，唐高宗不顾褚遂良、长孙无忌等人的反对，正式提出废王皇后，立武则天为后。

有一天，唐高宗问李勣：“我打算立武昭仪做皇后，褚遂良他们坚决反对，你看这事该怎么办呢？”李勣看见高宗废立决心已下，便说：“废立皇后，这是陛下的家事，何必一定要得到外人同意呢？”许敬宗也说：“农人多割10斛麦子，尚且想换个新媳妇，何况天子富有四海，立新皇后没有什么不可以的！”于是高宗决定，废王皇后为庶人，册封武氏为皇后。

⊙ 武则天像

武则天当皇后以后，很快形成了自己的势力集团，参与朝政。她利用高宗与元老重臣之间的矛盾，在短短几年内，就杀了长孙无忌，罢免了20多个反对他的重臣。武则天对拥护她的人全都重用，李义府、许敬宗因而青云直上，当了宰相。到了后来，武则天甚至同高宗一起垂帘听政，当时朝臣并称他们为“二圣”，即称高宗为天皇，武后为天后。武则天作威作福，高宗一举一动都受她约束。唐高宗很不满，就秘密把大臣上官仪找来，让他起草废武后的诏书。消息传到武则天那里，武则天怒气冲冲地去见唐高宗。她厉声问高宗说：“这是怎么回事？”唐高宗十分害怕，没了主意，就结结巴巴地说：“我本来没有这个

·武则天与乾陵·

乾陵坐落在陕西梁山之巅，距西安80千米。一代女皇武则天和她的丈夫合葬在这里。“乾”是天的意思，按八卦方位，梁山在京城西北，正处在“乾”的方位上，故名乾陵。乾陵所在州县亦随之改称乾州和乾县。陵园海拔千米以上，原有内外两重城墙，内城围墙周长40千米，保存至今的是一组精美的大型石刻群。

武则天葬乾陵，是“头枕梁山，脚蹬渭河，卧望长安”。高岭之巅是长达700米的司马道。步行在司马道上，两边是对称排列的由124件石刻组成的石刻群：标志帝王陵墓的八棱柱形华表；象征明君盛世的祥禽瑞兽——翼马、朱雀，朱雀即鸵鸟，是吐火罗（今阿富汗）特使参加高宗李治葬礼时带来的赠品；为皇帝乘骑的鞍马，旁立牵马的侍从，神情安逸；戴冠持剑、侍卫皇帝的直阁将军，威武健硕。其中还有参加高宗葬礼的外国使者和少数民族首领的宾王石像61尊，可惜石像头部皆被人凿去。在四门外还各置蹲狮、石马，所谓“蕃王俨侍立层层，天马排行势欲腾”。这众多的石刻，屹立于梁山之巅，无不与山陵默契配合，构成一种磅礴的气势，一股肃穆庄严的气氛油然而生。朱雀门东侧是著名的“无字碑”。武则天预料后人将对自己褒贬不一，临终遗言：“己之功过由后人评述。”因此她的纪念碑只字未刻。而人们来到乾陵，面对那空前创举的无字碑时，都不得不对1300年前的女皇帝那超越时代的政治风度赞叹不已，因为历史本身已经对武则天的功过做了最公正的评判。

意思，都是上官仪教我这么干的。”武则天立刻命人杀掉上官仪等人。从此大小政事，都由武则天一人定夺。

唐高宗感到武氏一派的威胁越来越大，担心李家的天下难保，就想趁自己还在世，传位给太子李弘(武则天的长子)。但是，武则天竟用毒酒害死了李弘，立次子李贤做太子。不久，又把李贤废为平民，改立三儿子李显为太子，弄得唐高宗束手无策。

到公元683年十二月，唐高宗病死，太子李显即位，就是唐中宗。武则天以皇太后的身份临朝执政。后来，她容忍不了唐中宗重用韦氏家族的人，又废了唐中宗，立她的四儿子李旦为帝，就是唐睿宗。同时，她不许睿宗干预朝政，一切事务由她自己做主。

载初元年(公元690年)七月，武后的亲信法明、怀义和尚等10人献呈《大云经》，内有女主之文，陈符命，说武则天是弥勒下界，应该做人间主。这一切都是为武则天称帝制造理论根据。九月三日，侍御史傅游艺猜中了武则天的心思，率关中百姓900人上表，请改国号为周，赐皇帝武姓。武则天假装不许，但升傅游艺为给事中。百官及帝室宗戚、百姓、四夷酋长、沙门、道士6万余人又请改唐为周，睿宗皇帝亦不得不上表请改武姓。于是武则天在九月九日宣布改唐为周，改元天授。十二日，武则天受尊号为圣神皇帝，将睿宗皇帝立为皇嗣，赐姓武，以皇太子为皇太孙。十三日，立武氏七庙于神都洛阳，追尊其父王为始祖父皇帝，平王少子武为睿祖康皇帝，又立武承嗣为魏王，武三思为梁王，武氏诸姑姊为长公主。十月，制天下武氏悉免课役。

武则天掌理朝政期间，上承贞观之治，下启开元盛世，经济发展，社会稳定，为唐帝国的全面繁荣奠定了坚实的基础。她重视发展农业，继续推行轻徭薄赋、与民休息的政策；又广开言路，善于纳谏，对符合她意愿的建议她乐意采纳，反对她的意见她在一定程度上也能听取，甚至能容忍对她的人身攻击。

武则天最大的贡献在于改革官制，削

⊙武后步辇图　唐　张萱

弱三省六部制的相权，加强御史台的监督作用；同时打击旧门阀士族，扶植庶族地主出身的官僚，使更多的寒族参与政治。她完善了科举制，为表示对选拔人才的重视，她亲自过问，开创了殿试的先例，并且开设武举，由此培养和选拔了一批文臣武将，如狄仁杰、张柬之等。但武则天任用酷吏、制造冤狱并广开告密之风，形成政治上的恐怖。她生活奢侈，支持佛教，大修宫殿、佛寺，并宠信张易之等小人，朝政日益败坏。

公元 705 年，武则天病重，宰相张柬之等人发动政变，迫使武则天退位，唐中宗复位。同年，82 岁的武则天病死，她生前曾留下"祔庙、归陵，令去帝号，称则天大圣皇后"的遗言，并令人在陵前高高竖起一座无字碑。

开元盛世

李隆基 (公元 685 ~ 762 年)，为唐睿宗李旦第三子，唐第七代皇帝。他性格果断，仪容英武，且多才多艺，尤其擅长音律。他初被封为楚王，后改封为临淄王。

李隆基于景云二年 (公元 711 年) 和姑母太平公主发动政变，将韦后之余党消灭，拥其父睿宗即位。因李隆基除韦后有功，唐睿宗李旦立其为太子。延和元年 (公元 712 年) 七月，西方出现彗星，经轩辕入太微至大角，于是，太平公主遣方士向睿宗进言："彗星是预示当除旧布新之星；彗星一出，帝座也随之变位，这表明太子要为天子了。"他们向睿宗进此言的意思是李隆基将要弑君篡位，让睿宗赶快将其除掉。睿宗不理解他们的意图，说："传位于太子就可避灾，我已经下了决心，传位于他。"

李隆基知道后，急忙入宫，叩头道："我功劳微薄，越诸位兄弟成为太子，已经觉得日夜不安了，如父皇让位于我，会使我更加不安。"睿宗说："我之所以得天下，都是因为你的缘故。现在帝座有灾，传位于你，为的是转祸为福，你怀疑什么？"李隆基仍再三推辞，睿宗说："你是孝子，为什么非要等我死后在柩前即位呢？"李隆基只好流泪应之。太平公主和其同党也力谏皇帝，认为不可让位，但是睿宗主意已决。于是唐睿宗在七月二十五日诏令正式传位于李隆基。

八月三日，李隆基 (玄宗) 即位，尊睿宗为太上皇帝。八月七日，唐玄宗李隆基改元为先天，大赦天下。

玄宗即位之初就重用贤相姚崇和宋璟励精图治。姚崇讲究实际，宋璟坚持原则，守法则正，二人鼎力辅佐朝政，使赋役宽平、刑罚清省、百姓富庶。玄宗不仅重视人才的选拔与任用，而且广开言路，虚心纳谏。姚崇提出的抑制权贵、不接受礼品贡献、接受谏诤、不贪边功等建议，玄宗不仅采纳而且严格执行。宋璟敢于犯颜直谏，玄宗对他又敬又怕。

为改变当时的奢侈之风，玄宗下诏将皇帝服御和金银器玩销毁，重新造成有用的物品，交给国家使用；把珠玉锦绣在殿前焚毁，并规定后妃以下，不准穿锦绣珠玉。在玄宗的倡导下，节俭成了时尚。对日益扩大的佛教势力，玄宗下令严禁建造佛寺道观、铸造佛像、抄写佛经，禁止百官和僧尼、道士往来，并精简僧尼人数，从而扼制了寺院势力。

开元年间，玄宗采取了一系列措施整顿改革。为安定皇位，稳定政局，玄宗采取出刺诸王、严禁朝臣交结诸王和抑制功臣等措施。出刺诸王即玄宗解除诸王皇亲国戚的兵权，让他们做外州的刺史并严格限制他们，使他们不能掌握一地的军政大权，从而无法叛乱。而且规定诸王不能同时留居京城，减少他们和京官接触的机会。对那些功臣权势，玄宗或罢免他们的官职或让他们出任地方官。这就消除了动乱的隐患。为强化皇权，玄宗裁减冗官，加强吏治，革新政治。针对武后以来官吏冗滥的现象，玄宗下令免去员外官、试官、检校官数千人，撤销、合并闲散司、监十余所，从而精简了官僚机构，节约了开支。同时健全监察机构，严格选拔官吏制度，赏罚严明。玄宗对官员实行严格的考核，在开元四年（公元716年）组织的县令考试中，不及格的45人立即被罢免。另外，他还鼓励官员外任。玄宗比较注意发展经济。开元初年，流民人数巨大，玄宗采取检田括户、抑制兼并的措施，下令在全国清查户口和土地，安置逃亡人口，将籍外土地重新分给农民耕种。这样就打击了豪强地主的兼并活动，增加了国库收入。其次大力兴修水利，发展农业。玄宗当政期间，全国共兴建了56项农田水利工程，相当于全唐水利工程总数的20%以上。

玄宗即位后的一系列改革，使政治清明、百姓富庶、国力强盛、社会繁荣昌

·唐长安城·

唐长安城，兴建于隋朝，时称大兴城，唐朝易名为长安城，为隋唐两朝的首都。它是隋文帝君臣建立的中国古代最宏伟的都城，反映出大一统王朝的宏伟气魄。为体现统一天下、长治久安的愿望，城池在规划过程中包揽天时、地利与人和的思想观念。“法天象地”，帝王为尊，百僚拱侍。为容纳更多的人口以及迁徙江南被灭各国贵族以实京师的宏伟计划，将城池建设得超前大，面积达84平方千米，是汉长安城的2.4倍，明清北京城的1.4倍，是同时期的拜占庭王国都城的7倍，是公元800年所建的巴格达城的6.2倍，为当时世界大城之一。长安城由外郭城、宫城和皇城三部分组成，城内百业兴旺，最多时人口接近300万。唐王朝建立后，对长安城进行了多方的补葺与修整，使城市布局更趋合理化。龙首原上大明宫的建立，更显一代帝国一统天下的气度与风范。

盛，唐朝达到了全盛时期。开元二十年(公元732年)，天下人口786万户、4543万人；开元二十八年(公元740年)，天下人口841万户，4814万人。唐都长安有人口百万，是著名的国际文化中心，也是当时世界上最大的城市。唐代不仅商业发达，而且对外贸易兴旺，往来于唐和波斯、天竺、大食等地的商船络绎不绝。数以万计的外国使节、商人、僧侣和留学生居住在长安。开元五年(公元717年)、二十一年(公元733年)，日本派出的遣唐使均在550人以上。气象万千的长安就是开元盛世的最好写照。

雕版印刷术

印刷术是我国古代四大发明之一。它的发明和推广，推动了社会的进步和人类文明的发展，被称为“文明之母”。

雕版印刷术是印刷术最早的印刷模式，它的出现，标志着印刷术的产生，不愧是人类历史上一项划时代的发明。

关于雕版印刷技术发明的年代，学界有好几种说法，有东汉说、东晋说、魏晋南北朝说、隋朝说、唐朝说、五代说、北宋说。但是根据考古研究，有一点是可以肯定的，那就是雕版印刷技术发明在隋末唐初。在发现的唐代雕版印刷品中，最具代表性的是公元868年雕印的《金刚经》和韩国发现的武则天时代的《无垢净光大陀罗尼经》。

雕版印刷术的发明有着深刻的历史背景；伴随着物质基础的充裕和技术条件的成熟，雕版印刷术的产生，已成为历史发展的必然。隋唐以前，造字、镂金、制笔、研墨、造纸等奠定了物质基础，制陶、印章、刻石、捶拓、模像、凸版印花等提供了技术条件，这是一个不断积累、由量变到质变逐渐完善的成长过程。

在物质基础方面，主要是指对雕版印刷术发明起决定作用的纸、笔、墨。造纸术发明后，经过蔡伦、左伯和张永等造纸专家的改进和推广，迅速取代了竹帛。到魏晋南北朝时期，发明了帘床抄纸器，造出了匀细的薄纸；采用涂布技术，提高了纸张的吸墨性能；广泛采用染潢技术，使纸的质量不断提高。造笔和制墨技术均发明于先秦，经过近1000年的改进，魏晋时期已经十分成熟。造纸、造笔和制墨技术的成熟，为雕版印刷术的发明奠定了坚实的物质基础。

在技术条件方面，主要是捶拓与石碑拓本技术和镂花模板、刺孔漏印、凸版印花技术，以及印章与佛像模印技术这三种技术方法的成熟。其一，捶拓与石碑拓本这种方法，在印刷术发明以前，是一种较简便的复制文字的方法。具体操作方法是将洇湿的纸平铺于石上，用软刷将纸刷匀，经过捶打使纸紧贴在石面上，

⊙ 雕版印刷工具 唐

然后再用细布包裹棉花做成拓包，蘸上墨汁，在纸面上轻轻拓刷，因为石上的字是凹进石面的，所以有文字的部分受不着墨，把纸揭下来，便成为一件黑底白字的复制品，这就是拓本，也称拓片。其二，镂花模板、刺孔漏印及凸版印花这些方法，是古代纺织业的印染技术。镂版印花，是用两块雕镂成同样花纹的木板或油纸版等，将织物置于两块花版之间，将其夹紧，然后在雕空处注以色浆，印上花纹；刺孔漏印，是在硬纸板上刺孔成像，然后再进行描画或直接从孔透墨印刷；凸版印花，又称木版印花，其花版不镂空，花纹图案呈阳纹凸起状，印花时，将色浆或染料涂在花版的凸纹线条上，然后铺上丝织物加压，织物上便显出花纹。其三，印章与佛像模印。印章是对镌刻甲骨、金石这一传统的继承。印章有阳文和阴文两种，阳文刻的字是凸出来的，阴文刻的字是凹进去的。

雕版印刷是我国古代应用最早的印刷术，其工作原理是：首先把木材锯成一块块的平木板，把要印的字写在薄纸上，反贴到木板上，然后根据每个字的笔画，用刀一笔一笔雕刻成阳文，使每个字的笔画都凸起在木板上。木板雕好以后，就可以印书了。

印书的时候，先用一把刷子蘸了墨，在雕好的板上刷一下，接着，用白纸覆在板上，另外拿一把干净的刷子在纸背上轻轻刷一下，把纸拿下来，一页书就印好了。一页一页印好以后，装订成册，一本书就做成了。这种在木板上雕字印刷的方法，被称为“雕版印刷”。雕版印刷的版材，古人最初一般选用梓木，所以称刻版为“刻梓”或“付梓”。以后也广泛使用梨木和枣木，故刻版亦被称为“付之梨枣”。

·火药的发明·

火药的研究始于古代炼丹术，中国是最早发明火药的国家，黑色火药在晚唐正式出现。从战国至汉初，帝王贵族们沉醉于神仙长生不老的幻想，驱使一些方士道士炼“仙丹”，在炼制过程中逐渐发明了火药的配方。隋末唐初的医药学家孙思邈在《孙真人丹经》中，记载了世界上最早的火药配方，被称为硫黄伏火法。唐元和三年（公元808年），炼丹家清虚子所著的《铅汞甲庚至宝集成》卷二之中，记载了“伏火矾法”。该法用马兜铃代替了孙思邈方子中的皂角。唐朝末年，火药已开始用于军事。唐哀帝天祐元年（公元904年），郑璠攻打豫章（今江西南昌），他命令兵士“发机飞火”，烧了龙沙门。这是中国首次将火器用于战争的记录。大约在13世纪时，火药传到了阿拉伯、波斯等地，后又从阿拉伯传到了欧洲。

雕版印刷术，具备工艺简单、费用低廉、印刷快捷的显著优点，比之早先的手写传抄要优越百倍，所以一经发明，便受到人们的普遍欢迎，迅速得到推广和传播。

雕版印刷在唐代民间广泛应用于以下三个方面：一、宗教活动。大量佛教、道教经典典籍被印刷出版；二、刻印诗集、音韵书和教学书籍。白居易和元稹的诗集被“模勒”出版，受到百姓喜爱；三、历法、医药等科学书籍的印刷。

雕版印刷术是中国的一项独特的发明，它是无数劳动人民集体智慧和经验的结晶。

口蜜腹剑

唐玄宗执政二十多年，见天下太平，便渐渐滋长了骄傲怠惰的情绪。他觉得，天下太平无事，宰相管政事，将帅守边防，自己何必那么为国事操心。于是，他就追求起奢侈享乐来了。

宰相张九龄看在眼里、急在心上，常常给唐玄宗提意见。唐玄宗本来对张九龄很尊重，但是到了后来，再也听不进张九龄的意见了。

李林甫原是吏部侍郎，奸诈狡猾。他善于拉拢宦官和妃嫔，故而对皇帝的一举一动了如指掌。因此，他每次都能揣测到皇帝的心思而去奏旨，深得唐玄宗的赏识。当时唐玄宗对武惠妃最为宠爱，其子寿王瑁也最受玄宗喜欢。李林甫谄附武惠妃，由此得以擢升为黄门侍郎。开元二十二年(公元 734 年)五月二十八日，李林甫、张九龄、裴耀卿三人分别被唐玄宗任命为礼部尚书、中书令、侍中，同为中书门下三品。

唐玄宗想提升李林甫为宰相，跟张九龄商量。张九龄看出李林甫是个心术不正的人，就直截了当地说：“宰相的地位，关系到国家的安危。陛下如果拜李林甫为相，只怕将来国家就要遭难了。” 李林甫听到这些话，把张九龄恨得咬牙切齿。

朔方(治所在今宁夏灵武)将领牛仙客没读过书，但是很会理财。唐玄宗想提拔牛仙客，张九龄不赞同。李林甫在唐玄宗面前说：“像牛仙客这样的人，是宰相的合适人选；张九龄是个书呆子，没有大局观念。”

有一次，唐玄宗又找张九龄商量任用牛仙客的事。张九龄还是不同意。唐玄宗生气地说：“难道什么事都得由你做主吗！”

经过几件事，唐玄宗越来越讨厌张九龄，加上李林甫的挑拨，终于找了个借口撤了张九龄的职，让李林甫当了宰相。

李林甫当上宰相后，第一件事就是要把唐玄宗和百官隔绝，不许大家在玄宗

⊙李林甫像

面前提意见。

有一个谏官不肯依附李林甫，上奏本向唐玄宗提建议。第二天他就接到命令，被降职去外地做县令了。大家知道这是李林甫的意思，以后谁也不再向玄宗提意见了。

李林甫自知在朝廷中的名声不好。凡是大臣中能力比他强的，他就千方百计地把他们排挤出朝廷。他要排挤一个人，表面上不动声色，笑脸逢迎，却在背地里暗箭伤人。

有一个官员叫严挺之，被李林甫排挤去外地做刺史。后来，唐玄宗想起他，跟李林甫说："严挺之在什么地方？这个人很有才能，可以任用。"李林甫说："陛下既然想念他，我去打听一下。"

退朝后，李林甫忙把严挺之的弟弟找来，说："你哥哥不是一直很想回京城见皇上吗，我有一个办法能让他如愿。"

严挺之的弟弟见李林甫对他哥哥很关心，当然很感激，连忙请教怎么办才好。李林甫说："只要叫你哥哥上一道奏章，就说自己得了病，请求回京城来治病就行了。"

严挺之接到他弟弟的信，果然上了一道奏章，请求回京城看病。这时，李林甫就拿着奏章去见唐玄宗，说："实在太可惜了，严挺之现在已经得了重病，干不了大事了。"

唐玄宗惋惜地叹了口气，也就作罢了。像严挺之这样上当受骗的还有很多。但是，不管李林甫装扮得多么巧妙，他的阴谋诡计还是被人们识破了。人们就说李林甫这个人是"嘴上像蜜甜，肚里藏着剑"（成语"口蜜腹剑"就是这样来的）。

公元 747 年，玄宗欲广招贤士，下令凡有一技之长者，都可到长安参加考试。李林甫下令郡县官吏先行挑选，然后送到尚书省，由尚书复试、御史中丞监试，然后再挑选几人送至皇上。考试结果，李林甫未录取一人，却向玄宗贺喜说："这些人才能平庸，可见野无遗贤。"

李林甫在宰相的职位上，一干就是 19 年，一个个有才能的正直的大臣全都遭到排挤，一批批阿谀奉承的小人都受到重用提拔。就在这个时期，唐朝的政治从兴旺走向衰败，"开元之治"的繁荣景象也消失了，接着就发生了"天宝之乱"（天宝是唐玄宗后期的年号）。

安禄山叛乱

自唐中宗年间起，朝廷开始在边镇设置节度使，作为常设的军事长官。开元年间，节度使的设置越来越多。至天宝元年（公元 742 年），全国共分设了九道节度使，领兵 40 万。节度使逐渐成为集行政、财政、军事大权于一身的最高长官，由此埋下了藩镇坐大的祸根。

唐玄宗在位期间，为加强边境的防御，在重要的边境地区设立了 10 个军镇（也就是藩镇），这些军镇的长官叫节度使。节度使的权力很大，不仅带领军队，还兼管行政和财政。按照当时的惯例，节度使立了功，就有被调到朝廷当宰相的可能。

李林甫掌握朝政大权后，不但排挤打击朝廷的文官，还猜忌边境的节度使。担任朔方等 4 个镇节度使的王忠嗣立了很多战功，他手下就有著名的将领哥舒翰、李光弼等人。李林甫见王忠嗣的功劳大，威望高，怕他被唐玄宗调回京城当宰相，就派人向唐玄宗诬告王忠嗣想拥戴太子谋反，王忠嗣为此险些丢掉了性命。

当时，边境将领中有一些胡人。李林甫认为胡人文化低，不会威胁到自己的地位，就在唐玄宗面前竭力主张重用胡人。在这些胡人节度使中，唐玄宗、李林甫特别欣赏平卢（治所在今辽宁朝阳）节度使安禄山。

安禄山为营州（今辽宁朝阳）人。父亲是胡人，母亲是突厥人，安禄山年幼时父亲就死了，一直随母亲住在突厥族里。他母亲后来嫁给了突厥将军安波注的哥哥安延偃，安禄山也就冒姓安氏，名叫禄山。他在 30 岁前一直混迹在边疆地区，是一个不很安分的商人。30 岁那年步入军旅，在不到 4 年的时间就做到平卢将军。

安禄山经常搜罗奇禽异兽、珍珠宝贝，送到宫廷讨好唐玄宗。他知道唐玄宗喜欢边境将领报战功，就采取许多卑劣的手段，诱骗平卢附近的少数民族首领和将士到军营来赴宴。在酒席上，用药酒灌醉他们，把兵士杀了，又割下他们首领的头，献给朝廷报功。

·藩镇割据·

安史之乱以后，地方节度使的势力进一步膨胀，所据的藩镇俨然成为独立王国，而中央政府却无力控制，形成了弱干强枝的局面。各藩镇中，势力最大为祸也最烈的是安史之乱的降将张忠志、田承嗣、李怀仙所治的成德、魏博、卢龙三镇。他们表面上尊奉朝廷，实际上各拥强兵，自任将吏，自收赋税。其职位也往往父死子继、兄终弟及，朝廷只能事后追认。此外重要的藩镇还有淄青、淮西、宣武、沧景等。藩镇割据使得唐朝后期的政局极为动荡不安，中央政府对藩镇进行了长期的斗争。唐宪宗元和十三年（公元818年），藩镇割据终于得到了控制和清除，唐王朝出现了“元和中兴”的暂时复兴局面。但仅仅两年后，唐宪宗被宦官杀死，藩镇相继恢复割据，一直延续到唐朝灭亡。

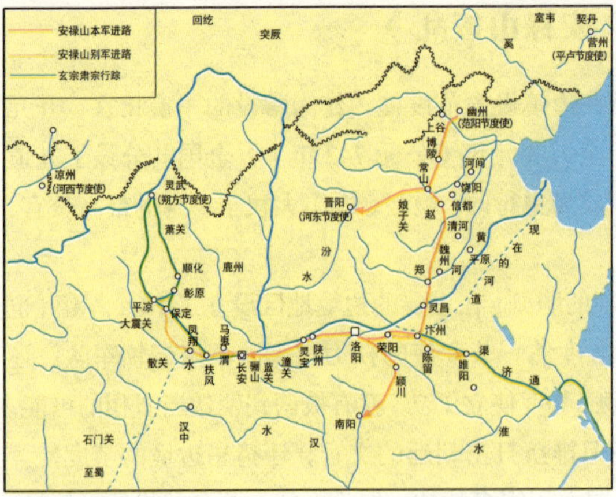

⊙ 安史之乱示意图

唐玄宗常常召安禄山到长安朝见。安禄山抓住这个机会，使出他的手段，逢迎拍马讨唐玄宗的喜欢。安禄山长得特别肥胖，又装出一副傻乎乎的样子。唐玄宗一见到他就高兴得不得了。

安禄山得到了唐玄宗和李林甫的信任，做了范阳、平卢两镇及河东（治所在今山西太原）节度使，控制了北方边境的大部分地区。他秘密扩充兵马，提拔了史思明、蔡希德等一批猛将，又任用汉族士人高尚、严庄帮他出谋划策，囤积粮草，磨砺武器。只等唐玄宗一死，他就准备造反。

没过多久，李林甫病死了，杨贵妃的同族哥哥杨国忠借着他的外戚地位，继任了宰相。杨国忠本来是个流氓，安禄山瞧不起他，他也看不惯安禄山，两个人越闹越僵。杨国忠几次三番在唐玄宗面前说安禄山一定要谋反，但是唐玄宗正在宠信安禄山，自然不相信他的话。

公元 755 年农历十月，安禄山作了周密准备以后，决定发动叛乱。这时，正巧有个官员从长安到范阳来。安禄山便假造了一份唐玄宗从长安发来的诏书，向将士们宣布说："接到皇上密令，要我立即带兵进京讨伐杨国忠。"将士们都觉得事出突然，但是谁也不敢对圣旨表示怀疑。第二天一早，安禄山就带领叛军出兵南下。15 万步兵、骑兵在河北平原上进发，一时间，道路上烟尘滚滚，鼓声震天。中原一带已经有一百年左右没有发生过战争，老百姓好几代没有看到过打仗。沿路的官员逃的逃，降的降。安禄山叛军一路南下，几乎没有遭到什么抵抗。

范阳叛乱的消息传到长安，唐玄宗开始还不相信，认为是有人造谣，到后来警报一个个传来，他才慌了起来，召集大臣商议对策。满朝官员没有经历过这样的大变乱，个个吓得目瞪口呆，不知所措。只有杨国忠反而得意扬扬地说："我早说安禄山要反，我没说错吧。不过，陛下尽管放心，他的将士不会跟他一起叛乱。10 天之内，一定会有人把安禄山的头献上。"

唐玄宗听了这番话，心情才安稳下来。可是，谁知道叛军在短短的时间内便长驱直入，一直渡过黄河，占领了洛阳。

马嵬驿兵变

潼关形势险要，道路狭窄，是京城长安的门户。封常清与驻屯陕州的大将高仙芝一起退守潼关(今陕西潼关东北)。玄宗听信监军宦官的诬告，杀死高、封两人，起用病重在家的大将哥舒翰统兵赴潼关。叛将崔乾祐在潼关外屯兵半年，没法攻打进去。

叛军攻不进潼关，但是关里的唐王朝内部却生起事端。哥舒翰主张在潼关坚守，等待时机；郭子仪、李光弼也从河北前线给唐玄宗上奏章，请求引兵攻打安禄山的老巢范阳，让潼关守军千万不要出关。但是，宰相杨国忠却反对这样做。他在唐玄宗面前说潼关外的叛军已经不堪一击，哥舒翰守在潼关按兵不动，歼灭叛军的时机会丧失掉。昏庸的唐玄宗听信杨国忠的话，接二连三派使者到潼关，逼哥舒翰带兵出潼关。

哥舒翰明知出关凶多吉少，但是又不敢违抗皇帝的圣旨，只好痛哭一场，带兵出关。关外的叛将崔乾祐早已做好准备，只等唐军出关。崔乾祐派精兵埋伏在灵宝(在今河南省西部)西面的山谷里。哥舒翰的20万大军一出关，就中了埋伏，20万大军几乎被叛军打得全军覆没。哥舒翰也被俘虏了。

潼关失守后，关内已无险可守。从潼关到长安之间的一些地方官员和守兵，都纷纷弃城而逃。到了此时，唐玄宗才感到形势危急，他让杨国忠赶紧想办法。杨国忠召集文武百官商量，大家都失魂落魄，谁也想不出一个好主意来。杨国忠知道留在长安已经没有了生路，就劝玄宗逃到蜀地去。当天晚上，唐玄宗、杨国忠带着杨贵妃和一群皇子皇孙，在将军陈玄礼和禁卫军的护卫下，悄悄地打开宫门，逃出了长安。他们事先派了宦官到沿路各地，让官员准备接待。

谁知，派出的宦官早已经自顾逃命了。唐玄宗一伙人走了半天也没有人给他们送饭。他们走走停停，第三天到了马嵬驿(在今陕西兴平市西)。随行的将士疲惫不堪，饥渴难忍。他们心里越想越气，好好的长安待不住，弄得到处流亡，受尽辛苦。他们认为，这全都是受了奸相杨国忠的拖累，这笔账应该向杨国忠算。

⊙ 明皇幸蜀图　唐　李昭道

此图描绘唐玄宗为避安史之乱而行于蜀中的情景，画中山石峻立，着唐装的人物艰难行于途中。

这个时候，有二十几个忍饥受饿的吐蕃使者拦住杨国忠的马，向杨国忠要粮。杨国忠正忙着应付，周围的兵士便嚷起来："杨国忠要造反了！"一面嚷，一面向他射起箭来。

兵士们杀了杨国忠，情绪更加激昂起来，把唐玄宗住的驿馆也包围了。唐玄宗听到外面的吵闹声，问是怎么回事，左右太监告诉他，兵士们已把杨国忠杀了。唐玄宗大惊失色，不得不扶着拐杖，走出驿门，慰劳兵士，要将士们回营休息。

兵士们哪里肯听唐玄宗的话，照样吵吵嚷嚷。玄宗派高力士找到将军陈玄礼，问兵士们不肯散的原因。陈玄礼回答说："杨国忠谋反，贵妃也不能留下来了。"

⊙ 杨贵妃像
杨贵妃（公元 719 ~ 756 年），蒲州永乐（今山西永济）人，小名玉环，自幼丧父，在叔父家长大，后入选寿王府，被封为寿王妃。天宝四载（公元 745 年）八月，唐玄宗册封杨玉环为贵妃，从此恩宠十余年，杨门也随之显贵。

玄宗说："贵妃常居深宫中，怎知国忠谋反之事呢？"高力士回答说："贵妃实是无罪，但禁军将士已杀其兄国忠，贵妃伴陪陛下左右，将士心中不安。愿陛下三思，禁军将士安则陛下安。"无奈，唐玄宗为了平息变乱，只好下了狠心，叫高力士把杨贵妃带出去，用带子勒死了。将士们听到杨贵妃已经被处死，总算除了一口恶气，撤回了军营。

唐玄宗经过这场兵变打算继续西行，老百姓将他拦住，让他留下来还击安禄山。玄宗便分 3000 人给太子李亨，令太子击破逆贼，收复长安。

天宝十五载（公元 756 年）七月，太子李亨于灵武即皇帝位，是为肃宗，尊玄宗为太上皇帝，改元至德。

草人借箭

唐玄宗匆忙逃出长安不久，安禄山的叛军便攻进了长安。郭子仪、李光弼得到长安失守的消息，不得不放弃河北，李光弼退守太原，郭子仪回到灵武驻守。原来已经收复的河北郡县又重新被叛军占领。

叛军在进入潼关之前，安禄山派唐朝的将领令狐潮去攻打雍丘（今河南杞县）。令狐潮原来是雍丘县令，安禄山占领洛阳的时候，令狐潮就投降了他。雍丘附近有个真源县，县令张巡不愿投降，就招募了 1000 多个壮士，占领了雍丘。令狐潮带了4万叛军来进攻。张巡和雍丘将士坚守60多天，将士们穿戴着盔甲吃饭，负了伤也不下战场，打退了叛军300多次进攻，叛军死伤无数，终于迫使令狐潮不得不退兵。

令狐潮又集合人马来攻城。张巡组织兵士在城头上射乱箭把叛军逼回去。但是，日子久了，城里的箭射光了。为了这件事，张巡非常心急！

一天深夜，雍丘城头上一片漆黑，隐隐约约有成百上千个穿着黑衣服的兵士，沿着绳索往墙下爬。这一情况被令狐潮的兵士发现了，报告给了主将。令狐潮断定是张巡派兵偷袭，就命令兵士向城头放箭。直到天色发白，叛军才看清楚，原来城墙上挂的全是草人。

张巡的兵士们在雍丘城头上高高兴兴地拉起草人。那千把个草人上，密密麻麻插满了箭。兵士们查点了一下，竟有几十万支之多。这样一来，城里的箭就足够用啦！

又过了几天，与前几天夜里一样，城墙上又出现了"草人"。令狐潮的兵士见了又好气，又好笑，以为张巡又来骗他们的箭了。于是，谁也不去理它。

哪儿知道这一次城上吊下来的并非草人，而是张巡派出的500名勇士。这500名勇士乘叛军没有准备，向令狐潮的大营发起突然袭击。令狐潮无法组织起有效的抵抗，几万叛军失去指挥，四处乱奔，一直逃到十几里外，才停了下来。令狐潮连连中计，气得咬牙切齿，又增加了兵力攻城。他屯兵在雍丘北面，不断骚扰张巡的粮道。叛军有几万人之多，张巡的兵士不过一千人，但是张巡瞅准机会就出击，总是得胜而回。

过了一年，睢阳(今河南商丘)太守许远派人向张巡告急，说叛军大将尹子奇带领13万大军要来进攻睢阳。张巡接到告急文书，马上带兵去了睢阳。

肃宗至德二年(公元757年)七月六日，叛军大将尹子奇又起兵数万攻打睢阳。睢阳城被围多日，粮食已吃尽，将士每人每天只能以米一盒，杂以茶纸、树皮而食。张巡令部将南霁云率30骑奋杀突围，求救于临淮。但临淮守将惧怕贼兵，拥兵不救。叛军知道临淮守将不来救援的消息后，围攻更急。茶纸被吃光，便杀战马而食；马亦杀光，又罗雀掘鼠而食；雀鼠也尽，张巡忍痛杀已之爱妾，许远也杀其奴，以供士兵之食；然后尽杀城中妇人食之，继之以男子老弱。当时城中人知必死，无一叛者，最后只剩下400余人。十月九日，叛军攻上城头，守城士卒都因病或因饿无力再战。张巡、南霁云、雷万春等36人都被杀害。张巡临死时毫无惧色，大义凛然。

中兴名将李光弼

李光弼是契丹人，原籍营州柳城(今辽宁朝阳)。父亲李楷洛原本是契丹首领，武则天年间归顺唐朝，被封为左羽林大将军。李光弼从小擅长骑马射箭，为人严肃坚毅，沉着果断，具有雄才大略。早年担任左卫亲府左郎将，后来逐渐晋升为河西节度使王忠嗣的府兵马使，王忠嗣非常赏识他，对他十分优待。

安禄山发动叛乱后，大将军郭子仪知道李光弼是一位了不起的将才，就推荐他为河东节度副使，后任朔方节度使、兵马副元帅。

李光弼执法严明，言行一致。唐肃宗即位后，李光弼奉命来到灵武，做了户部尚书。当时太原节度使王承业政务松弛，侍御史崔众掌握兵权，号令不行，唐肃宗便命李光弼带兵5000人至太原，接过了崔众的兵权。

公元757年，叛将史思明、蔡希德以10万大军围攻太原。当时留守的李光弼军队不足1万人，双方力量相差很大。将士们都主张加固城墙，全力坚守。李光弼认为这是消极防守，应该在防守中积极主动地出击。李光弼动员百姓拆掉房屋做擂石车，叛军靠近则发石攻打。史思明则命令部下建造飞楼，围上帐幕，筑土山接近城墙。李光弼便组织人力挖地道直到土山下，这样，土山便自然倒塌了，然后出其不意派精兵出击。史思明害怕了，留下蔡希德继续攻城，自己先逃走了。李光弼看出叛军力量削弱，军心动摇，便抓住这一时机，组织主力军奋勇出击，史思明军队迅速溃败。

公元759年，史思明杀了安庆绪，改范阳(今北京西南)为燕京，自称为大燕皇帝。不久，史思明整顿人马准备重新攻打洛阳，唐肃宗加封李光弼为太尉、中书令，命令他去攻打叛军。李光弼到了洛阳，当地官员听说叛军势力强大，都很害怕，主张退守潼关。李光弼权衡了一下，认为这个时候官兵决不能退，但可以转移到河阳(今河南孟州市)。史思明率兵进入洛阳后，发现是一座空城，只得

·募兵制·

从武则天开始，由于均田制遭到破坏，建立在其基础之上的府兵制也开始崩溃。唐玄宗于开元十年（公元722年）采纳建议，下令实行招募宿卫的新办法。招募来的职业兵称长从宿卫，分别隶属于十二卫。这种雇佣兵以当兵为职业，长期在军中服役，由国家供给资粮，保障武器，而且免除赋税。开元二十五年（公元737年），朝廷改革征防军，面向社会招募情愿入伍长期驻扎边镇者，可以自带家口，由政府供给田宅，这种兵称作长征健儿。从此，征兵制改为了募兵制。天宝八载（公元749年），府兵制正式废除。这种兵制上的变化，对以后的社会政治和军事产生了巨大的影响，宋、明末、清末、民初都实行募兵制。

率军到河阳南面与唐军对峙。

史思明为了显耀自己兵强马壮，每天把一批批战马牵到河边洗澡。李光弼见状，想出一计。他命令将军中500多匹马集中起来，把小马关在厩里，待史思明放马洗澡之时，把母马赶到城外。母马思念小马，便嘶叫起来，而史思明的马听到马群叫声，立即挣脱缰绳，浮水泅过河来。史思明一下子失去了上千匹好马，气得咬牙切齿，立即纠集几百条战船，前面用一条火船开路，准备把唐军浮桥烧掉。李光弼得到消息，命令士兵准备几百条粗长竹竿，用铁甲裹扎竿头。待叛军的船靠近后，唐军几百条竹竿一齐顶住火船，火船无法靠近，很快便烧沉了。唐军又在浮桥上发射擂石机关炮攻击叛军，叛军死伤无数，仓皇逃窜。不久，李光弼打败了史思明。

李光弼多次扫平叛乱，战功卓著，后来被晋封为临淮郡王。不久，图像悬挂于凌烟阁，赐铁券、予一子以三品衔。后因受宦官牵制，在洛阳北邙山战败。宦官鱼朝恩和程元振屡次在皇帝面前进谗言，蓄意加害李光弼，李光弼也一度被撤了帅职。

后来，史思明被他的儿子史朝义杀死。公元763年，史朝义兵败自杀。从安禄山发动叛乱，到史朝义失败，中原地区经历了8年的战火浩劫，史称“安史之乱”。

李愬夜袭蔡州

安史之乱使唐王朝由盛转衰，朝廷权威下降，地方藩镇势力强大；父死子继，不服从中央委派，控制财、政、军权，形成割据。代宗、德宗朝都实行削藩以加强中央集权，但成效甚微。宪宗即位时，长安毗邻的淮西镇已割据50余年，严重威胁朝廷，宪宗决定征讨。

公元814年农历闰八月，淮西节度使吴少阳死，其子吴元济自领军务，并发兵四出侵掠。对淮西早有戒心的唐宪宗，遂于十月以严绶为招抚使，督诸道兵进讨。但严绶无能，被吴元济打败。宪宗以韩弘为将代之，但韩弘出于私心，想以贼自重，不愿淮西速平，以至损兵折将，让淮西军气焰更加嚣张。正当宪宗为淮西战事毫无进展犯愁之际，身为太子詹事的李愬挺身而出。宪宗龙颜大悦，让宰相裴度领军，李愬为先锋，进征淮西。

公元817年一月李愬任唐、随、邓三州节度使后，着手制定奇袭吴元济老巢蔡州的战略方案。他至唐州抚恤伤卒，假装自己懦弱以使淮西军松懈轻敌。在与叛军的几次交锋中，他对俘捉的敌方兵将，皆以礼相待，不加侮辱，让他们感恩而愿死心塌地归顺，并详尽地把淮西的战备情况告诉他，使他知己知彼。有一次，唐军俘获了吴元济手下骁将丁士良，士兵们请求把他的心挖出以解众恨，但李愬见丁面无惧色，暗自叹服，令为其松绑，免其死罪。丁士良本以为必死，没想到李愬放了他，泪水顿时倾眶而出，给李愬跪下感谢并言愿以死报李之厚爱。李愬扶起他，任他为“捉生将”，又用其计擒住淮西又一骁将吴秀琳，并以礼相待，吴秀琳也感激不尽，愿报效朝廷。李愬发现吴秀琳部下有个叫李宪的，智勇双全，很是喜欢，便为其改名“忠义”，帐下留用。

不久李愬设计生擒了吴元济军中骨干李祐，此人精于谋略又勇武善战，之前屡败唐军，令唐军损失惨重。唐营部将纷纷请求杀掉他，李愬为保护他，在派人押他入京时，密奏宪宗，请求赦免李祐以为己用，并强调若杀之则淮西难平。宪宗在李愬的苦求下赦免了李祐。李愬当即任他为“六院兵子使”，让他配刀出入大本营。李祐为李愬对己信赖有加而感激涕零，随即献计“雪夜袭蔡州”。李愬大喜。

公元817年农历十月十日，大雪纷飞，寒风凛冽，这天下午，李愬突然号令三军紧急集合，以李祐、李忠义为先锋率三千人马东进，自己率主力跟进，唐州刺史田进诚引3000人殿后。部队东急行60里，袭占沿途要点，抵汝南张柴村后，李愬令丁士良领500人留守以断诸道桥梁；又遣兵五百警戒朗山，然后向全军宣布此行目的是去蔡州捉拿吴元济。全军将士大惊失色，监军大哭：“果堕李祐奸计！”李愬不作理会，令三军继续前进。士兵们以为此行有去无还，但将令不敢违抗，只得前进。时“大风雪，旌旗裂，人马冻死者相望”，夜半，风雨更加肆虐，唐军在四点钟抵达了蔡州城下。蔡州自李希烈反唐以来，经吴少诚、吴少阳到吴元济，官军不至此地已30多年了，因此，吴元济毫无防备。李祐、李忠义首当其冲，率兵在城墙上掘坎而上，杀掉熟睡的门卒，只留更夫继续打更，城中像什么也没发生一样平静如常，唐军神不知鬼不觉地已进至内城。

⊙ 王建《赠李愬仆射》诗中记叙了夜袭蔡州城时风雪交加、人马息声的行军场面，从这组唐骑兵蜡像可以想见当时的情景。

鸡鸣时分，风雪稍停，李愬军已占据吴元济的外衙，这时守卫才发现情况异常，忙告于吴元济。吴元济此时还未睡醒，听到报告，不以为然，说：“慌什么？这是俘虏抢东西罢了，等天亮时把他们全杀了就是。”稍后又有士兵报城已失守，吴元济仍不在意，说这一定是驻洄曲的士兵索取寒衣来了。及至听到李愬军中号令之声，吴元济才大惊，忙组织军队登牙城抵抗，但此时唐军已全部蜂涌入城，他哪能挡得住？无奈之下吴元济出城投降，李愬把他解送长安，淮西遂平。

永贞革新

唐德宗宠信宦官，贪得无厌的宦官便想尽办法来盘剥百姓，不择手段地掠夺财物。他们设立了“宫市”，派太监专门到宫外采购宫里需要的东西。这些太监看到他们需要的货物，只付给百姓十分之一的价钱，强行购买。后来，索性派了几百个太监在街上瞭望，看中了就抢走，叫作“白望”。

还有一些宦官在长安开设“五坊”。五坊是专门替皇帝调养雕、鹘、鹞、鹰、狗的地方。五坊里当差的太监，叫作五坊小儿。这批人饱食终日，无所事事，专门向百姓敲诈勒索。

那时候，太子李诵住在东宫，由两位官员——王叔文、王伾陪伴读书。太子读书之余，喜欢下棋写字。而王叔文和王伾，一个是个好棋手，一个写得一笔好字，于是他们俩就经常在东宫陪太子读书下棋。

王叔文是下级官员出身，多少了解一些百姓疾苦。他趁跟太子下棋的机会，向太子反映外面的情况。太子听到宦官借宫市为名在外面胡作非为，大为不满。有一次，几个侍读的官员在东宫议论起这件事，太子气愤地说：“我见到父皇，一定要告知这件事。”

王叔文说：“我看殿下眼下还是不宜管这些事。如果坏人在皇上面前挑拨离间，说殿下想收买人心，皇上怀疑起来，殿下很难辩白。”

太子猛然醒悟说：“没有先生提醒，我很难想到这一点。”

从此，太子对王叔文更加信任。王叔文认为德宗已是暮年，太子接替皇位是迟早的事，就私下替他物色朝廷中有才能的官员，跟他们结交。

没想到过了一年，太子得了中风病，说不出话来。年老的唐德宗为此事急出病来，贞元二十一年（公元805年）正月二十三日，德宗去世，时年64岁。二十六日，太子李诵于太极殿即皇帝位，是为顺宗。

顺宗即位前，已因中风而不能说话，所以不上朝堂处理国事。

唐顺宗不能说话，只得靠原来在东宫伴他读书的官员王叔文、王伾来帮他处理朝政。王叔文明白自己力量不够，不便公开掌握朝政大权，只好请一个老资格

⊙三彩宦官俑　唐

的官员韦执谊出来做宰相，自己当一名翰林学士，为顺宗起草诏书。他和韦执谊、王伾相互配合，又起用了刘禹锡、柳宗元等一些有才能的官员，这才把朝政大权揽了过来。

王叔文掌权后，第一件要做的就是整顿宦官欺压百姓的坏风气。他替唐顺宗下了一道诏书，免了一些苛捐杂税，统统取缔了宫市、五坊小儿一类欺负百姓的事。这个措施一实行，长安百姓个个拍手称快，一些作恶多端的宦官却气歪了脸。

王叔文又对财政制度进行了改革，历史上称为“永贞革新”（“永贞”是唐顺宗的年号）。

王叔文大力度的改革，自然触犯了掌权的宦官。宦官头子俱文珍认为王叔文的权力过大，便以顺宗的名义解除了王叔文翰林学士的职务。

不出一个月，俱文珍又勾结一批拥护他们的老臣，以顺宗病重不能执政为由，由太子李纯监国。又过了一个月，太子正式即位，这就是唐宪宗。

顺宗一退位，俱文珍等一批宦官立刻把王叔文、王伾革职，贬谪到外地去。第二年，又处死了王叔文。“永贞革新”不到一年就全盘失败，那些支持王叔文一起改革的官员也受到了牵连。

朋党之争

宦官专权时期，朝廷官员中凡是有反对宦官的，大都受到打击排挤。一些依附宦官的朝官，又分成两个不同的派别。牛党是以牛僧孺、李宗闵为首的官僚集团，李党是以李德裕为首的官僚集团。唐宪宗时，两党政争开始，穆宗时朋党正式形成，历经敬宗朝、文宗朝、武宗朝、宣宗朝，两党此起彼伏，反复较量，持续达半个世纪之久。两党斗争的形式是交替掌权，一党掌权，就积极排挤另一党，把朋党利益置于国家利益之上。两派官员互相攻击，争吵不休，这样闹了40年，历史上把这场政治争斗叫作“朋党之争”。

这场争吵开始于唐宪宗在位之时。有一年，长安举行考试，选拔能够直言敢谏之人。在参加考试的人中有两个下级官员，一个叫李宗闵，另一个叫牛僧孺。两个人在考卷里都批评了朝政。考官看了卷子后，认为这两个人都符合选拔的条件，就把他们向唐宪宗推荐了。

宰相李吉甫知道了这件事。李吉甫是个士族出身的官员，他本来就对科举出身的官员有想法，现在出身低微的李宗闵、牛僧孺居然对朝政大加指责，揭了他的短处，更加令他生气。于是他在唐宪宗面前说，这两人被推荐，完全是因为跟考官有私人关系。唐宪宗对李吉甫的话深信不疑，就把几个考官降了职，李宗闵和牛僧孺也没有得到提拔。

李吉甫死后，他的儿子李德裕凭借他父亲的地位，做了翰林学士。那时候，李宗闵也在朝做官。李德裕对李宗闵批评他父亲这事件，仍旧记忆犹新。

唐穆宗即位后，又举行了进士考试。有两个大臣因为有熟人应考，就在私下里与考官沟通，但是考官钱徽没卖他们人情。正好李宗闵有个亲戚应考，结果被选中了。这些大臣就向唐穆宗告发钱徽徇私舞弊。唐穆宗问翰林学士，李德裕便谎称有这样的事。唐穆宗于是降了钱徽的职，李宗闵也受到牵连，被贬谪到外地去做官。

李宗闵认为李德裕存心排挤他，恨透了李德裕，而牛僧孺当然同情李宗闵。从这以后，李宗闵、牛僧孺就跟一些科举出身的官员结成一派，李德裕也与士族出身的官员拉帮结派，双方明争暗斗得很厉害。

唐文宗即位之后，李宗闵利用宦官的门路，当上了宰相。李宗闵向文宗推荐牛僧孺，把牛僧孺也提为宰相。这两人一掌权，就合力对李德裕进行打击，把李德裕调出京城，派往四川(治所在今四川成都)做节度使。

唐文宗本人因为受到宦官控制，没有固定的主见。一会儿用李德裕，一会儿用牛僧孺。一派掌了权，另一派就日子不好过。两派势力就像走马灯似的轮流转换，把朝政搞得十分混乱。

牛、李两派为了争权夺利，都向宦官讨好。李德裕做淮南节度使的时候，监军的宦官杨钦义被召回京城，人们传说杨钦义回去必定掌权。临走的时候，李德裕就办酒席请杨钦义，还给他送上一份厚礼。杨钦义回去以后，就在唐武宗面前竭力推荐李德裕。到了唐武宗即位以后，李德裕果然当了宰相。他竭力排斥牛僧孺、李宗闵，把他们都贬谪到南方去。

⊙ 朋党之争图

唐代党争既有传统士族与庶族斗争的一面，又混杂了大官僚地主阶级之间的斗争。争斗中两派又援引宦官作靠山，得势后便大力排挤政敌，从而演变成为掌权而进行的互相倾轧，结果进一步加深了统治危机。

·甘露之变·

唐后期宦官大权在握，不仅引起官僚的不满，而且也使帝位受到威胁。公元835年，唐文宗与宰相李训、郑注等合谋诛灭宦官。当文宗在紫宸殿上朝时，李训使人报告在左金吾仗院内石榴树上，冬夜降甘露，空中有紫云。这是吉祥的征兆，百官纷纷去看。宦官仇士良到左金吾厅时，有风吹动帷幕，他发现幕后有埋伏，便急忙挟持文宗退入内殿，随后就派禁兵大杀朝臣官吏，逢人便杀。甘露之变后，宦官更加专横，向上胁迫皇帝，向下视宰相官员如草芥。文宗自叹受制于家奴，痛不欲生。以后的皇帝更是宦官的傀儡，从而唐朝内部日益混乱和分裂，政治日益腐朽黑暗。

公元 846 年，唐武宗病死，宦官们立武宗的叔父李忱即位，就是唐宣宗。唐宣宗对武宗时期的大臣全都排斥，即位的第一天，就把李德裕的宰相职务撤了。

李德裕一贬再贬，于公元 848 年死于贬所，从此李党瓦解，牛李党争以牛党的胜利告终。宣宗以后，牛李两派的领袖人物相继去世，朋党终于停息。

历经六朝近 40 年的牛李党争，使官僚集团陷于严重的内耗之中，他们为争夺自身的政治权力而丧失理智，不惜一切，乃至损害国家人民的利益，但两党官员有些还是做出一些政绩的。如李党首领李德裕曾经辅佐朝廷北破回纥，安定边陲；又平定昭义镇叛乱；抑制宦官权力，并裁减冗官、禁断佛教。但他却又不择手段维护自己的同党，陷害敌党，可惜一代名相身陷朋党倾轧中而“功成北阙，骨葬南溟”。

黄巢起义

唐朝末年，经过藩镇混战、宦官专权和朝廷官员中的朋党之争，朝政混乱不堪。尽管唐宣宗是一个比较精明的皇帝，但也不能改变这种局面。唐宣宗死后，先后接替皇位的唐懿宗李漼、僖宗李儇只知寻欢作乐，追求奢侈糜烂的生活，腐朽到了极点。僖宗初年，河南、山东一带连年天灾，庄稼颗粒不收，许多人以草籽、槐树叶充饥，而官府只知向百姓搜刮。于是，唐末大规模的农民起义在这里爆发。

公元 874 年，也就是唐僖宗即位那一年，濮州 (治所在今河南范县) 地方有个盐贩首领王仙芝，带领几千农民，在长垣 (在今河南) 起义。王仙芝称自己为天补平均大将军，发出文告，揭露朝廷造成贫富不等的罪恶，这个号召很快得到贫苦农民的响应。不久，冤句 (今山东曹县北) 地方的盐贩黄巢也起兵响应。

后来，黄巢和王仙芝两支起义队伍汇合了，继而转战山东、河南一带。黄巢决定跟王仙芝分两路进军，王仙芝向西，黄巢向东。不久，王仙芝率领的起义军在黄梅(在今湖北)打了败仗,他本人也被唐军杀死了。

王仙芝失败后，剩余的起义军重新与黄巢的队伍会合，大家推黄巢为王，又称冲天大将军。

当时在中原地区的官军力量还比较强，起义军进攻河南的时候，唐王朝在洛阳附近集中大批兵力准备围攻。黄巢看出官军的企图，决定攻打官军兵力薄弱的地区，于是带兵南下。后来，一直打到广州。

⊙ 黄巢像

起义军在广州休整后不久，岭南地区发生了瘟疫。黄巢于是决定挥师北上。

公元 880 年，黄巢统率 60 万大军开进潼关，声势浩大。

起义军攻下了潼关，唐王朝惊恐万状。唐僖宗带着妃子和宦官头子田令孜，向成都出逃，来不及逃走的唐朝官员全部出城投降。

过了几天，黄巢在长安大明宫称帝，国号叫大齐。经过 7 年的斗争，起义军终于取得了胜利。

但是，黄巢领导的起义军长期流动作战，攻占过的地方，都没留兵防守。几十万起义军占领长安以后，四周还是官军势力。没过多久，唐王朝便调集各路兵马，把长安围住。长安城里的粮食供应出现了严重困难。

黄巢派出大将朱温在同州(今陕西大荔)驻守。在起义军最困难的时候，朱温竟投降了唐朝。

三月，唐僖宗任用先前因兵败逃往鞑靼部落的李克用父子以攻击黄巢军。李克用率沙陀兵 5 万讨伐起义军，取得成效。四月，联合忠武、河中、义武等军击溃黄巢军，收复长安。

黄巢带领起义军撤退到河南时，又遭到朱温、李克用的围攻。公元 884 年，黄巢攻打陈州(治今河南淮阳)失利，官军紧紧追赶。最后，黄巢在泰山狼虎谷兵败遇害。

长达 10 年之久的唐末农民大起义沉重地打击了唐朝政权，导致统一王朝彻底的大分裂。黄巢虽没有灭亡唐朝，但土崩瓦解的唐王朝已名存实亡。

五代十国

海龙王钱镠

开平元年(公元907年)四月，梁王朱温即帝位，国号大梁，建元开平，是为梁太祖。大梁的建立，标志着中国重新分裂，五代十国的混战从此开始。

朱温又名朱全忠，他原本是黄巢部将，后见起义军大势已去，便举兵降唐。唐朝廷授朱温任宣武军节度使、右金吾大将军、河中行营招讨副使，赐名全忠，后授为梁王。朱温先后杀昭宗、立幼主、屠诸王、灭朝士，摧残唐王朝的统治。

公元907年农历正月，朱温强迫哀帝下诏，定于二月禅位。三月，哀帝正式降下御札，禅位于朱温。四月，梁王朱温更名朱晃，服衮冕，登上皇帝宝座，史称后梁太祖。改元开平，国号大梁，以汴州为开封府，称东都。以唐东都洛阳为西都，废唐西京长安，改称大安府，置佑国军。将哀帝降为济阴王，迁于曹州，派兵防守，次年将哀帝杀死。将枢密院撤废，另设崇政院，任命首辅敬翔为使。

至此，自武德以来经21帝、289年的李唐王朝为梁王朱温所亡。以后50多年的时间里，中原地区前后更替了5个王朝——梁、唐、晋、汉、周(为了跟以前相同名称的王朝区别，历史上把它们称作后梁、后唐、后晋、后汉、后周)，合称为五代。五代时期，在南方和巴蜀地方，还出现了许多割据政权，有的称王，有的称帝，前后建立了九个国(前蜀、吴、闽、吴越、楚、南汉、南平、后蜀、南唐)，加上建立在北方的北汉，一共是十国。所以又把五代时期称作“五代十国”时期。

朱温刚一即位，镇海(治所在今浙江杭州)节度使钱镠第一个派人到汴京祝贺，表示愿意臣服于梁。朱温很高兴，立即把他封为吴越王。

吴越王钱镠为唐代镇海、镇东节度使。后梁灭唐后，于后梁龙德三年(公元923年)二月，派兵部侍郎崔协等为使，拉拢钱镠并册封其为吴越国王。从此，吴越开始建国，都城设在杭州。

吴越国王钱镠为杭州临安人，出身寒门。年轻时以贩私盐为生，后应募参军，慢慢掌握军权而占据两浙之地。唐末时被封为越王和吴王。后梁初立，吴越为提高自身地位及加强国力，一改别国的做法而和后梁建立良好的外交关系，被封为吴越王兼淮南节度使。他虽受封却不对梁称臣而称吴越国，次年改元天宝，是一个表面臣属而实际独立的政权。吴越国的版图在十国之中较为狭小，包括杭、越、湖、苏等 13 州。因其国小力弱，孤处东南，所以一直对北方朝廷示好纳贡，以联络中原抗衡周边政权为国策。

钱镠当上了节度使后，开始追求奢华的生活享受。他在临安盖了豪华的住宅，出门时坐车骑马，兴师动众。他的父亲对他这样的做法，很看不过去。他对钱镠说：“我家祖祖辈辈都是靠打鱼种庄稼过日子，没有出过做官的人。你处在今天的位置，周围都是敌对势力，还要跟人家争城夺地。我怕我们钱家今后要遭难了。”钱镠听了很有感触，从那以后，他做事谨小慎微，只求保住这块割据地区。

由于钱镠长期在混乱动荡的环境里生活，使他养成了一种保持警惕的习惯。他给自己做了个“警枕”，就是用一段滚圆的木头做枕头，倦了就斜靠着它休息；如果睡熟了，头从枕上滑下，人也惊醒过来了。他除了自己保持警惕外，还严格要求他的将士。

钱镠就是靠小心翼翼地做事才保持住他在吴越的统治地位的。吴越国虽然不大，但是因为长期没有遭到战争的侵扰，经济渐渐繁荣起来。后来，钱镠征发民工修筑钱塘江的石堤和沿江的水闸，这样就有效地防止了海水倒灌；又叫人把江里的大礁石凿平，方便船只来往。民间因他在兴修水利方面的贡献，给他起了个“海龙王”的外号。

吴越自后梁开平元年（公元 907 年）建国，至宋太平兴国三年（公元 978 年）降宋，共历 5 主，计 71 年。

儿皇帝石敬瑭

后唐河东节度使石敬瑭是后唐明宗的女婿，早年与唐末帝李从珂一齐追随明宗，都以能征善战著称。后来，石敬瑭与李从珂发生了矛盾，上奏弹劾李从珂，唐明宗大怒，将其免职。

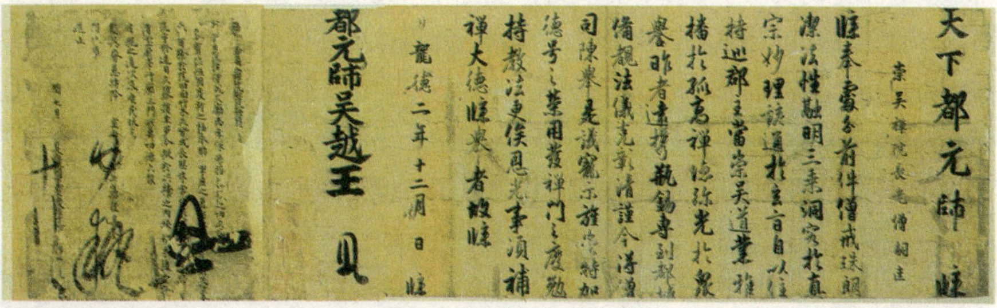

⊙ 钱镠文状　五代

唐明宗死后，他的儿子李从珂做了后唐皇帝，这就是唐末帝。唐明帝在位时，唐末帝已与石敬瑭不和，等到他登基后，两人终于闹到公开决裂的地步。

石敬瑭本是勇将，沙陀部人，辅佐李克用和李存勖，屡立战功，升至刺史。李嗣源对他很器重，将自己的女儿嫁给了他，让他统领自己的亲军精锐骑兵“左射军”。

石敬瑭不仅在战场上救岳父李嗣源，在遇到政治难题时又是他为李嗣源分析局势，指点迷津，体现出了过人的政治谋略。这方面最突出的就是劝李嗣源顺应时势，在兵乱时取得帝位。石敬瑭后来去河东任节度使，并兼云州、大同军等地蕃汉马步军总管，掌握了河东这块后唐起源地区的军政大权。

石敬瑭不仅在军事和政治方面有勇有谋，有韬略，在地方事务的治理方面也表现出色。在陕州、魏博、河东等地，他都很有政绩。

李从珂派兵讨伐石敬瑭，石敬瑭眼看要抵挡不住了，这时，有个叫桑维翰的谋士给他出个主意，让他向契丹人求救兵。

那时候，耶律阿保机已经死了，他的儿子耶律德光做了契丹国主。桑维翰帮石敬瑭起草了一封求救信，对耶律德光表示愿意拜契丹国主做父亲，并且答应在打退唐军之后，将雁门关以北的幽云十六州，即幽州、云州等十六个州的大片土地献给契丹，而这一区域都是战略要地。

耶律德光正打算向南扩张土地，听到石敬瑭给他的优厚条件，立刻出五万精锐骑兵援救晋阳。后来，耶律德光来到晋阳，石敬瑭亲自出城迎接，卑躬屈膝地把比他小十岁的耶律德光称作父亲。

经过一番观察，耶律德光觉得石敬瑭的确是死心塌地投靠他，便正式宣布石敬瑭为皇帝。石敬瑭称帝后，立刻按照原来答应的条件，把幽云十六州送给了契丹。

石敬瑭在契丹的支持下，带兵南下攻打洛阳，接连打了几个胜仗。石敬瑭攻下洛阳，灭了后唐，在汴京正式做了中原的皇帝，国号叫晋，这就是后晋高祖。石敬瑭为获取契丹的支持以打击不归服的藩镇，并通过与之交好来安定后晋的北部边界，于是向契丹上奏章，把契丹国主称作“父皇帝”，自己称“儿皇帝”。石敬瑭做了 7 年的儿皇帝，病死了。他的侄儿石重贵即位，这就是晋出帝。晋出帝向契丹国主上奏章的时候，自称孙儿，不称臣。耶律德光借机说晋出帝对他不敬，带兵进犯。

契丹两次进犯中原，都被晋朝军民打败了。但是后来，由于汉奸的出卖，契丹兵攻进了汴京，俘虏了晋出帝，把他押送到契丹。后晋便灭亡了。

公元 947 年，耶律德光进了汴京，自称大辽皇帝（这一年契丹改国号为辽）。

周世宗斥冯道

辽兵被迫退出中原的时候，后晋大将刘知远在太原称帝。随后，率领大军向南进兵。刘知远的军队纪律严明，受到中原百姓的欢迎。刘知远很快收复了洛阳、汴京等地。同年六月，刘知远在汴京建都，改国号为汉。这就是后汉高祖。

刘知远只做了10个月皇帝就得病死了。他的儿子后汉隐帝刘承祐即位以后，乾祐三年(公元950年)十一月，辽军攻打后汉辖地，后汉隐帝任郭威为天雄节度使，前去抗击。郭威率军离去不久，隐帝忽又派使者去杀郭威。郭威大怒，带兵攻入东京，隐帝为郭威部队所杀。郭威进入开封后，请后汉李太后临朝听政，并议立后汉高祖侄刘赟为帝。郭威又率大军前去抗辽，行到澶州时，数千名将士鼓噪起来，将黄旗披在郭威身上，要拥戴郭威为皇帝。郭威接受了他们的建议，废刘阴公，自任监国。第二年正月，后汉太后无奈下诰书，授予郭威皇帝玉符，郭威即位(是为后周太祖)，国号周，改元为广顺。后汉从此灭亡。

郭威(公元904～954年)字文仲，邢州尧山(今河北隆尧)人，18岁从军。后晋末，曾协助后汉高祖刘知远建国，任枢密副使。汉隐帝时任枢密使，负责征伐之事，并平定汉中、永兴、凤翔三镇叛乱。称帝后于显德元年(公元954年)正月病逝，在位3年，庙号太祖。

后周太祖出身贫苦，很能体量民间疾苦，同时他也有些文化，注意重用人才，改革政治。在他的治理下，五代时期的混乱局面开始好转。

公元954年，后周太祖死了。他没有儿子，生前把柴皇后的侄儿柴荣收做自己的儿子。柴荣从小聪明能干，练得一身武艺。周太祖死后，柴荣继承皇位，这就是周世宗。

即位后，柴荣继承郭威重农恤民的政策和统一中国的大志，重用王朴等贤能之士，浚通漕运，发展文教，虽然在位仅6年，在39岁病逝，但却是一位有作为的皇帝。

柴荣重用王朴，王朴献“平边策”，提出先攻南唐，取江北以控制南方诸国，再取后蜀和幽州，最

⊙出行图　契丹

图中人物为典型契丹男子形象，留髡发，戴耳环，身着各色长袍，腰系革带，有拿笔砚的，有握短刀的，也有双手捧黑色皮帽的，表现等待出发的情形。

后解决契丹边患的战略思想；又提出争取民心和避实击虚等建议，柴荣都加以采纳，成功地发动了一系列统一兼并战争。周世宗刚即位时，北汉国主刘崇认为周朝局势不稳，正是进占中原的大好时机。他集中了 3 万人马，又请求辽主派出 1 万骑兵，向潞州 (治所在今山西长治) 进攻。

消息传到汴京，周世宗立即召集大臣商议对策。他提出要亲自出征。

大臣们看周世宗态度挺坚决，也不好说什么了。这时，有一个老臣站出来反对，他就是太师冯道。

冯道从后唐明宗那时候起，就当了宰相。后来，换了 4 个朝代，他都能随机应变，一些新王朝的皇帝，也乐得任用他。所以，他一直位居宰相、太师、太傅等职。

周世宗对冯道说："过去唐太宗都是自己带兵最终平定了天下。"冯道说："陛下与唐太宗相比，谁更英明呢？"周世宗看出冯道瞧不起他，激动地说："我们有强大的军队，要消灭刘崇，还不是像大山压鸡蛋一样容易。"冯道说："陛下能像一座山吗？"周世宗听罢一甩袖子，怒气冲冲地离开了朝堂。后来，由于有其他大臣的支持，周世宗把亲征的事决定了下来。

周世宗率领大军到了高平 (在今山西省)，与北汉兵相遇，双方摆开了阵势。

刘崇指挥北汉军猛攻周军，情况十分危急，周世宗见状亲自上阵，指挥他的两名将领赵匡胤和张永德各带领两千亲兵冲进敌阵。周军兵士看到周世宗沉着应战，也奋勇冲杀。最后，北汉兵抵挡不住，大败而逃。

高平一战，大大提高了周世宗的声望。过了两年，他又亲自征讨南唐 (十国之一)，后周显德二年 (公元 955 年)、显德三年 (公元 956 年)、显德四年 (公元 957 年) 三次征伐南唐，柴荣每次都胜，后南唐自去帝号，割地请和。后周平定长江以北，得州 14、县 60。后周又谋取蜀邻地，显德二年 (公元 955 年) 大败后蜀，取秦、成、阶、凤 4 州。显德六年 (公元 959 年)，柴荣以契丹没有彻底离开中原为由，决意北伐。后周多次将辽师击败，取燕南之地，柴荣于此役染病班师，很快就病逝，未能完成统一大业。

柴荣在位 6 年，多施仁政惠民，不只是减免苛政，还在大兵过后，淮南大饥时，命发放米粮与淮南饥民。其未竟之志，在他死后由赵匡胤继续完成。他死后，由年仅 7 岁的儿子柴宗训接替皇位，就是周恭帝。

王朝更迭

宋朝大业

黄袍加身

赵匡胤出生于河南洛阳将门之家，胆识过人，武艺超群。21 岁时投奔郭威，成为郭威帐下的一名士兵。公元 951 年，掌握后汉军权的郭威，谎称契丹入侵，太后命他统军北征。后汉大军渡过黄河，到达澶州时，将士们将黄袍披在郭威身上，拥立郭威为帝。郭威率军掉头南行，回后汉京师东京，建立后周。赵匡胤也逐步升为滑州副指挥。

不久，郭威病逝，其养子柴荣即位，就是周世宗。世宗有雄才大略，他南征北战，同时励精图治，革新政治。即位之初，北汉勾结辽国大举攻周，世宗率军亲征。双方在高平大战，世宗亲冒矢石督战，当后周军队形势危急时，禁军将领赵匡胤和张永德拼死保护世宗。高平大捷后，赵匡胤被提拔为禁军高级将领，负责整编禁卫军。他精心挑选武艺超群的壮士，组成勇敢精锐的殿前诸班，这以后成了后周战斗力最强的队伍。世宗也由此开始了他“十年平定天下”的战略行动。几乎每次征战，赵匡胤都立下汗马功劳，成为世宗的得力虎将。世宗正当开拓疆土、北征辽国时，不幸英年早逝。

⊙ 宋太祖赵匡胤像

世宗在征辽途中捡到一块木牌，上写“点检做天子”，心中就有几分猜忌。当时张永德任禁军最高统帅殿前都点检，他又是周太祖郭威的女婿。世宗担心禁军将帅权势过重会发动政变，就匆匆撤掉了张永德，换上了赵匡胤。但这却使赵匡胤的实力更加雄厚，他做了禁军的最高统帅，掌握了后周军权。

世宗死后，他年幼的儿子登基做了皇帝。公元 960 年，后周接到边境送来的紧急战报：北汉国主和辽国联合出兵，攻打后周边境。

赵匡胤得令后，立刻调兵遣将，带了

大军从东京出发。军校苗训自称知天文，找到主帅的门吏楚昭辅说："我看见太阳下边还有一个太阳，而且有一道黑光来回荡漾了好长时间。一日克一日，这是天命啊！"快到夜晚时，部队还没有走出很远，只好在陈桥驿安营扎寨，这时离京城不过20里路。当天晚上，将领们反复商议，说现在皇帝还小，即使战死他也不知道，不如推赵匡胤为天子，大家可以荣华富贵。他们到军营四处游说，煽风点火，一时军士大哗，都聚集在赵匡胤营前喊着："点检当天子！"

⊙ 河南封丘陈桥乡"宋太祖黄袍加身处"碑

赵匡胤的弟弟赵光义和归德军掌书记赵普知道时机已经成熟，于是连夜派人骑快马回京城，将殿前都指挥使石守信和都虞候王审琦这两个赵匡胤的心腹叫来，商量办法。天快亮的时候，叫喊着的军士们已经逼近赵匡胤休息的房舍，赵光义和赵普进去，叫起了赵匡胤，走出房门。只见许多军校站在庭院中，手里还拿着武器，一齐叫喊："愿奉点检当天子！"这时早有人从背后给赵匡胤披上黄龙袍，所有在场的都跪倒在地上，高喊着"万岁"，向赵匡胤叩拜。其实这不过是赵匡胤在背后导演的一出闹剧而已。

随即，赵匡胤率大军进入东京城。文武百官齐集崇元殿，为赵匡胤举行受禅大典。但是到了黄昏时分，还没等到小皇帝的禅位诏书，众人都不知如何是好，幸好翰林学士陶谷早有准备，已经拟好了诏书。于是，就用陶谷起草的禅位诏书举行仪式。宣徽使领着赵匡胤来到龙墀的南面，朝北跪拜，接着，宰相们上前搀扶起赵匡胤登上崇元殿，穿上皇帝行大礼的衮服和冠冕，端坐到龙椅上，接受群臣的拜贺，这就算正式登上了皇位。

赵匡胤因为原来做过归德军节度使，并驻扎在宋州（今河南商丘），所以，他把国号改为宋，并以东京（今河南开封）为京城。后来，他让周朝小皇帝和符太后迁到西宫，并封小皇帝为郑王。

赵匡胤登基后，赐给内外百官军士爵位，实行大赦，凡被贬官的都恢复原职，被流放发配的放回原籍。他派官员祭祀天地，报告改朝换代的事，还派出宦官带了诏书向天下人宣告宋朝的建立。

杯酒释兵权

赵普，字则平，幽州蓟县人，是陈桥兵变的关键人物。他多谋善策，读书虽然不多，但对政事有独到的见解。曾经担任赵弘殷的军事判官，对赵弘殷很忠心。据说有一次赵弘殷生病，幸亏赵普日夜伺候，方转危为安。赵弘殷感动之余，便认他作同宗。赵弘殷的儿子赵匡胤发现赵普是个人才，见识高远，很想收为己用，便向父亲借调赵普任自己的推官。陈桥兵变时，赵普任掌书记，是赵匡胤的心腹谋士。

赵匡胤的母亲杜太后视赵普为自己亲人，平日里总是以“赵书记”称呼他。陈桥兵变中的关键人物就是赵普，所以赵匡胤建宋后论功行赏，授予赵普右谏议大夫、充枢密直学士。公元962年，赵普任掌管全国军事的枢密使、检校太保，后任宰相。赵匡胤与赵普相交甚久，互相了解，关系非同一般，赵匡胤视赵普为智囊和军师，事无巨细都要与他商量，再作最后的决定。

⊙ 雪夜访赵普图　明　刘俊

此画描绘的是宋太祖雪夜私访宰相赵普商议统一大计的故事。

赵匡胤提倡大臣读书，赵普就熟读《论语》，并以其中所讲用于政事上。他曾经对赵匡胤说：“我有一本《论语》，用半部佐助您平定天下，用半部佐助您治理天下。”以致留下了“半部《论语》治天下”的美谈。赵普的脾气很倔强，他曾经上奏推荐一个人任职，赵匡胤不用。第二天，赵普还推荐这个人，赵匡胤还是不用。第三天，赵普又推荐这人，赵匡胤大发脾气，将奏折撕碎扔在地上。赵普也不害怕，不慌不忙地跪下把破碎的奏折粘贴起来，第四天又到朝廷上向赵匡胤上奏举荐。赵匡胤没办法，只好下诏重用这个人。

从一建立宋朝起，如何结束和防止唐末五代军阀割据政局不稳的局面一直是赵匡胤的心结，他经常跟赵普谈起这个话题。陈桥兵变后论功行赏，以石守信为归德军节度使，以王审琦为泰宁军节度使、殿前都指挥使，掌握着国家最精锐和数量近全国总兵额一半的禁军，负责出征和保卫皇帝与都城的任务。又让手握重兵的慕容延钊任殿前都点检，韩令坤担任侍卫亲军都指挥使。赵普对此感到很担心，多次警示赵匡胤。赵匡胤说："他们都像我的亲兄弟一样，是靠得住的，不会背叛我。你可能多虑了。"赵普深思后回答赵匡胤："现在他们一定不会反，但是有朝一日，他们被手下有野心的人黄袍加身，到时他们就身不由己了。"他又把赵匡胤与柴荣的关系做了比较，当年柴荣待赵匡胤恩重如山，但赵匡胤还是在部下的鼓动下夺取了后周的政权。生动的事例使赵匡胤如梦初醒。

有一天，他主动找来赵普，说："从唐末以来，几十年时间，出了8姓12个君王，僭称皇帝和篡夺政权的事比比皆是，战乱不断。我想要结束天下的战争，开创长治久安的局面，应该用什么方法呢？"赵普说："陛下考虑到这个问题，是天地神人的福气。我看，关键是节度使权力太大，造成尾大不掉的后果，而危及皇权，只要削弱他们的行政权，剥夺他们的兵权，那些节度使就不敢有什么想法了"。赵匡胤恍然大悟，决心依照赵普说的办。

公元961年，为了保证自己地位不受威胁，赵匡胤首先把讨伐李重进回来的大将慕容延钊的殿前都点检职务免去，改任山南东道节度使，免去韩令坤侍卫亲军都指挥使的职务，改任成德节度使。此后不再设殿前都点检一职。接下来，赵匡胤又谋算起他最亲信的老朋友的军权。有一天晚朝以后，赵匡胤将石守信等大将留下来喝酒叙旧。

赵匡胤趁酒酣耳热之际，命令身边的太监退出。他拿起一杯酒，请大家喝干之后说："我要不是有你们帮助，也不会有今天这个样子，但是你们哪儿知道，做皇帝也有很多难心事，还不如做个节度使自在。不瞒你们说，这一年来，我就没有睡过一夜安稳觉。"

石守信等人听了很吃惊，连忙问这是什么原因。

赵匡胤说："这不是明摆着吗？皇帝这个位子，谁不眼红呀？"

石守信等人听赵匡胤这么一说，都惊慌失措，跪在地上说："陛下为什么这样说呢？现在天下已经太平无事了，谁还敢对陛下不忠呢？"

赵匡胤摆摆手说："你们几位我是信得过的，只怕你们的部下当中，有人贪图富贵，往你们身上披黄袍，你们想不干，恐怕也不行吧？"

石守信等听赵匡胤这么说，顿时感到大祸临头，连连磕头，流着泪说："我们都是粗心人，想得不周到，请陛下给我们指引一条出路。"

赵匡胤说："我替你们着想，你们不如把兵权交给朝廷，去地方做个闲官，置些田产房屋，给子孙留点家业，平平安安地度个晚年。我和你们结为亲家，彼此毫无猜疑，这样不是很好吗？”

石守信等一齐说：“陛下为我们想得太周到啦！”

第二天，石守信等大臣一上朝，每人都递上一份奏章，说自己年老多病，请求辞职。赵匡胤马上准许，收回他们的兵权，赏给每人一大笔财物，打发他们到各地去做节度使。历史上把这件事称为“杯酒释兵权”。

在杯酒释兵权解除了石守信等重臣元老的军权后，赵匡胤又采取措施加强禁军，并用各种手段牢牢控制住禁军，使其成为巩固统治最重要的力量，以对抗实力强大的各地方节度使。

同时，赵匡胤一反五代重武轻文的陋习，重用文人，让文官取得了武官的许多权力，使各地武官的权力大幅缩小，建立起了以皇帝为中心的封建中央集权政治制度，成功解决了军阀割据问题，有利于社会的安定和经济的发展。

开宝九年（公元 976 年）十月，赵匡胤因病逝世，终年 50 岁，谥号英武圣文神德皇帝，庙号太祖。

李后主亡国

宋太祖稳定了内政，将国家的权力集于一身后，便开始做统一中国的打算。当时，五代时期的“十国”，留下来在北方割据的有北汉，在南方割据的还有南唐、南平、南汉、吴越、后蜀等。要统一全国，该先从哪里下手呢？宋太祖越想思绪越乱。

一个风雪交加的夜里，赵普正在家里烤火取暖，宋太祖找上门来。赵普连忙请宋太祖进屋，拨红了炭火，在炭火上炖上肉，叫仆人拿出酒来招待。宋太祖此行，正是为了与赵普商量如何一统全国。

这一夜，宋太祖和赵普决定了先攻灭南方，后平定北方的计划。在随后的 10 年里，宋王朝先后出兵灭了南平、后蜀、南汉。这样，南方只剩下南唐和吴越两个割据的政权了。

南唐偏安江南，社会相对稳定，城市经济繁荣。中主李璟、后主李煜、宰相冯延巳都十分爱好填词，他们不仅写艳情而且抒真情，既有对好景不长、人生易逝的喟叹，也有深沉的故国之恋和亡国之痛。其中，李煜（公元 937 ~ 978 年）的创作独步当时，成为文学史上卓尔不群的杰出词人。

李后主是一位九五之尊的帝王，也是一位天才的艺术家，书法、绘画、音乐无所不精。当他即位称帝的时候，国家已岌岌可危，他在对北宋的委曲求全中过了十几年的生活，这一期间他依然是纵情声色，侈陈游宴。

公元 974 年农历九月，宋太祖派大将曹彬、潘美带领 10 万大军分水、陆两路攻打南唐。

宋军到了长江边，马上用竹筏和大船赶造浮桥。这个消息传到南唐的国都金陵(今江苏南京市)，南唐君臣正在歌舞饮宴。李后主问周围大臣该怎么办，大臣说："从古至今，没听说搭浮桥过江的，不必理会!"

后主边笑边说："我早说过这不过是小孩子的把戏罢了。"

3天后，宋军搭好浮桥，潘美的步兵在浮桥上如履平地，跨过长江。南唐的守将抵挡不住，败的败，降的降。10万宋军转瞬间就打到金陵城边。

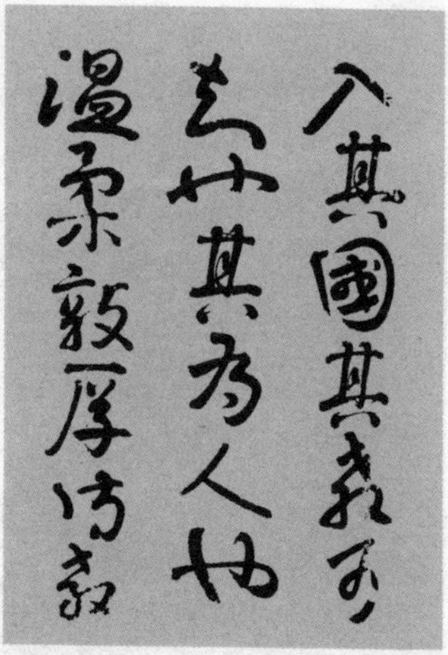

⊙ 李煜书法

那时候，李后主正在宫里跟一批和尚道士诵经讲道，宋军到了城外，他还一无所知呢。等他到城头上巡视，才发现城外到处飘扬着宋军旗帜。

李后主连忙调动驻守上江的15万大军来救。救兵刚到了皖口，便遭到宋军的两路夹攻，南唐军全军覆没。李后主叫人在宫里堆了柴草，准备放火自焚，但是最终胆怯了，后来带着大臣出宫门，向曹彬投降。

李后主被押到东京，过着囚徒的生活。两年以后，在七月七日他的生日那天，他在寓所让旧日宫妓作乐，唱他新作的《虞美人》一词：

春花秋月何时了，往事知多少？小楼昨夜又东风，故国不堪回首月明中。

雕栏玉砌应犹在，只是朱颜改。问君能有几多愁，恰似一江春水向东流。

这是一首饱含亡国之泪的绝望悲歌，词人的一腔悲慨之情，如出峡奔海的滔滔江水，永无止息。凄婉的乐声传到外面，宋太宗赵光义听到后大怒，就派人把他毒死了。

李煜从南唐国主降为囚徒的巨大变化，明显地影响了他的创作，使他前后期的词作呈现出不同的风貌。前期的词写对于宫廷生活的迷恋，不外是红香绿玉那一套，在国家危急存亡之秋，这些词读起来让人满不是滋味。他的第一首真正好词，应该是作于亡国北去、辞别庙堂之际的《破阵子》：

四十年来家国，三千里地山河。凤阁龙楼连霄汉，玉树琼枝作烟萝，几曾识干戈。

⊙ 南唐文会图　北宋　佚名

这幅图描绘了南唐后主李煜和三位文士在庭院聚会的情形。院前有荷塘，院后有芭蕉，左右有丛竹老树，环境清幽，富有自然的意趣。李煜振笔疾书，其他三人静静围观，奴婢则直立以待。李煜的艺术才能是多方面的，他的书法崇尚瘦硬，骨力遒劲，人称“铁钩锁”“金错刀”“撮襟书”。

一旦归为臣虏，沈腰潘鬓消磨。最是仓皇辞庙日，教坊犹奏别离歌，垂泪对宫娥。

先极言昔日的太平景象，家国一统，河山广阔，宫阙巍峨，花草艳美。而一旦国破家亡，只有凄凉悲苦。在告别祖庙的那一天，宫中的乐工还吹奏起离别的曲子。此时的笙歌再没有欢乐，却加深了别离的悲凉。全词明白如话，而真挚的感情深曲郁结，动人心弦。

身为囚徒的岁月，度日如年。他从往日豪奢的帝王生活中醒过来，却发现自己已经什么都不是了，没有尊严和富贵，也没有自由。面对残酷的现实，他只有把“日夕以眼泪洗面”的深哀剧痛，尽情地倾泻在他的词里。除了那首给他带来死亡的《虞美人》之外，他还写有《子夜歌·人生愁恨何能免》《清平乐·别来春半》《浪淘沙·往事只堪哀》《望江南·多少恨》《浪淘沙令·帘外雨潺潺》等许多名作。他在这些作品中，念念不忘的是往日雕栏玉砌的生活，同时沉浸在绵绵长愁里。请看《相见欢》一词：

无言独上西楼，月如钩。寂寞梧桐深院锁清秋。
剪不断，理还乱，是离愁。别是一般滋味在心头。

一个被幽禁的人有着常人难以体会的孤独与寂寞。身处西楼，举头望月。如钩的残月，淡淡的清光，照着梧桐的疏影。如此凄清的景象，人何以堪？过去的欢乐永远过去了，如今只剩下千丝万缕的离愁，紧紧地缠绕着孤苦伶仃的一个人。这种愁，是回忆？是伤感？是忧虑？言语已经无法说清，唯有自己慢慢地咀嚼。

宋太宗征辽

后晋高祖石敬瑭为感谢契丹助其灭后唐，入主中原，把幽云十六州割给契丹并自称“儿皇帝”。公元979年宋灭北汉，以幽云十六州为基地屡扰宋边的辽国成了宋王朝北面最大的边患。宋太宗积极部署，欲收回幽云十六州。

公元979年农历六月，灭掉北汉的宋太宗踌躇满志，欲北上一举收复幽云十六州。宋太宗亲率大军10万出镇州(今河北正定)北进，突破了辽军在拒马河的阻截，进围幽州，击败城北辽军1万余。二十六日，太宗命宋渥、崔彦进等四将率军分四面攻城。辽将韩德让和耶律学古一面安抚军民，一面据城固守待援。屯驻清沙河（今北京昌平境内）北的辽将耶律斜轸因宋军势大而不敢冒进，只声援城内辽军。辽景宗于六月三十日闻知南京被围，急遣南府宰相耶律沙率兵往救，耶律休哥统帅五院军之精锐驰赴前线。七月初六，耶律沙大军至幽州，宋太宗督诸路军攻击，两军战于高粱河，耶律沙力战不支而败退。然而当时的宋军连续近二十日不停地猛攻幽州城，士卒早已疲殆，故而追击甚慢。令宋太宗始料未及的是，耶律休哥率军出其不意间道而来，人人手持火炬直冲，宋军不知其多寡，未等接战心里已经发怵，不敢接战。耶律休哥先收容耶律沙败军，使之与宋军相持，然后与耶律斜轸各自统率精锐骑兵，从耶律沙的左右翼挺进，乘夜夹攻宋军。这时宋军才发觉已被包围，又无法抵抗辽军的猛攻，只能纷纷后退，连夜南退，争道奔走，溃不成军。甚至宋太宗也与诸将走散，诸将也找不到各自的部下军士。耶律休哥一直追到涿州城下，获得兵器、符印、粮草、货币不可胜计。

高粱河之战是宋朝第一次大规模主动出击辽国，是宋朝为收复幽云失地做出的第一次努力，最后以失败告终。

高粱河落败后，宋辽平静了几年，但宋太宗积极筹划二度北伐，以雪前耻。公元982年辽景宗去世，耶律隆绪继位，是为圣宗，因年幼，其母萧太后摄政。宋雄州守将贺令图以辽帝年幼、内部不稳，建议太宗再攻幽州，太宗心动。参知政事李至以粮草、军械缺乏，准备不充分而反对，但太宗不听，于公元986年三月发兵3路攻辽。东路曹彬10万人出雄州，中路田重

⊙ 宋代武士复原图

进出飞狐(今河北涞源)，西路潘美、杨业出雁门，三路合围幽州。

宋西路军很快攻下寰、朔、云、应等州，中路攻占灵丘、蔚州等战略要地，东路夺占固安、涿州。辽国获悉宋军北伐，即派耶律抹只率军为先锋，驰援幽州，萧太后偕辽圣宗随后亲往督战。辽军意图是以南京留守耶律休哥抵御宋东路军，耶律斜轸抵制宋西路和中路军，而圣宗、太后率大军进驻幽州，以重兵击溃宋东路，再击退西、中路。由于辽军主攻点不在西、中路，故宋中、西两路捷报频传，东路宋军将士纷纷主动请战，促主帅曹彬北上。曹彬难抑众愿，遂率军北进，一路不断遭到辽军袭扰。时值夏季，天气酷热，宋军体力消耗很大，抵达涿州时，东路军上下均已疲惫不堪。

此时辽圣宗和萧太后所部辽军已从幽州北郊进至涿州东50里的驼罗口，攻占固安，而与曹彬对峙的是辽悍将耶律休哥，他正虎视眈眈，欲伺机攻击宋军。曹彬鉴于敌主力当前，难以固守拒战，而己军又面临粮草将尽的形势，令军队向西南撤退。辽耶律抹只和耶律休哥见时机已到，即令辽军追击宋军。五月三日，宋军在歧沟关被辽军赶上，困乏的宋军抵挡不住锐气正盛的辽军，大败。辽军追至拒马河，宋军四散奔逃，溃不成军，死伤数万，所遗弃的兵甲不计其数。

宋太宗得知东路军惨败，遂令中路军回驻定州，西路军退回代州，并以田重进、张永德等沉稳持重的将领知诸州，以御辽可能发起的进攻。东路宋军已遭重创，而西路战事仍在进行。八月宋西路主帅潘美、监军王侁拒绝副帅杨业的合理建议，迫令其往朔州接应南撤的居民，杨业要求在陈家谷设伏以防御辽军追击。杨业与辽西路主帅耶律斜轸在朔州南激战，因遭辽萧挞凛军伏击而败退。杨业按预定计划退到陈家谷，本以为此地有宋军埋伏将截击辽军，哪料潘美、王侁违约，早已率军逃走；杨业愤慨自己被出卖，但仍率孤军力战，终因势单力薄全军覆没。杨业身负重伤后被俘，绝食而死。

北宋朝廷发起的旨在收回幽云十六州的幽州之战，因自身的种种原因以惨败结束。

寇准谋国

幽云十六州是中原的天然屏障，直接关系着中原的安危。中原王朝从后周柴荣起，就开始与辽争夺燕云。赵匡胤建立北宋后，国力无法与辽抗衡，就采取了先南后北的方针。他曾积极储存钱帛，准备或以赎回的方式收回，或用这笔钱作军费，以武力攻取燕云。其弟宋太宗赵光义统一北汉后，就亲征伐辽，要乘胜收复幽云。宋军初战时极为顺利，一直打到幽州，但辽军苦守坚城，幽州久攻不下。

太宗率军在高粱河与辽国援军展开激战，结果在辽援军的夹击下大败。太宗身中两箭，匆忙乘驴车逃走。几年后，太宗趁辽国圣宗幼小、母后萧太后专政的机会，兵分3路北伐辽国。但由于东路军不顾进兵计划，贪功冒进，宋军大败。

宋太宗两次伐辽失败，朝廷内外谈辽色变，宋政府采取妥协退让政策，在河北沿边的平原上广修河渠池塘，广植水稻和柳、榆林，阻挡辽国的铁骑。宋真宗即位后对辽更是以和为贵。辽军见宋朝软弱可欺，就不断遣兵南下，威胁宋廷。只是由于大将杨延昭等人奋起抵抗，辽军才无法长驱直入。

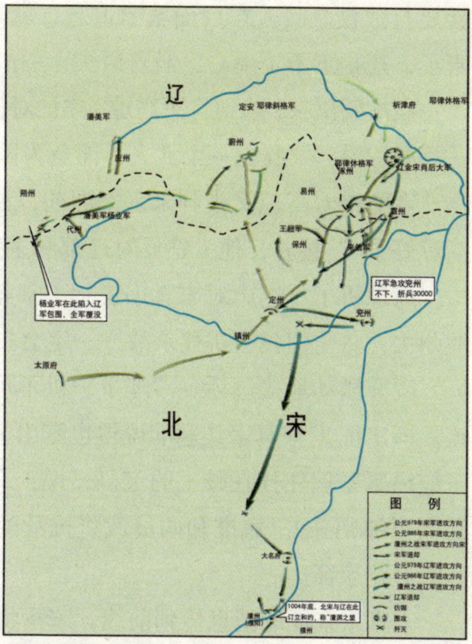

⊙ 宋辽战争示意图

1004年，辽国再次南侵。辽圣宗及萧太后亲披甲胄，督军30万，大规模南下，深入宋境内地，直抵澶州北城，离北宋首都东京只有一河之隔。

告急的消息不断地传到已经当了宰相的寇准那里，一个晚上竟来了5次。寇准不慌不忙，只说声“知道了”，照样喝酒下棋。宋真宗却慌了，他把寇准叫来，问：“大兵压境，我们怎么办？”

寇准说：“这好办，只要5天时间就够了。”没等真宗再发问，寇准接着说：“现在只有陛下亲自出征，才能长我军士气，灭敌人威风，我们就一定能打败强敌！”站在旁边的一些大臣听后都慌了，怕寇准也让自己上前线，都想赶快走开。

宋真宗也是个胆小鬼，听了寇准的话，脸都吓白了，就想回皇宫躲起来。寇准郑重地说：“您这一走，国家的事没人决断，不是坏了大事了吗？请您三思！”在寇准的坚持下，宋真宗才平静下来，商量起亲征的事。

过了几天，辽军的前锋已经打到了澶州(今河南濮阳)，情况万分紧急。同平章事王钦若趁机劝真宗迁都避敌，寇准据理力争，真宗才答应亲征。

宋真宗和寇准带领人马离开东京往北，来到韦城(在今河南境内)时，听说辽国兵马十分凶猛，宋真宗又害怕了。有的大臣趁机再向他提出到南方去的事。

宋真宗派人把寇准找来，问他：“有人劝我到南方去避风险，你看怎么样？”寇准心中生气，可还是耐心地说：“您千万别听那些懦弱无知的人的话。前方的将士日夜盼您呢！他们知道您亲征，就会勇气百倍，您要是先走了，军心就会动摇，就要打败仗。敌人在后面紧紧追赶，就是想逃到南方也是不可能的了！”宋真宗听了，还是下不了决心，皱着眉头，一声不吭，停了一会儿，他让寇准出去。

寇准刚出来，遇到将军高琼，连忙对他说：“将军这次打算如何为国出力呢？”

高琼说：“我是一个武人，愿意为国战死！”“好，你跟我来！”

寇准带着高琼又来到宋真宗面前，说：“我对您说的，您要是不信，就再问高琼好了！”接着，他又把反对迁都和主张亲征的事说了一遍。

高琼听了，连声对宋真宗说：“宰相说得非常对，您应该听他的。只要您到澶州去，将士们就会拼死杀敌，一定会打败辽军！”

寇准激动地接过话，“陛下，机不可失，眼下正是打败辽军的好机会，您应该立即出征！”宋真宗让寇准说得也露出笑容，抬头看了看站在旁边的卫官王应昌。王应昌紧紧握住挂在腰上的宝剑，说：“陛下亲征，一定成功，假如停止前进，敌人更加猖狂！”寇准和两员武将抗敌的坚定态度感染了宋真宗，他这才下了决心去澶州亲征。

宋真宗亲征的消息传到前线，宋军将士士气大振。当辽军攻打澶州城的时候，宋军拼死抵抗，威虎军头张瑰眼疾手快，一箭射死了辽军统帅萧挞凛。辽军见统帅未战而死，顿时士气低落。辽军见形势不利便主动提出和谈。而真宗本无抵抗之心，急忙答应与辽议和。他不顾寇准等人的反对，派使臣曹利用前往和谈，告诉曹利用哪怕赔百万白银也行。寇准不得已，告诉曹利用超过 30 万就杀了他。经过几次讨价还价，双方达成协议：宋辽约为兄弟之国，宋帝尊辽萧太后为叔母，辽主称宋帝为兄；宋朝每年交给辽朝绢 20 万匹、银 10 万两等。因议和地点在澶州城下，故称“澶渊之盟”。

澶渊之盟是在宋朝军事有利的条件下订立的屈辱性条约。它开了赔款的先例，成了宋朝财政的重负和民众的重压。但澶渊之盟结束了宋辽之间的战争，使边境相对稳定，宋辽两国由此保持了上百年的和平局面。

元昊建西夏

宋真宗一味地妥协求和，这种做法虽然安下了辽朝那一头，但西北边境的党项族(古代少数民族之一)贵族却趁机侵犯宋朝边境，提出无理要求。宋真宗疲于应付，只好妥协退让，封党项族首领李继迁为夏州刺史、定难军节度使。1004 年，李继迁死后，又封他的儿子李德明为西平王，每年送去大批银绢，以示安抚。

李德明的儿子元昊是个雄心勃勃的人。他精通汉文和佛学，多次打败吐蕃、回鹘等部落，势力范围不断扩大。他劝说李德明不要再向宋朝称臣。

⊙ 西夏王陵

西夏王陵是西夏历代帝王和达官贵戚的埋葬地。陵园内有九座西夏帝王陵墓，近二百座陪葬墓似众星拱月布列其周围。西夏王陵糅合了汉族传统风格与本族特色，气势宏伟，号称塞外戈壁的“金字塔”。

李德明不肯接受他的意见。直到李德明死后，元昊继承了西平王的爵位，才按照自己的主张，设置官职，整顿军队，准备脱离宋朝的控制，自立门户。

1038 年，元昊正式宣布即位称帝，国号大夏，建都兴庆（今宁夏银川市）。因为它在宋朝的西北，历史上叫作西夏。

元昊称帝以后，派使者要求宋朝承认。那时候，宋真宗已经死去，在位的是他的儿子赵祯，即宋仁宗。宋朝君臣讨论的结果，认为这是元昊反宋的表示，就下令削去元昊西平王爵位，断绝贸易往来，还在边境关卡上张榜悬赏捉拿元昊。元昊被激怒了，就决定大举进攻。

那时，在西北驻防的宋军兵士有三四十万，但是这些兵士分散在 24 个州的几百个堡垒里，而且各州人马都直接由朝廷指挥，彼此之间没有作战配合。西夏的骑兵却是统一指挥，机动灵活，所以常常打败宋军。

一年后，西夏军向延州进攻，宋军又打了一个大败仗。宋仁宗十分生气，把延州知州范雍革了职，另派大臣韩琦和范仲淹到陕西指挥抗击西夏。

范仲淹到了延州，改革边境上的军事制度。他把延州 1.6 万人马分为 6 路，由 6 名将领率领，日夜操练，宋军的战斗力显著提高。西夏将士看到宋军防守严密，不敢进犯延州。

1041 年 2 月，西夏军由元昊亲自率领，向渭州进犯，韩琦集中所有人马布防，

·由简到繁的西夏服饰·

西夏衣冠制度规定西夏男子以穿着圆领窄袖的袍服为主，也可以穿交领长袍。这两种衣服的衣襟都是右衽，与唐朝流行的服装很相似。女子穿交领长褙子，内系细裥百褶裙，脚穿尖头弓鞋。青绿色是平民的服饰颜色，适合劳动，穿着非常简朴。随着与宋朝的不断往来，西夏决定“制小蕃文字，改大汉衣冠”，并得到了宋朝的允许。至此，西夏服饰的种类和形式多了起来。从形制上看，有皇太后的法服、皇后法服、太子法服、嫔妃法服、朝服、便服等，并且在每一服饰种类后面，还有其他详细的名称和形式。男子服饰大概有26种，女子服饰大概有19种。

从西夏民族服饰发展的过程来看，呈现了由简到繁的一种规律和趋势，这是完全符合历史发展潮流的。

还选了1.8万名勇士，由任福率领出击。

任福带了几千骑兵迎击西夏兵，两军相遇，双方打了一阵，西夏兵丢下战马、骆驼就逃。任福派人侦察，听说前面只有少量的敌兵，就在后面紧紧追赶。

任福带着宋军向西进兵，到了六盘山下，连西夏兵的影子都没看见。只见路边有几只银泥盒子，封得很严实，兵士们走上前去，端起银泥盒子听了一下，有一种跳动的声音从里面发出。兵士报告任福，任福吩咐兵士打开盒子。只见里面接连飞出了一百多只带哨的鸽子，在宋军的头上飞翔盘旋。

原来，西夏兵采取了诱敌战术。在六盘山下，元昊带了10万精兵，早已布置好埋伏，只等那鸽子飞起，四面的西夏兵就一齐杀出，将宋军紧紧围在中央。宋军奋力突围。从早晨一直打到中午，大批的西夏兵不断从两边杀出。宋兵边打边退，伤亡不断增加。

任福身上中了10多支箭，兵士劝任福逃脱。任福说："我身为大将，兵败至此，只有以死报国。"他又冲了上去，死在西夏兵刀下。

这一仗，宋军死伤惨重，元昊获得大胜。韩琦听到这消息，非常难过，上书朝廷处分。宋仁宗撤了韩琦的职。范仲淹虽然没直接指挥这场战争，但是被人诬告，也降了职。

从这以后，宋夏多次交兵，宋军连连损兵折将，宋仁宗不得不重新起用韩琦、范仲淹指挥边境的防守。两人同心协力，爱抚士卒，军纪严明，西夏才不敢再进犯。

范仲淹推行新政

范仲淹（公元989～1052年），宋苏州吴县（今江苏苏州）人。父亲在他很小的时候就死去了，因为家里贫穷，母亲不得不带着他改嫁了人家。范仲淹在十分艰苦的环境中成长，他在一座庙里居住、读书，穷得连三餐饭都吃不上，每天只得熬点薄粥充饥，但是他仍旧苦学不辍。有时候，读书到深更半夜，实在倦得睁不开眼，就用冷水泼在头上，去除倦意，继续攻读。这样苦读了五六年，终于成为一个学识渊博的人。

大中祥符年间，范仲淹中进士。入仕后，他关心民众疾苦，政绩显著。天圣初他任泰州兴化令，主持修筑捍海堰，世称"范公堤"。

范仲淹最初在朝廷当谏官，因为看到宰相吕夷简滥用职权，谋求私利，就向仁宗大胆揭发。这件事触犯了吕夷简，吕夷简怀恨在心，诬陷范仲淹结交朋党，挑拨君臣关系。宋仁宗听信了吕夷简的话，贬谪范仲淹去了南方。直到西夏战争发生以后，才把他调到陕西去防守边境。

范仲淹在宋夏战争中屡立战功，宋仁宗觉得他确实是个难得的人才。这时候，宋王朝因为内政腐败，加上在跟辽国和西夏战争中军费和赔款支出浩大，财政极为紧张。宋仁宗就把范仲淹从陕西调回京城，任命他为副宰相。

⊙ 范仲淹像

范仲淹回到京城后，宋仁宗马上召见了他，要他提出治国的方案。范仲淹知道朝廷弊病太多，不可能一下子都改掉，准备一步一步来。但是，禁不住宋仁宗一再催促，就提出了10条改革措施。

正在改革兴头上的宋仁宗看了范仲淹的方案，立刻批准在全国推行。历史上把这次改革称为“庆历新政”(“庆历”是宋仁宗的年号)。

范仲淹的新政刚一推行，就在朝中引发了巨大波澜。一些皇亲国戚、权贵大臣、贪官污吏见自己的利益受到威胁，纷纷闹了起来，散布谣言，攻击新政。那些原来就对范仲淹不满的大臣天天在宋仁宗面前说坏话，又说起范仲淹与一些人结党营私，滥用职权。

宋仁宗看到有那么多的人反对新政，就动摇起来。范仲淹被逼得无法在京城立足，便主动要求回到陕西防守边境，宋仁宗批准了。范仲淹刚走，宋仁宗就下令废止新政。

在文学创作上，他亦提出不少新颖的观点，主张“应于风化”。他传下来的诗词仅有6首，其中《渔家傲》突破了当时词限于男女、风月的界线而开创了新的词风，这首词是他在西北负责抵抗西夏入侵时所作。词中表达了作者决心捍卫边疆的英雄气概，同时也反映了作者思念家乡的情绪和战士们生活的艰苦，格调苍凉悲壮，慷慨激昂，与那些靡丽的闺怨词形成鲜明对比。

范仲淹的文学主张和他政治革新的要求相同，认为“国之文章，应于风化，风化厚薄，见于文章”，反对那种“专事藻饰，破碎大雅，反谓古道不适于用”的浮华文风。他擅长词赋文章，所作政论趋向古文，著名的《岳阳楼记》就是其中的代表作。

范仲淹因改革政治一事，受了很大打击，但是他并不因为个人的遭遇感到懊恼。一年之后，他的一位在岳州(治所在今湖南岳阳)做官的老朋友滕宗谅，重新修建当地的名胜岳阳楼，请范仲淹写篇纪念文章。范仲淹挥笔写下了《岳阳楼记》。在这篇著名的文章里，范仲淹提道：一个有远大政治抱负的人，他的思想感情应该是“先天下之忧而忧，后天下之乐而乐”。这两句名言一直被后人传诵，而岳阳楼也因范仲淹的文章而名扬四海。

王安石变法

宋仁宗在位40年，虽然朝中有像范仲淹、包拯等一些正直的大臣，但是并没有真正使他们发挥作用，因而国家越来越衰弱。宋仁宗没有儿子，死后由一个皇族子弟做他的继承人，这就是宋英宗。治平四年(1067年)正月，宋英宗病逝，英宗长子赵顼即皇帝位，是为宋神宗。

宋神宗看到国家衰弱的景象，有心改革一番，可是他周围的人，都是仁宗时期的老臣，就连富弼这样支持过新政的人，也变得暮气沉沉了。宋神宗想，要改革这种现状，一定得找个得力的助手。

宋神宗即位之前，身边有个叫韩维的官员，常常在神宗面前谈一些好的见解。神宗称赞他，他说："这些意见都是我朋友王安石说的。"从那时起，宋神宗就对王安石有了一个好印象。现在他想找助手，便想到了王安石。于是下了一道命令，把正在江宁做官的王安石调到京城来。

王安石是北宋中期的改革家、思想家和文学家。他出生于世宦之家，博学强记，能文善赋，早年就负有盛名，22岁中进士，出任地方官。他年轻时，文章就写得很出色了，得到了欧阳修的赞赏。

王安石在地方做了20年的官，名声越来越大。后来，宋仁宗调他到京城做管理财政的官。他一到京城，就向仁宗上了一份近一万字的奏章，提出他对改革财政的主张。宋仁宗刚刚废除范仲淹的新政，并不热心于改革，便把王安石的奏章束之高阁。王安石知道朝廷没有改革的决心，自己又跟一些官员合不来，就趁母亲去世的时机，辞职回家了。

⊙ 王安石像

这一次，王安石接到宋神宗召见的命令，又听说神宗正在物色人才，就高高兴兴地进京来了。他一到京城，宋神宗就单独召见他。神宗一见面就问他说："你看要治理国家，该从哪儿入手？"他从容地回答说："先从改革旧的法度，建立新的法度开始。"

熙宁二年(1069年)，宋神宗把王安石提为副宰相。二月，神宗与王安石共同商讨后，为实行变法专门设立了一个机构——制置三司条例司，主要工作就是制定新的财政经济政策，颁行新制，以通天下之利。同年七月，制置三司条例司建议实行均输法，宋神宗采纳后便下诏实行，在“便转输，省劳费，去重敛，宽农民”等方面，收到较好的成效。

九月，王安石主持改革常平仓制度，推行青苗法。青苗法的实施，在限制官僚望族利用高利贷盘剥等方面，收到成效，同时为朝廷获取了大量利息。十一月，宋实施农田水利法，也称农田水利条约或农田水利约束。水利法实行后亦颇见成效，熙宁九年(1076年)，兴修水利10793处，受益民田36万多顷，公田1915顷。后有募役法、市易法、方田均税法等等出台。

王安石的变法巩固了宋王朝的统治，取得了富国强兵的显著成效。政府的财政状况大有改善，北宋军事实力明显提高。在与西夏交战中，取得了熙河之役的胜利，收复故地两千里，这是北宋历史上十分少见的胜利。然而，由于变法涉及面广，阻力很大，未能真正解决社会矛盾，遭到两宫太皇太后、皇太后及元老重臣如司马光、文彦博、吕公著等守旧派的激烈反对。宋神宗听到反对的人不少，就动摇起来。

王安石眼看新法实行不下去，便上书辞职。宋神宗也只好让王安石暂时离开东京，去江宁府休养。

第二年，宋神宗又把王安石召回京城当宰相。谁知几个月后，天空出现了彗星。这本来只是一种正常的自然现象，但是在当时的人看来这是不吉利的预兆。宋神宗又慌了，要大臣对朝政提意见。一些保守派便趁机对新法攻击诬蔑。王安石竭力为新法辩护，让宋神宗不要相信这种迷信的说法，但宋神宗还是犹豫不定。

后来王安石无法继续贯彻自己的主张，便于1086年春天，再一次辞去宰相的职位，回江宁府去了。神宗去世后，10岁的哲宗即位，太皇太后高氏临朝，起用司马光执政，尽废新法，史称“元祐更化”。哲宗亲政后，逐渐恢复新法，但由于新旧党争，新法已没有什么进展了，北宋王朝也逐渐走向衰亡。

·庆历新政·

庆历三年（1043年），范仲淹被宋仁宗任命为参知政事。他和富弼、欧阳修提出10项改革方案：属整顿官僚机构方面的有抑侥幸、精贡举、择长官、均公田等；属于富国强兵方面的有厚农桑、修武备、减徭役等；属于取信于民的有重命令等。其改革的中心是吏治，即加强对官吏的考核，调整地方官；改善科举制度，限制大臣子弟凭身份得到官衔；任命各州县设立学校等。但反对派极力攻击改革，诬陷范仲淹专权结党，甚至勾结契丹。范仲淹被排挤离开了朝廷，富弼等也被调到外地。实行一年多的新政措施被废除。

《资治通鉴》

王安石虽然罢了相，宋神宗还是把他定下的新法推行了将近 10 年。1085 年，宋神宗病死，年仅 10 岁的太子赵煦即位，这就是宋哲宗。哲宗年幼，他祖母高太后临朝听政。高太后一向反对新法，她临朝后，便把反对新法最激烈的司马光召到京城担任宰相。

司马光（1019 ~ 1086 年），字君实，北宋陕州夏县（今山西夏县）人。他父亲司马池，官任天章阁（皇帝藏书阁）待制（皇帝顾问）。司马池为人正直、清廉，这对司马光有深刻的影响，时人赞誉司马光是“脚踏实地的人”。司马光自幼酷爱史学，“嗜之不厌”。仁宗宝元元年（1038 年）司马光中进士，历仕仁宗、英宗、神宗三朝，任天章阁待制兼侍讲、龙图阁直学士、翰林学士、御史中丞等职。

司马光在当时的大臣中，名望最高。他的名声，从他幼小的时候就已经开始传开了。他 7 岁那年，就开始专心读书。不论是酷暑，还是严寒，他总捧着书不放，有时候连吃饭喝水都忘了。他不但用功读书，而且很机灵。有一次，他和小伙伴们在后院子里玩耍。院子里有一口大水缸，有个小孩爬到缸沿上，一不小心，掉进缸里。缸大水深，眼看孩子快要没顶了。别的孩子们一见出了事，吓得一面哭喊，一面往外跑，找大人来救。司马光不慌不忙，从地上搬起一块大石头，使尽力气朝水缸砸去。缸被砸破了，水从缸里流了出来，被淹在水里的小孩也脱险了。这件偶然的事情，让幼小的司马光出了名。

宋神宗在位的时候，司马光担任翰林学士。司马光和王安石本来是交往密切的好朋友，后来王安石主张改革，司马光不赞同，两个人就分道扬镳了。

王安石做了宰相以后，提出的一件件改革措施，司马光全都反对。

司马光很喜欢研究历史，他认为治理国家的人，一定要通晓从古以来的历史，从历史中吸取兴盛、衰亡的经验教训。他又觉得，从上古到五代，历史书实在繁杂无序，做皇帝的人没有那么多精力去看。于是，他很早就动手编写一本从战国到五代的史书。宋英宗在位之时，他把一部分稿子献给朝廷。宋英宗觉得这是本对巩固王朝很有好处的书，十分赞赏这项工作，就专门为他设立了一个编写机构，叫他继续编下去。

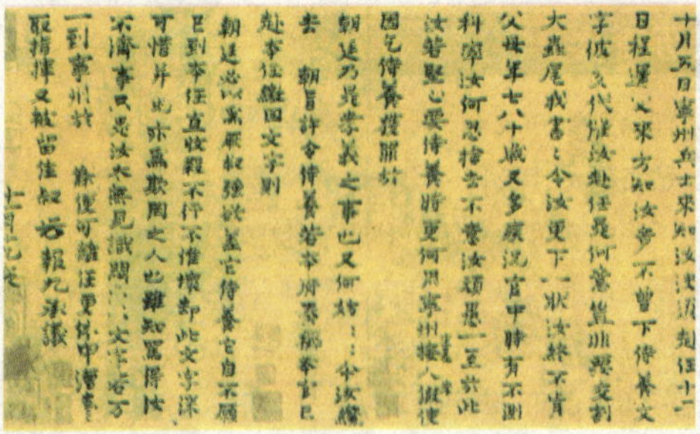

⊙ 宁州帖卷　北宋　司马光

宋神宗即位以后，司马光又把编好的一部分稿子献给宋神宗。宋神宗不欣赏司马光的政治主张，但是对司马光编书却十分支持。他把自己年轻时收藏的2400卷书都送给了司马光，让他好好完成这部著作，还亲自为这本书起了个书名，叫《资治通鉴》（"资治"就是能帮助皇帝治天下的意思）。

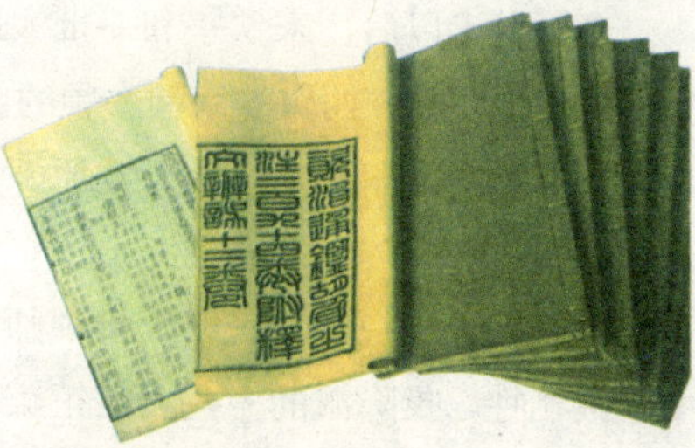

⊙《资治通鉴》书影

司马光一共花了19年时间，才完成了这部著作。《资治通鉴》是中国最著名的编年体通史，上起周威烈王二十三年（公元前403年），下迄后周显德六年（公元959年），记载了包括周、秦、汉、魏、晋、宋、齐、梁、陈、隋、唐、后梁、后唐、后晋、后汉、后周在内的16个朝代的1362年历史。分为294卷，共计300多万字，另外《目录》30卷，《考异》30卷，其中《周纪》5卷，《秦纪》3卷，《汉纪》60卷，《魏纪》10卷，《晋纪》40卷，《宋纪》16卷，《齐纪》10卷，《梁纪》22卷，《陈纪》10卷，《隋纪》8卷，《唐纪》81卷，《后梁纪》6卷，《后唐纪》8卷，《后晋纪》6卷，《后汉纪》4卷，《后周纪》5卷。

司马光是为了巩固当时的封建政权才编写《资治通鉴》的，这就决定了此书的内容主要是政治史。他把历史上的君主依据他们的才能分为五类：第一类是创业之君，比如汉高祖、汉光武帝、隋文帝、唐太宗等；第二类是守成之君，如汉文帝和汉景帝；第三类是中兴之帝，如汉宣帝；第四类是陵夷之君，如西汉的元帝、成帝，东汉的桓帝、灵帝；第五类是乱亡之君，如陈后主、隋炀帝。在司马光看来，最坏的是那些乱亡之君，他们"心不入德义，性不受法则，舍道以趋恶，弃礼以纵欲，谗谄者用，正直者诛，荒淫无厌，刑杀无度，神怒不顾，民怨不知"，像陈后主、隋炀帝等就是最典型的例证。对于乱亡之君，《通鉴》都作了一定程度的揭露和谴责，以为后世君主鉴戒。

高太后临朝听政后，把司马光召回朝廷。这时的司马光已经是又老又病了，但是他反对王安石新法的思想却毫不放松。他一当上宰相，第一件大事就是把新法的思想废除掉。王安石听到废除新法的消息，十分生气，不久就郁郁而终。而司马光的病也越来越重，在同年九月也死去了。

靖康之辱

在金将宗望被迫退兵的时候，种师道向宋钦宗建议，趁金军渡黄河之际，发动一次袭击，把金军消灭掉。宋钦宗不但不同意这个好主意，反而把种师道撤了职。

金军退走以后，宋钦宗和一批大臣以为从此可以安稳度日了，哪料到东路的宗望虽然退了兵，西路的宗翰率领的金军却不肯罢休。靖康元年(1126年)十月，金军又开始对北宋发动进攻，太原、真定很快失守。十一月中旬，西、东两路金军相继渡过黄河。钦宗君臣知道金军渡河向东京进军的消息后，吓得惊慌失措，不知该怎么退敌。宋钦宗派大将种师中带兵前去援救，半路上被金军包围，种师中兵败牺牲。投降派的一些大臣正嫌李纲在京城碍事，就撺掇宋钦宗把李纲派到河北指挥作战。

李纲明知道自己遭到排挤，但是要他上前线抗金，他也不愿推辞。李纲到了河北，招兵买马，准备抗金。但是朝廷却命令他解散招来的新兵，立刻前往太原。李纲调兵遣将，分3路进兵，但是，那里的将领都受朝廷的直接指挥，根本不听李纲的命令。由于3路人马没统一领导，结果打了一个大败仗。

李纲名义上是统帅，却没有实际指挥权，只好向朝廷提出辞职。宋钦宗撤了李纲的职，把他贬谪到南方去了。金国君臣最怕李纲，现在李纲罢了官，他们就再没有顾忌了。金太宗又命令宗翰、宗望向东京进犯。

这时候，太原城被宗翰的西路军围困了8个月后，终于陷落在金兵手里。

太原失守之后，两路金军同时南下。各路宋军将领听到东京吃紧，主动带兵前来援救。宋钦宗和一些投降派大臣忙着准备割地求和，竟命令各路援军退回原地。

面对两路金军不断逼近东京，宋钦宗被吓昏了。一些投降派大臣又成天劝宋钦宗向金求和。宋钦宗只好派他弟弟康王赵构到宗望那里去求和。

赵构经过磁州(今河北磁县)，州官宗泽对赵构说："金国要殿下去议和，不过是骗人的把戏而已。他们已经兵临城下，是求和的态度吗？"

磁州的百姓也拦住赵构的马，不让他去金营求和。赵构也害怕被金国扣留，就留在了相州(今河南安阳)。

没过多久，两路金军已经赶到东京城下，继而猛烈攻城。城里只剩下3万禁卫军，不久就差不多逃跑了一大半。各路将领因为朝廷下过命令，也不来援救东京。这时候，宋钦宗已是

⊙ 临萧照瑞应图　明　仇英

此图描绘的是赵构从磁州北回，渡河时刚上岸冰即拆裂，高宗幸免于难。

叫天天不应，叫地地不灵了。

眼看末日来到，没有办法，宋钦宗痛哭了一场，亲自带着几个大臣去金营送降书。宗翰勒令钦宗把河东、河北土地全部割让给金国，并且向金国献金1000万锭，银2000万锭，绢帛1000万匹。宋钦宗一一答应，金将才把他放回了城。

宋钦宗派了24名官吏帮金军在皇亲国戚、各级官吏、和尚道士等人家里彻底查抄，前后抄了20多天，除了搜去大量金银财宝之外，还把珍贵的古玩文物、全国州府地图档案等也抢劫一空。

靖康二年(1127年)三月七日，金人扶植张邦昌建立傀儡政权。四月一日，金将宗望、宗翰押着被俘而扣留在金营的宋徽宗、宋钦宗和皇子、皇孙、后妃、宫女等400余人回归金国，同时满载掠夺的大量金银财宝。金军退兵时，还将宋宫中所有的法驾、卤簿等仪仗法物和宫中用品，以及秘阁、太清楼、三馆所藏图书连同内侍、内人、伎艺工匠、倡优、府库蓄积席卷一空。

岳家军大败兀术

南宋初年，金军几次南下，威胁南宋政权。南宋军民奋起抗金，金军一举灭亡南宋的计划失败，高宗才得以苟安江南。金国扶植刘豫为大齐皇帝，建立大齐傀儡政权，与南宋对峙。接着，又放宋旧臣秦桧南归，利用他破坏南宋的抗金力量。秦桧到南宋后，千方百计取得高宗的信任，被任命为宰相。尽管南宋处于极为不利的地位，但是当时的抗金战场上依然活跃着无数保家卫国的英雄。岳飞，就是南宋抗金的一面旗帜。

岳飞是相州汤阴(今河南汤阴)人，从小刻苦读书，尤其爱读兵法。他还力大过人，十几岁的时候就能拉开300斤的大弓。后来，他听说同乡老人周同武艺高强，就拜周同为师，学得一手百发百中的好箭法。

后来，岳飞从了军。金兵南下的时候，他在东京当一个小军官。有一次，他带领100多名骑兵，在黄河边练兵，忽然对面来了大股金兵。兵士们都吓得不知所措，岳飞却不慌不忙地说："敌人虽然多，但他们不知道我们有多少兵力。我们可以趁他们没准备的时候击败他们。"说着，就带头冲向敌阵，斩了金军一名将领。兵士们受到岳飞的鼓舞，也冲杀上去，果然把金军杀得落花流水。

从这以后，岳飞的勇猛便出了名。过了几年，他在宗泽部下当了将领。岳飞跟宗泽一样，把抗金作为自己的职责。

宗泽死后，岳飞的队伍仍旧坚持在建康附近战斗。这回趁兀术北撤的时候，他跟韩世忠配合，打得兀术一败涂地。

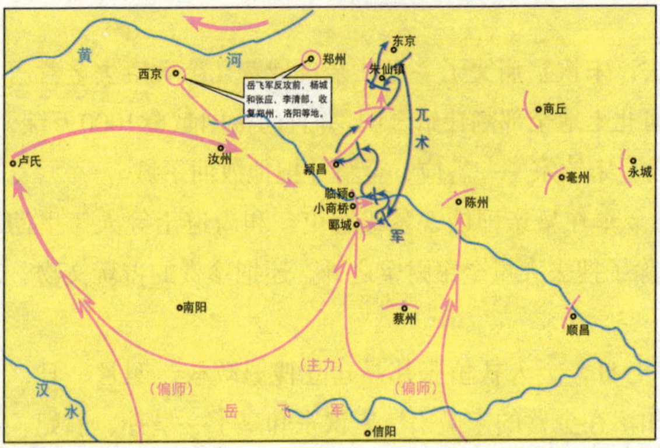

⊙ 岳飞反攻中原之战要图

绍兴四年(1134年)，岳飞奉命挥师北伐。仅用3个月，就收复了襄汉地区六州之地，这是南宋建立以来第一次大规模收复失地。年仅32岁的岳飞被封为开国侯和节度使，成为与韩世忠等享有此殊荣的大将中最年轻的一个。之后，岳飞率军收复了河南许多地方。金国见形势不好，就决定与南宋议和。高宗听到和议，喜不自胜，遂复用秦桧为相，同金国订立和议，向金称臣纳贡。岳飞强烈反对议和，并向高宗指出秦桧误国心怀不忠。从此，秦桧对岳飞怀恨在心。

岳家军军纪严明。一次，有个士兵擅自用百姓的一束麻来缚柴草，被岳飞发现，当即就按军法处置了。岳家军行军经过村子，夜里都在路旁露宿，老百姓请他们进屋，没有人肯进去。岳家军中有一个口号，叫作："冻死不拆屋，饿死不掳掠。"

岳飞在作战之前，总是先把将领们召集起来，一起商量作战方案，然后才出战。所以打起仗来，每战必胜。金军将士见到岳家军，没有一个不害怕的，他们中间流传着一句话："撼山易，撼岳家军难。"

1139年，金国内部发生政变，兀术掌握大权。第二年(1140年)，兀术撕毁和约，兵分四路向南宋大举进攻，宋金间展了规模空前的激战。在东线，宋将刘锜指挥原八字军取得顺昌大捷，击败兀术的部队10万多人。在中原战场上，岳飞不顾秦桧阻挠，率岳家军进行反攻，收复了河南中部的一些地区，并派军袭击金军后方。兀术趁岳家军兵力分散之机，率精锐骑兵直逼岳家军指挥中心郾城。岳飞命其子岳云率轻骑攻入敌阵，往来冲杀，直杀得金军尸横遍野。勇将杨再兴单骑冲入敌阵，杀死金兵数百人。金军队中突然冲出15000铁骑，中间的金兵"铁浮图"三骑并连，头带双层铁盔，身被重甲，两翼是轻疾如飞的骑兵"拐子马"，向岳家军平推过来。岳飞派步兵手持麻扎刀、大斧，上砍敌兵，下砍马足。一匹马摔倒，其他的两匹也不能动了，行动不便的重骑兵完全失去了威力。岳飞则率领精骑与拐子马激战，金军大败。郾城大捷是宋金双方精锐部队之间的大决战，宋军以少胜多，给金军以沉重打击。

岳家军节节胜利，一直打到距离东京只有45里的朱仙镇。河北的义军得知岳家军打到朱仙镇的消息，都欢欣鼓舞，渡过黄河来同岳家军会合。老百姓用牛车拉着粮食慰劳岳家军，有的还顶着香盆来欢迎，个个兴奋不已。

岳飞眼看形势大好，胜利在望，也止不住内心的兴奋。他鼓励部下说："大家共同努力杀敌吧。等我们直捣黄龙府的时候，再跟各路弟兄痛饮庆功酒！"

莫须有罪名

绍兴和议之后，兀术派使者给秦桧送去密信说："你天天向我们求和，但是岳飞不死，我们就不放心。一定得想法子把他杀掉。"秦桧接到密信，就对岳飞下了毒手。

秦桧先唆使他的同党、监察御史万俟卨(万俟是姓)给朝廷上奏章，攻击岳飞骄傲自满，捏造了岳飞在金兵进攻淮西的时候拥兵观望、放弃阵地等许多"罪名"。万俟卨开了第一炮以后，又有一批秦桧同党接连上奏章对岳飞进行攻击。

岳飞知道秦桧要陷害他，就主动要求辞去了枢密副使的职务。然而，事情并没能到此结束。岳飞原来是大将张俊的部下，后来岳飞立了大功，受到张俊的妒忌。秦桧知道张俊对岳飞不满，就与张俊勾结起来，唆使岳家军的部将王贵、王俊，诬告另一个部将张宪想发动兵变、攻占襄阳，帮助岳飞夺回兵权；还诬告岳飞的儿子岳云曾经给张宪写信，秘密策划这件事。

岳飞、岳云两人被逮捕到大理寺的时候，张宪已被拷打得遍体鳞伤。岳飞见了，心里又难过、又气愤。

万俟卨开始审问岳飞，他拿出王贵、王俊的诬告状，放在岳飞面前，吆喝着说："朝廷并没有亏待你们三人，可你们为什么要谋反？"

岳飞说："我没有对不起国家之处，你们掌管国法的人，可不能诬陷忠良啊！"

秦桧又派御史中丞何铸去审问岳飞，岳飞一句话也不说，他扯开上衣，露出脊梁让何铸看，只见岳飞背上刺着"尽忠报国"四个大字。何铸看后大为震动，不敢再审，就把岳飞押回监狱。随后，他又看了一些卷案，觉得岳飞谋反的证据不足，只好向秦桧照实回报。

⊙ 岳飞坐像，在今浙江杭州岳王庙内。

秦桧认为何铸同情岳飞，不再让他审问，仍叫万俟卨罗织罪名。万俟卨一口咬定岳飞曾经给张宪写信，部署夺军谋反的计划。他们没有物证，就诬说原信已经被烧毁了。

这个案件一拖就是两个月，审讯毫无结果。朝廷官员都知道岳飞冤枉，有些官员上奏章替岳飞申冤，结果却遭到秦桧陷害。

老将韩世忠气愤地亲自去找秦桧，责问他凭什么说岳飞谋反，证据是什么。秦桧吞吞吐吐地说："岳飞给张宪写信，虽然没有证据，但是这件事莫须有(就是'也许有'的意思)。"韩世忠愤怒地说："'莫须有'三个字，怎能叫天下人心服！"

1142年一月的一个夜里，这位年仅39岁的抗金英雄被害牺牲。岳云、张宪也同时被害。

岳飞被害以后，临安狱卒隗顺偷偷地把他的遗骨埋葬起来。直到宋高宗死后，岳飞的冤案才得到平反昭雪。人们把岳飞的遗骨改葬在西湖边的栖霞岭上，后来又在岳墓的东面修建了岳庙。岳飞死后20年，孝宗即位后才以礼改葬，建庙鄂州；37年后赐谥武穆；70年后，宁宗追封其为鄂王。

理学的形成

理学作为一种伦理道德，是反映统治阶级利益的官方思想，是维护封建统治的思想武器；它作为一种学术思想和哲学体系，又是我国古代哲学思想发展到较完备阶段的产物。

宋代的理学，又称道学、新儒学，它以儒学为中心，融会佛道而形成。这种思想以"理"或"天理"为宇宙万物的本体，作为人们思想、行为的根本原则，所以称为理学。它又以三纲五常的伦理道德为基本内容，以明道为目标，继承古代的道统，所以称道学。宋代理学以程颢、程颐和朱熹为代表，即所谓程朱理学。

程朱理学是从周敦颐开始的。周敦颐提出了"太极"的概念，认为"太极"是宇宙的本体。他引用了道家思想阐释儒学，建立了理学的宇宙论。程颢和程颐是北宋理学的代表人物，是理学的奠基人，他们都是周敦颐的学生。二程的思想

·朱熹学派遭禁锢·

朱熹学派在南宋时被诬为"伪学"，遭到禁锢。宋孝宗时，朱熹上书批判贪官唐仲友，而他是宰相王淮的亲戚。王淮就使孝宗斥责朱熹学说欺世盗名。宁宗即位后，朱熹上书宁宗提防大臣窃权。宰相由此怀恨在心，不断对宁宗挑拨，发布朱熹的十罪状，使理学书籍遭到焚毁。后有人公然上书要求处死朱熹。宁宗又公布了朱熹伪学逆党名单，致使朱熹的门徒不敢露面。朱熹病逝后，宁宗下诏只许他的门徒参加葬礼。9年后，宁宗定朱熹谥号为"文"，称他为朱文公。这时，朱熹学说才得到政府的肯定。

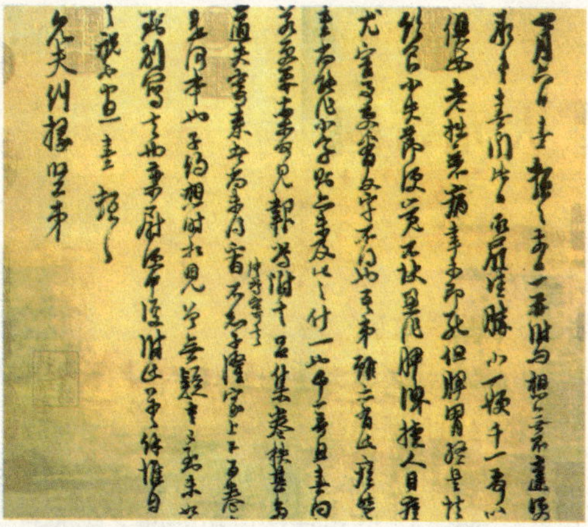
⊙ 朱熹行书墨迹

直接继承了理学的开创者周敦颐，吸收了他的《太极图说》中的宇宙生成图式，并发展了他的“太极”说，提出“理”作为宇宙的本体，从而为理学建立了体系。后经朱熹进一步完善，遂成了封建社会官方的正统哲学，并统治元、明、清思想界长达数百年之久。

二程理学体系的核心是理或天理，并把它作为宇宙的本源，说它是先于一切事物而存在的，一切都是理产生的。二程用理来解释一切，认为封建伦理道德如君臣之道、父子之道、夫妇之道都是天理的体现。二程进一步要求去掉欲求。有人曾问程颐，家贫的寡妇是否可以再嫁。他认为饿死是小事，失节可就是大事了。这就是“去人欲，明天理”的主张。

南宋的朱熹是程朱理学的集大成者。朱熹，字元晦，号晦庵，别称紫阳。他是二程的四传弟子，一生精力用于著书讲学，是中国封建社会后期影响最大的哲学家。他完成了儒学的复兴，形成了与汉唐经学不同的新儒学体系。他进一步把“气”引入了理学，并从理与气的关系上探讨天地万物的哲学意义。他认为理是万物的本体，而气则是金、木、水、火等构成万物的材料。理和气两者相依相存，但理先于气，气依理而存在。万物有万理，万理的总和就是太极。万物的形成依赖于气，气又是理的表现。

朱熹把儒学的伦理纲常加以新的解释，赋予了新的内容，他使三纲五常理论化，又在二程的基础上提出了“存天理，去人欲”的道德观，这成为禁锢人性的封建伦理规范。他创建的一套体系严整的新儒学思想，成为宋以后历代封建王朝的官方思想。他是著名教育家，一生讲学不辍，先后在白鹿洞书院、岳麓书院等地讲学，培养出了大批儒学弟子。他编著的《四书集注》，后来成了科举考试的必读书。理学对中国的社会政治、传统文化和思想意识形态产生了巨大的影响。

大元帝国

一代天骄

南宋北伐屡屡失败的同时，金国也因内部腐败而渐渐走向衰落。这时，北方的蒙古族却日渐强盛起来。

铁木真出生于蒙古孛儿只斤氏族。曾祖合不勒统一了蒙古尼伦各部。后来，叔祖忽图剌和父亲也速该也相继做了尼伦部的乞颜部的首领。

也速该英勇善战。在成吉思汗出生的那一天，也速该征讨塔塔儿部凯旋。为了纪念出征的武功，他给这刚出生的儿子取名铁木真。“铁木真”蒙语的意思是“精钢”。青少年时的铁木真武艺超群，才智过人，远近闻名。为了重振家业，铁木真去找父亲的安答（结义兄弟）克烈部首领王罕。在王罕的庇护下，铁木真开始积聚力量，势力迅速壮大。后来，铁木真迁居到怯绿连河上游的桑沽儿小河，建立了自己的营地，铁木真被推举为部族的汗。

⊙ 成吉思汗放鹰捕猎图

这是一幅中国丝绸上的绘画，狩猎是蒙古人重要的生活内容。在狩猎时，鹰是猎人的向导，它负责搜寻猎物，引导方向，所以蒙古人出猎时往往将鹰带在身边。

1196年，铁木真联合王罕，配合金国军队，在斡里札河围歼了反叛金国的塔塔儿部，杀死了他们的首领。战后，金国封王罕为王，任命铁木真为招讨使，铁木真名声大振。此后，他又战胜了篾儿乞等部，攻取呼伦贝尔草原。1202年，铁木真彻底歼灭塔塔儿部，占领了西起斡难河，东到兴安岭的广大地区。1203年，王罕与铁木真反目，大战于合兰真沙陀，铁木真大败。随后，铁木真重整旗鼓，发动突然袭击，大败蒙古族最强大的克烈部，王罕父子逃亡后被杀。

1204年，铁木真征服蒙古草原上唯一能和自己对抗的乃蛮部的首领太阳罕。1206年，统一了西起阿尔泰山，东到兴安岭的整个蒙古草原。各部贵族在斡难河源头举行盛大集会，推举铁木真为大汗，建立了强大的蒙古汗国。随后，成吉思汗开始建立蒙古汗国的国家制度。

成吉思汗的黄金家族是蒙古汗国的最高统治集团，拥有全部的土地和百姓。他按照分配家产的方式，将百姓和土地分给自己的子弟亲族。成吉思汗推广了千户制度，将全蒙古的百姓划分为95千户，任命蒙古的开国功臣以及原来的各部贵族担任那颜（意为千户长），世袭管领。为了维护自己的至高无上的统治地位，成吉思汗还建立了一支由大汗直接控制的人数达1万人的常备护卫军。这支强大的护卫军成为巩固蒙古汗国、进行对外战争的有力工具。

⊙ 骑射图　蒙古

此图绘箭在弦上蓄势待发的瞬间，表现出蒙古人的矫健，很有“弯弓射大雕”之势。

成吉思汗还根据畏兀儿文字创造了蒙古文字，用这种畏兀儿蒙古文发布命令，登记户口，编订法律，大大加强了统治，推进了蒙古文化的发展。

成吉思汗又任命自己的养子失吉忽秃忽为大断事官，负责分配民户，后来又让他掌管审讯刑狱等司法事务。成吉思汗还制定了蒙古法律“大札撒”，作为全部蒙古人民都要遵守的准则。法律的制定，对于安定社会，加强蒙古政权的统治起到了积极的作用。

蒙古汗国建立之后，成吉思汗开始向外扩张。他先后三次入侵西夏，迫使西夏称臣纳贡，并随同蒙古一同进攻金国。1211年，成吉思汗南下进攻金国，1215年，攻占了中都燕京。

1219年，成吉思汗踏上征讨花剌子模的万里西征之路。1220年，成吉思汗连破花剌子模的要塞不花剌、撒麻耳干等城，花剌子模逃往里海一带，成吉思汗穷追不舍。1221年，成吉思汗占领花剌子模全境以及中亚的许多地区。1222年，血洗花剌子模中心城市玉龙杰赤后，大军继续西进，并于1223年跨过高加索山，一直打到克里米亚半岛、伏尔加河流域、多瑙河流域。1224年，成吉思汗决定东归，1225年，回到蒙古，这场持续7年的西征终于结束。

蒙古灭金

1206 年，铁木真称成吉思汗，在斡难河建立了蒙古汗国，成为北方草原地区新兴的强大势力。蒙古汗国一直受女真贵族建立的金国统治，金国统治者经常向蒙古部族勒索各种贡物，激起了蒙古族人民的不满和反抗。蒙古汗国确立奴隶制以后，奴隶主贵族掠夺财富的欲望不断膨胀；成吉思汗建国以后，开始发动南侵金国的战争。

1211 年农历二月，成吉思汗率众南下，开始了对金的侵略战争。蒙古军首先突袭金军要隘，金军士气低落，无力抵抗，金军守将仓皇撤兵。蒙古军顺利占领抚州（今内蒙古集宁区东）后，成吉思汗率众继续追击，经过 3 天鏖战，金军损失惨重。十月，蒙古军过紫荆关、居庸关，前锋部队直逼中都（今北京市）。1212 年春，蒙古军攻打中都时，遭到金守将完颜天骥的埋伏和夜袭，蒙军被迫撤军。

1212 年秋，成吉思汗再次南侵，攻打金的西京府（今山西大同市）。蒙古军队与金援兵元帅左都监奥屯襄部发生激战，金军全军覆没。蒙古军在围攻西京时，遇到金左副元帅兼西京留守赛里的顽强抵抗。成吉思汗在作战中身中流矢，再加上一时也攻不下西京，只好撤回阴山。

1213 年秋，成吉思汗又从阴山南下，一直打到怀来，与金尚书左丞完颜纲 10 万军队展开激战，金军精锐全部溃散，损失极其惨重。成吉思汗率军乘胜进攻，相继占领河北、河东广大地区，直抵黄河北岸。然后又向东攻占山东诸地，直到海滨，对中都形成包围之势。金国无奈，只好提出议和的要求，蒙古大军携带掠夺来的人口和财富得胜而归。

⊙ 蒙古与金战争形势图

1214 年农历五月，金宣宗不愿再受蒙古军队的骚扰，迁都南京（今河南开封市）。成吉思汗又

⊙ 成吉思汗统一漠北图
骑兵的作用从成吉思汗率领的蒙古铁骑身上最能体现出来。

立即派兵南下，进占中都。同时，蒙古木华黎部攻占金东京（今辽宁辽阳市）和北京（今内蒙古宁城县西），金国实力大减。

1217年八月，被封为太师兼国王的木华黎，率兵出征，接连攻克太原、汾州（今山西汾阳市）、绛州（今山西新绛县）、潞州（今山西长治市）、平阳。1221年，木华黎大军直指陕西，进攻延安，金延安知府固守城池，蒙古军只好撤退。1222年八月，木华黎转攻被金国收复的太原府，太原再次失守。不久，蒙古军攻占河中府（今山西永济市）。

1223年春，木华黎决定亲率大兵10万，先攻打凤翔府（今陕西凤翔县），再取京兆（今陕西西安市），但是在进攻的过程中，却遭到沉重打击，只好撤兵。

1227年七月，成吉思汗病死。1229年八月，成吉思汗第三子窝阔台继承汗位。窝阔台继位后，大举侵金。此次用兵，窝阔台旨在消灭金国。

庆阳之战、卫州之战、潼关凤翔之战后，1231年五月，窝阔台分兵三路合围汴京（今河南开封市），中路窝阔台率兵攻陷河中府，左路斡陈那颜进兵济南，右路拖雷出凤翔，攻破宝鸡，直指汴京。经过钧州三峰山之战，金国军队主力损失殆尽，主要将领大多战死，元气大伤，灭亡指日可待。1232年一月，蒙古军队围攻汴京，虽然金国军民奋力保卫汴京，但金哀宗却逃到了蔡州，汴京、中京（今河南洛阳市）相继陷落。

1233年，蒙古与南宋达成协定，协力围困蔡州。蔡州被困3个月后城破，金哀宗自杀，金国灭亡。

襄樊之战

1268年，忽必烈纳宋降将刘整，下决心拿下襄阳，而后浮汉入江，直趋临安。九月，忽必烈派都元帅阿术、刘整率军进围襄樊。针对宋军长于守城和水战的特点，蒙古军依据襄樊宋军设防在城西，便南筑堡连城，切断城中宋军与外界的联系，完成了对襄樊的战略包围。阿术还建立水师以防备宋水军援襄——刘整造船5000艘，并日夜操练，以改变战术上的劣势。

蒙古军修筑的鹿门堡、白河城使襄阳处于孤立无援的境地，宋军几次反包围，都归于失败，伤亡惨重。1269年七月，宋将张世杰率军自临安来援，与蒙古军大战于樊城外围，被阿术打败。八月，宋将夏贵率军救援襄阳，遭蒙古军和被改编的汉军夹击，兵败虎尾洲，损失2000人及50艘战船。1270年春，襄阳守将吕文焕率军出城攻万山堡，阿术诱敌深入，而后令部将张弘范、李庭反击，宋军大败，退回襄阳。九月，宋援军范文虎水军又为蒙古水陆两军击走。翌年初，元气恢复的范文虎卷土重来，阿术亲率大军迎击，宋军大败，损失战舰100余艘。3年中，宋蒙古双方在襄樊外围反复争夺，宋军终未能突破包围圈。

1271年，忽必烈改国号为元，随即采取措施加紧对襄樊的围攻。1272年初，元军对樊城发起总攻，三月，阿术率军攻破城郭，增筑重军，并进一步缩小了包围圈，宋军退至内城坚守。四月，宋名将李庭芝招募荆楚等地民兵3000人，派张顺、张贵兄弟率领驰援襄阳。临行前张顺激励士卒说："此次援襄任务艰巨，人人都要有必死的决心和斗志。你们当中若有人贪生怕死，就请趁早离开，免得影响大家。"三千士卒群情振奋，皆表示愿拼死报国。五月，张顺、张贵在高头港集结船队，每只船都安装火枪火炮，结成方阵，备好强弩利箭，张贵突前，张顺殿后，驰入元军重围。在磨洪滩，三千勇士强攻密布江面的元军舰只，将士先用强弩射向敌舰，靠近后再用大斧猛砍敌人，元军被杀溺而死者不计其数，张顺、张贵军冲破层层封锁，如愿进入襄阳城中。这一行动的胜利极大地鼓舞了襄阳军民抗敌的信心。张顺在这次战斗中战死，几天后，襄阳军民在水中找到他的尸体，只见他依然披甲执弓，怒目圆睁。军民怀着沉痛和

⊙ 元代名铳

铳上有"射穿百札，声动九天""神飞"等铭文，这种火器在攻城时更显其威力。

敬佩的心情安葬了他，并为之立庙祭祀。

张顺、张贵带来的大批军用物资缓解了襄阳危机，但在元军重重封锁下，形势仍很严峻。张贵与郢州殿帅范文虎相约南北夹击，打通襄阳外围交通线。范文虎率五千精兵驰龙尾洲接应，张贵率所部出城会合范文虎。张贵按约定日期辞别吕文焕，率部顺汉水东下，临行检点人数，发现少了一名因犯军令而遭鞭笞的士卒，他知道计划已泄露，决定迅速行动，在元军采取措施前实现与范文虎会师。张贵军乘夜放炮开船，突出重围。阿术忙遣数万人阻截，封死江面。张贵军接近龙尾洲时，遥见龙尾洲方向旌旗招展，战舰无数，张贵以为是范文虎之接应部队，遂举火晓示，对方即迎火光驶来。等至近前，张贵才发现：哪里是什么范文虎，尽是元军，他们接宋军叛卒告密，早占领了龙尾洲，专等张贵。于是两军在此处展开激战，由于元军是以逸待劳，宋军是长途跋涉，极度疲惫，结果宋军失败，张贵被俘，不屈就义。元军令四名宋降卒抬着张贵尸体到襄阳城下昭示宋军开城出降，吕文焕杀掉四个降卒，将张贵与张顺合葬，立双庙祭祀。

1272年秋，元军为了尽快拿下襄樊，决定先攻樊城，襄、樊唇亡齿寒，樊城一失，襄阳即指日可下。1273年初，元军从3个方向进攻樊城，忽必烈又遣炮匠至前线，造炮攻城。元军烧毁了樊城与襄阳间的江上浮桥，使襄阳宋军眼见樊城危急却只能望江兴叹。刘整率元军战舰抵达樊城城下，用炮击塌城西南角，元军弃岸鼓噪而入城内。宋将牛富率军与元军展开巷战，终因势孤力单，牛富投火殉国。另一宋将天福见城告破，痛不欲生，拒降元军，也入火自焚，樊城失陷。

樊城沦落，襄阳更加危急。城中军民拆屋做柴烧，苦苦支撑。吕文焕数次遣人突围而出向朝廷告急，但宋朝奸相贾似道当权，对告急置之不理，却在皇帝耳边大言“天下太平”。1273年二月，元骁将阿里海牙炮轰襄阳城。由于孤立无援，敌人攻势猛烈，城中人心动摇，城中将领纷纷出城投降。吕文焕自感大势已去，遂开城投降。

文天祥抗元

元军乘胜南下，眼看就要打到临安了。4岁的皇帝赵㬎自然无法处理朝政，他祖母谢太后和大臣们一商量，赶紧下诏书，要各地将领带兵到临安救驾。诏书发到各地，响应的人寥寥无几，只有赣州的州官文天祥和郢州（今湖北钟祥）守将张世杰两人立刻起兵救援。

文天祥接到朝廷诏书，立刻招募了3万人马，排除种种干扰，领兵到了临安。右丞相陈宜中派他到平江（今江苏苏州）防守。这时候，元朝统帅伯颜已经渡过

⊙ 文天祥《沁园春》诗意图

"嗟哉人生，翕歘云亡，好轰轰烈烈做一场。"有人评价此首作品：此等作品，不可以寻常词观之也！

长江，3路进兵攻取临安。其中一路从建康出发，越过平江，直取独松关(今浙江余杭)。陈宜中得到消息，马上命令文天祥退守独松关。文天祥刚离开平江，独松关已经被元军占领，想再回平江，平江也在这时陷落了。

谢太后和陈宜中惊慌失措，赶紧派了一名官员带着国玺和求降表到伯颜大营求和。伯颜却指定要南宋丞相亲自去谈判。陈宜中害怕被扣留，不敢到元营去，偷偷地逃往了南方。张世杰不愿投降，一气之下，带兵出海去了。谢太后无可奈何，只好宣布文天祥接替陈宜中做右丞相，让他到伯颜大营去谈判投降。

文天祥答应到元营去，但是他心里却另有打算。他带着大臣吴坚、贾余庆等到了元营，根本不提求和的事，反而义正词严地责问伯颜说："你们究竟是想跟我朝友好呢，还是想存心消灭我朝？"

伯颜说："我们皇上(指元世祖)的意思很清楚，没有消灭宋朝的打算。"

文天祥说："既然是这样，那么请你们立刻把军队撤回。如果你们硬要消灭我朝，南方军民一定会跟你们打到底，那样对你们也不会有好处的。"

伯颜把脸一沉，用威胁的口气说："你们再不老实投降，就饶不了你们。"

文天祥也气愤地说："我是堂堂南宋宰相。现在国家危急，我已经准备拼死报答国家，哪怕刀山火海，我也毫不畏惧。"

文天祥的气势把伯颜的威胁顶了回去，周围的元将个个都惊呆了。之后，伯颜让别的使者先回临安去跟谢太后商量，却把文天祥扣留了下来。

随同文天祥到元营的吴坚、贾余庆回到临安，把文天祥拒绝投降的事向谢太后奏报了一番。谢太后一心想投降，便改任贾余庆做右丞相，到元营去求降。伯颜接受降表后，把文天祥请进营帐，告诉他宋朝廷已另外派人来投降。文天祥气得痛骂了贾余庆一顿，但是投降的事已无法挽回了。

1276年，伯颜带兵进入了临安，谢太后和赵㬎出宫投降。元军把赵㬎当作俘虏押往大都(今北京市)，文天祥也被一同押走。一路上，他一直在考虑怎样逃脱。路过镇江时，他和几个随从人员商量好，趁元军没防备之机，逃出了元营。

后来，扬州的宋军主帅李庭芝听信谣言，以为文天祥已经投降，便悬赏缉拿他。不得已，文天祥等人夜行日宿，历尽千难万险，从海口乘船到了温州。在那里，他听说张世杰和陈宜中在福州拥立新皇帝即位，就决定去福州。

文天祥复任右丞相兼枢密使。景炎二年(1277年)，他进兵江西，收复州县多处，后因寡不敌众，败退广东，依旧坚持抵抗元兵。祥兴元年(1278年)十二月，他在五坡岭(今广东海丰北)被俘。

投降元朝的张弘范劝说文天祥招降张世杰，他写了《过零丁洋》诗作为答复。元朝专横跋扈的宰相阿合马来威逼利诱，文天祥不为所动。后来，陆秀夫背着南宋皇帝赵昺投了海，张世杰也以身殉职，南宋灭亡。

南宋灭亡以后，张弘范又劝文天祥投降，文天祥嗤之以鼻。到了元朝的大都以后，南宋的前丞相留梦炎、受封为瀛国公的宋恭帝赵㬎前来劝降，都碰了一鼻子灰回去了。文天祥的慷慨陈词、义薄云天让所有的人都无计可施。从这以后三年当中，他一直被关在阴暗潮湿的监狱中。在此期间，他读到投降元朝的弟弟和在监狱中的妻子儿女的来信。但他没有被百般的折磨吓倒，没有被千般的利诱迷惑，更没有被万般的亲情感动，始终没有投降，表现了自己的气节。1283年农历一月八日，元世祖忽必烈召见文天祥，进行最后一次劝降。文天祥回答说："我是大宋的状元宰相，宋朝灭亡，我只能是死，不能活。"第二天就慷慨就义。

文天祥著有《文山先生全集》。他前期的诗文大多是应酬之作，赣州起兵以后，风格迥然不同，诗词散文都悲壮刚劲，被人传诵至今。

张世杰死守崖山

在临安被元兵占领、小皇帝赵㬎被俘虏去大都以后，南宋皇族和大臣陆秀夫护送赵㬎的两个哥哥——9岁的赵昰和6岁的赵昺逃到福州。陆秀夫派人找到张世杰、陈宜中，把他们请到福州。3个大臣一商量，便拥立赵昰即位，继续反抗元朝。

文天祥得到消息，感到有了兴国的希望，马上也赶到福州，在新的朝廷里担任枢密使。

1276年十一月，元大将董文炳率兵攻进福建，赵昰被张世杰和陆秀夫等人护

⊙陆秀夫像

送到海上，到达惠州。十二月，赵昰又坐船下海，途中被元军袭击，因惊吓过度而患病，第二年四月在州岛病逝，时年11岁。

赵昰死后，张世杰又拥立赵昺即位，改元祥兴。至元十五年(1278年)六月，雷州被元军攻破，张世杰带着赵昺撤到崖山(今广东新会)，开始建筑工事，企图凭借险要地形久守。

元世祖担心，如果不迅速扑灭南方的小朝廷，会有更多的宋人响应。就派张弘范为元帅，李恒为副帅，带领2万精兵，分水陆两路南下。

张弘范先派兵攻打驻守在潮州的文天祥。不久，文天祥便因兵少势孤，兵败被俘了。

崖山地处我国南面海湾里，背山面海，地势十分险要。有幕僚对张世杰说："北兵以舟师堵塞海口，则我不能进退，不如先行占据！如有幸而胜，是我们大宋之福；即使不能取胜，至少可以向西避开北兵。"张世杰道："年复一年航于海上，什么时候是个头儿呢？这次就与北兵一决胜负！"张世杰在海上把1000多条战船一字排开，用绳索连接起来，船的四周还筑起城楼，决心跟元军决一死战。

张弘范先用火攻，失败后，就用船队封锁海口，断绝了张世杰通往陆地的交通。宋军忍饥挨饿，誓死抵抗，双方相持不下。

这时候，元军副统帅李恒也从广州赶到崖山跟张弘范会师。张弘范增加了兵力，重新组织力量进攻。他把元军分为4路，围攻宋军。张世杰知道大势已去，急忙把精兵集中在中军，又派人驾驶小船去接赵昺，准备组织突围。

赵昺的坐船由陆秀夫保护着，他对张世杰派出来接赵昺的小船弄不清是真是假，担心小皇帝落在元军手中，就拒绝了使者的要求。他对赵昺说："国家到了这步田地，陛下也只好以身殉国了。"说着，就背着赵昺跳进了大海，淹没在滚滚波涛里了。

张世杰没有接到赵昺，便指挥战船，趁着夜色朦胧，突围撤退到海陵山。这时候，海岸又刮起了飓风，把张世杰的船打沉了，这位誓死抵抗的宋将落水牺牲。南宋的最后一支军队覆没，至此宋朝彻底灭亡。

1279年农历二月，元朝统一了中国。

红巾军起义

元朝从成宗以后，又传了9个皇帝，皇室斗争日趋激烈，政治也越来越腐败，人民生活在水深火热之中。最后一个皇帝元顺帝妥欢帖睦尔即位后，荒淫残暴，百姓没有了活路，纷纷起来造反。

河北有个叫韩山童的农民，聚集了不少受苦受难的百姓，烧香拜佛，后来慢慢发展成了白莲会（一种秘密宗教组织）。韩山童对他们说："佛祖见天下大乱，将要派弥勒佛下凡，拯救百姓。"

正巧这时黄河在白茅堤决口，两岸百姓遭受了严重的水灾。1351年，元王朝征发了汴梁（今河南开封）、大名等地民工15万和兵士2万人，到黄陵冈开挖河道，疏通河水。

韩山童决定利用这个机会起事。他先派几百个会徒去做挑河民工，在工地上传播一支民谣："石人一只眼，挑动黄河天下反。"

民工们不懂这首歌谣是什么意思，开河开到了黄陵冈，有几个民工忽然挖出一座石人来。大家好奇地聚拢来一瞧，只见石人脸上正是一只眼，都禁不住呆住了。这件新鲜事很快地在十几万民工中传开，大家心里想，民谣说的真应验了，既然石人出来了，天下造反的日子自然也来到了。

不用说，这个石人是韩山童事先派人偷偷地埋在那里的。百姓被鼓动起来了。韩山童便挑选了一个日子，聚集起一批会徒，杀了一匹白马、一头黑牛祭告天地。大家都推举韩山童做领袖，号称"明王"，并约定日子，在颍州（今安徽阜阳）起义，起义军用红巾裹头作为标记。然而正在歃血立誓的时候，有人走漏了消息。官府派兵士抓走了韩山童，押到县衙杀了。韩山童的妻子带着他儿子韩林儿，逃脱了官府追捕，到武安（今河北武安）躲了起来。

韩山童的伙伴刘福通逃出包围，把约定起义的农民召集起来，攻占了颍州等地。在黄陵冈开河的民工得到消息，也杀死了河官，纷纷投奔刘福通。起义兵士头上裹着红巾，百姓就把他们称作"红巾军"。不到10天的工夫，红巾军已经发展到10多万人。

刘福通的红巾军陆续攻下了一些城池。江淮一带的农民早就受到白莲会的影响，也纷纷响应刘福通起义。

⊙ 至元年铸鼎　元
此鼎铸于至元年间，体积小，便于携带，是元军的日常用品，用来热汤。

1354年，元顺帝派丞相脱脱动用了西域、西番的

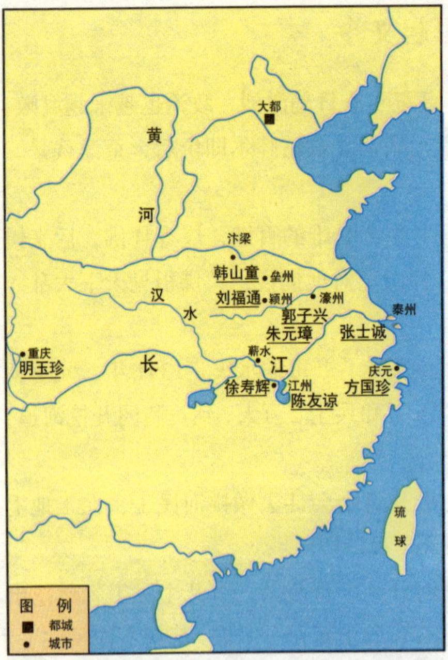

⊙ 元末农民起义示意图

兵力，号称百万，围攻占领高邮的张士诚起义军。起义军正处在危急存亡之时，元王朝突然发生内乱，脱脱被撤掉官爵。元军失去了统帅，不战自乱，全军崩溃。

第二年二月，刘福通把韩山童的儿子韩林儿接到亳州（今安徽亳县）正式称帝，国号宋，称韩林儿为小明王。

刘福通是反抗元朝统治战争中伟大的农民起义领袖，他率领新兴的武装力量，打击了军事力量强大的蒙古帝国。元朝把亳州大宋政权看作是心腹大患，令丞相脱脱率大军前往镇压。为了避开元军的攻击。1358 年，刘福通攻占汴梁后，分三路向蒙古进兵，发动总攻。其中毛贵的东路军一直打到元大都城下。刘福通攻占汴梁后把小明王韩林儿接来，定汴梁为都城。

元王朝不甘心失败，纠集地主武装加紧镇压红巾军，致使三路北伐军先后失利，汴梁重新落在元军手里。元王朝又用高官厚禄招降了张士诚。刘福通保着小明王逃到安丰（今安徽寿县）后，受到张士诚的袭击，1363 年，刘福通战死。

北方红巾军失败后，南方红巾军还在活动。蒙古帝国和韩宋的力量相互完全消耗，元朝的灭亡近在眼前。

处于南北红巾军之间的朱元璋，利用这一有利条件，按照徽州老儒朱升提出的“高筑墙，广积粮，缓称王”的建议，自 1356 年占领集庆后，先后削平了陈友谅、张士诚、明玉珍等势力，势力扩张到苏南、浙江、安徽一带。刘福通战死后，朱元璋救出皇帝韩林儿，将其迎往滁州。1366 年，朱元璋命令廖永忠迎韩林儿至应天府，途中韩林儿落水淹死。最后，朱元璋命令大将徐达挥师北上，推翻了元朝统治，于 1368 年建立了明朝。

明的集权与裂变

和尚皇帝

在刘福通带领红巾军征战的同时，据守在濠州的郭子兴领导的红巾军也在日益壮大。濠州虽处在元军的包围中，但义军将士们英勇不屈，众志成城，使元军无计可施。

一天，在凛冽的寒风中，匆匆赶来了一位衣衫褴褛的年轻和尚。城卫怀疑他是元军的奸细，一面将他捆在拴马桩上，一面派人去通报元帅郭子兴。郭元帅闻讯赶到城门，只见绳索紧缚的和尚相貌奇伟，气度非凡，心里不禁暗暗称绝。此人便是后来的大明开国皇帝朱元璋。

朱元璋祖籍江苏沛县，本名朱重八。当时布衣百姓一般都不取正式名字，只用行辈或父母年龄合计数作为称呼。

朱元璋小时候一有空就跑到皇觉寺去玩耍，这寺内的长老见他聪明伶俐，讨人喜欢，便抽空教他识文认字。朱元璋天赋过人，过目不忘，天长日久，便也粗晓些古今文字了。

朱元璋 17 岁那年，淮北发生旱灾、蝗灾和瘟疫，他的父母、长兄在不到半个月的时间里相继死去，乡里人烟稀少，非常凄凉。朱元璋走投无路，只好剃发进了皇觉寺，当了一个小行僧，整天扫地上香，敲钟击鼓，还经常受到那些老和尚的训斥。为了混口饭吃，朱元璋只好忍气吞声。

后来，灾情越来越严重，靠收租米度日的皇觉寺再也维持不下去了。主持只好把寺里的和尚一个个打发出去云游化斋，自谋生路。进寺刚刚 50 天的朱元璋也只得背上小包袱，一手拿木鱼，一手托瓦钵，穿城越村，加入了云游僧人的队伍。

⊙ 明太祖朱元璋像

朱元璋道："天下之治，天下之贤共理之；天下始定，民财力俱困，要在休养安息；得贤为宝。"

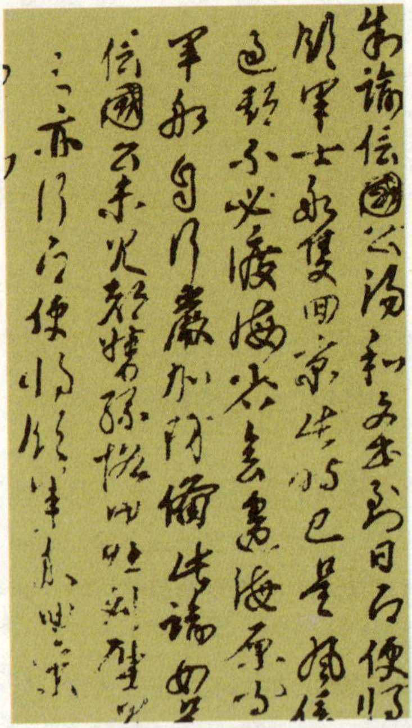

⊙论不必渡海帖　明　朱元璋

云游中，朱元璋亲眼看见了混乱不堪的世事，对当时的社会有了深刻的认识，人生经验也大大丰富。他决定广泛交游，等待出人头地的时机。3 年后，他回到了皇觉寺，不久，接到了已在郭子兴部队当了军官的穷伙伴汤和的来信，邀他前去投军。于是他连夜奔往濠州城。在征战过程中，朱元璋知人善任，为人豁达大度，文士冯国胜、李善长等为他出谋划策，英勇善战的常遇春、胡大海也来投奔他。攻下滁州和和州后，他整顿军纪，申明纪律，禁止军队抢掠奸淫，因此深得百姓的拥护。郭子兴死后，朱元璋被升为左副元帅，第二年，他率众占领建康，成为红巾军内部一支力量强大的武装力量。

此后，朱元璋逐渐把郭子兴的旧部全部纳入自身旗下，并以建康为根据地，不断扩充势力。当时，在他北面的刘福通、韩林儿所率红巾军正受到地主武装的袭击；西面的徐寿辉被部将陈友谅所杀，陈友谅不能服众，将士离心；明玉珍因为不服陈友谅的领导，在四川自立，国号大夏；东面的张士诚和方国珍受到元政府的劝诱，接受了元的官号。元朝的主力指向刘福通等人，朱元璋便趁机在浙东发展，逐渐控制了皖南、浙东地区。

由于红巾军内部的分裂腐化和元政府的镇压，刘福通一部在 1363 年时兵败，刘福通牺牲，红巾军力量削弱，起义失败。朱元璋这时占据浙东，发展生产，罗致人才，巩固统治，实力渐渐壮大。

鄱阳湖大战

当朱元璋向南方发展势力的时候，遇到了一个强敌名叫陈友谅。陈友谅年轻时曾为县吏，元末农民战争爆发后，参加徐寿辉、邹普胜、倪文俊等人领导的天完红巾军，初为簿书掾，后以功升元帅。元至正十七年（1357 年）九月，倪文俊谋害徐寿辉未成，逃奔黄州，陈友谅趁机袭杀倪文俊，并其部众，自称宣慰使，随后改称平章，掌握天完实权。此后两年继续进行反元战争，他占据江西、湖南和湖北一带，地广兵多，自立为王，国号叫汉。1360 年，他率领强大的水军，从采石沿江东下，进攻应天府，想一下子吞并朱元璋占领的地盘。

朱元璋赶忙召集部下商量对策。大家七嘴八舌，议论纷纷，只有新来的谋士刘基待在一旁，一声不吭。

朱元璋犹豫不决，散会后，把刘基单独留下来，问他有什么主意。刘基说：“敌人远道而来，我们以逸待劳，还怕不能取胜？您只需用一点伏兵，抓住汉军的弱点痛击，就可以打败陈友谅了。”朱元璋听了刘基的话，非常高兴。

朱元璋有个部将康茂才，跟陈友谅是老相识。朱元璋把康茂才找来，和他定下了引陈友谅上钩的计策。

康茂才回到家里，按照朱元璋的吩咐写了封信，连夜叫老仆去采石求见陈友谅。陈友谅见了这封信，并不怀疑，问老仆说：“康公现在在什么地方？”

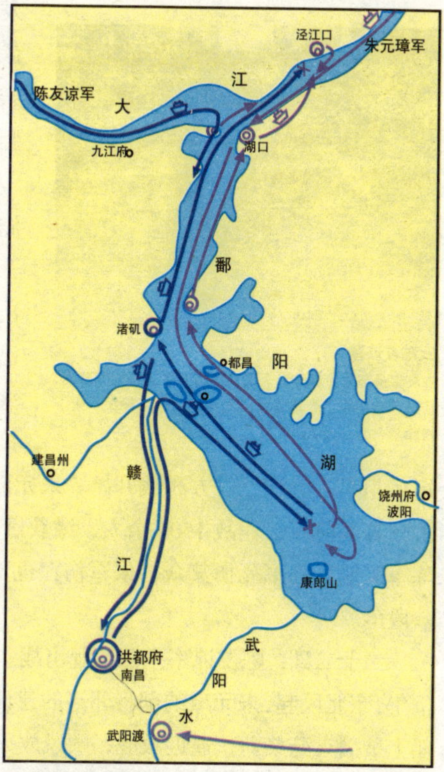

⊙ 鄱阳湖之战要图

老仆回答说：“现在他带了一支人马，在江东桥驻守，专等大王去。”

陈友谅连忙又问：“江东桥是什么样子？”老仆说：“是座木桥。”

陈友谅在老仆走后，立刻下令全体水军出发，由他亲自带领，直驶江东桥。没想到到了约定地点，竟没见木桥，只有石桥。

一霎间，战鼓齐鸣，朱元璋安排在岸上的伏兵一起杀出，水港里的水军也加入战斗。陈友谅遭到突然袭击，几万大军一下子溃败下来，被杀死的和落水淹死的不计其数。此后，朱元璋的声势越来越大。

1363 年农历四月二十三日，陈友谅乘朱元璋率军北援安丰(今安徽寿县)红巾军、江南空虚之机，挥师号称 60 万，取道水路，围攻洪都(今南昌)，并占领吉安、临江、无为州。守将朱文正率军奋力固守，坚持两月；并派人向朱元璋告急。朱元璋闻讯后，令朱文正继续坚守，以疲惫消耗陈军；随即亲率水军 20 万于七月六日救援洪都。陈友谅围攻洪都 85 天不克，闻朱元璋来救，即撤围移师鄱阳湖准备决战；朱元璋十六日亦进至鄱阳湖口。

为把陈军困于湖中，朱元璋先部署一部分兵力扼守泾江口和南湖嘴，切断陈

⊙ 陈友谅墓

陈友谅是与朱元璋争夺天下的有力对手。消灭陈友谅，使朱元璋摆脱了腹背受敌的局面，为朱元璋统一天下扫除了一个巨大障碍。

友谅归路；又调信州（今江西上饶）兵守武阳渡（今南昌东），切断陈军侧后；然后亲率水师由松门（今江西都昌南）进入鄱阳湖，形成关门打狗之势。

二十日，两军在康郎山（今江西鄱阳湖内）水域遭遇。陈军巨舰联结布阵，展开数十里，颇有气势；但睿智的朱元璋看出其首尾相接、不利进退的弱点，于是将己方舰船分为20队，每队都配备大小火炮、火铳、火蒺藜、神机箭和弓弩。命令各队接近敌舰时，先发火器，再射利箭，继以短兵相搏。次日，双方激战开始。朱元璋爱将徐达身先士卒，率舰队奋勇冲击，击败陈军前锋，毙敌1500余人，缴获巨舰一艘。俞通海乘风发炮，焚毁20余艘陈军舰船，陈军死伤甚众，朱军伤亡也不少。战至日暮，双方鸣金收兵，战斗告一段落。

二十二日，陈友谅率全部巨舰出战。朱军因舟小，不能正面进攻，接连受挫。下午，东北风起，朱元璋纳部将郭兴的建议，改用火攻。他选择敢死士驾驶7艘渔船，船上装满火药柴薪，逼近敌舰，顺风放火，一时风急火烈，迅速蔓延，湖水尽赤。陈军巨舰被焚数百艘，死者过半，陈友谅弟陈友仁、陈友贵及大将陈普略均被烧死。朱元璋挥军乘势猛攻，又毙敌2000余人。二十三日，陈友谅瞅准朱元璋旗舰发起猛攻。朱元璋刚刚移往他舰，原舰便被陈军击碎。二十四日，俞通海等率领6疾舰突入陈军舰队，勇往直前，如入无人之境。朱军士气振奋，再次猛烈攻击。陈友谅不敢再战，转为防御。为控制长江水道，当晚，朱元璋进扼左蠡（今江西都昌西北），陈友谅亦退至渚矶（今江西星子南）。

相持3天，陈友谅屡战屡败；陈军左、右金吾将军见大势已去，投降朱元璋，

·火器的发展·

火器制造技术发端于宋朝，在明朝发展到中国古代的最高水平。以现代技术划分，火器有爆炸性火器，如雷、炸弹等；有燃烧性火器，如火球、燃烧弹等；有管形火器，如火铳、火炮等；有喷射性火器，如火箭等。金属管形火器出现在元朝，这是兵器发展史上的重要事件，从此火器逐步取代冷兵器，向近代枪炮的方向发展。在明朝的开国战争中已经大规模使用金属管形火器。其后金属管形火器继续发展，由简单的火铳发展到鸟枪、巨炮，制作技术及性能均有极大提高。

陈军军心动摇，形势越发不利。朱元璋乘机致书陈友谅劝降，陈为泄愤，尽杀俘虏；而朱元璋却反其道而行之，放还全部俘虏，并悼死医伤，以分化瓦解敌军。为阻止陈军逃遁，朱元璋移军湖口，命常遇春率舟师横截湖面，又在长江两岸修筑木栅，并置火筏于江中。陈友谅被困湖中一个月，军粮殆尽，将士饥疲，于是孤注一掷，冒死突围。八月二十六日，陈友谅由南湖嘴突围，企图进入长江，退回武昌，却陷入朱军的包围。陈军复走泾江，又遭朱军伏兵截击，陈友谅中箭身死。残部 5 万余人于次日投降朱元璋，只有张定边逃回武昌。1364 年农历二月，朱元璋兵抵武昌，陈友谅子陈理投降，朱元璋的势力扩大到两湖。

朱元璋再三申明军纪，告诫出征将士，北伐不是攻城略地，而是平定中原、推翻元朝、解除人民痛苦。随后还发布了由宋濂起草的告北方官吏和人民的檄文，文中提出“驱逐胡虏，恢复中华，立纲陈纪，救济斯民”的口号，这对中原地区的广大汉族人民具有很强的号召力；檄文还表示，对于蒙古人和色目人若愿为新皇朝臣民，则与中原人民一样看待。

北伐军节节胜利，迅速攻下山东诸郡。至正二十八年 (1368 年) 四月占领开封，平定河南，同时攻克潼关。八月，攻克元朝首都大都 (今北京)，元顺帝见孤城难守，于是带着后妃太子慌忙弃城逃走，奔向漠北，统治中原长达 97 年的元朝灭亡。

在南征北伐不断取得胜利的情况下，至正二十八年正月，40 岁的朱元璋告祀天地，于应天南郊登基，建国号大明，改元洪武，以应天为南京。经过 16 年的征战讨伐，朱元璋终于实现了自己的梦想，从一个横笛牛背的牧童、小行僧，成为明朝的开国皇帝。

1371 年，明军入川，夏主明昇降，四川平定。1381 年，朱元璋命傅友德、沐英、蓝玉进攻云南，次年攻破大理，基本上完成了南方的统一。1387 年，冯胜、傅友德、蓝玉奉命进攻辽东元朝残将纳哈出，纳哈出无路可走，只好投降，辽东平定。至此，除漠北草原和新疆等地外，全国已基本上统一。

胡惟庸之案

建明之初明太祖设置拱卫司，统领校尉，隶属都督府，为皇帝侍从军事机构，后改拱卫司为拱卫指挥使司。洪武二年 (1369 年)，拱卫指挥使司又重新更名为亲军都尉府，另设仪鸾司归其统领。后又将仪鸾司改为锦衣卫，下设指挥使、指挥同知、指挥佥事、南北镇抚司镇抚、千户五职，皇帝任命自己心腹出任指挥使。锦衣卫建立前的仪鸾司只是替皇帝管理仪仗的普通侍卫机构，改为锦衣卫后，权力增添了很多。除拥有侍卫职权外，还有权巡察缉捕和审理诏狱。

⊙ 锦衣卫木印　明

锦衣卫是明代内廷侍卫侦查机关，始建于洪武十五年（1382 年），专门从事侍卫缉捕弄狱之事，是皇帝的侍卫与耳目，与明王朝相伴始终。明初朱元璋为加强中央集权，以刑部、都察院，大理寺分典刑狱，称三法司，让其互相制约，如遇重大要案由三法司会审结案。这枚木印是三法司会同刻置的。

胡惟庸是凤阳定远人，1373 年由右丞相升任左丞相。胡门生故吏遍于朝野，形成一个势力集团，威胁皇权。1378 年，明太祖对中书省采取行动。一天，胡惟庸的儿子骑马在大街上横冲直撞，结果跌落马下，被一辆过路的马车轧了，胡惟庸将马夫抓住，随即杀死。明太祖十分生气。十一月又发生了占城贡使事件。占城贡使到南京进贡，把象、马赶到皇城门口，被守门的太监发现，报与明太祖。明太祖大怒，命令将左丞相胡惟庸和右丞相汪广洋抓进监狱。但是，两丞相不愿承担罪责，便推说接待贡使是礼部的职责。于是，明太祖便把礼部官员也全部关了起来。

两相入狱，御史们理解了皇上的意图，便群起攻击胡惟庸专权结党。于是，1380 年，明太祖以擅权枉法的罪名处死了胡惟庸和有关的官员，同时宣布废除中书省，以后不再设丞相。

明太祖以专权枉法之罪杀了胡惟庸后，胡案就成为他打击异己的武器，以致受牵连而被杀者达 3 万多人。

学士宋濂，在明朝开国初期受过明太祖重用，后来又当过太子的老师。宋濂为人谨慎小心，但是明太祖对他也不放心。有一次，宋濂在家里请了几个朋友喝酒，第二天上朝，明太祖问他昨天喝酒的事，宋濂一一照实回答。明太祖笑着说："你没欺骗我。"原来，宋濂家那天请客的时候，明太祖早已偷偷派人去监视了。后来明太祖称赞宋濂说："宋濂跟随我 19 年，从没说过一句谎言，也没说过别人一句坏话，真是个贤人啊！"宋濂 68 岁时告老还乡，明太祖还送他一块锦缎，说："留着它，32 年后，做件百岁衣吧！"

胡惟庸案件发生后，宋濂的孙子宋慎被揭发是胡党，于是宋濂也受到株连。明太祖派锦衣卫把宋濂从金华老家抓到京城，要处死他。

马皇后知道这件事后，劝明太祖说："老百姓家为孩子请个老师，尚且恭恭敬敬，何况是皇帝家的老师呢。再说，宋先生在乡下居住，他怎么会知道孙子的事呢？"

明太祖正在气头上，不肯饶恕宋濂。当天，马皇后陪明太祖吃饭，她呆呆地坐在桌边，不喝酒，也不吃肉。明太祖感到奇怪，问她是不是身体不舒服。马皇后难过地说："宋先生就要死了，我心里难受，在为宋先生祈福呢。"

马皇后和太祖是患难夫妻，明太祖平时对她也较尊重，听她这一说，也有点感动，才下令赦免宋濂死罪，改成充军茂州（今四川茂县）。70 多岁的宋濂禁不起这场折腾，没到茂州就死去了。

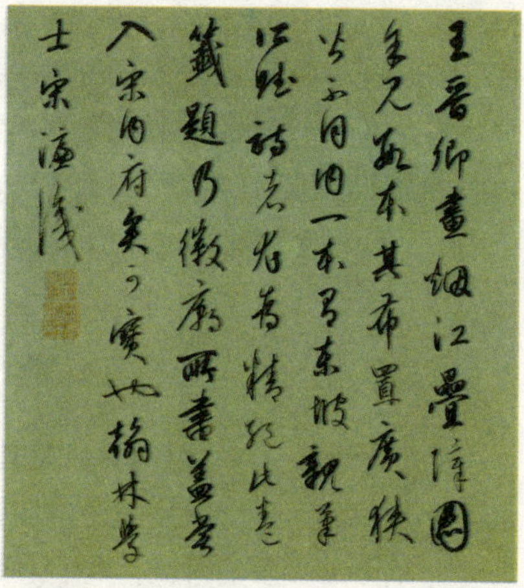

⊙ 宋濂草书

宋濂不仅是明代开国重臣，还是一名杰出的书法家，他的字行笔流畅、气势不凡，自成一派。

过了 10 年，又有人告发李善长明知胡惟庸谋反不检举揭发，犯了大逆不道的罪。李善长是第一号开国功臣，又是明太祖的亲家，明太祖大封功臣的时候，曾经赐给李善长两道免死铁券。可是明太祖一翻脸，把已经 77 岁的李善长和他的全家 70 几口全部处死。接着，再一次追查胡党，又处死了 1.5 万余人。

事情并没到此结束。过了 3 年，锦衣卫又告发大将蓝玉谋反。蓝玉是明朝开国大将，被明太祖封为凉国公。1391 年，四川建昌发生叛乱，明太祖命蓝玉讨伐。临行前，明太祖面授机宜，命蓝玉手下将领退下，连说 3 次，竟无一人动身；然而蓝玉一挥手，他们却立刻没了身影。这使明太祖下决心要除掉蓝玉。1392 年的一天，早朝快结束时，锦衣卫指挥使参奏蓝玉谋反，明太祖随即令人将其拿下，并由吏部审讯。当吏部尚书詹徽令蓝玉招出同党时，蓝玉大呼：“詹徽就是我的同党！”话音未落，武士们便把詹徽拿下，审判官们目瞪口呆，不再审了。3 天后，明太祖将蓝玉杀死，尔后，就是大规模的清洗和株连。胡、蓝两案，前后共杀 4 万人。

对于明太祖的滥杀，皇太子朱标深表反对，曾进谏说：“陛下诛戮过滥，恐

·厂卫机构·

明代专制集权的强化达到了前所未有的程度，它首创了封建专制制度之下的特务政治。为了监视和控制臣民，保证他们对于皇帝的效忠，明太祖朱元璋在洪武十五年（1382年）于南京设立了一个专门保卫皇帝并从事秘密特务活动的机构——锦衣卫。锦衣卫的长官指挥使由皇帝的亲信心腹担任，其下设有17个所和南北镇抚司，以及千户、百户、总旗、小旗等属职。它直接向皇帝负责，遇有重大的政治案件，不受普通司法部门的审理，完全由锦衣卫查办。永乐十八年（1420年），明成祖又设立由宦官统领的东厂；西厂是成化十三年（1477年）所设；内行厂是正德初年设置。这些机构的头目多由司礼监太监担任。厂卫机构用刑十分残酷，有廷杖、立枷等刑名；到魏忠贤当权时又设断脊、堕指、刺心、“琵琶”等酷刑。在厂卫统治之下，冤狱多不胜数，朝野上下人人自危。

伤和气。”当时明太祖没有说话。第二天，他故意把长满刺的荆棘放在地上，命太子拣起。太子怕刺手，没有立刻去拣，于是明太祖说：“你怕刺不敢拣，我把这些刺去掉，再交给你，难道不好吗？现在我杀的都是对国家有危险的人，除去他们，你才能坐稳江山。”然而太子却说：“有什么样的皇帝，就会有什么样的臣民。”明太祖大怒，拿起椅子就扔向太子，太子只好赶紧逃走。

燕王进南京

明太祖杀了一些权位很高的大臣，把他的24个儿子分封到各地为王。明太祖认为这样做，可以巩固他建立的明王朝的统治，却不料后来引起了一场大乱。

明太祖60多岁的时候，太子朱标死了，朱标的儿子朱允炆被立为皇太孙。各地的藩王大都是朱允炆的叔父，眼看皇位的继承权落到侄儿的手里，心里不服气。特别是明太祖的第4个儿子——燕王朱棣，他多次立过战功，对朱允炆更瞧不起了。

朱允炆的东宫里，有个官员叫黄子澄，是朱允炆的伴读老师。有一次，黄子澄见朱允炆一个人坐在东角门口，心事重重，便问他为什么发愁。朱允炆说：“现在几个叔父手里都有兵权，将来如何管得了他们？”黄子澄跟朱允炆讲了西汉平定七国之乱的故事来安慰他。朱允炆听后，心总算放宽了一点。

1398年，明太祖死了，皇太孙朱允炆继承皇位，这就是明惠帝，历史上又叫建文帝(建文是年号)。当时京城里就听到谣传，说几位藩王正在互相串通，准备谋反。建文帝听了这个消息害怕起来，忙让黄子澄想办法。

黄子澄找建文帝另一个亲信大臣齐泰一起商量。齐泰认为诸王之中，燕王兵力最强，野心最大，应该首先把燕王的权力削除掉。黄子澄不赞成这个做法，他认为燕王已有准备，先从他下手，容易引发突变。于是，两人商量好先向燕王周围的藩王下手。建文帝便依计而行。

⊙ 明成祖像

燕王早就暗中练兵，准备谋反。为了麻痹建文帝，他假装得了精神病，成天胡言乱语。齐泰、黄子澄不相信燕王有病，他们一面派人到北平把燕王的家属抓起来，一面又秘密命令北平都指挥使张信去捕燕王，还约定燕王府的一些官员做内应。不料张信是站在燕王一边的，反而向燕王告了密。

燕王是个精明人，知道建文帝毕竟是法定的皇帝，公开反叛，对自己不利，就说要帮助建文帝除掉奸臣黄子澄、齐泰，起兵反叛。历史上把这场内战叫作“靖难之变”(靖难是平定内乱的意思)。

这场战乱，差不多打了3年。到了1402年，燕军在淮北遇到朝廷派出的南军的抵抗，战斗进行得十分激烈。有些燕军将领主张暂时撤兵，燕王却坚持打到底。不久，燕军截断南军运粮的通道，发起突然袭击，南军一下子垮了。燕军势如破竹，进兵到应天城下。

过了几天，守卫京城的大将李景隆打开城门投降。燕王带兵进城，只见皇宫火光冲天。燕王派兵把大火扑灭时，已经烧死了不少人。他查问建文帝的下落，有人报告说，燕兵进城之前，建文帝下令放火烧宫，建文帝和皇后都跳到大火里自焚了。

随后，燕王朱棣即了位，这就是明成祖。七月初一，朱棣于南郊大祀天地后，回到奉天殿，诏令当年六月以后，仍以洪武三十五年为纪，第二年(1403年)为永乐元年。建文帝所改易的祖宗成法，一律恢复旧制。七月初三，又诏令把建文时更定的官制改回洪武旧制。九月初四及次年五月，朱棣先后两次赐封靖难功臣。十一月十三日，朱棣册立妃徐氏为皇后。

朱棣即帝位后，为了巩固自己的皇位，又进行了大量的充满血腥的屠杀活动。他将建文帝亲信大臣50余人列为奸臣，悬赏捉拿。捉住后，不仅将其本人杀害，而且还株连九族。

兴建北京城

北京古代被称为“山环水抱必有气”的理想都城。西部的西山为太行山脉；北部的军都山为燕山山脉，均属昆仑山系。两山脉在北京的南口(今北京昌平南口)会合，形成向东南展开的半圆形大山湾，山湾环抱的是北京平原。在地理格局上，北京“东临辽碣，西依太行，北连朔漠，背扼军都，南控中原”，是一处战略要地。

1399年，明成祖发动靖难之役，夺得帝位后，于1403年改北平为北京。永乐四年(1406年)，明成祖开始筹划迁都北京，并开始营建北京宫殿。1420年，建成紫禁城宫殿、太庙、五府六部衙门、钟鼓楼等，同时将南城墙南移0.8千米，以修建皇城。永乐十九年(1421年)正式迁都北京。此后又在北京南郊修建了天地坛和山川先农坛。

1436年至1445年，明英宗对北京城进行了第二次增建，主要工程包括：将城墙内侧用砖包砌；开挖太液池南海；建九门城楼、瓮城和箭楼；城池四角建角楼；城门外各立牌坊一座；护城河上的木桥全部改为石桥，桥下设水闸，河岸用砖石建造驳岸。整修之后的京城形成了极其坚固的城防体系。

北京是中国历史上最后3个封建王朝元、明、清的都城，其设计规划体现了中国古代城市规划的最高成就，被称为“地球表面上，人类最伟大的个体工程”。明北京城是在元大都的基础上建成的，从形状来看，呈“凸”字形，是以一条纵贯南北，长达8千米的中轴线进行布置的。外城南部正中的永定门是这条中轴线的起点，北部的钟鼓楼则是中轴线的终点。明时的北京城分内城、外城，皇城和紫禁城位于内城之中。内城分为九门，分别为正阳门、崇文门、宣武门、朝阳门、东直门、阜成门、西直门、德胜门、安定门。外城分为七个城门，即永定门、左安门、右安门、广宁门、广渠门，以及两座方便进出的小城门：东便门与西便门。

故宫气势恢宏，庄严华丽，是明清两代的皇宫，亦是中国古代宫殿建筑的扛鼎之作。

故宫又称紫禁城，紫禁二字系从紫微星垣而来。大家知道，我国古代天文学家把天上的恒星分为三垣、二十八宿和其他星座。其中的三垣为太微垣、紫微垣和天市垣，紫微星垣（北极星）位于三垣的中央，是所有星宿的中心。紫，即为“紫微正中”，皇宫是人间的“正中”；“禁”是指皇宫大内，严禁侵扰。

故宫修建于1406年，工程的营建者是明成祖朱棣。朱棣曾在北京做燕王，对北京的地理有深刻的认识。

《明史》记载，修建故宫时征集了全国著名工匠10多万名，役使民夫达100

·迁都北京·

北京宫殿、郊庙的大规模营建开始于永乐四年（1406年），历经15年完成。皇城位于元都旧址，只是稍微东移，有奉天、华盖、谨身三殿，乾清、坤宁两宫及午门、西华、东华、玄武四门等，完全同于金陵旧制，只是比其更为壮丽。

永乐十八年（1420年）十一月，北京宫殿修建已到了收尾阶段，钦天监奏明年五月初一为吉日，应御新殿受朝贺。朱棣开始正式迁都北京，诏示天下，并遣户部尚书夏原吉诏皇太子及皇太孙，限期十二月底到北京。后又下诏，从第二年正月起，北京为京师，设六部，去行在之称，并取南京各印信给京师诸衙门，另铸南京诸衙门印信，全部加“南京”二字。十二月，北京郊庙、宫殿落成。

永乐十九年（1421年）正月初一，迁都基本完成，十一日大祀南郊，十五日大赦天下。从此，北京就成了明王朝的都城。明朝两京制的格局形成，北京逐渐成为全国的政治、军事中心，既可以就近指挥长城一线的军事防御，又能加强对于东北地区的控制，巩固了明王朝的统一。

万之多，整个工程历时 15 年，直到 1421 年才最后完成。此后又多次重建和扩建，但整体面貌保持未变。

故宫是一座砖木结构建筑，所用的建筑材料来自全国各地。木料主要来自京郊房山悬山中，也有部分来自湖广、江西、山西等省。汉白玉石料亦来自房山县。宫殿里砌墙用的砖叫澄浆砖，是在山东临清烧制的；铺地用的方砖叫作金砖，是在苏州烧制的。整个紫禁城用砖超过了 1 亿块。

施工所用的材料做工非常精细。譬如砌墙用的澄浆砖，是先把泥土放入池水中浸泡，经过沉淀，然后取出过滤后的细泥，最后才把细泥晾干做坯。还有就是砖块之间、石板之间的黏合剂，材料是煮过后捣碎的糯米和鸡蛋清，选用这种黏合剂，不仅粘力强，而且效果平整美观。

建成后的故宫占地面积 72 万平方米，内有房屋 9999 间，外有高达 10 米的城墙（南北 960 米，东西 760 米），四角各有一座屋顶有 72 条脊的角楼。在最外端，还有一条宽 52 米的护城河环绕四周。

故宫的建筑布局整体分为外朝和内廷两大部分。外朝是明清皇帝治理朝政的主要场所，以太和、中和、保和三大殿为中心，文华殿和武英殿分列两翼。内廷是皇帝处理日常政务和皇族后妃们居住的地方，一般称为“三宫六院”，主要包括乾清宫、交泰殿、坤宁宫、东西六宫以及御花园。

外朝三大殿是故宫中轴线上的主要建筑。三殿均建在汉白玉砌成的 8 米高巨大平台上，台分 3 层，中上层各 9 级，下层台阶 21 级，每层都有汉白玉栏杆围绕，总面积约 8.5 万平方米。太和殿也称“金銮殿”，是紫禁城的正殿，也是建筑群中最为高大的建筑。它高 26.92 米，东西面宽 63.96 米，南北进深 37.20 米。中和殿位于太和殿的后面，是一座亭子形方殿，高 18.87 米。保和殿为三大殿的末殿，屋顶为歇山式，高 20.87 米。

故宫建筑设计严谨，表明了我国古代的木构建筑设计到明清时期已经非常的规范化和程序化。在这一时期，殿式建筑以“斗口”作为基本模数。每一个等级的各部分用料尺度是一定的。确定了斗口，就确定了各种尺度，大大简化了工程营建的程序。拼合梁柱构件技术也是这一时期的重大成果。通过小块木料的拼合组成可用的大木料，大大节省了工程用料。在建筑施工中，广泛采用了模型设计的方法，称之为“烫样”。

故宫是我国同时也是世界上现存规模最大最完整的古代木结构建筑群，它是我国木结构建筑的典范。1987 年，联合国教科文组织世界遗产委员会将其列为世界文化遗产。

郑和下西洋

明成祖夺得皇位后，有一件事总使他心里不安稳，那就是皇宫大火扑灭之后，没有找到建文帝的尸体。为了把这件事查个水落石出，他派出心腹大臣去各地秘访建文帝的下落，但是这件事不好公开宣布，就借口说是求神问仙。

后来，明成祖又想，建文帝会不会跑到海外去呢？于是，他就决定派一支队伍，出使国外。（这是明成祖派郑和下西洋原因的其中一种观点。）他想到跟随他多年的宦官郑和，是最合适的人选。

郑和(1371 ~ 1433年)，本姓马，小字三保。郑和自幼受到家庭探险精神的熏陶，为他日后出海远洋打下了基础。明初，郑和入宫做宦官，因靖难立战功，赐姓郑名和，人称“三保太监”。

1405年六月，明成祖正式派郑和为使者，带一支船队出使“西洋”。那时候，人们叫的“西洋”，指的是我国南海以西的海和沿海各地。郑和带的船队，一共有2.78万多人，除了兵士和水手外，还有技术人员、翻译、医生等。他们驾驶62艘大船，从苏州刘家河(今江苏太仓浏河)出发，经过福建沿海，浩浩荡荡，扬帆南下。

郑和第一次出海，到了占城(在今越南南方)、爪哇、旧港(在今印度尼西亚苏门答腊岛东南岸)、苏门答腊、满剌加、古里、锡兰等国家。他每到一个国家，先把明成祖的信递交国王，并且把带去的礼物送给他们。许多国家见郑和带了那么大的船队，而且态度友好，都热情地接待他。

⊙ 郑和像

郑和这一次出使，一直到第三年九月才回来。西洋各国国王见郑和回国，也都派了使者带着礼物跟着他一起回访。各国的使者见了明成祖，送上大批珍贵的礼物。明成祖见郑和把出使的任务完成得很出色，高兴得合不拢嘴。后来，明成祖觉得没有必要再去寻找建文帝了，但是出使海外的事，既能提高中国的威望，又能促进与各国的贸易往来，有很多好处。此后，郑和又进行了6次出海航行。郑和出海7次，先后一共到过印度洋沿岸30多个国家。

前三次的出行，郑和最远都只到达古里。他们在东南亚及南亚一带活动，打通航道，建立贸易中转站。后面几次主要进行商品贸易，郑和航队给所经国家带去大量中国的瓷器、铜器、丝绸、锦绮和茶叶，同时带回来许多亚洲国家的特产，像胡椒、象牙、宝石、药材、香料和珍禽异兽等，大大促进了中国与亚洲各国的经济交流。每到一处，郑和都派人了解当地风俗习惯，宣扬中华文明。

第四次出海到达非洲东海岸的麻林国时，麻林国遣使随贡，献上麒麟、天马、神鹿等吉祥珍兽，给京城带来了轰动。成祖龙颜大悦，认为异邦进贡麒麟是国势鼎盛、尧舜再世的征象。

在第七次即将航行出使时，成祖驾崩，仁宗即位，下令停止下西洋。宣宗即位后，看见因下西洋活动的停止，海外诸国来朝日益减少，就决定再次遣使下西洋。这时郑和已年近60，又踏上了最后一次下西洋的航程。1433年农历三月船到古里时，郑和因积劳成疾而病逝，王景弘代郑和率船队于七月抵达南京，结束了伟大的航程。

郑和是中国历史上杰出的航海家，他在航海、外交、军事、建筑等诸多方面都表现出卓越的智慧与才识。郑和在明军中长大，经受了战火考验，深得朱棣宠信。加上郑和知识丰富，熟悉西洋各国的历史、地理、文化、宗教，具有卓越的外交才能。在下西洋前，郑和曾出使暹罗、日本，有外交活动的经验。此外，郑和具有一定的航海、造船知识。在下西洋途中，郑和通过航海实践，不断地丰富航海知识，积累航海经验，提高航海技术，使他能成功率领船队远航。正是由于郑和自身条件和所具备的才能，加上他为朱棣所赏识，并委以重任，成为下西洋船队的统帅，不负众望，出色地完成下西洋的远航任务。

自2005年起，每年的7月11日被定为中国的航海日，规定全国所有船舶鸣笛挂彩旗，这一天正式郑和首次下西洋的公历日期——1405年7月11日。

郑和七下西洋，时间持续29年，行踪遍及亚非30多个国家和地区，最南到达爪哇，西北到波斯湾和红海，最西侧非洲东海岸，是历史上空前的壮举，其时间之早，规模之大，都是后来的哥伦布和麦哲伦所不及的。郑和下西洋，增加了中国与南洋各地联系，传播了中华文明，影响十分深远。郑和下西洋是中国古代历史上最后一件世界性的盛举，由于郑和下西洋的政治目的大于经济目的，没有发动民间的商业贸易，全部的开支都依赖明朝强大的国力来支撑，于是，明朝全盛时期过后，再也没有雄厚的经济实力来支持这项庞大的工程了，下西洋也随之停止。

土木之变

明成祖从他侄儿手里夺得皇位，怕大臣不服他的管制，便特别信任身边的宦官。这样一来，宦官的权力就渐渐大起来。到了明宣宗的时候，连皇帝批阅奏章也交给宦官代笔，宦官的权力更大了。

有一年，皇宫要招收一批太监。蔚州（今河北蔚县）地方有名叫王振的人，年轻的时候读过一点书，参加几次科举考试都名落孙山，便在县里当了教官。后来因为犯罪该判充军，听说皇宫招太监，就自愿进了宫，从而充了罪罚。宫里识字的太监不多，王振粗通文字，所以大家都叫他王先生。后来，明宣宗派他教太子朱祁镇读书。朱祁镇年幼贪玩，王振就想出各种各样法子让他玩得高兴。

宣宗卒时，朱祁镇仅有9岁，朝臣有人欲立襄王为帝。在大学士杨士奇、杨荣等人力争下，终使朱祁镇于正月初十即皇位，是为明英宗，以第二年为正统元年。二月，尊皇太后为太皇太后。太皇太后主持军政大事，下令停办所有不急之务，勉励幼小的皇帝好学上进。

这一做法致使仁宣时期政治较好的状况得以延续，“海内富庶，朝野清晏”“纲纪未弛”。同时，杨士奇、杨荣、杨溥等元老重臣依然在朝中发挥重大作用。他们遵从宣宗遗嘱，在太皇太后的领导下尽心辅佐幼主，对稳定明王朝政局、保持良好的局面，起到了重要的作用。

当时，侍奉朱祁镇读书的太监便是王振，他善于迎合朱祁镇的心理，深受朱祁镇赏识。朱祁镇即位后不久，王振便当上了司礼监太监，帮助明英宗批阅奏章。明英宗年少好玩，根本不问国事，王振趁机掌握了朝廷军政大权。朝廷大员谁敢顶撞王振，不是被撤职，就是被充军发配。一些王公贵戚都讨王振的好，称呼他“翁父”。王振的权力可以说是顶了天了。

这个时候，我国北方的蒙古族瓦剌部已经强大起来。1449年，瓦剌首领也先

二十四衙门

二十四衙门是明代宫廷内负责皇帝及其家族私人生活的宦官机构。明朝宦官设置始于明初。洪武三十年（1397年）设有十二监二司七局。各监设太监、少监、监丞等。成祖迁都北京后，正式形成二十四衙门，包括十二监四司八局。十二监为司礼监、内官监、御用监、司设监、御马监、神宫监、尚膳监、尚宝监、印绶监、直殿监、尚衣监、都知监。四司为惜薪司、钟鼓司、宝钞司、混堂司。八局为兵仗局、银作局、浣衣局、巾帽局、针工局、内织染局、酒醋面局、司苑局。二十四衙门各设掌印太监统领本衙之事。二十四衙门中，以司礼监最为显要，其在明代历史上因为可以代替皇帝誊写“朱批”而出尽风头。

派3000名使者到北京进贡马匹，要求赏金。王振发现也先谎报人数，而且还将进贡的马匹减少了，于是就削减了赏金。也先又为他的儿子向明朝求婚，也被王振拒绝。这一来，也先被激怒了，他率领瓦剌骑兵进攻大同。守大同的明将出兵抵抗，被瓦剌军打得溃不成军。

边境的官员向朝廷告急，明英宗召集大臣商量对策。大同离王振家乡蔚州不远，王振在蔚州有大批田产，他怕家产受损失，竭力主张英宗带兵亲征。兵部尚书邝埜(埜同野)和侍郎于谦认为朝廷准备不够充分，不能亲征。明英宗对王振言听计从，不管大臣劝谏，就冒冒失失决定亲征。

明英宗叫他弟弟郕王朱祁钰和于谦留守北京，自己跟王振、邝埜等官员100多人，带领50万大军从北京出发，浩浩荡荡向大同开去。

过了几天，明军的前锋在大同城边被瓦剌军打得全军覆没，各路明军也纷纷溃退下来。明军退到土木堡(在今河北怀来东)时，太阳刚刚下山，有人劝英宗趁天没黑，再赶一阵，进了怀来城(今河北怀来)再休息，即使瓦剌军来了，也可以坚守。可是王振却想着落在后面装运他家财产的几千辆车子，硬要大军在土木堡停下来。土木堡名称叫作堡，其实没有什么城堡可守。不久，明军就遭到了瓦剌军的伏击。明军毫无斗志，丢盔弃甲，狂奔乱逃。瓦剌军紧紧追赶，被杀和被乱兵踩死的明军不计其数，邝埜在混乱中被杀死，祸国殃民的奸贼王振也被禁军将领樊忠一铁锤砸死。明英宗做了俘虏。历史上把这次事件称作“土木之变”。

此一战役，明军死伤数10万，文武官员亦死伤50余人。英宗被俘消息传来，京城大乱。廷臣为应急，联合奏请皇太后立郕王朱祁钰即皇帝位。皇太后同意众议，但郕王却推辞不就。文武大臣及皇太后正在左右为难之时，英宗秘派使者到来，传口谕命郕王速即帝位。郕王于九月初六登基，是为景帝，以第二年为景泰元年，奉英宗为太上皇。瓦剌自俘虏明英宗，便大举入侵中原，并以送太上皇为名，令明朝各边关开启城门，乘机攻占城池。十月，攻陷白羊口、紫荆关、居庸关，直逼北京。

于谦守京城

英宗被俘的消息传到北京后，满朝文武大臣乱作一团，没有一个人能拿出好主意。翰林侍讲官徐珵主张走为上策，向南撤退。此时，朝中你一言，我一语，吵吵嚷嚷，毫无结果。正在关键时刻，兵部侍郎于谦挺身而出，他说：“京都是国家的根本，如果朝廷一撤出，大势就完了，大家难道忘了南宋的教训吗？”

于谦(1397 ~ 1457年)，字廷益，浙江钱塘人。为永乐十九年进士，曾任监察御史、兵部侍郎、大理寺少卿、山西、河南巡抚、兵部尚书等职。

于谦的主张得到许多大臣的赞同。皇太后和郕王朱祁钰眼看在这关键时刻，能站出一位力挽狂澜的忠臣，当然满心欢喜，立即委以于谦兵部尚书的重任，让他负责指挥军民守城。

景泰元年(1450年)九月，景帝即位不久，瓦剌军进逼宣府城下。于谦面对敌我兵力悬殊的态势，一面抓防卫，一面抓备战，大力征募新兵，调运粮草，赶制兵器，不到一个月，就征集了20万人马，做好一切迎敌的准备。

十月，也先挟持着被俘的皇帝英宗攻破紫荆关，兵逼北京城。于谦主张先打掉也先的嚣张气焰，鼓舞士气。他调集了22万军队，做好迎战准备，并作了周密布置：都督王通、副都御史杨善率部守城，其余将士分别驻扎在9个城门外，列阵待敌。

明军副总兵高礼首先在彰义门外告捷，歼敌数百，夺回民众千人。狡猾的也先眼看明军有于谦等将领指挥，硬攻不能取胜，便变换手法，以送还英宗为名，准备诱杀于谦等人，但被于谦识破了。

也先见此计不成，便采取强攻。于谦不在正面与敌人拼杀，他派骑兵佯攻，把敌军引入伏击圈内，便用埋伏好的火炮轰击。瓦剌军伤亡惨重，也先的弟弟勃罗也在炮火中丧生。

瓦剌军围攻京都，屡遭挫败，进攻居庸关又遭守将罗通的抵抗。也先怕归路被明军切断，忙带着英宗向良乡(北京房山区东)后撤。明军乘胜追击，大获全胜。也先带着残兵败将逃回塞外。

北京之战，瓦剌军受到重挫，引起内部不和。也先见留着英宗也没有多大作用，就把他送回了京都。从此，瓦剌军再也不敢进犯明朝了。

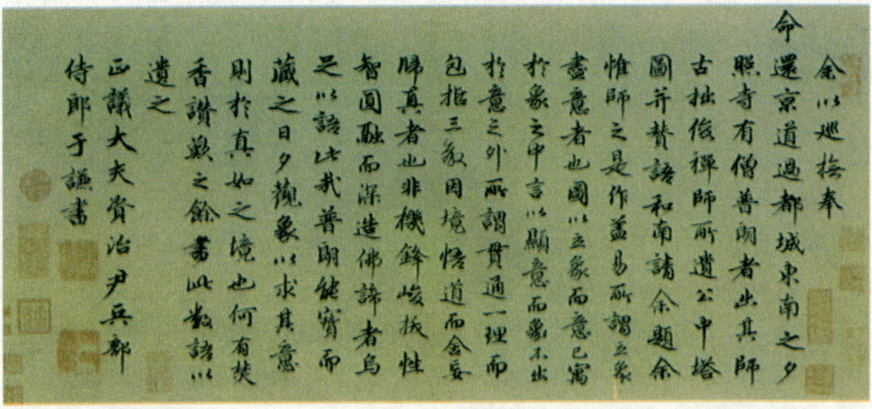

⊙ 于谦《题公中塔图赞》

于谦迫使瓦剌于景泰元年释放英宗，并说服景帝迎英宗归国。他改革亲军旧制，创立团营，整肃军纪，加强训练，毫不松懈。他本人才识过人，忧国忧民，深受景帝器重。天顺元年(1457年)正月，于谦被陷害致死。他曾有“粉身碎骨全不怕，要留清白在人间”的著名词句，不幸竟成为他自身的写照。后人辑他的诗文为《于忠肃集》流世。

宪宗即位后，为于谦平反，恢复官衔。孝宗即位后，又追赠其为太傅，谥肃愍，为他建“旌功祠”。后神宗改谥为“忠肃”。

冒死劾严嵩

正德十六年（1521年）三月，武宗病逝。因他无子，故未立储君，皇太后张氏命太监张永、谷大用等与内阁和大学士们共同商议继承帝位的人选。首辅杨廷和早有准备，从袖中摸出《皇明祖训》说：“兄终弟及，谁能渎焉。兴献王长子，宪宗之孙，孝宗之从子，大行皇帝之从弟，序当立。”皇太后张氏予以批准。于是，朱厚熜便得入继帝位。

朱厚熜自安陆至京师，即帝位，以次年为嘉靖元年，是为明世宗。朱厚熜为宪宗之孙，兴献王之子，从族谱关系上讲，他是明武宗的堂弟，血缘关系最近，所以得以即帝位。世宗执政初期任用杨廷和为首辅，锐意改革，重振朝纲。他罢免了各地镇守宦官，免除对民众的额外征敛，颇多善政，但很快就转变作风，并挑起大礼议之争，朝中的正直大臣纷纷被杀或被迫辞职。明世宗即位后，大臣主张尊孝宗为皇考（死去的父皇），生父为皇叔，世宗虽然不悦，也勉强遵从。3年后，世宗采纳了张璁等中下层官吏的建议，下诏改称生父为皇考，称孝宗为皇伯考。朝中群臣听到消息非常震惊，跪在宫门哭谏。世宗大怒，下令将190余人下狱治罪，其余官员才不敢再争。这次事件开启了明代朝臣中的党争之风。从此，他任用奸相严嵩，国政日坏。世宗还十分迷信方术，崇信道教，他于嘉靖十五年(1536年)五月大肆销毁金银佛像，引起民众不满。

嘉靖二十一年(1542年)十月，明世宗在京师内外广选8岁至14岁的女子入宫淫乐。在嘉靖皇帝眼中，宫女们的生命一钱不值，因此即便是贵如皇后的主子们也是朝不保夕。张皇后被嘉靖囚禁而死，方皇后被杀，陈皇后被嘉靖暴踢流产而亡。另据史载，嘉靖年间被处罚杀死的宫女前后达200余人。宫女们最终忍无可忍，准备杀了嘉靖。她们下手前商量：“不如下了手罢，强如死在（他的）手里。”嘉靖二十一年（1542年）十月二十一日夜，以杨金英为首的10余个宫女乘嘉靖睡熟之机，一齐上手欲勒死了他，终因误拴死结未能成功。事后杨金英等以“谋逆”罪被凌迟处死，判尸枭首示众。这一事件史称“壬寅宫变”。事发的第二天，明世宗移至西苑万寿宫，从此再不临朝听政。

明世宗不仅本人信道，当上皇帝以后，还要全体臣僚都要尊道，尊道者升官发财，敢于进言劝谏者轻则削职为民，枷禁狱中，重则当场杖死。嘉靖帝时道士邵元节、陶仲文等官至礼部尚书，陶仲文还一身兼少师、少傅、少保数职，这在明朝历史上是空前绝后的。明世宗信奉道教，好长生术，宫中每有斋醮，就命词臣起草祭祀文章。这些文章用朱笔写在青藤纸上，谓之“青词”。

严嵩(1480 ~ 1567年)，字惟中，号介溪，江西分宜人，弘治进士。嘉靖二十一年(1542年)任武英殿大学士，入阁参预机务，兼礼部尚书。他对明世宗一味谄媚，窃权夺利，诛杀异己。严嵩善于撰写一些焚化祭天的“青词”，从而受到皇帝的宠幸。他于嘉靖二十三年(1544年)八月唆使言官弹劾翟銮父子在考进士时作弊，使翟銮被削职为民。九月，严嵩升任首辅，独揽国政，被称为“青词宰相”。他年过花甲，整天在西苑值庐，未曾归家洗沐，明世宗被其勤奋感动，更为信任于他。严嵩以儿子严世藩和义子赵文华为爪牙，拉拢锦衣卫都指挥陆炳，操纵朝政10多年，权倾朝野，收礼纳贿，为所欲为，弄得明王朝政治极为黑暗，边防松弛不堪。

这时候，北面鞑靼部(蒙古族的一支)统一了蒙古各部，逐渐强大起来，对明朝造成很大的威胁。严嵩不但不加强战备，反而贪污军饷，鞑靼首领俺答好几次打进内地，明军都没有力量抵抗。1550年（农历庚戌年），蒙古鞑靼部首领俺答率军进犯大同。明朝总兵仇鸾以重金贿赂俺答，请他移师别处，于是俺答东犯蓟州，很快攻到北京城下。明世宗急忙下诏调兵保卫京师。仇鸾上奏骗取了世宗的信任，被封为平虏大将军，各路明军均由他调遣。他虽握有重兵，却不敢指挥对敌作战。俺答大军掳掠无数牲畜、人口、财物后，向西撤退，只留下小部分军队迷惑明军，而仇鸾10万大军居然不敢发一箭。最后，俺答大军安然出塞。这次事件史称“庚戌之变”。过了一年，严嵩的同党、大将军仇鸾又勾结俺答，准备议和。这件事引起了一些正直大臣的愤慨，特别是兵部员外郎杨继盛，更是义愤填膺。

杨继盛，保定容城人。他7岁的时候，就失去了母亲。他父亲见他有志气，就让他一面放牛，一面读书，果然进步很快。后来他参加科举考试，中了进士，在京城里受到不少大臣的赏识。

杨继盛为人正直，看不下严嵩、仇鸾一伙丧权辱国的行为，就向明世宗上奏章，反对议和，希望朝廷发愤图强，训练士兵，抵抗鞑靼。明世宗看了奏章，也有点动心，但是禁不起仇鸾一伙撺掇，反而把杨继盛降了职。

杨继盛被贬谪后不久，明朝和鞑靼便议和了，但是没多长时间，俺答就破坏和议，进攻明朝边境。仇鸾密谋暴露，吓得发病死了。到了这时，明世宗才想到杨继盛的意见是对的，便把他调回京城。严嵩还想拉拢杨继盛，哪知道杨继盛对严嵩深恶痛绝，他回到京城刚一个月，就给明世宗上奏章弹劾严嵩，揭发严嵩十大罪状，条条都有真凭实据。

这道奏章击中严嵩的要害，严嵩气急败坏，在明世宗面前反咬一口，诬陷杨继盛。明世宗大怒，把杨继盛关进大牢。后来严嵩撺掇明世宗把杨继盛杀害了。

严氏父子当权之后，对世宗一味献媚，恃宠专权，残害忠良，并害死夏言、曾铣、张经、杨继盛等人。同时卖官受贿，培植同党，致使四方官员争相行贿，且贪得无厌，在南京置了大量的土地。尤其是他在执政后期，由于侵吞军饷，使战备松弛，东南倭祸和北方边患十分严重，而赋役日增，灾害频繁，天人怨恨。

自嘉靖三十七年(1558 年)之后，世宗对严嵩逐渐不满，而对大学士徐阶更为信任。方士蓝道行和严嵩有矛盾，利用扶乩的机会，借仙人之口指出严嵩父子是奸臣，明世宗便产生了罢免严嵩的想法。御史邹应龙探知明世宗意图，在徐阶授意下，于嘉靖四十一年(1562 年)五月十九日上疏弹劾严嵩父子索取贿银、卖官鬻爵、广置田宅，奏请斩杀严世藩，罢免严嵩。明世宗遂以严嵩放纵严世藩有负国恩为由，令其辞官还乡，并捉拿严世藩及家奴严年入狱。

嘉靖四十四年(1565 年)三月，严世藩被斩。严嵩被罢黜为民，寄食墓舍，于隆庆元年(1567 年)死去。江西巡抚成守节奉令抄没严嵩江西的家产，查得黄金 3 万多两，白银 202 万两，府第房屋 6600 多间，田地山塘 27000 余亩，珍珠宝石不计其数。

戚继光抗倭

明朝嘉靖年间，我国东南沿海一带倭患猖獗，他们滋扰抢掠，杀人放火，给当地人民带来了极大的痛苦和灾难，人民纷纷起来进行抗倭斗争。在抗倭斗争中功绩最大的就是戚继光率领的戚家军。在以戚家军为代表的抗倭行动下，倭寇之患基本被荡平，保障了东南沿海人民的生命和财产安全。

倭寇最早出现在元末明初，当时日本处于南北朝分裂时期。日本西南的封建割据势力除了互相争战外，还常勾结海盗、商人和浪人武士在中国沿海进行武装掠夺和骚扰，形成了最初的倭患。永乐时因为军备整饬，加强了海防，又同日本政府交涉，所以倭寇没能进行大规模骚扰。但到了正统以后，明朝政治日益腐败，海防松弛，倭寇侵扰又渐渐猖獗起来。嘉靖时，随着东南沿海一带商品经济的发展，

⊙ 戚家祠堂

一些经商的富豪地主与倭寇勾结，形成武装劫夺集团，气焰十分嚣张，倭患达到高潮。明政府曾派朱纨做浙江巡抚，监督抗倭。朱纨看到问题症结在于闽浙富豪通倭，便打击了一些地主奸商，并积极加强海防抗倭，但因触犯了富豪大户的利益而处处受到阻挠，被迫自杀。

后来，朝廷派熟悉沿海防务的老将俞大猷去平乱。俞大猷一到浙江，就打了几个胜仗。可是不久，江浙总督张经被严嵩的同党赵文华陷害，俞大猷也被牵连坐了牢。沿海的防务没人指挥，倭寇又猖獗起来。朝廷把山东的将领戚继光调到浙江，这个局面才得到扭转。

戚继光，字元敬，山东蓬莱人。戚继光的六世祖戚详原是朱元璋部将，东征西讨近 30 年，最后在云南战死。明太祖追念戚详的功绩，授他的儿子戚斌为明威将军，世袭登州卫（今山东蓬莱）指挥佥事。

1544 年，父亲戚景通病死，17 岁的戚继光承袭了登州卫指挥佥事，从此开始了他的军职生涯。两年后，戚继光分工管理屯田事务。这时，卫所的军丁大多逃亡，屯田遭到破坏，海防受到很大影响。戚继光了解了这些情形，进行清理整顿，很快收到成效。

·戚家军与蓬莱水城·

山东蓬莱水城是我国现存最早、最完整的古代水军基地，总面积达27万平方米。明代以前是古登州港，与交州、扬州、广州并称中国古代四大口岸，也是东渡日本、朝鲜的重要港口。明洪武九年（1376年），在此基础上依山麓地形构筑城池，疏浚小海引入海水，用以停泊船舰。其水门、防波堤、平浪台、码头、灯楼等海港建筑和城堞墙、敌台、水闸、护城河等防御性建筑共同构成一个严密的海上军事防御体系，成为当时驻扎水军、停泊船舰、水上操演、出哨巡洋的军事基地。

明朝中期日本武士、商人和海盗经常骚扰沿海地区，是为倭寇。沿海人民饱受威胁，屡遭损害，但倭寇作风剽悍，来去如风。戚继光精选4000余名农民和矿工，训练成一支军纪严明的劲旅，史称“戚家军”。戚家军既能陆战又能海战，巡游东西，转战在东南沿海的海面上。他们作战勇猛，所向披靡，使倭寇闻风丧胆，几无立足之地。戚继光戎马生涯40多年，智勇兼备，多谋善断，练兵有方。指挥戚家军“飚发电举，屡摧大寇”，在东南沿海扫灭倭寇，廓清海疆，成为雄峙大海的不朽军魂，牢固地守卫着中国的沿海边疆。

戚继光著有《纪效新书》，为明代著名兵书，所述内容具体实用，既是抗倭中练兵实战的经验总结，又反映了明代训练和作战的特点，尤其是反映了火器发展到一定阶段上作战形式的变化，具有较高的军事学术价值。

戚继光调到浙江抗倭前线后，发现军队缺乏训练，临阵畏缩，根本不能打仗。针对明军兵惰将骄、纪律松弛、战斗力低等弱点，戚继光两上《练兵议》，并以“杀贼保民”为号召，在嘉靖三十八年(1559 年)九月亲自往义乌、金华招募素质良好的矿工和农民入伍，经过数月的精心编制与严格训练，组成了 3000 多人的新军。

新军在戚继光领导下，纪律严明，作战英勇，对百姓秋毫无犯，多次建立战功，战斗力非常强，被人们誉为“戚家军”。

1561 年四月，倭寇聚集了 1 万多人，驾数百艘战船，又一次大举侵扰浙东的台州和温州，骚扰了大片地区，声势震动了整个东南。戚家军迅速出击，先在龙山和雁门岭打败倭寇，接着驰援台州，在台州外上峰岭设伏。戚家军士兵每人执松枝一束，隐蔽住身体，使倭寇以为是丛林，等倭寇过去一半，立刻发起进攻。士兵一跃而起，居高临下，猛烈冲锋，全歼了这股倭寇。台州的战斗历时一个多月，共斩杀倭寇 1400 多人，烧死溺死 4000 多人。戚继光因功升为都指挥使。

这时，福建沿海倭患严重，福建巡抚向朝廷一再告急。戚继光奉命到福建抗倭，仅仅 3 个月，就荡平了横屿、牛田、林墩 3 个倭寇巢穴。戚继光升任都督同知、总兵官，镇守福建全省及浙江金华、温州二府。

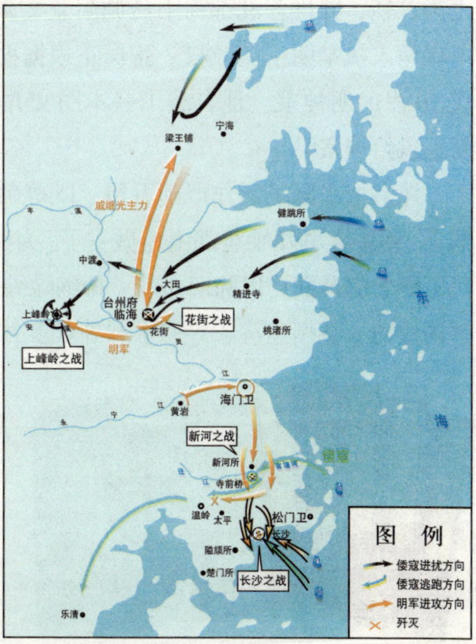

⊙ 台州大捷示意图

不久，倭寇又聚集了 2 万多人，陆续在福建泉州、漳州、兴化等地登陆。戚家军分成数支，和倭寇展开激战，在一个月内就打了 12 次胜仗，杀死倭寇 3000 多人。1563 年十一月，2 万多倭寇围攻仙游。仙游军民昼夜在城上死守，情势十分危急。戚继光调各路明军，切断仙游倭寇与福建其他各处倭寇的联系，对围攻仙游的倭寇发起总攻，一举把这批倭寇消灭了。仙游大捷是以戚家军为主力的明军继平海卫之战后的又一重大胜利，共歼灭倭寇 2000 多人。

接着，戚继光又在同安、漳浦两地指挥戚家军大败倭寇，使福建境内倭患平定下来。1565 年以后，广东总兵俞大猷官复原职，戚继光任职副总兵配合抗击倭寇。经过戚继光、俞大猷等抗倭将领的共同努力，以及沿海军民的浴血奋战，到 1566 年时，横行几十年的倭患，终于得到基本解决。

张居正改革赋役

明世宗千方百计寻找长生不老的药方，不但没有得到，反而误服了有毒的“金丹”，命丧九泉。明世宗死后，他的儿子朱载垕即位，这就是明穆宗。

明穆宗在位期间，大学士张居正才华出众，得到穆宗的信任。隆庆六年(1572 年)五月，仅仅执掌朝政 6 年的明穆宗病危，他诏令大学士高拱、张居正、高仪为顾命大臣，令他们辅佐幼帝。二十六日，穆宗于乾清宫病逝，享年 36 岁，葬于昭陵。六月初十，皇太子朱翊钧遵遗诏继承帝位，改次年为万历元年，是为明神宗。

大学士张居正 (1525 ~ 1582 年)，湖广江陵县 (今湖北江陵) 人，字叔大，号太岳。嘉靖二十六年 (1547 年) 进士，历任编修、礼部侍郎兼翰林院学士、吏部左侍郎兼东阁大学士、礼部尚书兼武英殿大学士，加少保兼太子太保等职，是明代著名政治家。

隆庆六年七月，他与宦官冯保的私交很好，且两人共同辅助幼年明神宗执掌朝政。神宗即位只过了一个月，大学士张居正即利用宦官冯保将高拱排挤掉，代之为首辅，并推荐礼部尚书吕调阳兼文渊阁大学士，参预机务。至此，张居正、冯保两人执掌明王朝政权。张居正根据穆宗的嘱托，像老师教学生一样，辅导年仅 10 岁的明神宗。他自编了一本图文并茂的历史故事书，叫作《帝鉴图说》，每天讲给神宗听。

神宗把张居正当作严师看待，既尊敬又惧怕。再加上太后和宦官冯保支持张居正，朝中大事几乎全部由他做主了。为扭转嘉靖、隆庆以来军政腐败、财政空虚、民不聊生的局面，以除旧布新、振纲除弊和富国强兵为宗旨，张居正在整顿吏治、整饬边防、整顿经济、兴修水利等众多方面进行了一系列的改革。

那个时候，沿海的倭寇已经肃清了，但北方的鞑靼部还不时入侵内地，对明王朝构成威胁。张居正把抗倭名将戚继光调到北方去镇守蓟州 (在今河北北部)，戚继光从山海关到居庸关的长城上修筑了 3000 多座堡垒，以防鞑靼的进攻。戚家军号令严明，武器精良，多次打败鞑

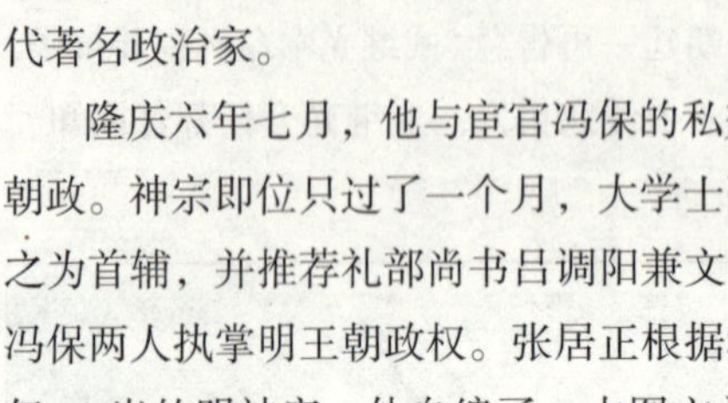

⊙ 张居正为皇帝编著的《帝鉴图说》

靼的进攻。鞑靼首领俺答见使用武力不行，便表示愿意和好，要求通商。张居正奏明朝廷，封俺答为顺义王。以后的二三十年中，明朝和鞑靼之间没有发生战争，北方各族人民的生活也安定下来。

当初，由于朝政腐败，大地主兼并土地，巧取豪夺，地主豪绅越来越富，国库却越来越穷。张居正下令清查土地，结果查出了一批被皇亲国戚、豪强地主隐瞒的土地，这一来，使一些豪强地主受到了抑制，增加了国家的收入。

丈量土地后，张居正又把当时名目繁多的赋税和劳役合并起来，折合成银两来征收，称为“一条鞭法”。经过这种税收改革，一些官吏就不能营私舞弊了。

经过 10 年的努力，张居正的改革措施起到明显的效果，使十分腐败的明朝政治有了转机，国家的粮仓存粮也足够支用 10 年的。但是这些改革触犯了一些豪门贵族的利益，他们表面不得不服从，背地里却对张居正恨之入骨。

由于张居正的权力太集中了，明神宗皇权旁落。这时候，又有一批亲近的太监在内宫用各种办法给他取乐。

后来，由张居正做主，把那些引诱神宗胡闹的太监全部赶出宫去，太后还让张居正代神宗起草了罪己诏（皇帝责备自己的诏书）。这件事发生后，使明神宗与张居正的矛盾进一步激化。

1582 年，张居正病死，明神宗亲政。那些对张居正不满的大臣纷纷攻击张居正执政时专横跋扈。第二年，明神宗把张居正的官爵全部撤掉，还派人查抄了张居正的家。张居正的改革措施也遭到极大的破坏，刚刚有一点转机的明朝政治又昏暗下去。

东林党与阉党之争

明朝后期，朝臣结党，派系林立。万历三十二年（1604 年），落职还乡的原吏部郎中顾宪成在地方官员的资助下，与高攀龙同讲学于无锡东林书院。他们讽议时政，裁量人物，其言论形成了广泛的社会影响，在朝在野的各种政治人物和东南城市势力以及一些地方实力派都聚集在他们周围，形成了一个声势浩大的东林党。

早期与东林党对立的主要是一批代表大地主集团利益的官员。东林党与各党派的斗争是以争“京察”为发端的，以后争论的中心逐渐转移到太子废立问题上来。后期党争主要是与以魏忠贤为首的阉党的斗争。魏忠贤原是当地有名的市井无赖，后因赌博输尽了家产，做了太监。熹宗时，魏忠贤与熹宗乳母客氏勾结，日益得宠，成为新的政治集团，被称为“阉党”。

东林党曾为熹宗登基之事出过大力，他们当政后，开始整顿朝纲，将很多腐败官员罢免。这些人便纷纷投靠魏忠贤，魏忠贤把东林党人看成阻止他实现野心的重要障碍。天启四年(1624年)，魏忠贤在宫内基础已牢固，开始向外廷出击。六月，素以刚直敢谏著名的左副都御史杨涟上疏参劾，列举魏忠贤24条大罪，并请求驱逐客氏出宫。魏忠贤设计使熹宗下旨严责杨涟。不久，杨涟和东林党另一重要成员左光斗一起被罢了官。天启五年（1625年），阉党爪牙许显纯捏造口供，将杨涟、周朝瑞、左光斗、袁化中等人下在锦衣卫大狱中，不久又将他们杀害。天启六年（1626年），魏忠贤捏造了“七君子”事件，把东林党人周启元等7人迫害致死。此外，为了打击反抗和不肯依附他们的官员，魏忠贤的党羽们还编列了黑名单，将不肯同流合污的官员指为东林党，列在黑名单上。当时开列黑名单已成为一大风气，东厂西厂都照单捕人，并把他们弄死。一时间，朝廷上下乌烟瘴气，魏忠贤的权势达到了顶峰。

天启七年（1627年）熹宗病逝，崇祯继位，魏忠贤大势已去，自知被天下人所憎恨，难以自保，便自缢而死，阉党势力也遭到严重打击。东林人士逐渐返回朝廷。

东林党人主张改良政治、开放言路，反对横征暴敛，提倡减轻人民负担、缓和矛盾，并为此进行了坚持不懈的斗争，他们敢于揭露批判黑暗腐败政治，为民请命，为挽救明朝危机做出了巨大努力，反映了社会进步势力的要求。

努尔哈赤建后金

当明王朝政治越来越腐败的时候，满族的前身女真族那时正居住在今松花江南北以及黑龙江一带。早在11世纪时，女真族的完颜部就曾建立过政权。元时一部分女真人迁入中原，另一部分仍留在东北。明初女真生产渐渐发展，出现了阶级分化。作为满族主体的建州女真定居于赫图阿拉(今辽宁新宾一带)，接受明政府的有效管辖，定期交纳贡赋。建州女真不断扩大势力，渐渐强大起来，其首领是爱新觉罗·努尔哈赤。

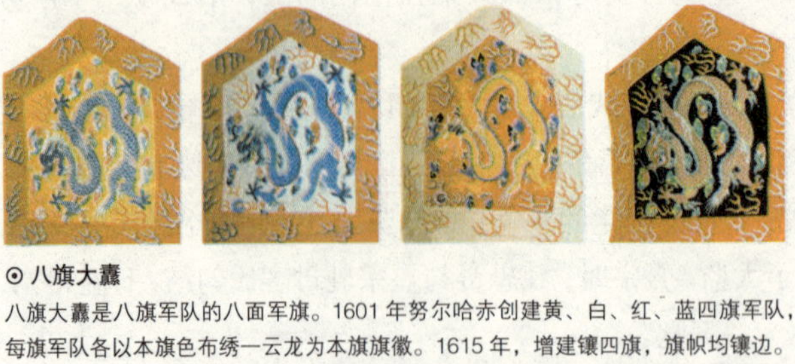
⊙ 八旗大纛
八旗大纛是八旗军队的八面军旗。1601年努尔哈赤创建黄、白、红、蓝四旗军队，每旗军队各以本旗色布绣一云龙为本旗旗徽。1615年，增建镶四旗，旗帜均镶边。

努尔哈赤出生在建州女真的贵族家庭里。祖父觉昌安和父亲塔克世都被明朝封为建州左卫的官员，努尔哈赤从小就学习骑马射箭，练得一身好武艺。

努尔哈赤 25 岁那年，建州女真部土伦城城主尼堪外兰，引来明军攻打古勒寨城主阿台。阿台的妻子是觉昌安的孙女，觉昌安便带着塔克世到古勒寨去，途中碰上明军攻打古勒寨，觉昌安和塔克世都死在混战中。

⊙ 努尔哈赤像

努尔哈赤痛哭了一场，葬了他的祖父、父亲，但是想到自己的力量太弱，不敢得罪明军，就把怨恨全集中在尼堪外兰身上。努尔哈赤满腔悲愤地回到家里，找出了他父亲留下的盔甲，分发给他手下的兵士，向土伦城进攻。尼堪外兰根本不是努尔哈赤的对手，狼狈逃走。努尔哈赤攻克了土伦城后，趁机又征服了建州女真的一些部落。

努尔哈赤灭了尼堪外兰，声名远扬。过了几年，他统一了建州女真。这样一来，引起女真族其他部落的恐慌。当时女真族有三部，除了建州女真之外，还有海西女真和“野人”女真。海西女真中数叶赫部实力最强。1593 年，叶赫部联合了女真、蒙古 9 个部落，合兵 3 万，分 3 路向努尔哈赤进攻。

努尔哈赤听到九部联军来攻，便在敌军来路上埋伏了精兵；在路旁山岭边，安放了滚木石块。九部联军一到古勒山下，建州兵就派出一百骑兵挑战。叶赫部一个头目冲过来，马被木桩绊倒，建州兵上去把他杀了，另一头目当时被吓昏过去。这样一来，九部联军没有了统一指挥，四散逃窜，努尔哈赤乘胜追击，打败了叶

·八旗制度·

努尔哈赤在统一女真各部的过程中，把原先的“牛录”（一种女真人从事军事和狩猎的小行动集体）改造成为“固山”（汉语“旗”的意思）。到1601年，他已经设立了黄、白、红、蓝四旗，1615年，正式建立了八旗制度。规定每300人立为一牛录，5牛录立一扎兰额真，5扎兰额真立一固山额真（旗）。同时又在旧有的黄、白、红、蓝四旗之外，增加镶黄、镶白、镶红、镶蓝四旗（即是在原来四种颜色的旗帜上镶上不同颜色的边缘，规定黄、白、蓝旗镶红边，红旗镶白边）。皇太极即位以后，又把归附的蒙古人和汉人编为蒙古八旗和汉军八旗。以后又将东北少数民族编入布特哈八旗。八旗制度在建立之初，兼有军事、行政和生产三方面的职能。后来受到中原文化的影响，把黄色作为皇帝的专用颜色，因此满族八旗正黄、镶黄两旗就成了天子亲自统帅的两旗，顺治以后，加上正白旗，合称为上三旗，地位要高于另外的下五旗。

赫部。又过了几年，努尔哈赤统一了女真族各部。

努尔哈赤统一了女真后，把女真人编为八个旗。旗既是一个行政单位，又是军事组织。为了麻痹明朝，努尔哈赤继续向明朝朝贡称臣，明朝廷认为努尔哈赤态度恭顺，便封他为“龙虎将军”。

1616年，努尔哈赤认为时机成熟，就在八旗贵族拥护下，在赫图阿拉即位称汗，国号金。历史上为了跟过去的金国区别把它称为“后金”。

萨尔浒之战

1618年，努尔哈赤召集八旗首领和将士誓师，宣布跟明朝结下七件冤仇，叫作“七大恨”。第一条就是明朝无故杀死了他的祖父和父亲。为了报仇雪恨，他决定起兵征伐明朝。

努尔哈赤亲自率领2万人马攻打抚顺。他先写信给抚顺明军守将李永芳，劝他投降。李永芳见后金军来势凶猛，无法抵抗，就投降了。后金军俘获人口、牲畜30万。明朝的辽东巡抚派兵救援抚顺，也被后金军在半路上打垮了。

明神宗得知消息后，派杨镐为辽东经略，讨伐后金。杨镐率总兵杜松、马林、刘铤、李如柏，又通知朝鲜、叶赫部出兵助攻，合11万人，浩浩荡荡杀奔后金。杨镐令总兵马林率1.5万人出开原，入浑河上游，从北面进攻；总兵杜松领3万人担任主攻，由沈阳出抚顺关入苏子河谷，从西面进攻；总兵李如柏率2.5万兵由西南进攻；总兵刘铤率兵1万与朝鲜兵1.5万由南进攻；杨镐坐镇沈阳指挥，四路大军会攻赫图阿拉。

经过侦察，努尔哈赤得知山海关总兵杜松率领的中路左翼是明军主力，他们正从抚顺出发，打了过来。努尔哈赤决定集中兵力，先对付杜松。

杜松是一位身经百战的名将。从抚顺出发时，天正下着大雪，杜松立功心切，不管气候恶劣，急急忙忙冒雪行军。他先攻占了萨尔浒(今辽宁抚顺东)山口；接着，把一半兵力留在萨尔浒扎营，自己带了另一部精兵攻打后金的界藩城(今新宾西北)。

努尔哈赤一面发兵增援吉林崖，一面亲率4.5万旗兵直扑驻萨尔浒的明军西路主力。两军展开激战，杀得天昏地暗。杜松军点燃火炬照明以便准确炮击，后金军利用明军的火光，以暗击明，集矢而射，杀伤甚众。时起大雾，努尔哈赤趁雾引一路军越过堑壕，拔掉栅寨，攻占明军营垒。明西路军遂溃，死伤逾万。与此同时，杜松万余军在吉林崖也遭后金军重创，杜松战死，明西路军全军覆没。

明军主力被歼，南北二路显得势弱，处境孤单。马林率北路军进至尚间崖时，得知杜松覆灭，不敢前进，就地防御。他环营挖掘三层堑壕，将火器部队列于壕外，

⊙ 萨尔浒大战的遗物——明代铁炮

骑兵继后；又命潘宗颜、龚念遂各率万人屯于大营数里外以成犄角之势，并环战车以迟滞后金。努尔哈赤在击灭杜松后，已率八旗主力转锋北上，迎击明北路军。随后，后金军一部骑兵横冲龚念遂阵营，并以步兵正面冲击破明军车阵，龚军大败。主力后金军与马林部明军大战于尚间崖，刚击溃龚念遂的后金骑兵已迂回到马林军侧后，与主力前后夹击，马林大败。努尔哈赤挥军乘胜追击，八旗骑兵又冲垮潘宗颜军，北路明军大部被歼。坐镇沈阳的杨镐接到两路人马覆灭的消息，连忙派快马传令另外两路明军立刻停止进军。

中路右翼的辽东总兵李如柏胆小谨慎，行动也特别迟缓，他一接到杨镐的命令，急忙撤退。剩下的是南路军刘铤。杨镐发出停止进军命令的时候，南路军因迷路未能如期到达目的地，而又不知明北、西二路已被歼，仍向北开进，当快到萨尔浒时，努尔哈赤已击败马林，挥师南下，作好了迎战准备。努尔哈赤以主力埋伏于赫图阿拉南，另以少数士兵冒充明军，持着杜松令箭，诈称西路明军已迫近赫图阿拉，要刘速进会攻。刘铤毫不怀疑，带着人马进入了后金军的包围圈。后金军里应外合，四面夹击，明军阵势大乱。刘铤虽然英勇，但毕竟寡不敌众，战死在乱军中。

这场战争从开始到结束，只有 5 天的时间，杨镐率领的 10 万明军损失过半，文武将官死了 300 多人。这就是历史上著名的“萨尔浒之战”。

萨尔浒之战后，明朝元气大伤。两年后，努尔哈赤又率领八旗大军，接连攻占了辽东重要据点沈阳和辽阳。1625 年三月，努尔哈赤把后金都城迁到沈阳，把沈阳称为盛京。从那以后，后金就对明朝的统治构成了威胁。

袁崇焕大战宁远

萨尔浒大战之后，明王朝派老将熊廷弼出关指挥辽东军事。熊廷弼是个很有指挥才能的将领，可是担任广宁 (今辽宁北镇) 巡抚的王化贞却怕熊廷弼影响他的地位，百般阻挠熊廷弼的指挥。1622 年，努尔哈赤向广宁进攻，王化贞带头出逃。熊廷弼面对混乱的局势，只好保护一些百姓退到山海关内。

广宁失守后，明王朝不问事由，便把熊廷弼和王化贞一起打进大牢。熊廷弼一死，派谁去抵抗后金军呢？

这时，详细研究了关内外形势的主事袁崇焕向兵部尚书孙承宗说：“只要给我人马军饷，我能负责守住辽东。”

袁崇焕 (1584 ~ 1630 年)，字元素，广东东莞人。万历四十七年进士，历兵部主事、监军佥事、宁前兵备佥事。天启三年 (1623 年) 九月奉命筑宁远城，进而升为右参政、按察使职，驻守宁远。

那些被后金的攻势吓破了胆的朝廷大臣听说袁崇焕自告奋勇，都赞成让袁崇焕去试一试。明熹宗给了他 20 万饷银，要他负责督率关外的明军。

袁崇焕到了关外，在宁远筑起三丈二尺高、两丈宽的城墙，装备了各种火器、火炮。孙承宗还派了几支人马分别驻守在宁远附近的锦州、松山等地方，与宁远互相支援。

袁崇焕号令严明，辽东的危急局面很快就扭转过来。正当孙承宗、袁崇焕守卫辽东有了进展之时，却遭到魏忠贤的猜忌。

魏忠贤先是排挤孙承宗离了职，又派了他的同党高第指挥辽东军事。高第是个庸碌无能之辈，他一到山海关，就召集将领开会，说后金军太厉害，关外防守不了，让各路明军全部撤进山海关内。

⊙ 袁崇焕题写的聚奎塔匾额

袁崇焕坚决反对撤兵，高第见说不服袁崇焕，只好答应袁崇焕带领一部分明军在宁远留守，但却要关外其他地区的明军，限期撤退到关内。

努尔哈赤看到明军撤退时的狼狈相，认为明朝容易对付。1626 年，他亲自率领 13 万人马，渡过辽河，向宁远进攻。

⊙ 宁远城遗址

1626 年，努尔哈赤亲率十三万大军，号称二十万，围攻明关外要塞宁远城 (今辽宁兴城市)，遇到明将袁崇焕抗击，久攻不下，背发痈疽而死。

努尔哈赤带领后金军气势汹汹地到了宁远城下，冒着明军的箭石、炮火，猛烈攻城。明军虽然英勇抵抗，但是后金兵倒下一批，又上来一批，情况十分危急。袁崇焕下令动用早就准备好的大炮，向后金军轰击。炮声响处，只见一团火焰，后金兵被炸得血肉横飞，纷纷后撤。

第二天，努尔哈赤亲自督战，集中优势兵力攻城。袁崇焕登上城楼瞭望台，沉着应战。等到后金军冲到逼近城墙的地方，他便命令炮手瞄准敌人密集的地方发炮。这样一来，后金军伤亡就更大了。正在后面督战的努尔哈赤也受了重伤，不得不下令全军撤退。

袁崇焕见敌人退兵，就乘胜杀出城去，一直追了 30 里，才得胜回城。

努尔哈赤受了重伤，回到沈阳后，伤势越来越重，没过几天，就咽了气。他的第八个儿子皇太极接替了他，做了后金大汗。

宁远大捷后，袁崇焕升任辽东巡抚。其后他积极调兵遣将，修缮城池，有力地遏制了后金的军锋。

皇太极用反间计

努尔哈赤死后的第二年，皇太极亲自率领人马，攻打明军。后金军分兵三路南下，先包围了锦州城。袁崇焕料定皇太极的目标是宁远，决定自己镇守宁远，派部将带领四千骑兵援救锦州。果然，援兵还没出发，皇太极已经派兵来攻打宁远。袁崇焕亲自到城头上督战，用大炮猛轰后金军；城外的明军援军也配合战斗内外夹击，把后金军打跑了。

皇太极把人马调到锦州，但是锦州的明军守得很严密，皇太极只好退兵。

袁崇焕虽然打了胜仗，可是阉党却把功劳记在自己的名下，还责怪袁崇焕没有亲自救锦州是失职。袁崇焕知道魏忠贤有心跟他过不去，就辞了职。

天启七年 (1627 年) 八月，明熹宗于乾清宫病逝，年仅 23 岁，临终遗诏：“以皇五弟信王由检嗣皇帝位。”朱由检于明熹宗死的那天晚上进宫，第 3 天即皇帝位，诏次年为崇祯元年，这就是庄烈帝，历史上称他为思宗、毅宗、怀宗等。

崇祯帝即位后，并没有真正掌管朝政，当时是魏忠贤独霸朝纲，崇祯帝第一件要做的事就是把权力从魏忠贤手里抢回来。到了那时，他才能成为真正有权的皇帝。而此时的魏忠贤已经意识到熹宗早亡使自己失去了靠山，虽然手中仍有一定势力，但不敢如以前那样放肆。九月，魏忠贤请辞东厂职，崇祯帝未批准；他又“乞止生祠”，但只被允止少许。十月以后，魏忠贤集团自身发生了矛盾，有人弹劾魏忠贤之罪。崇祯帝趁机向魏忠贤开刀，他先

⊙ 调兵信牌

木质，长 20.3 厘米，宽 31.2 厘米，厚 2.6 厘米。为皇太极统一东北各部时使用的调兵信牌，牌中间汉字为“宽温仁圣皇帝信牌”。

是下令将魏忠贤安置于凤阳，继而又下令逮捕。魏忠贤知道这个消息后自缢而死。

崇祯帝又把袁崇焕召回朝廷，提拔他为兵部尚书，负责指挥整个河北、辽东的军事。

袁崇焕重新回到宁远，选拔将才，整顿队伍，士气大振。有一次，东江总兵毛文龙作战不力，虚报军功。袁崇焕使用崇祯赐给他的尚方剑，把毛文龙杀了。

皇太极打了败仗，当然不肯善罢甘休，他知道宁远、锦州防守严密，决定改变进兵路线。1629年农历十月，皇太极率领几十万后金军，从龙井关、大安口(今河北遵化北)绕道河北，直扑明朝京城北京。

这一着出乎袁崇焕的意料。袁崇焕得到情报，赶忙带着明军赶了两天两夜到了北京，没顾上休息，就和后金军展开激烈的战斗。

后金军退走后，崇祯帝亲自召见袁崇焕，慰劳了一番。但是一些魏忠贤的余党却到处散布谣言，说这次后金军绕道进京，是由袁崇焕引进来的。

崇祯帝是个疑心极重的人，听了谣言，也有些怀疑起来。正在这时，有一个被后金军俘虏去的太监从后金军营逃了回来，向崇祯帝报告，说袁崇焕和皇太极订下了密约，要出卖北京。

崇祯帝把袁崇焕召进宫拉长了脸责问说："袁崇焕，你为什么要擅自杀死大将毛文龙？为什么金军到了北京，你的援兵还迟迟不来？"袁崇焕一时不知如何回答才好。他正想答辩，崇祯帝已经喝令锦衣卫把他捆绑起来，押进大牢。崇祯帝拒绝大臣的劝告，到了第二年，下令把袁崇焕杀了。

·崇祯皇帝·

崇祯皇帝，即朱由检（1611～1644年），明光宗第五子，天启七年（1627年）八月继位。崇祯即位之时，正值明朝内忧外患之际：内有百万农民起义军，外有女真铁骑，山河冷落，烽烟四起。他决事果断，雷厉风行，如处理阉党一案；也有心细多疑，优柔寡断之一面，如对于是先攘外抑或先安内一直拿不定主意，遂误国家。崇祯自制极严，不耽犬马，不好女色，生活俭朴。他也经常征求左右的意见，但刚愎自用，不能做到虚怀纳谏；他知人善任，如袁崇焕、杨嗣昌、洪承畴，皆一代文武全才，任用他们时，言听计从，优遇有加，一旦翻脸，严酷无情，果于杀戮，导致用人不专，出现崇祯朝五十相局面。他悯恤黎民疾苦，常下罪己诏，但搜刮民膏，加派无度，驱百姓于水火；他励精图治，经常平台招对，咨问政之得失，与臣下讨论兴亡之道，为政察察，事必躬亲，欲为中兴之主，但求治心切，责臣太骤，以致人心恐慌，言路断绝。常谓所任非人，终成孤家寡人，至于煤山殉国。

清朝兴衰

闯王李自成

崇祯帝即位的第二年，陕西闹了一场大饥荒，老百姓没粮吃，连草根树皮也被吃光了。在这种情况下，一些地方官吏还照样催租逼税。于是，陕西各地爆发了农民起义。

高迎祥曾以贩马为业，善骑射，膂力过人。他揭竿于安塞，率部活动于延庆府，上阵时白袍白巾，身先士卒。崇祯三年（1630 年）十一月，高迎祥与王嘉胤、王自用部会合东渡入晋。崇祯四年（1631 年）六月，义军首领王嘉胤被南山总兵曹文诏部下杀害，陕晋各路义军结成三十六营，高迎祥为领袖之一，称为“闯王”。

崇祯二年冬天，明王朝从甘肃调了一支军队开赴北京。这支军队走到金县（今陕西榆中）时，由于兵士们领不到军饷，闹到了县衙门。带兵的将官出来弹压，有个年轻兵士引头，把将官和县官杀了。这个兵士就是李自成。

李自成是陕西米脂人，出生在一个农民家庭里，少年时就喜欢骑马射箭，练得一身好武艺。

李自成父亲死后，他去了明朝负责传递朝廷公文的驿站当驿卒。明朝末年的驿站制度有很多弊端，明思宗朱由检在崇祯元年（1628 年）对驿站制度进行了改革，精简驿站。李自成因丢失公文被裁撤，失业回家。同年冬天，李自成因缴不起举人艾诏的欠债，被艾举人告到米脂县衙。县令晏子宾将他“械而游于市，将置至死”，后由亲友救出，同侄子李过于崇祯二年（1629 年）二月到甘肃甘州（今张掖市甘州区）投军。

⊙ **卖地契 明**

明中后期，皇族及地主大量掠夺农民土地，农民苦不堪言。天启七年（1627 年），陕西澄城县王二率领抗粮农民冲入县城，杀死知县，揭开了明末农民大起义的序幕。起义烽火在陕西各地燃烧起来后，形成了李自成、张献忠领导的明末农民大起义。在明代，流民问题始终困扰明朝政府。明末农民失业，卖掉土地的极多。这两张卖地契，上加政府官印，是合法的土地的买卖契约。

这一次，李自成在金县杀了朝廷命官，带着几十个兵士一起投奔王左挂领导的农民军。不久，王左挂禁不住高官厚禄的诱惑，投降了朝廷，李自成不得不另找队伍。后来，他打听到高迎祥领导一支队伍起义，自称“闯王”，就去投奔了高迎祥。高迎祥见李自成带兵来投奔，十分高兴，立刻叫他担任一个队的将官，大家把他叫作“闯将”。

⊙ 李自成雕像

李自成所率军队纪律严明、作战勇敢，对百姓秋毫不犯，虽经受过几次挫折，但最终发展成为起义军中力量最强大的。面对各地农民纷纷揭竿而起的局面，明政府改变了招抚的政策，转而采用剿杀的政策。但是义军实行游击战，且基础深厚，官军虽连连取胜，但怎么也剿除不净。

为了对付官军围剿，高迎祥把13家起义军的大小头领约到荥阳开会，商量对敌办法。李自成认为起义军应该分成几路，分头出击，打破敌人的围剿。大家听了，都觉得李自成说得有道理。经过商量后，13家起义军分成了6路。有的拖住敌军，有的流动作战。高迎祥、李自成和另一支由张献忠领导的起义军向东打出了包围圈。

1633年底，高迎祥、李自成等率起义军突破黄河天险，杀入明朝的心脏地带——河南。他们乘势前进，转而向安徽方面挺进。1635年，起义军攻下明皇室凤阳老巢，那儿有朱元璋的祖坟。起义军进城后，焚毁皇陵宫殿，刨了皇家祖坟。崇祯帝闻知祖坟被挖大为吃惊，下罪己诏请求祖先在天之灵宽恕自己。崇祯帝悲伤过去后，命兵部尚书杨嗣昌专力剿杀。

有一次，高迎祥带兵向西安进攻。陕西巡抚孙传庭在盩厔（今陕西周至）的山谷里埋下了伏兵，高迎祥没有防备，被捕牺牲，李自成带领余部杀了出来。将士们失去了主帅，心情十分沉痛。大伙认为闯将李自成是高迎祥最信任的将领，

⊙ 兵部报告李自成活动情况行稿　明

这是崇祯十七年（1644年）明朝兵部向各地下属机构发布的行稿。在行稿中，明政府不得不承认李自成的军队受到农民“如醉如痴”的欢迎，许多地方官员也“开城款迎”。行稿要求各地主迅速报告“倡迎逆贼”的官员的情况。1644年春，李自成在西安称帝，建立大顺政权，准备率领军队向北京进攻，行稿就是在这种形势下发布的。两个月后，李自成率领军队攻取北京，明朝灭亡。

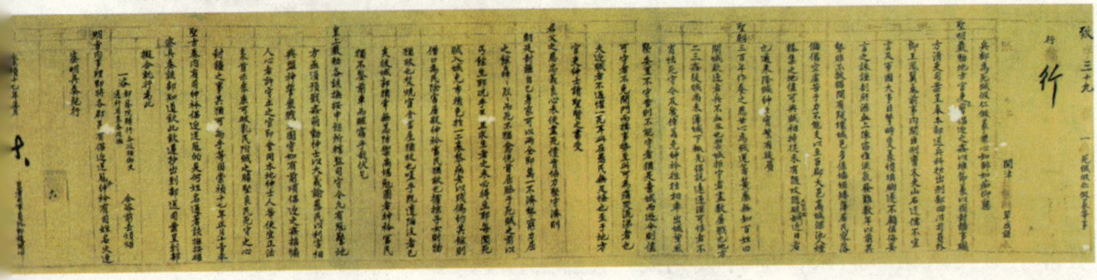

·李自成墓·

李自成葬在湖北省通山县城东南45千米九宫山北麓的牛迹岭，其陵墓背依九宫山老崖“虎山”，傍西流溪水，坐南朝北。关于李自成墓的来历，当地民间世代传说：李自成死后，尸暴于野，几位朱姓农民不忍目睹此惨景，乃用两口旧水缸合成一个“石棺”，就地挖坑，收殓埋葬。现在的“闯王陵”经过重修，整体建筑依山就势，气势宏伟。墓位于陵园正中平台之上，左右双狮守护。椭圆形的墓冢长满了厚厚的绿草，墓前立有荷花绿大理石墓碑，高2.7米，宽0.9米，上刻郭沫若书“李自成之墓”。李自成由胜利的巅峰，跌落到失败的深渊，兵败身亡，落了个满族贵族入主中原的悲剧结局。这一段极富于戏剧性变化的历史，吸引了不同时代、不同阶层的人们的注意，为之扼腕叹息。

加上他有勇有谋，就拥戴他做了闯王。从那以后，李闯王的名声就在远近传开了。

李闯王的威名越高，越使明王朝害怕和仇恨。崇祯帝命令总督洪承畴、巡抚孙传庭专门围剿李自成，李自成的处境一天比一天困难起来。在这个困难的时刻，另两支起义军的首领张献忠、罗汝才都接受了明朝的招降，李自成手下的将领也有叛变的，这使李自成处于极其危险的境地。

1638年，李自成从甘肃转移到陕西，准备打出潼关去。洪承畴、孙传庭事先探听到起义军的动向，便在潼关附近的崇山峻岭中，布置了三道埋伏线，然后故意让开通向潼关的大路，诱使李自成进入他们的包围圈。李自成中了敌人的计，起义军经过几天几夜的搏斗，几万名将士在战斗中阵亡，队伍被打散了。

李自成和他的部将刘宗敏等17个人冲出重重包围，翻山越岭，排除了千难万险，才到了陕西东南的商洛山区，隐蔽起来。

冲冠一怒为红颜

在官军的围追堵截下，李自成处境艰难，暂时处于低潮。1641年，李自成进入河南，转而又攻克洛阳，杀死福王朱常洵。崇祯帝知道后，非常生气，只恨恨地骂各地官吏围剿不力，但自己也拿不出好办法来。李自成起义军纵横驰骋，来回奔袭，官军只能跟在起义军屁股后团团转。1642年，李自成率军三围开封，经过一番战斗，围剿起义军的官军不但没有把起义军剿灭，反而被起义军歼灭大部，起义军开始转入战略进攻。1643年，李自成在襄阳建立革命政权，准备进行新的斗争。

1644年，李自成在西安建立了政权，国号大顺。不久，李自成亲自率领100万起义军渡过黄河，兵分两路进攻北京。两路大军势如破竹，到了这年三月，就

⊙ 以吴三桂得名的“定辽大将军”铜炮，是明清兴亡交替的一件实物见证。

在北京城下会师了。北京城外驻守的明军最精锐的3大营全部投降。十七日，李自成亲率大军环攻九门。十八日，大顺军将士架云梯奋力攻城，越墙而入，攻破外城。与此同时，明太监曹化淳献彰义门出降。

崇祯帝听到大兵进城的消息，立即命其三个儿子更衣出逃，逼周皇后自缢，拔剑将长女乐安公主手臂斩断，又杀妃嫔数人，然后换上便服，携太监王承恩等数十人，出东华门，企图出逃，未成功，又返回宫内。十九日清晨，大顺军攻破内城。崇祯帝亲自响钟召集百官，竟无一人响应。他见已无力挽回败局，便与太监王承恩入内苑，于煤山（今景山）寿皇亭树下自缢。统治中国277年的明王朝，就此灭亡。

大顺政权一面出榜安民，一面惩治明王朝的皇亲国戚、贪官污吏。李自成派刘宗敏和李过，勒令那些权贵、官僚交出平时从百姓身上搜刮来的赃款，充当大顺军的军饷。有个叫吴骧的大官僚，也被刘宗敏抄了家产。有人告诉李自成说，吴骧的儿子吴三桂是明朝的山海关总兵，手下还有几十万大军。如果招降了吴三桂，就可以解除大顺政权的一个威胁。

吴三桂原来是明朝派到关外抗清的，驻扎在宁远一带防守。吴三桂收到父

·山海关与吴三桂·

山海关地处河北省秦皇岛市山海关区，是建筑史上罕见的杰作。整个关城平面为方形，周围城墙约4千米，城高14米，厚7米。关城与长城交接处的城墙顶宽达15米多，可“十人同行，五马并骑”。城四面均有关门，“东曰镇东，西曰迎恩，南曰望洋，北曰威远”。镇东门上悬有“天下第一关”的巨幅匾额。

1644年，大明王朝气数已尽，明代崇祯末年山海关总兵吴三桂本打算投靠北京李自成的大顺政权，他把山海关交给前来接管的大顺官员，便带领兵马前往北京归顺李自成。快到北京时，吴三桂听说李自成部下大将刘宗敏抢走陈圆圆，于是“冲冠一怒为红颜”，折回山海关，与李自成为敌，向清割发称臣，并把山海关拱手相让，清兵入关李自成起义军寡不敌众，撤回北京。山海关大战，决定了明亡后的政治格局。从此，李自成等农民起义军日薄西山，最终归于败亡。而清朝廷则实现了入主中原的雄图大略。吴三桂据守军事要塞山海关，手握重兵，在明亡时按兵不动，在归顺李自成时因小失大出尔反尔，在归顺清廷后却又贪心不足图谋造反。吴三桂既背弃了君臣大义，又丧失了民族气节，唯一始终不变的便是对利益和欲望无休止的追求，私欲遮蔽了他的双眼，使他丧失了方向感，最终可耻地死去。

亲吴骧的劝降信，便打算到北京去看看情况再说。他带兵到了滦州，遇到一些从北京逃出来的人，找来一问，听说他父亲被抓，家产被抄，顿时心生恨意。后来，又听说他最宠爱的歌姬陈圆圆也被大顺军抓走，不禁勃然大怒，便率兵折回山海关，发誓与大顺军誓不两立。吴三桂势单力孤，仅据山海关一隅，根本无力与大顺军对抗，便想到与清兵联手对抗大顺军，于是派信使去见多尔衮。

⊙ 明崇祯山海关镇炮

山海关依山临海，形势险要。1644 年 4 月，吴三桂引清军入山海关，击败李自成。清军由此进入中原。

这时，清军在多尔衮的率领下正计划由蓟州、密云地区破城墙而入，行军至翁后遇到了吴三桂的使者，便改变行军路线，直接向山海关进发。当时，李自成已亲率大军进逼山海关，准备与吴三桂展开激战。多尔衮四月二十一日到达山海关，屯驻于欢喜岭，蓄锐不发，按兵观望。四月二十二日吴三桂亲自出关，面见多尔衮，提出条件，正式降清。吴三桂与多尔衮约定，清兵帮助吴三桂打败了李自成后，黄河以北归清，以南归明，并封吴三桂为王。当日，多尔衮就率军进入山海关，不费一兵一卒便实现了多年夙愿。

大顺军从南面开到山海关边，与吴三桂的军队展开激战。李自成骑着马登上西山指挥作战。吴三桂带兵一出城，就被大顺军的左右两翼合围包抄。明兵东窜西突，无法冲出重围；大顺军个个奋勇，喊杀声震天动地。

这时候，多尔衮看准时机，命令埋伏在阵后的几万清兵一起杀出，向大顺军发动突然袭击。大顺军没有防备，也弄不清是哪儿来的敌人，心里一慌张，阵势乱了起来。

李自成在西山上发现清兵已经进关，想稳住阵脚，已经来不及了，只好传令撤兵。多尔衮和吴三桂的队伍里外夹击，大顺军惨败。李自成带领将士边战边退，吴三桂仗着清兵的势力，在后面紧紧追赶。大顺军退到北京时，兵力已经大大削弱了。李自成回北京后在皇宫大殿里举行了即位典礼，接受官员的朝见。第二天一清早就率领大顺军，匆匆离开北京，向西安撤退。

1644 年十月，多尔衮把顺治帝从沈阳接到北京，把北京作为清朝国都。从那时起，清王朝就开始统治中国了。

吴三桂降清改变了当时整个战局，是清入主中原的关键性转折。第二年，清军兵分两路攻打西安：一路由阿济格和吴三桂、尚可喜率领，一路由多铎和孔有德率领。李自成被迫放弃西安，向襄阳转移。几个月后，大顺军在湖北通山县遭到当地地主武装袭击，李自成战败被杀。

郑成功收复台湾

隆武帝在福州建立政权后，他手下的大臣黄道周一心想帮助隆武帝出师北伐，抗清复明。但是掌握兵权的郑芝龙贪图富贵，抛弃了隆武帝，向清朝投降，隆武政权也就瓦解了。

郑成功 (1624 ~ 1662年)，原名森，字大木，隆武政权重臣郑芝龙之子。南明隆武帝对他十分赏识，并封他为延平郡王，赐姓朱，改名成功，因此亦称为“国姓爷”。郑芝龙降清时，郑成功率师拒降，“不受诏，不剃头”，打出“背父救国”的旗号，单独跑到南澳岛，招募了几千人马，坚决抗清。

郑成功是个将才，在他的努力下，队伍渐渐强大起来，在厦门建立了一支水师。他跟抗清将领张煌言联合起来，乘海船率领 17 万水军，开进长江，向南京进攻，一直打到南京城下。清军见硬拼不行，就用假投降的手段欺骗他。郑成功中了清军的计，最后打了败仗，又退回厦门。

郑成功回到厦门时，清军已经占领福建大部分地方，他们采用封锁的办法，将沿海居民内迁 30 里，同时，禁止舟船出海，以切断东南人民与郑成功的联系。这给郑成功造成许多困难。为了扭转被动局面，郑成功准备收复我国被荷兰侵占的领土台湾，用作抗清斗争的最后基地。

台湾自古以来就是我国的领土。明朝末年，荷兰人趁明王朝腐败无能，霸占了台湾。1624 年，荷兰殖民者被明逐出澎湖后，又占领了台湾南部，并建立了许多据点，如台湾城和赤崁城，并蚕食了大量土地。1642年，荷兰打败了西班牙独霸台湾，在台湾实行残暴的殖民统治。

⊙ 荷兰殖民者投降图

郑成功少年时期曾经跟随父亲到过台湾，亲眼看到台湾人民遭受的苦难。这一回，他决心赶走殖民者，就下令让他的将士修造船只，积蓄粮草，准备渡海。

这时，有一个在荷兰军队里当过翻译的何廷斌赶到厦门见郑成功，说台湾人民受殖民者欺侮压迫，早就想反抗了，只要大军一到，一定能够把荷兰人赶走。何廷斌还送给郑成功一张台湾地图，把荷兰殖民者的军事布置都告诉了郑成功。郑成功有了这个可靠的情报，信心就更足了。

1661年三月，郑成功亲率2.5万名将士，乘坐几百艘战船，浩浩荡荡从金门出发。他们冒着风浪，越过台湾海峡，在澎湖休整几天，便直取台湾。

荷兰殖民者听说郑军攻打台湾，十分惊慌。他们把队伍集中在台湾（在今台湾东平地区）和赤嵌（在今台南地区）两座城堡里，还在港口沉了好多破船，想阻挡郑成功的船队登岸。

何廷斌为郑成功领航，利用海水涨潮的机会，驶进了鹿耳门，登上台湾岛。

殖民者调动一艘最大的军舰"赫克托"号，气势汹汹地开了过来，阻止郑军的船只继续登岸。郑成功沉着镇定，指挥他的60艘战船把"赫克托"号围住，随即一声令下，60多只战船一齐开炮，把"赫克托"号击沉了。还有3艘荷兰船见势不妙，吓得掉头就跑。

随后，郑成功派兵猛攻赤嵌。赤嵌的殖民者拼死顽抗，一时攻不下来。有个当地人为郑军出主意说，赤崁城的水都是从城外高地流下来的，只要把水源切断，敌人就会不战自乱。郑成功采用这个办法，没出3天，赤嵌的殖民者乖乖地投降了。

盘踞台湾城的殖民者企图顽抗，等待援兵。郑成功采取长期围困的办法逼他们投降。在围困8个月之后，郑成功下令向台湾城发起猛攻。荷兰殖民者走投无路，只得扯起白旗投降了。

1662年初，殖民者头目被迫到郑成功大营，在投降书上签了字，灰溜溜地离开了台湾。收复台湾后，郑成功在台湾设置行政机构，将赤崁城改为安平城，在台湾设承天府，下辖天兴、万年两县；将台湾城改为安平镇。建立了与大陆一致的郡县制，大力开发台湾，发展农业生产，鼓励开荒，招徕大陆移民，积极发展

·清设台湾府·

郑成功死后，其子郑经继续坚持抗清，并着力开发经营台湾。但随着时间的推移，清政府统治全国的局势已定，台湾也就失去了它作为抗清据点的意义。郑经死后，后继者已不再坚持抗清立场，但向清廷提出独立要求。

1683年，康熙派施琅率兵攻打台湾并占领了台湾，正式设台湾府。台湾府下辖三县，隶属福建。

海外贸易，促进了台湾社会经济发展。他还带来了先进农具和耕作技术，高山族从此以后也同大陆一样使用牛耕和铁犁种田，生活逐渐安定。

1662年五月初八，郑成功病逝。他的儿子郑经率领军队，继续驻守台湾，进行抗清活动。1683年，清军进入台湾，设置台湾府。

郑成功是我们民族的英雄，他收复了台湾，使台湾重新回到祖国的怀抱，捍卫了中国领土和主权的完整；驱逐了荷兰殖民者，结束了荷兰对台湾历时38年的殖民统治，保卫了中华民族的利益；兴建了台湾，促进了当地的经济开发和社会发展，具有重大的历史意义，他的壮举将永垂史册。

康熙帝削藩

⊙ 康熙帝读书像

清顺治十八年(1661年)正月初七夜，顺治帝福临病逝。初九，其子玄烨即位，时年8岁，以第二年(1662年)为康熙元年。

康熙帝亲自执政后，大力整顿朝政，使新建立的清王朝渐渐强盛起来。但是，南方的三个藩王却成了康熙帝的一块心病。

三藩问题由来已久。早在顺治年间，平西王吴三桂、平南王尚可喜、靖南王耿继茂奉命南征，为清王朝一统天下立下了汗马功劳。因而顺治帝在统一全国后，并没有及时撤除三藩，而是命令他们留守其地。日积月累，三藩势力日盛，成为威胁中央的地方割据势力。三藩拥兵自重，把持地方财政，欺压百姓，甚至利用沿海交通的便利条件，置朝廷的海禁政策于不顾，大肆进行走私活动。

康熙帝即位之初，四大臣辅政。他们对三藩采取笼络、包容之策，企图借助他们的力量对付南明、农民军余部，因而对三藩的所作所为不闻不问，三藩的势力更加嚣张。康熙帝亲政后，敏锐地看出三藩已成为国家的心腹之患，把它列为自己亲政所必须解决的大事之一。

康熙帝亲政之前就采取措施，逐步削弱三藩的势力，他收缴大将军印，裁兵节饷，严禁欺行霸市、借势扰民，解除藩王总管云贵两省事务的职务。亲政以后，康熙专心学习经史典籍，借鉴历朝历史，他清楚地认识到：三藩的性质不是同宋初的开国功臣一个类型，而是同唐末藩镇一个性质。于是他更加抓紧整顿财政，筹措军费，扩大兵力，并主动缓和满汉矛盾，以争取民心，为撤藩工作做准备。

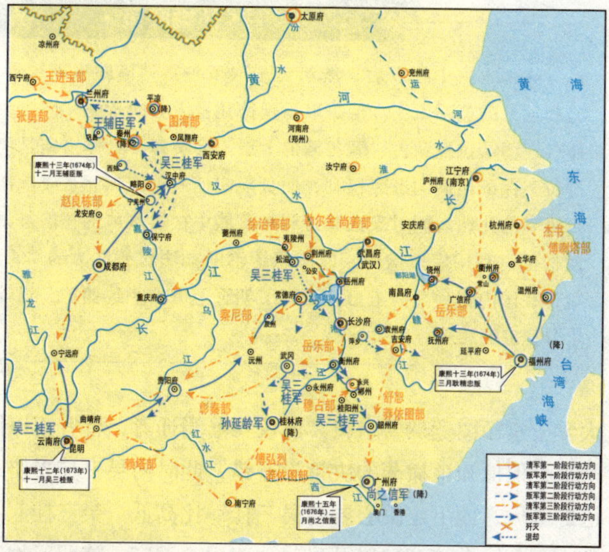

⊙ 平定三藩叛乱要图

康熙帝虽有撤藩之意，但鉴于“三藩俱握兵柄”，他也不敢贸然行动。正在他犹豫不决的时候，平南王尚可喜给他提供了一个机会。清康熙十二年(1673年)三月，尚可喜上奏要求“归老辽东”，主动提出了撤藩问题。康熙帝立即抓住机会，顺水推舟，应允了尚可喜的要求，并对他的行为加以表彰。

一石激起千层浪，康熙帝的行为引起了其他二藩的恐慌。其时，吴三桂之子吴应熊正在京师，他立即派人快马加鞭送给其父书信一封，信中写道：“朝廷久疑王，今二王皆有辞职疏，而王独无，朝廷之疑愈深。速拜疏发使来，犹可及也。”吴三桂为了消除皇帝的疑心，便接受了其子的建议，立即上疏“请求撤回安插”，耿继茂之子耿精忠迫于形势，也上书一封，请求撤回安插。

两王上书到达京城，朝臣对是否撤藩的事情意见不一，大多数官员惧怕吴三桂势力，主张暂时妥协，先行撤去耿精忠的藩国。康熙帝认为与其等吴三桂蓄谋已久，养痈成患，不如痛下决心，三藩并撤。于是康熙十二年八月，康熙帝派礼部侍郎折尔肯、翰林院学士傅达礼带手诏前往云南，户部尚书梁清标赴广东，吏部右侍郎陈一炳往福建，会同地方官员料理三藩迁移事务。

但是吴三桂申请撤藩不过是故作姿态，没想到康熙帝竟然如此迅速地批准他撤藩。吴三桂感到愤愤不平，即与其党羽密谋起兵。九月初，康熙帝所遣办理迁移事务的大臣到达云南后，吴三桂阳奉阴违，表面上接受诏书，暗地里却一再拖延动身日期，加紧叛乱的步伐。十一月二十一日，吴三桂杀死云南巡抚朱国治，逼使云贵总督甘文焜自杀，扣留了折尔肯，自称“周王”，决定以次年为周王元年，公开反叛清朝。

吴三桂反叛的消息传到北京，举朝震惊。大臣中主张向吴三桂妥协的人很多，

·怀柔政策·

清朝入主中原以后，统治者采取了一系列措施巩固统治。康熙皇帝是一位颇有谋略和远见的英明人物。他采取重视德化及人心向背的"怀柔政策"，特别强调"满蒙一体"，团结拉拢蒙古、藏各族的上层王公贵胄。具体措施是优给廪禄、减免徭赋、加封爵位，保证他们的世袭权利，而且规定他们轮流到北京或承德朝见皇帝。皇帝给予他们以极高的礼遇。同时又在蒙古族和藏族中扶植藏传佛教格鲁派，尊崇活佛，优礼藏传佛教僧侣，利用宗教信仰，以思想统治的办法代替浩大的军事边防工程。怀柔政策的推行，在国内化兵戈为玉帛，受到了朝野上下的一致拥护，对于巩固封建国家的统治有着十分积极的意义。

大学士索额图竟然要求将"前议三藩当迁者，皆宜正以国法"。康熙帝也知情势严重，但他知道撤藩的决策没有错，此时向吴三桂妥协，只能长他的气焰，灭自己的威风，他下定决心要与吴三桂一比高低。吴三桂起兵前后，曾经致书平南、靖南二藩，台湾郑经以及贵州、四川、湖广、陕西等地官吏，他还发布了蛊惑人心的《反清檄文》。一时间，滇、黔、湘、蜀纷纷响应。吴三桂主力东侵黔湘，很快兵力便达到14万。接着河北总兵察禄也反于彰德，塞外又有察哈尔部布尔民的叛乱，可谓"东南西北，都在鼎沸"。

康熙帝没有退路可走，当即采取措施，布置兵力，"增派八旗精锐前往咽喉要地荆州固守"，停撤广州和福州二藩，孤立吴三桂，拘禁额驸、吴三桂之子吴应熊及家属，赦免散处各地的原属吴三桂的官员，削除吴三桂爵位，并悬赏捉拿吴三桂。

康熙十四年(1675年)，吴三桂与清王朝的对抗达到了顶峰。叛军在全国形成了三大战场：耿精忠控制的福建、浙江、江西为东线，湖南是正面战场，以及四川、陕西、山西、甘肃为西线。康熙帝分析形势，定下战略方针：以荆州为战略立足点，顶住湖南战场的吴军主力，只对峙而不主动出击；主攻从侧翼入手，先解决耿精忠、王辅臣两股主要叛军，然后再集中力量对抗吴三桂。康熙帝还并用剿灭、招抚两手，亲自致书王辅臣、耿精忠等人，表示只要他们"投诚自归"，即赦免前罪，仍像从前一样对待他们。康熙十五年(1676年)，王辅臣兵变降清。十月，耿精忠投降。十二月，尚可喜之子尚之信也公开反吴。康熙帝践约，一律优待他们。如此一来，那些蒙受蛊惑的将领和将官纷纷投降，吴军渐渐分化瓦解。

康熙十七年(1678年)八月，吴三桂暴病身亡。其孙吴世璠即大周皇位，改元洪化。他见势不妙，退居贵阳。清军在解决两翼之后，开始战略反攻，进入湖南。康熙十八年(1679年)正月，清军攻克岳州。接着势如破竹，一路收复长沙、常德、衡州。至此，湖南、四川、贵州、广西被收复。康熙帝又下令兵分三路，进军云南。康熙二十年（1681 年）十一月，昆明城破，历时八年的内战以吴三桂的覆灭而告终。

雅克萨之战

明朝末年，明、清双方都忙着打仗，北方边境的防务就无人顾及了。沙皇俄国趁机向我国黑龙江地区进犯。他们在我国掠夺财物，杀害人民。直到清朝稳定了局势，才派兵打击沙俄侵略军，收复了被俄国占领的黑龙江北岸的雅克萨（在今黑龙江呼玛西北，漠河以东）。

后来，康熙帝为了平定三藩，把大批兵力调到西南去。有个俄国逃犯带了 84 名匪徒逃窜到我国雅克萨，在那里筑起堡垒，到处抢掠。他们把抢来的貂皮献给沙皇，沙皇不仅赦免了逃犯的罪，还任命为首的歹徒做了雅克萨长官，想永远霸占我国土地。

康熙帝平定了三藩之乱后，听到东北边境遭到侵犯，便亲自来到盛京，派将军彭春、郎谈借打猎为名到边境侦察。

1683 年三月，康熙帝再次致书俄国沙皇，要求俄军撤走，两国以雅库茨克为界，但再遭拒绝。康熙帝终于看清：若非“创以兵威，则罔知惩畏”，于是决意征剿。九月，清朝勒令盘踞在雅克萨等地的俄军撤出中国领土。俄军不予理睬，反而窜至瑷珲劫掠，被清宁古塔副都统萨布素率军击败，清军全部拆除了黑龙江下游俄军建立的据点，使雅克萨成为孤城。俄军不但不肯退出，反而向雅克萨增兵，跟清朝对抗。于是，康熙帝发布了进军的命令。

一月二十三日，康熙帝命都统彭春赴瑷珲，负责收复雅克萨。四月二十八日，彭春和刚被委任的黑龙江将军萨布素、建义侯林兴珠率领由满、汉、蒙古、达斡尔等民族组成的约2000人军队，携战舰、火炮和刀矛、盾牌等兵器，从瑷珲出发，分水陆两路向雅

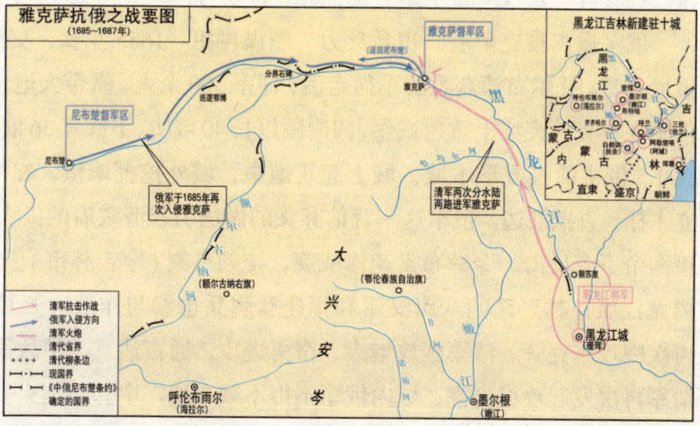

⊙ 雅克萨之战要图

克萨开进。五月二十二日清军主力抵雅克萨城。彭春向俄军头目托尔布津发出最后通牒，但托尔布津自恃巢穴坚固，将军役人员全部撤入城内，以负隅顽抗。五月二十三日清军战船集于城东南，火炮列于城北，陆军布阵于城南，准备攻城。二十四日，从尼布楚增援雅克萨的一队哥萨克兵乘筏顺江而来，清军于江面截击。林兴珠率福建藤牌兵裸而入水，冒藤牌于顶，持片刀以进，俄军惊所未见。藤牌兵疾劈猛砍，俄军一个个被打入江中；藤牌兵随即跃上竹筏，冲杀这批哥萨克兵。俄军死伤大半，余众溃散而逃，而清军未丧一人。

⊙ 神威无敌大将军炮　清

为收复雅克萨，打击沙俄侵略军，清军专门铸造了一批红衣大炮，康熙帝把它们命为“神威无敌大将军”。这种大炮在雅克萨之战中发挥了巨大威力。

二十四日夜，清军开始攻城。在城南，彭春派萨布素等进兵，设置挡牌木垄，施放箭镞；在城北，副都统温岱、提督刘兆奇等以红衣大炮猛烈轰击；两翼又有护军参领博里秋、营门校尉乌沙等放神威大将军炮协攻；在江南，都督何佑、副都统雅齐纳、镇守达斡尔提督白克等密布战舰，以备救援。清军众志成城，协调配合，猛烈攻城。二十五日黎明，清军加大炮轰，俄军 100 多人被击毙，塔楼与城堡破坏无遗，商铺、粮仓、教堂、钟楼，尽被火药箭烧毁；清军还在城下堆积柴薪，准备焚城。托尔布津被迫乞降，遣使要求在保留武装的条件下撤离雅克萨。当日，彭春等遵照谕旨，允许城内俄军携带武器、行李撤走。被沙俄窃踞长达 20 年之久的雅克萨重返祖国。清军平毁雅克萨城后回师，留部分兵力驻守瑷珲，另派兵在瑷珲、嫩江一带屯田，加强黑龙江防务。

俄军撤离雅克萨后，积蓄兵力，图谋再犯。1685 年秋，莫斯科派兵 600 名增援尼布楚。托尔布津获悉清军撤走后，即率 500 余人，携带大炮，再度侵占雅克萨。俄军在雅克萨废墟上重建城堡，四周围以长 40 俄丈、下底宽 36 俄丈、上底宽 4 俄丈、高 1.5 俄丈的长方形木城，城上起筑炮垒，城外挖掘壕堑。在堑外陆地一侧还竖立木栅，直抵江边。俄军这一背信弃义的做法引起清政府的极大愤慨。1686 年初，康熙帝下令反击，令萨布素速修战舰，统领乌喇（今吉林市）、宁古塔官兵，驰赴黑龙江城；林兴珠的八旗汉军和福建藤牌兵也参与作战。五月，清军 2000 余人再次围攻雅克萨。清军施放炮火，奋勇进攻，通宵达旦，予敌重创。七月十四日，清军再次发起攻城高潮，城内俄军不得不藏在地穴中躲避炮火。清军见强攻不下，遂改为围困，每日向城内发炮轰击。八月，托尔布津登塔楼侦察时，被清军炮弹击中，右腿齐膝被炸断，旋即毙命；改由拜顿代行指挥，继续顽抗。清军进一步加强对雅克萨的围困：在城西要地设立营寨，控制江面，切断尼布楚方向援敌通道；城内无井，饮水全靠黑龙江水道，清军激战4昼夜，断其水源。在清军围攻下，俄军人数逐日减少。十月严冬来临，俄军饥寒交迫，处境更蹙。到第二年春，原来826名俄军只剩66人。雅克萨城旦夕可下，清政府再次建议沙皇以谈判解决两国边境问题。沙皇鉴于失败已成定局，而俄国重心又在欧洲，遂同意了。

1687年三月二十五日，清军解除对雅克萨的封锁，并准许俄军残部撤往尼布楚，历时3年的雅克萨抗俄战争至此结束。

1689年，清政府派出代表索额图，与沙俄政府代表戈洛文在尼布楚举行和谈，签订了《尼布楚条约》。条约划分了两国边界，肯定了黑龙江和乌苏里江流域的广大地区都是中国领土。

三征噶尔丹

在《尼布楚条约》签订后的第二年，沙俄政府不甘心失败，又唆使准噶尔（蒙古族的一支）的首领噶尔丹向漠北蒙古进攻。

那时，蒙古族分为漠南蒙古、漠北蒙古和漠西蒙古三个部分。除了漠南蒙古已归属清朝外，其他两部也都向清朝臣服了。准噶尔部是漠西蒙古的一支，本来在伊犁一带过着游牧生活。自从噶尔丹统治准噶尔部以后，他先兼并了漠西蒙古的其他部落，又向东进攻漠北蒙古。漠北蒙古人逃到漠南，请求清朝政府保护。康熙帝派使者到噶尔丹那里，叫他把侵占的地方还给漠北蒙古。噶尔丹依仗沙俄撑腰，不但不肯退兵，还大举进犯漠南。

康熙帝决定亲征噶尔丹。1690年，康熙帝兵分两路：左路由抚远大将军福全率领，从古北口出兵；右路由安北大将军常宁率领，从喜峰口出兵，康熙帝亲自带兵在后面坐镇。七月十四日，康熙帝离开北京，不料途中忽患感冒，只好取消亲征计划。

七月十五日，气焰嚣张的噶尔丹向清军宣战，屯兵于西巴尔台（今内蒙古克什克腾旗土河），然后又逐步南下，占据了距京师仅有350千米的乌兰布通。噶尔丹把几万骑兵集中在大红山下，后面有树林掩护，前面又有河流阻挡。他把上万只骆驼缚住四脚放倒在地，驼背上加上箱子，用湿毡毯裹住，摆成长长的一个驼城，叛军就在那箱垛中间射箭放枪，阻止清军进攻。

噶尔丹还派使者向清军提出交出他们的仇人的要求。康熙帝命令福全反击。八月一日，清军向乌兰布通推进，向噶尔丹大军发起猛攻。清军用火炮火枪对准驼城的一段集中轰击。驼城被打开了缺口。清军的步兵骑兵一起冲杀过去，福全又派兵绕出山后夹击，把叛军杀得七零八落，噶尔丹乘夜逃跑。

噶尔丹回到漠北，一面佯装向清朝政府表示屈服，一面在暗地里重新招兵买马，图谋东山再起。康熙三十三年（1694 年），康熙帝约噶尔丹会见，订立盟约。噶尔丹不但不来，还派人到漠南煽动叛乱。

康熙三十四年（1695 年），噶尔丹又燃叛乱战火，率领骑兵 3 万，向漠南大举进攻。

康熙三十五年（1696 年），康熙帝决定再次御驾亲征，分三路出击噶尔丹：黑龙江将军萨布素从东路进兵；大将军费扬古率陕西、甘肃军兵，从西路出兵，拦截噶尔丹的后路；康熙帝亲自带中路军，从独石口迎击噶尔丹大军。

康熙帝的中路军到了科图，遇到了敌军前锋，但东西两路还没有到达。这时候，有人传言沙俄要出兵帮助噶尔丹。随行的一些大臣害怕起来，劝康熙帝退兵。康熙帝气愤地说："我这次出征，还没有见到叛贼就退兵，怎么向天下人交代？再说，我中路一退，叛军全力对付西路，西路不是更危险了吗？"

康熙帝决心已定，继续进兵克鲁伦河，并且派使者去见噶尔丹，告诉他康熙帝亲征的消息。噶尔丹在山头望见清军黄旗飘扬，军容整齐，便连夜拔营逃走了。康熙帝一面派兵追击，一面派快马通知西路军大将费扬古，让他们在半

⊙《康熙南巡图》局部　清

《康熙南巡图》构图完整，用笔细密，色彩绚丽，画面宏大而不繁杂。画中人物众多，但每处都被刻画得细致入微，衣冠服饰也没有一点马虎之处，每个人的举手投足之间各不相同，富有神韵。画中房屋桥梁井然有序，舟船横于水上，各种树木高挺而出，枝繁叶茂，给整个画面平添了不少风采。作品以鲜明的色彩和工整的手法，真实、细致地表现了所经之处的风俗人情、州县河、名胜古迹以及商业繁荣的情况，在某种程度上表现了清初的社会生活和人民的生产劳动，所以这卷《康熙南巡图》具有珍贵的史料价值和艺术价值。

路上截击。

噶尔丹带兵奔走了五天五夜，到了昭莫多(在今蒙古国乌兰巴托东南)，正好与费扬古军相遇。费扬古在树林茂密的地方设下埋伏，然后派先锋把叛军引到预先埋伏的地方，叛军一到，便前后夹击。叛军死的死，降的降。最后，噶尔丹只带了几十名骑兵逃走了。清军大获全胜。

⊙ **北征督运图**

远征漠北，最大的困难是粮饷的运送与供应。为解决这一难题，康熙帝特遣内阁学士范承烈督运西路军粮。此图描绘的是范承烈在大营门口查验军粮的情景。

昭莫多之战后，噶尔丹流窜于塔米尔河流域。为了彻底消灭噶尔丹的势力，康熙帝采取收服降众、断绝噶尔丹外援的策略，彻底地孤立了噶尔丹。噶尔丹之侄策妄阿拉布坦也遣使入朝，接受了清朝的册封，噶尔丹已处于四面楚歌的境地，但他顽固不化，拒不接受清廷的招抚。

康熙三十六年（1697 年）二月六日，康熙帝第三次率兵亲征噶尔丹。出京城，经过山西大同、陕北府谷、神木、榆林等地，三月二十六日康熙大军抵达宁夏。这时，噶尔丹原来的根据地伊犁已经被他侄儿策妄阿拉布坦占领；他的左右亲信听说清军来到，也纷纷投降，愿意做清军的向导。噶尔丹走投无路，服毒自杀。五月十六日，康熙帝胜利回京。

从那以后，清政府重新控制了阿尔泰山以东的漠北蒙古，分封了当地蒙古贵族称号和官职。随后，又在乌里雅苏台设立将军，统辖漠北蒙古。

第一次鸦片战争

当英、美、法等列强进行如火如荼的资本主义革命时，清政府正闭关锁国，自以为“天朝上国”，不思改革，遂使中国在世界上落伍。英国通过鸦片贸易从中国攫取了大量白银，同时使我国军民身衰体弱，统治阶级有识之士纷纷要求禁销鸦片。

1839 年，湖广总督、钦差大臣林则徐奉命于 1 月底到达广州，他一方面整顿海防，允许人民群众持刀杀敌；一方面宣布收缴鸦片。3 月，英国鸦片贩子被迫交出鸦片 237 万余斤。6 月 3 日，林则徐下令把这些鸦片在虎门海滩当众销毁，以示中国政府禁烟的决心。

英国政府以此为借口向中国发动了战争，1840 年 1 月，以懿律和义律为正副全权代表，懿律为侵华英军总司令，出兵中国。5 月，英国舰船 40 余艘、士兵 4000 多名先后到达澳门附近海面，鸦片战争爆发。懿律率英军进犯广州海口，看到广州军民早已严密布防，遂转攻厦门，又被邓廷桢军击退。6 月，英军北上攻占定海作为军事据点。8 月，英舰抵达天津大沽口外。

道光帝慑于英军武力，又为投降派的劝说所动摇，遂改变态度，罢免了林则徐，改派直隶总督琦善为钦差大臣去天津和英军谈判。而此时英军因夏秋换季，疾疫流行，遂放弃定海，于 8 月中旬南返，双方议定在广州谈判。琦善到广州后，一反林则徐所为，命令撤除海防水勇，镇压抗英群众，一心议和。1840 年 12 月，琦善与义律在广州开始谈判。英军趁中方严防撤除、又因谈判而致海防松懈无备之际，于 1841 年 1 月 7 日发动突袭，攻陷了虎门附近的沙角、大角两炮台，并单方面宣布所谓“穿鼻草约”。1 月 26 日，英军攻占了香港岛。

道光帝得知琦善开门揖盗，丢失两炮台后，下令锁拿琦善，并向英宣战，派侍卫内大臣奕山为靖逆将军，调兵万余赴粤抗英。英军先发制人，出动海陆军攻虎门，广州提督关天培亲率清兵迎击，清军刀矛不敌英军坚枪利炮，关天培中弹牺牲。2 月 26 日，英军攻占虎门、猎德、海珠等炮台，溯珠江直逼广州。4 月，奕山率大军抵广州。5 月 24 日，英军进攻广州，一路占领城西南的商馆，一路由城西北登陆，包抄城北高地，不久攻占城东北各炮台，并炮击广州城。奕山执行“防民甚于防寇”的方针，对英军侵略消极抵抗，在英军的迅猛攻势下，他与英人签订《广州和约》并征得道光帝批准，以缴 600 万银圆换得英军撤出广州地区。

与清政府的妥协投降态度相反，广州三元里人民在广州北郊牛栏冈附近同窜入这里的千余英军英勇作战，打死打伤英军数十人，并把四方炮台围得水泄不通。在广州知府的调停下，英军才得以解围。

英政府并不满意懿律和义律在中国获得的权益，改派璞鼎查（后来的首任港督）为全权代表来华，扩大侵略战争。1841年8月21日，璞鼎查率37艘舰队、陆军2500人离开香港岛北上，攻破厦门，占据鼓浪屿；10月1日再次攻陷定海，定海总兵葛云飞英勇殉国。10日英军攻占镇海（今属宁波），钦差大臣、两江总督裕谦战死，英军旋占宁波城。道光帝闻讯大惊，忙派吏部尚书大学士奕经调兵赴浙以收复失地。1842年3月，奕经在准备不充分的情况下全面反击，清军数战不利，撤回原地。

战败消息传到京师，朝野上下震动，道光帝无奈，只得派盛京将军耆英和伊里布赴浙向英军请和。璞鼎查不理会耆英的乞和，继续深入。1842年5月18日，英军攻取浙江平湖乍浦镇，6月16日攻吴淞口，吴淞炮台守将陈化成壮烈牺牲，宝山、上海沦陷。英军溯长江西上，于7月21日陷镇江，8月，英舰陆续到达南京下关江面。清政府已无心再战，遂接受英方停战的条件，29日在英军舰“汉华丽”号上，耆英、伊里布与璞鼎查签订了中国近代史上第一个不平等条约《南京条约》。条约共7条，主要内容是：割让香港岛，赔款2100万银圆，广州、福州、厦门、宁波、上海五口通商等。

鸦片战争严重侵害了中国的主权，标志着中国开始逐步陷入半殖民地半封建社会。

太平天国

英国人用鸦片掠夺中国，又用炮舰保护了罪恶的鸦片贸易。《南京条约》签订后，外国货如潮水般涌入中国，清政府为支付战争赔款，加重了对人民的剥削，广东首当其冲。不久，太平天国起义在两广地区爆发了。领导起义的首领就是洪秀全。

洪秀全出生在广东省花县的一个中农家庭里。他7岁时到村中私塾读书，由于天性好学，聪明过人，到了18岁，他在史学和文学方面的造诣已经远近闻名了。后来，他的父母相继死去。服孝期满后，他来到广州赶考，结果名落孙山。1843年，他重整旗鼓又赴广州考秀才，结果仍然落榜。

洪秀全在广州应试期间，曾得到一本基督教的宣传品《劝世良言》。他无意中翻阅之后，觉得书的内容十分新奇，他对书中所描述的人人平等善良的大同世

⊙ 洪秀全塑像

界十分神往，从此开始信奉上帝，

1843 年 7 月，洪秀全约合了老同学冯云山和族弟洪仁玕，来到官禄布村外一条叫石角潭的小河，跳进水中，洗净全身，这是依照基督教行“洗礼”仪式。此后，三人结为一个秘密的团体——拜上帝会。洪秀全称自己是上帝的次子，耶稣是上帝的长子，他相信这种舶来的新教将会吸引许多信众。

洪秀全建立拜上帝会后做的第一件事，就是砸毁了家里的孔、孟牌位，然后便和冯云山赴广西紫荆山区传教。洪秀全等到组织基本建立后回到广东，开始了两年多的著述活动。他写了《原道救世歌》《原道醒世训》《原道觉世训》等书，阐发了农民的平等和平均思想，第一次提到社会上的两大对立面：正义与邪恶。

与此同时，冯云山在紫荆山区烧炭工人中发展会员，很快会员就发展到数千人，初步形成了以洪秀全、冯云山、杨秀清、萧朝贵、石达开、韦昌辉等人为首的领导核心。

1850 年 1 月，道光帝旻宁病死，咸丰皇帝即位，历史上称为清文宗。当年 9 月，洪秀全下令各地会友在 10 月 4 日前到桂平县金田村集合，并计划在洪秀全 38 岁生日那天举行武装起义。

拜上帝会在各地的会员接到命令后，向金田聚集。很快，人数就超过了 2 万。一天，洪秀全、冯云山正在花洲山人胡以晃家中密谋起义，官府得知这一消息，派兵包围了那里。杨秀清等人听说后立即派兵救援，并全歼了敌人。这就是太平天国史上著名的“迎主之战”。

1851 年 1 月 11 日，太平军按原定计划举行隆重仪式，正式宣布起义。由此，太平军揭开了纵横 18 省、坚持 14 年的农民革命战争的序幕。

洪秀全颁布《天命诏旨书》作为太平军的军令，挥师东进。3 月，洪秀全称天王。9 月，太平军攻克了出战以来的第一座州城永安，太平军在此进行建制，颁布了封王诏令，封杨秀清为东王、萧朝贵为西王、冯云山为南王、韦昌辉为北王、石达开为翼王，同时规定诸王皆受东王节制，天王领导于上，正式确立太平天国的

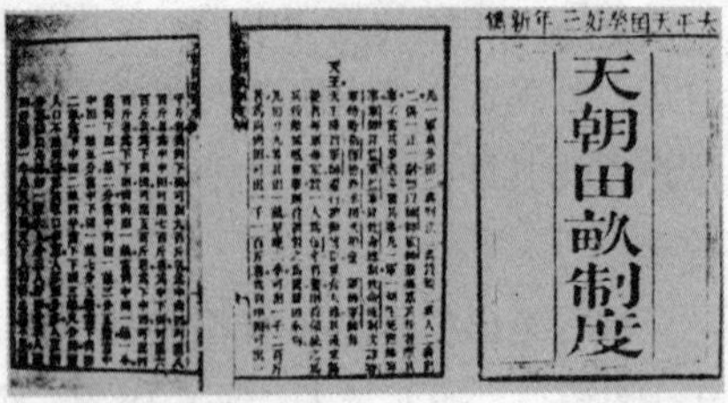

⊙《天朝田亩制度》

太平天国定都天京后，为巩固政权，1853 年颁布了以解决农民土地问题为中心，包括政治、经济、军事、文教和社会生活各方面内容的纲领性文件《天朝田亩制度》，提出了平分土地、平均分配生活资料的方案，建立兵农合一的军政制度，试图实现“无处不均匀，无人不饱暖”的绝对平均理想社会，带有明显的乌托邦的空想性质。

·《资政新篇》·

1859年，洪秀全的族弟洪仁玕来到天京（今南京），向天王提出了新的改革计划《资政新篇》。《资政新篇》首先提出“审势”“立法”的思想，详细阐述了当时西方国家的历史和现状，指出当时世界上最先进的国家是英、美、法，强调了它们政教体制的“善法”。同时，一些国家昧于大势，守旧不变，因而国势衰颓，挨打受欺。在分析大势的基础上，洪仁玕系统提出了整饬政治、加强中央集权和学习西方发展资本主义的具体内容和方法。《资政新篇》的主张，具有鲜明的资本主义色彩，符合中国社会的发展趋势。

领导核心，史称“永安建制”。

1852年5月，太平军离开广西进入湖南，明确提出了推翻清王朝的战斗号召，受到热烈响应。1853年3月，太平军攻克南京，将其改为“天京”，正式定都，建立起与清王朝对峙的农民政权，并乘胜东进，攻克镇江、扬州等地，建立起统一防御体系，结束了起义以来流动作战的局面。

火烧圆明园

圆明园始建于明朝。1709年，康熙帝将它赐给四子胤禛，并赐名为圆明园，“圆”乃“君子之灵魂”，“明”为“用人之智慧”，是康熙帝授其子孙为人治国之计。雍正即位后，将圆明园大规模扩建，乾隆三十五年（1770年）圆明园三园格局基本形成。后来圆明园又经过嘉庆、道光、咸丰等皇帝的经营，才营造成为一座规模宏伟、景色秀丽的宫苑。清朝皇帝每到盛夏就来此避暑听政，所以圆明园也被称为“夏宫”。

⊙ 圆明园九州清晏图　清

圆明园共经营了150多年，它由圆明园、万春园、长春园三园组成，其中以圆明园最大，此外它还有许多属园，建筑面积达16万平方米，园里共有100多个景点。它继承了中国历代优秀的造园艺术，汇集了全国的名园胜景，是我国园林艺术的集大成之作。同时，它也大胆吸收西方建筑形式。有一组中西合璧的“西洋楼”建筑群，兼备中、日、西欧三种风格。除此之外，圆明园还是一座皇家博物馆，珍藏了无数的孤本秘籍、名人字画、鼎彝礼器、金珠珍品和铜瓷古玩等，堪称人类文化的宝库。

⊙ 被抢劫与焚毁后的圆明园大水法遗址

1856年，正当清政府忙于镇压太平天国运动之时，英法联军在俄国和美国的支持下，发动了新的旨在扩大《南京条约》所取得权益的侵略战争，这就是第二次鸦片战争。在这次战争中，中华文化遭受到一次空前的劫难。著名的皇家园林圆明园不仅被残暴洗劫，甚至被野蛮的侵略者们付之一炬。

1860年10月5日，英法联军兵临北京城下，听说清军驻守力量在北城最薄弱，便绕道安定门、德胜门，进犯圆明园。首先闯入的是法国侵略军，当法军攻破宫门时，园内太妃董嫔恐受辱而自缢身亡，护园大臣亦投水自尽。侵略者们见物就抢，口袋里装满了珍品宝物。刚开始司令部还对士兵们有所节制，后英军亦赶到，联军司令部发出了“自由抢劫”的通知，一万多名士兵军官贪婪地扑向琳琅满目的珍藏，进行疯狂的洗劫，能抢就抢，能运就运，对于那些搬不走的大件器物，他们就丧心病狂地砸碎破坏。大肆洗劫后，额尔金在英国首相支持下，竟下令烧毁圆明园。

10月7日到9日，迈克尔率英军第一师持火燃园，园内300多名太监、宫女、工匠都葬身于火海，大火连续烧了三天三夜，这座世界名园化为一片焦土。10月13日，侵略军攻占了安定门，控制了北京城，10月18日再次抢劫万寿山、玉泉山和香山等多处珍贵文物，并进行第二次大焚烧。

这次焚烧圆明园的事件之后，有些偏僻角落和水中景点并没遭劫，清廷30多年间仍将此处当成重兵看守的禁苑，进行一系列的修复工程，同治、光绪和慈禧还常到此巡游。1900年八国联军侵华，圆明园再次遭受劫难，遗址被彻底破坏。

圆明园被焚使中国文化蒙受了巨大的损失，大量的珍奇、瑰宝、文物流落国外。它见证了外国列强无耻侵略我国的罪恶，提醒我们不忘国耻、奋发向上，为祖国的振兴和强大而不停奋斗。

慈禧夺权

咸丰在位的10年，内忧外患不断：先是太平军起义，然后是捻军大乱淮泗；而英、法等国又乘机要挟，大动干戈；沙俄更是狮子大开口，一下子就割去了东北100多万平方千米的土地，甚至连清朝的龙兴之地也不放过。这真是爱新觉罗宗室的奇耻大辱。

⊙ 慈禧皇太后之宝玺及玺文 清

在这种内忧外患的交迫下，咸丰帝身染重病，一病不起。1861年7月，咸丰帝在多次昏厥之后，知道自己将要去世，便考虑托孤一事。他知道懿贵妃(就是慈禧)是权力欲极强的女人，而皇后钮祜禄氏(慈安)没有主见。为了防止出现女后专权的局面，他把辅政的重责交给协办大学士、尚书肃顺和怡亲王载垣、郑亲王端华等八大臣。在他看来，八大臣联手足可以对付懿贵妃，即便是恭亲王站在懿贵妃一边也不怕。

但是，由于咸丰留下了“御赏”“同道堂”两颗印章，便埋下了后宫垂帘听政的祸根。原来，“御赏”是咸丰帝赐皇后钮祜禄氏的私章，“同道堂”是咸丰帝赐给独子载淳的私章。这两枚私章成为皇权的象征，咸丰帝的意思已十分明确，那就是说，用这两颗印章来制约八大臣。

不久，八大臣上了一个极有利于懿贵妃的章疏：尊皇后钮祜禄氏为慈安皇太后；尊懿贵妃叶赫那拉氏为慈禧皇太后。

幼帝的生母叶赫那拉氏原为咸丰的宫人，因生载淳而被封为懿贵妃，载淳继位后被尊为慈禧太后。时年26岁的慈禧有着极强的权势欲，很想个人把持朝政大权。咸丰在位时，慈禧曾帮咸丰帝批阅奏折，这给她提供了很好的学习机会。按照清朝家法，太后可以垂询国事，此所谓“听政”。慈禧利用此规矩，在先帝驾崩后就向东宫慈安太后提出应废除“顾命体制”，而改为垂帘听政之制。慈安太后宽厚和平，不懂朝政，一切听慈禧的安排。贸然提出垂帘主张，必然会招致大臣的反对和清议的不满，慈禧于是开始拉拢恭亲王奕䜣共商计策，两人一拍即合。

⊙ 慈禧太后像

1861年10月，皇室护送咸丰灵柩回京，两宫太后偕幼帝载淳先到北京。11月2日，慈禧发动政变，以幼帝之命发布上谕，解除载垣、端华、肃顺的职务，并处以死刑。同时宣布两太后垂帘听政，命奕䜣为议政王，入军机处，改年号为“同治”。虽然垂帘听政的是两个皇太后，但实际上实权只掌握在慈禧一人之手。由于得到多数文武大臣的支持，又采取了不予株连的明智政策，所以政局没有发生重大动荡。这次政变因发生在辛酉年，因此被称为辛酉政变。

从此，慈禧便掌握了清王朝的政权。她依靠曾国藩、李鸿章等组织的汉族地主武装，勾结外国侵略势力，先后镇压了太平天国和捻军等起义，使清王朝的统治得到暂时稳定。中日战争中，她一味求和，幻想列强出面干涉、调停，导致了甲午战争的失败，与日本签订了丧权辱国的《马关条约》。1898 年，光绪帝为了振兴国家而决定变法，慈禧发动政变，扼杀新政，囚禁光绪帝于瀛台，开始复出训政。1900 年，八国联军入侵北京，慈禧挟光绪帝出逃西安，并于第二年签订了丧权辱国的《辛丑条约》。1908 年 11 月 14 日，光绪帝死，她命立年仅 3 岁的溥仪为帝，年号宣统，自己也于次日病死，结束了对清朝长达 47 年的统治。

洋务运动

洋务，又称夷务，泛指包括通商、传教、外交等在内与西方资本主义有关的一切事物。洋务运动指清政府一批具有买办性质的官僚军阀在 19 世纪 60 年代到 90 年代为挽救统治危机，自上而下推行的一场以引进西方的军事装备、机器生产和科学技术为主要内容，以富国强兵为目的的自救运动。

⊙ 轮船招商局　清

洋务派在中央以总理衙门大臣奕䜣、侍郎文祥等为代表，在地方上以曾国藩、李鸿章、左宗棠、张之洞等为代表，同治登基后他们握有实权，可以左右清朝的政局。洋务派的指导思想是“中学为体，西学为用”，他们认为中国的政治制度比西方好得多，只是火器比不上西方列强，只要清政府掌握了西方的近代军事技术和装备，就可以强盛起来。洋务运动分为前后两个阶段，19 世纪 60 年代为第一阶段，洋务派打着“自强”的旗号，依照西方资本主义国家的办法制造新式枪炮和船舰，兴办了一批军事工业企业；70 年代到 90 年代是第二阶段，以“求富”为口号，洋务派开始举办民用工业企业。

在第一阶段洋务派建立的军工厂中规模较大的有江南制造总局、金陵机器局、福州船政局、天津机器局等。李鸿章在曾国藩支持下在上海创立江南制造总局，创办经费为54万余两白银，工人2000余人，主要生产枪炮、弹药和小型船舰，还附设译书馆来翻译西方书籍，这是洋务派创办的规模最大的军工企业。这些军工企业全部都是官办企业，由清政府和湘、淮系军阀控制，具有浓厚的封建性，同时对外国有着严重的依赖性，从设计施工、购置机器设备、生产技术直到原料供应完全依赖于外国，并长期受外国人控制，但这些近代企业毕竟也具备了一定的资本主义因素。

如汉阳兵工厂是洋务派大臣张之洞于1890年创建的。张之洞先向德国定购了制造新式快枪和新式快炮的机器，后又定购了制造枪弹、炮弹和炮架的机器。汉阳兵工厂分为枪厂、炮厂、枪弹厂、炮弹厂、炮架厂和翻砂厂，另外还建有配套的汉阳炼铜厂等军事工业。枪厂主要制造新式快枪；炮厂主要制造用于野战和山地战的快炮。其他四厂生产的都是枪炮厂的配套产品。汉阳兵工厂对巩固国防发挥了重大作用，甲午战争期间，该厂生产枪炮为前线的主要武器。一直到20世纪40年代，汉阳兵工厂仿德国88式毛瑟步枪而造的“汉阳式”步枪还是中国军队的主要装备。

由于在创办军工企业的实践中遇到资金、原料、运输等困难，洋务派认识到必先求富才能自强，所以决定发展民用企业以积累资金，有了雄厚经济基础后才能制造洋枪炮以自强御侮。70年代起，洋务派开始大力发展工业企业，到90年代就已创办了大约20多家民用企业，包括交通运输、采矿、纺织、冶炼等各个行业。规模较大的有上海轮船招商局、上海机器织布局、电报总局、铁路交通运输业等。在这些企业中，上海轮船招商局是最有成就的一个，它是1872年李鸿章在上海创办的，是中国第一家近代轮船航运公司，也是洋务派兴办的第一个民用企业。这个企业在经营过程中屡遭英美轮船公司的排挤，但并没有被挤垮，一直在夹缝中求生存。

洋务派在兴办军工、民用企业的同时，还进行了筹建海军、加强海防、设立外文学馆、派遣留学生等活动。1875年，两江总督沈葆桢、直隶总督李鸿章等人

·反对外国教会侵略行为的斗争·

随着外国资本主义势力深入内地，人民群众掀起了反对外国教会的斗争。教会一般都是外国势力入侵的先行军和帮凶，人民对其极其憎恨，各地发生了多起捣毁教堂、驱逐外国传教士的斗争。19世纪60年代后期形成一个反侵略的浪潮，其中以1870年的天津教案和60年代贵阳教案最为出名，中法战争期间一直到90年代，反教会一直是人民群众反抗半殖民地半封建统治秩序的主要形式。

奏请筹建北洋、南洋、粤洋三支海军。1885 年，三洋海军已初具规模。1867 年，奕䜣设立京师同文馆，以教习外语为主，同时兼习天文、历史和数理化。此后，各类学堂学馆在各地纷纷建立。1872 年，中国首次派遣留学生到国外，30 名学生由上海赴美留学。此后，清政府还多次派遣留学生到国外学习。

洋务派的活动旨在维护清王朝封建统治。他们创办了中国第一批近代工业企业，培养了近代中国第一批新型的科技、军事和翻译人才，是近代最早觉醒的先行者。洋务派向西方学习的探索，尽管带有浓重的封建性和对外国的强烈依赖性，但其进步作用也是不容忽视的。

甲午战争

1868 年明治维新以后，日本开始大力发展资本主义，建立近代国家，并具有强烈的军国扩张欲望。明治政府一建立就制定了旨在征服中国和世界的所谓“大陆政策”：侵占中国台湾，再征服朝鲜，进一步侵占中国的东北和蒙古，继而征服全中国，最后独占亚洲，称霸世界。

⊙ 中日甲午海战图 清

1894 年春，朝鲜爆发了东学党起义，以“除暴安良”和“逐灭夷倭”为口号。起义很快席卷了朝鲜南部很多地区，朝鲜政府无力镇压，便向清政府求援。清派直隶提督叶志超等率兵 2500 人赴朝助剿。日本伺机而动，决定出兵朝鲜，趁机挑起中日冲突以发动侵略战争。朝鲜东学党起义被镇压后，清政府照会日本，建议中日两国同时撤兵。日本拒不撤兵，蓄意扩大事态。面对日本的挑衅，清统治集团内部出现了主战和主和两派意见。以光绪帝为首的帝派力主加强战备，以武力遏制日本的扩张，但实权掌握在慈禧太后和李鸿章手上，他们对日避战求和。日本重兵压境，驻朝清兵多次请添援军，李鸿章不予理会，反而把解决中日争端的希望寄托在国际列强的调停上，但西方列强对日本发动战争均持默许和支持的态度。

⊙ 李鸿章与伊藤博文等人会面图　清

7月底，清援军途经丰岛海面时，突遭日舰袭击，清军官兵死伤惨重，日本不宣而战，正式挑起侵华战争。1894年8月1日，中日两国同时正式宣战。9月，日陆军分4路会攻平壤，清军与日军在城外展开激战。左宝贵指挥清军英勇抵抗，死守城北玄武门一带，并亲自登城开炮轰击日军，不幸中炮牺牲，玄武门失守，主将叶志超逃跑。

9月17日，中日在黄海海面上进行了激烈的海战。提督丁汝昌率领北洋舰队与日军展开激烈战争，丁汝昌受伤后仍坐于甲板上鼓舞士气，由“定远”号管带刘步蟾代其指挥督战。“致远”号管带邓世昌在鏖战多时、船舰受重创情况下，下令舰船猛撞日舰，不幸中鱼雷，全舰官兵壮烈殉国。“经远”号亦在其管带林永升指挥下坚持战斗到最后一刻。黄海海战北洋舰队虽然损失了5艘军舰和近千士兵，但也重创了日舰。由于李鸿章实行“保船制敌”的消极防御方针，命令北洋海军集于威海卫，不准出战，致使日本掌握了黄海制海权。

10月，日军偷渡鸭绿江成功，九连城、安东等相继失守，日军进逼辽阳。与此同时，日军另一支军队由辽东半岛的花园口登陆，南犯金州。徐邦道率部分清军与日在金州激战，因寡不敌众、后援不济而退守旅顺，另一清军将领赵怀业不战而逃，弃守大连。11月17日，日军进攻旅顺，只有徐邦道一部奋勇迎敌，孤立无援，旅顺失守。22日，日军进入旅顺，进行了惨绝人寰的大屠杀，历时4天，杀害2万多人，血流成河，尸横遍野。旅顺失守后，清政府多次派人向日本求和，日军不予理会，将进攻重点转向北洋舰队基地威海卫。当时北洋舰队实力尚存，可与日军一战，但李鸿章严禁其出击，造成了被动挨打的局面。威海一战，北洋舰队全军覆灭，提督丁汝昌拒降自杀，定远管带刘步蟾亦自杀殉国。1895年初，日军战略重点转向辽东半岛，辽东半岛沦陷。3月，清政府派李鸿章赴日议和。1895年4月17日，李鸿章屈服于日本的压力，与伊藤博文签订了《马关条约》，甲午战争结束。

《马关条约》是《南京条约》以来最严重的不平等条约。日本割占了中国大片领土，进一步破坏了中国的领土完整，助长了列强侵略中国的野心，引发了列强瓜分中国的狂潮，给中华民族带来了空前严重的危机。

戊戌政变

1895 年到 1898 年，在中国发生了一场颇有声势的资产阶级维新变法运动。到了 1898 年，百日维新成为这次运动的高潮。这是一场由资产阶级改良主义者领导的改革。维新运动的主要领导人是康有为。

中日甲午战争后，帝国主义列强掀起瓜分中国的狂潮，民族危机空前严重。就在德国强占胶州湾的消息传出后不久，康有为第 5 次赴京上书光绪帝，提出变法自救的强烈主张。这份上书亦被阻，但其内容已在北京广为传抄。1898 年初，光绪帝知道了上书内容，想召见康有为，但被恭亲王奕䜣所阻，光绪帝只好指派翁同龢、李鸿章等五大臣接见康有为。后康有为第 6 次上书光绪帝，即著名的《应诏统筹全局折》，继续强调变法的急迫性，并提出具体措施。光绪帝一心想改变国势贫弱的局面，于是决心接纳维新主张。

1898 年 5 月，恭亲王奕䜣病死，变法阻力减少。康有为即刻鼓动帝党官员上书敦请变法，光绪帝接受建议，于 6 月 11 日颁布由翁同龢草拟的《定国是诏》，变法运动正式开始。16 日，光绪帝在颐和园召见康有为，商讨具体变法措施。光绪帝任命康有为总理衙门章京上行走一职，准予专折奏事；赏杨锐、刘光第、谭嗣同、林旭四品卿衔，擢为军机章京，参与新政。变法期间，光绪帝发布了上百道变法诏令，包括：政治方面设制度局，裁减冗员，提倡西学等；军事方面设厂制造军火，改用西法精练军队。这些措施虽然是没有触及根本政治制度的变革，但都有利于民族资本主义经济的发展和近代资产阶级进步思想文化的传播。

⊙ 光绪帝朝服像

随着变法运动的高涨，以慈禧为首的顽固派与维新派的矛盾也日益尖锐。

慈禧太后首先逼迫光绪帝下令将翁同龢革职。接着，逼迫光绪帝任命荣禄为直隶总督兼北洋通商大臣，统率北洋三军，这实际上是把北京控制在她的手里。慈禧太后又用光绪帝的名义，宣布在 10 月 19 日去天津检阅军队，准

⊙ 梁启超旧照

⊙ 康有为旧照

备到时发动政变，逼迫光绪帝退位。

在这危急的时刻，光绪帝便与维新派的主要人物反复商量，认为唯一能想到的办法，就是依靠袁世凯的军事力量。

袁世凯早年曾在天津小站督练新建的陆军，当时是荣禄的部下，是北洋三军中的重要将领。当光绪帝皇位难保之时，谭嗣同挺身而出，表示愿意冒险去找袁世凯，说服他出兵帮忙。

当天深夜，谭嗣同独自到了袁世凯的寓所，拿出光绪帝的密诏，并将维新派的全部计划和盘托出，要袁世凯扶持光绪帝诛杀荣禄，消灭后党。谭嗣同慷慨激昂地说："今天只有你能救皇上。如果你愿意，就请全力救护；如果你贪图富贵，就请到颐和园告密，你可以升官发财！"

袁世凯正颜厉色地说："你把我袁某看成什么人了！皇上是我们共事的圣主，救驾的责任，你有，我也有！"

第二天，光绪帝召见了袁世凯，要他保护新政。退朝之后，袁世凯匆匆赶回了天津。一到天津，他就去向荣禄告密。荣禄得报后，连夜乘专车进京，赶往颐和园去向慈禧太后报告。

第二天凌晨，慈禧太后就带着大批人马，气急败坏地从颐和园赶到紫禁城，下令把光绪帝囚禁在中南海的瀛台。对外则宣布光绪帝生病，不能亲理政务，由慈禧太后"临朝听政"。同时，下令大肆搜捕维新派和倾向维新派的官员。百日维新期间推行的新政，除了京师大学堂等少数几项措施以外，全部被废除了。这一年是戊戌年，所以，通常把这场政变称为"戊戌政变"。

维新派领袖康有为得知消息后，从天津搭乘英国轮船逃往香港。梁启超当天得到日本使馆的保护，化装逃往日本。

1898年9月28日，慈禧太后下令杀死谭嗣同、康广仁、刘光第、林旭、杨锐、杨深秀六人，他们被称为"戊戌六君子"。

至此，资产阶级改良主义运动彻底失败了。戊戌变法虽然失败了，但它对中国历史发展产生了不可磨灭的影响，留下了深刻的历史教训。它是资产阶级领导的一次政治改革运动，也是一场思想启蒙运动，符合中国近代社会发展的趋势，具有爱国救亡的积极意义。它的失败证明，在半封建半殖民地社会的中国，资产阶级改良的道路是行不通的。

末代皇帝

光绪帝在位34年，最终抑郁而死。在光绪帝病死前，醇亲王载沣被宣入中南海，跪在慈禧的帏帐前。

慈禧开口说："载沣，你得了两个儿子，这是值得喜庆的事。光绪已将不起，我又在病重之中。现国家有难，朝廷不可一日无君，我决定立你的长子溥仪为嗣，继承皇位，赐你为监国摄政王！"向来懦弱的载沣，听了这番话，如五雷轰顶，手足无措，不知该怎么办才好，只是反复念叨说："溥仪仅仅3岁，溥仪仅仅3岁……"慈禧马上劝慰说："这是神意，也是列祖列宗牌位前卜卦请准了的！明天，你将溥仪带进宫，准备举行登基仪式。"

慈禧的决定传到醇王府，醇王府立即炸锅了。溥仪的祖母不等念完谕旨就昏了过去。刚苏醒过来，便一把夺过溥仪，紧紧抱在怀里，一把鼻涕一把泪地说："你们把自家的孩子(指光绪)弄死了，却又来要咱的孙子，这回咱是万万不能答应的！"

对于慈禧的歹毒，她是领教过的，所以她止不住地哭闹着，不忍心让孙子再落入慈禧的魔掌。后来，府中的人不得不把她扶走。这时候接皇帝的内监要抱溥仪走，但3岁的溥仪见到这些生人，拼命地挣扎，他一点也不管"谕旨不可违"的说教，连哭带打不让太监来抱。于是，太监们一商量，决定由载沣抱着"皇帝"，带着乳母一起去中南海。

1908年11月14日，一群太监将溥仪带入皇宫。第二天，慈禧便一命呜呼了。到了12月2日，清廷举行了隆重的皇帝登基大典。

登基大典开始时，不满3周岁的溥仪坐在皇帝的龙床宝座上竟哇哇地大哭起来。他父亲载沣侧身坐在龙床上，双手扶着他，叫他不要再哭闹。

⊙ 幼年溥仪旧照

根本还不懂事的溥仪，见那些文武百官不断地磕头，高呼"万岁、万岁、万万岁"，加之山崩地裂般的锣声、鼓声、钟声，更加害怕，哭声也更大了。载沣觉得在这样的盛典上，皇帝却哭闹不止，太不像话，心中一急，不由脱口而出，叫道："就快完了！就快完了！马上回老家了！一完就回老家了！"

话一出口，文武官员们不由得窃窃私语起来："怎么说是'快完了'